KB111079

# 한국의 아나키즘

## ─ 인물편 ─

이호룡

이 호 룡 李浩龍

서울대학교 국사학과를 졸업하고 같은 대학원에서 박사를 받았다. 서울대,
서울여대, 덕성여대에서 강의하였다. 민주화운동기념사업회 한국민주주의
연구소 소장을 역임하였으며, 현재 덕성 100년사편찬위원회 전임연구원으
로 재직 중이다. 한국 아나키즘과 민주화 운동사 등에 대한 연구를 진행하고
있다
주요 저서로는《한국의 아나키즘-사상편》,《한국의 아나키즘-운동편》,《아
나키스트들의 민족해방운동》,《신채호 다시 읽기》등이 있으며, 공저로는
《충북민주화운동사》,《한국민주화운동사》등이 있다.

# 한국의 아나키즘 — 인물편

초판 1쇄 인쇄   2020년 1월 9일
초판 1쇄 발행   2020년 1월 20일

지은이      이호룡
펴낸이      김경희
펴낸곳      ㈜ 지식산업사
          본사    10881, 경기도 파주시 광인사길 53 (문발동)
                  전화 (031) 955-4226~7 팩스 (031) 955-4228
          서울사무소   03044, 서울시 종로구 자하문로6길 18-7 (통의동)
                  전화 (02) 734-1978,1958    팩스 (02) 720-7900
등록번호     1-363
등록날짜     1969년 5월 8일
누리집      www.jisik.co.kr
전자우편     jsp@jisik.co.kr

ⓒ이호룡, 2020
ISBN 978-89-423-9075-5(93910)

이 저서는 2016년 정부(교육부)의 재원으로 한국연구재단의 지원을 받아 수행된 연구임
(NRF-2016S1A6A4A01018275)

# 한국의 아나키즘
## — 인물편 —

이 호 룡

지식산업사

## 일러두기

1. 외국 지명과 인명의 경우 현지 발음대로 표시하되, 성·현 등 지역단위와, 산·강·천 등 지형을 나타내는 단어 및 전근대의 인물은 한글 발음대로 표시한다.

   예) 펑톈성奉天省, 후난성湖南省, 둥팅호洞庭湖, 양쯔강揚子江, 쑨원孫文, 형가荊軻

2. 지명이나 인명이 들어간 고유명사는 지명과 인명만 현지 발음대로 표시한다.

   예) 상하이공원上海公園, 세타가야경찰서世田谷警察署, 베이징대학北京大學

3. 외국에서 한국인이 만든 단체와 학교 및 한국인이 관계된 사건의 경우 한글 발음대로 적는다.

   예) 재상해유일학생회在上海留日學生會, 봉오동전투鳳梧洞戰鬪, 상해임시정부上海臨時政府

4. 'anarchosyndicalisme'는 프랑스 발음대로 '아나르코생디칼리슴'이라 적는다.

5. 인용할 경우 간단한 출처는 본문주로 처리하고, 복잡한 출처나 내용을 설명할 경우는 각주로 처리한다. 본문주를 달 때, 문장 전체를 인용하는 경우 ( ) 앞에 마침표를 찍고, 뒷부분의 문장만 인용하는 경우일 때는 ( ) 뒤에 마침표를 찍는다.

6. 본문주는 "성명, 출판년도, 쪽수"로 표시하고, 동일인이 한 해에 여러 개의 글을 발표하였을 경우 연도 끝에 a, b, c 등을 붙여 구별한다.

7. 본문주에 언급된 글들의 서지사항은 참고문헌에서 밝힌다.

◆ 책을 내면서

《한국의 아나키즘》사상편과 운동편에 이어《한국의 아나키즘-인물편》을 펴냄으로써 한국 아나키즘에 대한 연구를 일단락 짓는다.《한국의 아나키즘-사상편》을 펴낸 지 18년이 훌쩍 지났다. 참으로 오랜 시간이 흘렀다. 그 사이 한국사회에는 많은 변화가 있었다. 한국인들의 민주의식도 많이 성장하였다.

우선 권위주의가 많이 사라지고, 일방적인 지시나 명령에 의해서보다는 토론을 통해 문제를 해결하는 풍토가 정착되어 가고 있으며, 수직적 인간관계도 수평적 관계로 변하고 있다. 나이와 지위에 의한 억압이 많이 약화되었으며, 여성들의 사회진출이 많아지고, 위상도 높아졌다. 아직까지 많은 문제가 있기는 하지만 지방자치제도 제자리를 찾아가고 있다. 집회 시위의 양상도 많이 변화되었다. 예전에는 어느 조직이 집회와 시위를 주도했다면, 지금은 어느 사안에 공감하는 사람들이 자발적으로 모여 다양한 목소리를 내며 집회를 꾸려 나가고 있다.

이러한 변화의 기저에는 아나키즘적 사고가 깔려 있다. 아나키즘은 개인의 절대적 자유를 추구한다. 여기서 자유를 누린다는 것은 자기 마음대로 행동해도 좋다는 뜻이 아니다. 다른 사람의 지시나 명령에 의해서가 아니라 자유의지에 따라 자신의 행동을 결정할 수 있다는 것이다. 나의 자유의지를 실현하고자 하되 다른 사람의 자유의지도 존중해야 한다는 뜻이다.

아나키즘의 속성 가운데 하나가 강제적인 권력에 의한 억압과 지배를 부정하는 것이다. 그것은 강권强權이 개인의 자유의지를 실현하는 데 가장 큰 장애물이기 때문이다. 강권은 우리 사회에서 다양한 형태로 존재한다. 국가나 정부, 검찰 등과 같은 권력기구가 대표적이다. 아나키스트들이 국가와 정부를 부정하는 것은 국가와 정부를 대표적인 강권으로 보기 때문이다. 군대나 경찰과 같은 물리적 힘을 가진 기구, 맹목적인 충성이나 효도를 강요하는 봉건적 도덕, 나이나 지위, 육체적 힘이나 미모, 사유재산, 성적 차이, 다수 등도 강권으로 기능한다. 각 개인들이 가지고 있는 신체적 구조나 재능에는 차이가 있을 수 있다. 하지만 권력을 지니고 있다고 해서, 높은 지위에 있다고 해서, 물리력이나 강한 육체를 지녔다고 해서, 재산이 많다고 해서, 부모라고 해서, 남자라고 해서, 나이가 많다고 해서, 선배라고 해서, 스승이라고 해서, 기술을 가지고 있다고 해서, 다수라고 해서, 잘생겼다고 해서 그렇지 못한 사람들을 차별하고 억압하거나 지배하려고 해서는 안 된다.

나보다 약하다고 해서 나와 다르다고 해서 상대방을 억압하거나 배척하는 것은 민주주의 정신에 어긋난다. 약자도 자신의 자유의지를 실현할 권리를 가지고 있음을 인정하는 것이 민주주의다. 차별을 부정하고 차이를 인정하는 것이 민주주의라고 하면, 민주주의를 심화시키는 데 아나키즘적 사고는 상당히 유용하다고 할 수 있다. 민주주의를 진전시키기 위해서는 아나키즘에 대한 연구를 좀 더 심화시킬 필요가 있다.

《한국의 아나키즘》 시리즈를 통해 아나키즘이 한국에 소개된 이후 어떤 과정을 거쳐 전개되어 왔는지를 살펴보고, 여기서 우리가 어떠한 교훈을 얻을 수 있을 것인가를 살펴보고자 했다. 《한국의 아나키즘-사상편》과 《한국의 아나키즘-운동편》을 통해 한국인들이 수용한 아나키즘은 어떠한 것이었고, 그 이념을 실현하기 위해 어떠한 활동을 했는지를 살펴보았다.《한국의 아나키즘-인물편》은 한국의 대표적인 아나키스트들이 지녔던 사상의 내용과 각 방면에서 전개한 활동을 구체적으로 살펴본 것이다.

《한국의 아나키즘-인물편》은《한국의 아나키즘-사상편》과《한국의 아나키즘-운동편》의 후속 연구이나, 사상편이나 운동편과는 달리 논문 모음집이다. 여기에는 한국 아나키스트운동을 대표하는 인물 8명의 사상과 활동을 정리한 연구들이 수록되어 있다. 이 연구들 가운데 일부는 예전에 발표한 글을 수정·보완한 것이고, 일부는 새로이 연구를 진행한 것이다. 신채호, 박렬, 류자명, 유림, 이회영 등에 대한 연구는 이들에 대한 필자의 기존 연구성과를 검토한 뒤 오류를 수정하고 부족한 내용을 보완하였다. 박렬에 대한 연구의 경우, 목차까지 수정하는 등 논문 구성 자체를 전체적으로 변경하였고, 아나키스트에서 허무주의자로 전향한 것으로 규정하는 등 내용을 대폭 수정하였으며, 새로이 수집한 자료를 통해 해방 이후의 사상을 보완하였다. 신채호에 대한 연구에서는 〈신채호의 아나키즘〉을 발표한 이후 계속한 연구의 결과를 반영하여, 신채호를 재중국조선무정부공산주의자연맹의 창설자로 추정한 사실 등 몇 가지 오류를 바로잡았다. 이 오류를 포함해서 일부 내용을 수정·보완하였다. 류자명에 대한 연구에서는 이규창의 회고를 근거로 류자명을 재중국조선무정부주의자연맹의 창설자로 보지 않은 기존의 연구를 수정하였다. 그것은 류자명이 1924년 전반기까지 베이징에 있었다는 사실을 전해 주는 자료가 발견되었기 때문이다. 이외에도 일부의 내용을 수정하거나 보완하였다. 유림과 이회영에 대한 연구도 내용 일부를 수정하거나 보완하였다.

류기석과 이정규 및 이홍근에 대한 연구는 수집한 자료를 토대로 새로이 진행하였다. 류기석의 경우 성장과정, 상하이로 가서 안창호를 만나기까지의 과정, 베이징으로 가서 아나키즘을 수용하게 되는 과정, 그가 제창한 아나키즘의 내용, 그가 전개한 아나키스트 활동 등을 정리하였다. 이정규의 경우 기존의 연구성과들을 검토하고, 1차 사료를 수집하여 분석하였다. 이정규의 사상과 활동을 일제강점기와 해방 이후로 나누어 정리하였다. 이홍근과 관련된 자료는 많지 않다. 특히 해방 이후 행적에 대한 자료는 전혀 없다시피 하다. 이에 일제강점기 활동을 중심으로 정리할 수밖에 없었다. 해방 이후 사상과 활동에 대한 연구는 다음 기회로 미룬다.

출판계의 불황에도 기꺼이 출판을 허락해 주신 김경희 사장님과, 이 글을 다듬느라 많은 수고를 하신 편집부 직원들께 심심한 감사의 말씀을 드린다.

2019년 12월 30일
저물어가는 기해년을 뒤돌아보며
이 호 룡

# 차 례

# 머리말

아나키즘이 우리 사회에 소개된 지 이미 100년이 훨씬 지났다. 제국주의의 침략논리로 기능했던 사회진화론을 극복하는 과정에서 수용되기 시작한 아나키즘은 일제강점기 민족해방운동 과정에서 민족주의 및 공산주의와 함께 제3의 사상으로서 민족해방운동을 이끌었다. 아나키스트들은 한편으로는 민족주의자와 공산주의자들을 비판하고, 다른 한편으로는 협력하면서 독자적인 영역을 구축했다.

하지만 해방 이후 미군과 소련군이 한반도를 분할 점령하면서 극단적인 좌우 대립이 발생하였고, 그러한 가운데 아나키즘은 발 디딜 땅을 잃어버리고 말았다. 해방 이후 아나키즘의 쇠락은 아나키스트들이 자초한 측면도 있다. 아나키스트들이 변화된 정부·국가관 아래 아나키즘 본령에서 일탈한 것이 그것이다. 게다가 공산주의에 대한 과도한 대립의식은 좌우 대립 과정에서 아나키스트들로 하여금 우익 세력에 편재되게 만들었다. 그 결과 한국 아나키즘은 사상적 독자성을 상실하면서 역사무대의 전면에서 사라지고 말았다.

우리의 기억에서 사라졌던 아나키즘이 사람들의 관심을 끌기 시작한 것은 1980년대 후반 민주화운동이 활발하게 전개되면서부터이다. 1970년대까지 1~2편에 불과하던 한국 아나키즘에 대한 연구는 1980년대 후반 신채호의 아나키즘과 재중국 한국인 아나키스트 단체의 결성과 활동에 대한 개별적 분석이 이루어지면서 비교적 활발하게 전개되기 시작하였고, 2000년 대에 들어서서는 한국 아나키즘을 체계화하기 위한 작업이 진행되었다. 한국 아나키즘의 사상적 내용이 체계화되었고, 한국 아나키스트운동의 역사가 시기별, 유형별, 지역별로 정리되었다. 이로써 사회주의 수용의 시기와 과정, 1910년대 한국인 사상계의 지형 등이 제대로 밝혀지고, 아나키스트 운동은 한국 민족해방운동의 한 축으로 설정될 수 있었다.

한국 아나키스트들에 대한 인물 연구도 이루어졌다. 아나키스트 개개인에 대한 연구는 일제강점기 민족해방운동에서 아나키스트들이 얼마나 중요한 역할을 했는지를 실증해 줄 것이며, 한국인들의 아나키즘 수용 과정, 한국 아나키스트들의 사상과 활동 등을 더욱 생생하고 풍부하게 재현하는 데 많은 도움을 줄 것이다.

하지만 아나키스트 인물 연구는 충분히 이루어지지 않고 있다. 한국 아나키스트에 대한 인물 연구는 신채호·이회영·박렬·유림·류자명 등을 중심으로 이루어져 왔으며, 이들 외에는 최갑용·류기석·이규창·원심창·엄순봉·이정규·이강하·이용준·오면직·하기락 등에 대한 연구가 한두 편씩 있을 뿐이다.[1] 게다가 기존의 연구는 다음과 같은 몇 가지 문제점을 지니고 있다.

---

1  신채호·이회영·류자명·유림·박렬 등을 제외한 한국 아나키스트 개개인에 대한 연구를 소개하면 다음과 같다.
   류기석: 최기영, 2010 〈1920~30년대 류기석의 재중독립운동과 아나키즘〉, 《한국근 현대사 연구》 55, 한국근현대사학회
   엄순봉: 김희곤, 2007 〈아나키스트 엄순봉의 항일투쟁〉, 《안동사학》 12, 안동사학회
   오면직: 이호룡, 2014 《오면직선생》, 광복회
   원심창: 성주현, 2010 〈아나키스트 원심창과 육삼정 의열투쟁〉, 《숭실사학》 24, 숭실 사학회; 김명섭, 2012 〈원심창의 항일의열투쟁과 육삼정의기〉, 《백범과 민족 운동 연구》 9

첫째, 기존의 연구는 개개인의 사상이나 활동 등을 부분적으로 서술하였을 뿐, 아나키스트 개개인에 대한 총체적 인물 연구는 거의 이루어지지 않았다. 그리고 그러한 연구조차 평면적이고 단편적인 수준에 그치고 있어서 그들이 한국 아나키스트운동에서 어떠한 비중을 차지하고 있는지 이해하기 어려운 측면이 있다.

둘째, 아나키스트 개개인에 대한 연구 그 자체에 머물러 있어서, 아나키스트들 사이의 비교 연구도 거의 이루어지지 않고 있다. 지역별, 방법론별로 나누고, 그 부문을 대표하는 아나키스트들을 선정해서 비교 연구를 할 필요가 있다.

셋째, 연구 대상이 특정 인물에 집중되어 있고, 일제강점기 테러활동을 이끌었던 류기석, 혁명근거지 건설운동을 이끌었던 이정규, 아나르코생디칼리스트운동을 이끌었던 이홍근 등에 대한 연구는 고작 한두 편이거나 아예 없다. 그것은 한국 아나키스트운동에서의 위상과 역할을 기준으로 연구

원종린: 강효숙, 2008 〈초기 재일조선인 아나키즘운동: 원종린을 중심으로〉,《2008년 제3차 한일 자유공동체 연구자 공동워크숍》, 한국자유공동체연구회

이강하: 허종, 2009 〈일제시기 이강하의 민족운동〉,《한국근현대사 연구》제48집, 한국근현대사학회

이강훈: 박종연, 2014 〈일제시기 이강훈의 민족운동과 육삼정의거〉,《숭실사학》32

이규창: 황민호, 2014 〈일제하 재중 한인 아나키스트 소산 이규창의 민족운동〉,《한국민족운동사연구》80, 한국민족운동사학회

이용준: 임용식, 2004 〈애국지사 이용준과 아나키즘〉,《奈堤文化》15, 내제문화연구회

이정규: 오장환, 1995 〈이정규(1897~1984)의 무정부주의운동〉,《사학연구》49, 한국사학회; 황동연 2010 〈이정규, 초국가주의적 한국 아나키즘의 실현을 위하여〉,《역사비평》93, 역사비평사

최갑용: 박환, 1993 〈조선공산무정부주의자연맹의 결성: 최갑용의 사례를 중심으로〉,《국사관논총》41, 국사편찬위원회

하기락: 김성국, 2007 〈하기락: 노병은 죽지 않는다〉,《한국의 아나키스트: 자유와 해방의 전사》, 이학사

대상을 선정하지 않고, 연구자 개인의 관심도에 따라 선정한 결과로 보인다. 이는 한국 아나키스트들을 제대로 평가하는 데 장애가 되며, 한국 아나키즘을 체계적으로 이해하는 데도 도움이 되지 않는다.

넷째, 한국 아나키스트들에 관한 1차 사료들은 매우 부족한 상황이어서 회고록이나 일제 경찰의 정보보고서 등에 크게 의존할 수밖에 없기는 하지만, 기존의 연구성과들은 철저한 검증 없이 이 자료들을 무비판적으로 인용한 측면이 있다. 각종 사료들 사이 상충되는 부분에 대한 종합적인 검토도 많이 부족하다. 그 결과 객관적 사실조차 제대로 복원하지 못하는 치명적 결함을 안고 있는 경우도 있다. 회고록이나 일제 경찰의 정보 보고서는 잘못된 내용을 담고 있는 경우도 상당 부분 있으므로 이들 자료를 이용할 경우 철저한 사료 비판을 거쳐야 한다.

이 책은 이러한 문제의식에서 출발한다. 이 연구는 한국 아나키스트운동에서 중요한 역할을 한 인물들 가운데 시기, 지역, 사상적 내용 등을 고려해서 연구 대상을 선정하였다. 즉 시기는 아나키즘 수용기, 일제강점기, 해방 이후로, 지역은 국내, 일본, 중국 등으로 나눈 뒤, 사상적 조류와 방법론에 따라 각 영역에서 대표적 역할을 한 아나키스트들을 연구 대상으로 삼았다. 아나키즘 수용기를 대표하는 아나키스트로는 신채호·이회영(이상 중국), 정태신·나경석·한광수(이상 일본), 고순흠·신재모(이상 국내) 등, 일제강점기에 활동한 대표적 아나키스트로는 신채호·이회영·류자명·류기석·이정규·이을규·김종진·정화암·백정기(이상 중국), 박렬·정태성·양일동·육홍균·오우영·장상중·한하연·이동순, 이윤희(이상 일본), 서동성·서상경·신재모·최갑용·이홍근·방한상(이상 국내) 등, 해방 이후 활동한 대표적 아나키스트로는 이정규·이을규·유림·최갑용·양일동·정화암 등을 들 수 있다. 이들 가운데 수용기를 대표하는 아나키스트로 신채호와 이회영을, 일제강점기를 대표하는 아나키스트로 류기석(중국, 테러적 직접행동론)·류자명(중국, 민족전선론)·박렬(일본, 허무주의적 아나키즘)·이홍근(국내, 아나르코생디칼리슴)을, 해방 이후를 대표하는 아나키스트로 이정규(자유사회건설론)와 유림(아나키스트 정당론)을 각각 선정하였다.

또한 이 연구를 진행하면서 제1차 사료를 발굴하는 데 주력하고자 한다. 하지만 부족한 부분은 일제 경찰의 보고서나 조사서, 재판 기록, 증언이나 회고록 등 2차 사료에 상당 부분 의존할 수밖에 없다. 따라서 당시 간행된 잡지나 신문 등을 주된 사료로 삼아서 역사적 사실을 규명하도록 하되, 부족한 부분은 일본 정보기관의 보고서나 재판 기록에서 보충한다. 이 경우, 각 자료들을 비교 분석하거나 그 기록의 객관성을 엄밀히 따지는 등 사료 비판을 철저히 수행하여 자료 인용의 정확성을 기할 것이다. 증언이나 회고록은 참고하는 수준에서 활용한다.

필자는 이 책에서 한국인 아나키스트들의 사상과 활동을 더 구체적이고 미시적으로 분석함으로써, 아나키스트들이 민족해방운동에서 차지하였던 위상이나 그들의 역할을 재조명해 보고자 한다. 이는 한국인 아나키스트들의 사상과 활동의 내용을 더욱 풍부하게 해 줄 것이며, 우리 민족의 해방운동사를 재구성하는 데 일조할 것이다. 현재까지 우리의 민족해방운동사는 적대적인 두 개의 그룹인 좌익과 우익을 중심으로 그들에 의해서만 전개된 것으로 서술되어 왔다. 이 때문에 우리 민족의 근현대사는 좌우 대립의 장으로만 치부되었으며, 그 대립의 결과 분단될 수밖에 없었던 것으로 서술되어 왔다. 이 두 세력을 아우를 수 있는 중간적 입장은 거의 고려되지 않았다. 따라서 한국 민족해방운동사는 상당 부분 비어 있을 수밖에 없었다. 이 연구는 한국 근현대사상사의 흐름과 그 사상적 내용을 더욱더 풍부하고 심층적으로 이해하도록 해 줄 것이다.

필자는 이 연구를 통해 한국 민족을 이끌어갈 제3의 사상의 단초를 찾아보고자 한다. 앞으로 통일될 한국사회는 부르주아민주주의나 공산주의가 아닌 제3의 사상에 의해서 이끌어져야 할 것인바, 이 연구는 좌우 대립을 지양하고 좌우를 통합할 수 있는 새로운 사상을 모색하는 실마리를 제공할 수 있지 않을까 한다.

# 제1장

민중직접혁명론자

## 신 채 호

신채호申采浩는 한말 실력양성론에 입각하여 계몽운동을 전개하였다. 1907년 정미조약으로 사실상 망국 사태를 맞이한 이후에는 민족주의를 제창하면서 국권을 회복하기 위해 노력하는 한편, 한국인의 민족의식을 일깨우는 방도로서 한국 역사 연구에 몰두하였다.[1] 1910년 국권상실 직전에는 해외로 망명하여 민족해방운동에 참가하였으며, 1919년 3·1운동 이후부터는 아나키즘을 수용하고 이에 입각한 민족해방운동론을 제창하였다. 이처럼 신채호는 계몽운동가로서, 민족해방운동가로서, 그리고 역사학자로서 한국 근대 사상계에서 커다란 역할을 수행하였다.

 한국 근대사상사에서 신채호가 차지하는 비중에 주목하여 그의 활동과 사상에 대해서는 많은 연구가 이루어졌다. 하지만 그에 대한 연구들은 계몽운동가·민족주의운동가로서의 활동과 사상에 집중되어 있으며, 사회주의 수용의 선구자로서 신채호에 대한 연구는 거의 이루어져 있지 않다.

---

※  이 글은《역사학보》제177집(2003)에 발표한〈신채호의 아나키즘〉을 수정·보완한 것이다.

1  신채호는 일찍이 역사를 애국심의 원천으로 보고[〈許多古人之罪惡審判〉《신채호전집》별집, 120쪽)] 역사를 중요시하였다. 즉 국민의 애국심을 환기하기 위해서는 완전한 역사를 선수先授해야 하며[〈역사와 애국심의 관계〉《신채호전집》하, 79쪽)], 역사를 버리고는 국맥國脈을 보유할 길이 없다는 것을 강조하였다[신채호,《讀史新論》《신채호전집》상, 472쪽)].

신채호의 아나키즘을 분석한 연구조차도 신채호를 아나키스트로 인정하기보다는 아나키즘적인 방법론을 채택한 민족주의자로 이해해 왔다.

　　그러나 그는 1905년 무렵부터 고토쿠 슈스이幸德秋水 등의 저서를 통하여 아나키즘을 비롯한 사회주의사상을 접하면서 사회주의 수용의 선구자적인 역할을 수행하였다. 그리고 1910년대 말 이후에는 아나키즘을 자신의 사상으로 받아들이고 아나키스트로서 활동하였다. 이 글은 이 점에 주목하여 아나키스트로서의 신채호를 조명해 보고자 한다.

## 1.　반제국주의적 사고체계로서의 민족주의 제창

　　몰락 양반의 집안에서 태어난 신채호는 어릴 때부터 교육을 통해 상당한 유교적 소양을 쌓았다. 1897년부터는 신기선申箕善의 집을 드나들면서 신학문에 관한 많은 서적을 읽었으며 실학자들의 저술에도 관심을 보였다.(최홍규, 1993, 42~43쪽 참조) 1898년 가을 신기선의 추천으로 성균관에 입학한 뒤 서구의 근대사상을 폭넓게 접하면서 사회진화론을 수용하였다.[2] 이후 신채호는 독립협회에 가입하여 자강운동에 참여하였다. 그는 이상재·신흥우·김규식·이기현 등과 함께 내무부, 문서부 서기장 및 과장, 부장으로 출입하다가, 1898년 12월 17일(음 11월 5일) 430명의 동지와 함께 체포되었다.[3]

---

2　신채호의 사회진화론 수용에 대해서는 신연재(1991)를 참조할 것.

신채호는 감옥에서 풀려난 뒤, 사회진화론적 입장에서 우리 민족이 자주독립을 이루기 위해서는 교육으로 실력을 양성해야 한다고 판단하여 교육사업에 종사하였다. 1901년 신규식의 고향 청원군 낭성면琅城面 인차리仁次里에 설립되어 있던 문동학원文東學院에 내려가서 신백우와 함께 강사 생활을 하면서, 시대가 변하였다는 것을 강조하고 한문무용론漢文無用論을 제기하였다.[4] 1904년에는 신백우·신규식과 함께 신백우의 고향 관정리官井里(묵정墨井)에 있던 신충식申忠植의 집에 산동학당山東學堂을 설립하여 세계 정세를 소개하고 신학문을 가르쳤다.(畊夫申伯雨先生紀念事業會 편, 1973, 36·569쪽 참조) 그리고 여러 인사들과 교류하면서 봉건적 주자학의 울타리에서 벗어나 서구 사상을 연구해야 한다고 역설하였다.[5] 한편 1904년 6월 성균관에서 조소앙趙素昻 등 유생들과 함께 일제의 황무지 개간 요구에 항의하는 〈항일성토문〉을 작성하여, 일본 침략의 불가함을 상소하고 황무지 개간 허차약안許借約案에 동의한 이하영·현영운 등의 매국행위를 규탄하였다.(최홍규, 1993, 55·57쪽)

1907년 7월과 8월의 헤이그특사 사건에 이은 고종 퇴위·정미조약 체결·군대 해산 등 사실상의 망국 사태가 벌어지자, 신채호는 제국주의의

---

**3** 〈獨立協會沿歷略〉(《창작과비평》1970년 봄호, 119·122쪽). 이 자료의 신빙성에 대해 문제를 제기하는 사람들이 많다. 하지만 신채호가 독립협회에 가입하여 간부로 활동한 것을 사실로 인정하더라도 별 무리는 없다.

**4** 신영우, 〈조선의 역사 대가 단재 옥중회견기〉(《신채호전집》하, 447쪽); 畊夫申伯雨先生紀念事業會 편, 1973, 36·568쪽 등을 종합

**5** 신채호는 의병을 일으켰다가 실패하여 1903년 서울에 올라온 유인식을 만나 함께 지내면서 "영남 학술이 개혁되지 않으면 안 된다는 것과 서학을 연구하지 않으면 안 된다는 것을 말"하였으나, 그가 수긍하지 않자 신학문에 관한 서적을 몇 권 주었다.[〈上金拓庵先生〉(동산선생기념사업회 편, 1978, 9~10쪽) 참조] 이를 계기로 유인식은 위정척사론자에서 벗어나 계몽운동가로 전환하였다.

침략에 대응하기 위한 반제국주의적 사고체계를 모색하였다. 즉 일본 제국주의의 노골적인 침략에 맞서서 국가주의와 민족주의를 제창하였던 것이다.

신채호는 일본 제국주의의 원조를 받아 근대화를 달성하자는 논리를 부정하고, 스스로의 힘으로 독립국가를 건설할 것을 주장했다. 즉 "대한의 독립은 대한인大韓人의 자력으로 획득하고 자력으로 보수保守하여야 완전한 독립"이 된다는 것이다.(《귀중한 줄을 認하여야 保守할 줄을 認하지》) 신채호가 보기에 독립국가를 보유하려면 우선 인민의 애국정신을 고취할 필요가 있었다. 그는 〈국가는 즉 일가족〉에서 국가와 황실, 국가와 정부를 구분하고, 일반 백성도 국가에 대해 책임이 있음을 강조하면서, 인민의 국가정신을 고취해야 한다고 역설하였다.[6] 그리고 외국 문명 수입에만 의지하면 명령螟蛉교육이 되며, 시국풍조時局風潮에만 수응酬應하면 마귀시험魔鬼試驗에 빠진다고 이를 비판하면서, 국수國粹를 보전保全하는 것이 매우 중요하며 또한 시급하다고 주장하였다.[7]

당시 많은 한국 지식인들은 국가의 독립을 주장하지 않고 일제의 침략 논리인 동양주의를 무비판적으로 수용하고 있었다. 이에 신채호는 국가주의를 제창하는 한편, 동양 제국諸國이 일치단결하여 서방의 동점東漸을 막아야 한다고 주장하는 동양주의의 허구성을 지적하고, 오국자誤國者·미외자媚外者·혼돈무식자渾沌無識者 등이 동양주의를 제창한다고 하면서, 이들의 매국행위와 국혼國魂을 깎아내리고 해치는〔剝喪〕 행위를 비판

---

6 《대한매일신보》 1908년 7월 31일자(《신채호전집》 별집, 148쪽) 참조

7 〈國粹保全說〉(《신채호전집》 별집, 116~117쪽) 참조. 신채호는 이 글에서 국수國粹를 "기국其國에 역사적으로 전래하는 풍속, 습관, 법률, 제도 등의 정신"으로 규정하였다.

하였다.[8]

그는 국가주의와 함께 민족주의를 제창하였다. 즉 국맥國脈을 보유하려면 민족주의로 전국의 고집 세고 사리에 어두운 자들(頑夢)을 깨우쳐 주어야(喚醒) 한다는 것이다.[9] 〈제국주의와 민족주의〉에서 민족주의를 '타민족의 간섭을 받아들이지 아니하는(不受) 주의'로 규정한 뒤, 제국주의에 저항하는 방법은 민족주의를 분휘奮輝하는 것이라고 하면서, 민족을 보전하고자 하는 자는 마땅히 민족주의를 취해야 한다고 역설하였다.[10]

그리고 실력양성 그 자체를 목적으로 삼는 것에도 반대하였다. 교육 보급을 위한 학교 설립, 실업 발달을 위한 식산흥리殖産興利, 단체 집합을 위한 회단 조직會團組織, 사회개량을 위한 완습 환성頑習喚醒 등은 목적지에 도달하는 방법일 뿐이지 목적지 그 자체는 아니며, 대한국민의 목적지는 "국가의 정신을 발휘하고 만유萬有의 사업을 국가에 공供하여 신성한 국가를 보유"하는 것이라 하였다.[11] 나아가 '선先실력양성 후後독립론'을 다음과 같이 비판하였다.

대저 독립을 조造함에 실력이 일부 대요소大要素라 함은 가可할지언정, 부강한 후에야 독립을 조造한다 함은 불가不可한 바라. 시사試思하라. 고래古來로 독립을 조造한 자가 과연 모두 실력의 부강을 의뢰하였는가. 실력이 전무하다 함은 불가할지언정, 실력의 부강함을 요한다 함은 역불가亦不可하니 미국, 희랍, 이태리 등 독립사를 시독試讀하라. 부강이 독립의 전제를 작作한다 함보다,

8  〈東洋主義에 대한 비평〉(《신채호전집》하, 88~90쪽) 참조

9  신채호, 《讀史新論》(《신채호전집》상, 472쪽)

10 《대한매일신보》 1909년 5월 28일자(《신채호전집》하, 108쪽)

11 〈금일 대한국민의 목적지〉(《신채호전집》별집, 177~178쪽)

녕<sub>寧</sub>히 독립이 부강의 전제가 된다 함이 가하니라.[12]

위의 글은 실력이 독립의 일부 대요소大要素는 될 수 있다 할지라도 부강富强 여부가 독립의 전제는 될 수 없고, 오히려 독립이 부강의 전제가 된다며 독립이 먼저임을 주장하고 있다. 그리하여 신채호는 한국의 즉각적인 독립을 목표로 만주에 독립군 기지를 건설하여 독립군을 양성하고, 일제에 대해 무장투쟁을 전개해야 한다는 무장투쟁론을 제기하였다.

일부의 연구자들은 1910년에 발표된 〈20세기 신국민二十世紀 新國民〉이 "금일 한국의 자유를 복復하며 문명을 개開할 법문法文은 즉 교육"이라[13] 역설한 것을 들어, 신채호가 1910년 무렵까지 교육을 강조하였다고 주장하고 있다. 하지만 이 글의 저자를 신채호로 보기에는 많은 문제가 있다.[14] 독립군 기지를 건설하기 위하여 해외로 망명하기로 결정한 신채호가 망명 직전에 교육을 강조하는 글을 작성하였다는 것은 수긍하기 어렵다.

신채호가 실력 양성을 목적으로 하는 것에 반대하고 제국주의에 대항하기 위한 이념으로 국가주의와 민족주의를 제창하였던 것은, 선실력양성론자들이 진화의 측면을 강조하는 입장에서 사회진화론을 수용한 것과는 달리 경쟁의 측면을 강조하는 입장에서 사회진화론을 수용한 데에서 연유한다.[15] 생존경쟁이 지배하는 국제사회에서 살아남으려면 경쟁의 주체로

---

**12** 〈韓人의 當守할 國家的 主義〉,《대한매일신보》1909년 6월 18일자(박찬승, 1992, 91쪽에서 재인용)

**13** 《대한매일신보》1910년 2월 22일~3월 3일자(《신채호전집》별집, 226쪽)

**14** 조동걸도 이 글의 저자를 신채호로 보는 것에 대하여 의문을 제기하였다.(조동걸, 2001, 188쪽)

**15** 한국인들은 사회진화론을 수용할 때, 진화의 측면을 중시하는 근대문명지상주의적 입장과 경쟁의 측면을 중시하는 입장으로 나뉘었다.(趙景達, 1996, 341쪽) 전자는 독립국

서의 민족과 국가의 존재가 필요하였던 것이다.

신채호가 반제국주의적 사고체계로서 민족주의를 제창하게 된 데에는 사회주의로부터의 영향도 상당 부분 있었다. 즉 그는 황성신문사에 재직할 당시 일본 아나키스트 고토쿠 슈스이의《장광설長廣舌》을 통해 사회주의사상을 접하고, 사회주의의 반제국주의적 측면을 수용하였던 것이다. 〈제국주의와 민족주의〉에서 신채호는 제국주의를 고토쿠 슈스이의 표현에 따라 '영토와 국권을 확장하는 주의'로 규정하고,[16] 제국주의를 비판하였다.

1910년 일제에 의한 강점이 목전에 닥치자, 신채호는 나라는 비록 망하더라도 민족은 망하지 않는다는 믿음 아래 해외에서 민족의 독립을 도모하기 위해 신민회 회원들과 함께 망명하였다. 즉 "한국이 비록 약하지만〔雖弱〕일본의 슬하에 입入하여 노예로서 술잔〔奴巵〕을 장음長飮치 아니"할 것이며, "일본의 무력이 아무리 혁혁하여도 한인의 심목心目 중에는 일본을 무시하여 대항할 마음〔心〕은 유有하되 굴종할 의意는 무無"하므로, "천天이 붕崩하고 지地가 열裂하여도 일본에 대한 감정은 없어지지 않는다〔不磨〕"는 믿음을 가지고 있었다.[17] 그리하여 1910년 4월 칭다오青島회의에 참가한 뒤 연해주로 가서 광복회를 조직하고,《해조신문海朝新聞》·《대양보大洋報》·《권업신문勸業新聞》등의 지면을 통해 러시아 지역〔在露領〕한국인들

---

가를 건설하기 위해서는 실력 양성이 우선이고, 실력을 양성하기 위해서는 문명국 즉 일본의 도움이라도 받아야 한다고 주장하였고, 후자는 자력에 의한 독립을 주장하였다.

**16** 고토쿠 슈스이는 제국주의를 '영토확장의 주의'로 규정하고 그 '영토확장'에는 아무런 근거가 없다고 주장하였다(石坂浩一, 1993, 20쪽)

**17** 〈한일합병론자에게 고함〉,《대한매일신보》1910년 1월 7~8일자(《단재신채호전집》6, 378~379쪽)

의 민족의식을 고취하는 등 왕성한 활동을 전개했다. 이후 연해주·중국 관내關內·만주를 오가면서 민족주의에 입각한 민족해방운동을 전개하는 한편, 한국 역사를 집중적으로 연구하였다.

신채호의 민족주의는 제국주의의 침략에 대항하고 조국의 독립을 지향하는 이념으로 제창된 것이지만, 그 사상적 기초는 사회진화론이었다. 신채호는 힘이 지배하는 국제질서를 부정함으로써 한국의 독립을 추구한 것이 아니라 힘에 의한 독립을 모색하였으며, 독립을 넘어 강자로서의 한국을 추구하였던 것이다. 1916년에 저술한 우화적 환상소설《꿈하늘》에서 국가주의와 국수주의·영웅주의 등을 테마로 다루었으며(趙景達, 1996, 350쪽), 〈도덕〉에서는 "크로포트킨의 상호부조론보다 다윈의 생존경쟁설을 더 수입"해야 한다고 역설하였다.[18] 이러한 사실들은 신채호가 아나키즘을 비롯한 사회주의를 접하였음에도 여전히 사회진화론적 입장을 굳게 지니고 있었다는 것을 말해 준다.

신채호가 사회진화론적 사고를 극복하게 된 것은 러시아혁명 이후로 보인다. 제1차 세계대전 발발 이후 대두하였던 사회개조·세계개조론은 러시아혁명 이후 대동사상과 결합되면서 한국인들 사이에서 널리 수용되었다. 1917년 7월 대동사상에 입각한(조동걸, 1987, 130쪽) 〈대동단결의 선언〉이 발표되었는데(〈대동단결의 선언〉, 12쪽), 이 선언宣言은 "민권연합회民權聯合會는 강권 타파와 민권 신장의 대운동에 착수하여 국계종별國界種別이

---

**18** 〈도덕〉(《신채호전집》하, 141쪽). 이 글에 "만국평화회의의 내면에 전란(제1차 세계대전을 지칭하는 것으로 보임-인용자)의 고통이 잠복"이라는 표현이 있는 것으로 보아, 이 글은 적어도 1914년 이후에 쓰여졌으며, 아직 사회진화론적 사고에서 벗어나지 못하고 있으므로 대동사상大同思想에 기초하고 있는 〈대동단결의 宣言〉이 발표된 1917년 7월 이전에 작성된 것으로 보는 것이 타당할 것이다.

무無하고, 만국사회당은 계절존망繼絶存亡의 대의大義를 선포하여 인류 화복을 재정裁定"하고 있다고(〈대동단결의 선언〉, 9쪽) 하면서, 사회와 세계가 개조되고 있음을 밝혔다. 강권 타파와 민권 신장을 주장하는 것은 강권이 지배하고 있는 현 사회를 개조하자는 것이며, 만국사회당의 인류 화복 재정裁定을 주장하는 것은 제국주의가 지배하는 세계 질서를 개조하자는 것이다. 이 선언은 "독립·평등의 성권聖權을 주장하여 동화同化의 마력魔力과 자치自治의 열근劣根을 방제防除할 것"을 포함하여 7개 항의 제의提議의 강령을 제시하고 있다.(〈대동단결의 선언〉, 11~12쪽) 독립과 평등을 성스러운 권리라 한 것은 강자에 의한 약자 지배를 부정하는 것이다. 이 선언에는 신채호, 신규식, 조소앙, 박은식, 박용만 등이 서명하였는데, 이것은 신채호가 러시아혁명을 계기로 사회개조·세계개조론과 대동사상을 수용하면서[19] 사회진화론을 극복해 나갔다는[20] 것을 말해 준다.

〈대한독립선언서〉는 신채호가 사회진화론적 입장에서 벗어났음을 여실히 드러내 보인다. 그가 이동휘·이상룡李相龍·이승만·문창범·박은식·신규식·조소앙 등 38명과 함께 서명한 〈대한독립선언서〉는 다음과 같이 주장하고 있다.

---

**19** 신채호는 "유교를 확장코자 하면 유교의 진리를 확장하여 허위를 기기棄하고 실학을 무務하며, 소강小康을 기棄하고 대동大同을 무務하여 유교의 광광光을 우주에 조照"해야 한다고 주장하는[〈유교 확장에 대한 論〉《신채호전집》하, 119~120쪽)] 등 한말韓末에 이미 대동사상大同思想을 어느 정도 이해하고 있었다.

**20** 신채호가 러시아혁명을 계기로 사회진화론적 사고에서 벗어났다고 보는 것은 사회진화론에 기초하고 있는《꿈하늘》을 저술한 시기인 1916년과, 사회진화론적 사고를 부정하고 있는 〈대동단결의 선언〉이 발표된 시기인 1917년 7월 사이에는 사상 전환을 할 만한 계기로는 러시아혁명밖에 없기 때문이다.

우리 민족이 공진하여 무도한 강권 속박을 해탈하고 광명한 평화독립을
회복함은 … 세계를 개조하여 대동건설을 협찬하는 소이所以일새, … 군국전
제를 삭제하여 민족 평등을 전 지구에 보시普施할지니 이는 아 독립의 제일의
요, 무력겸병을 근절하여 평균천하의 공도로 진행할지니 이는 아 독립의 본
령이요, 밀약사전密約私戰을 엄금하고 대동평화를 선전할지니 이는 아 복국의
사명이요, 동권동부同權同富로 일절 동포에 시施하여 남녀빈부를 제齊하며, 등
현등수等賢等壽로 지우노유知愚老幼에 균하여 사해 인류를 도度할지니 이는 아
입국의 기치旗幟요, 진進하여 국제 불의를 감독하고 우주의 진선미를 체현할
지니 이는 아 대한민족의 응시부활應時復活의 구경의究竟義니라.[21]

위의 선언서는 사회개조·세계개조론적 입장에서 강자에 의한 약자 지
배를 부정하고, 모든 민족과 모든 사람이 평등하게 공존하는 대동사회를
건설해야 한다고 주장하면서 우리 민족 독립의 당위성을 역설하였다. 이
는 신채호가 1910년대까지 견지하고 있던 사회진화론을 극복하고 팽창적
민족주의에서 벗어났음을 말해 준다.

## 2. 아나키즘 수용과 아나키스트로서의 활동

### 1) 아나키즘 수용 과정

신채호는 사회진화론을 극복하는 과정에서 아나키즘을 수용하였다.

---

**21** 〈대한독립선언서〉(강만길 편, 1987, 10~11쪽)

그가 아나키즘을 처음 접한 것은 고토쿠 슈스이의 저작을 통해서였다. 그는 1905년 무렵 고토쿠 슈스이의《장광설》을 읽고 아나키즘에 공명하기까지 했다.[22] 고토쿠 슈스이가 그의 아나키즘 수용에 일정한 영향을 미친[23] 사실은 그의 진술에서 잘 드러난다. 1929년 10월 3일 행해진 제4회 공판에서 "그 후(연해주沿海州로 망명한 후-인용자) 일본 무정부주의자 고토쿠 슈스이가 저작한 책을 보고 공명하여 이필현李弼鉉(이지영李志永)의 소개로 동방연맹에 가입하였던가"라는 재판관의 질문에 그는 "고토쿠의 저서가 가장 합리한 줄을 알았"다고 답변하였다.(《동아일보》1929년 10월 7일자)

　1905년《장광설》을 통해 아나키즘을 접한 그는 아나키즘을 곧바로 수용하지는 않지만, 사회주의에 대한 지식을 꾸준히 축적해 갔다. 1911년에는《대양보》[24](〈大洋報ニ關スル件〉)의 주필이 되어 배일기사를 게재하면

---

22 《조선일보》1928년 12월 28일자 참조. 1902년에 출판된《장광설》은 고토쿠 슈스이가 아나키스트로 전향하기 전에 저술하였던 책으로서 사회주의적 입장을 취하고 있으며, 그 내용 중에는 아나키즘에 대한 설명도 있으나 소략하다. 하지만 "무정부주의가 유행하는 이유는 사람들이 국가사회에 대해 절망했기 때문이며, 전제정부는 무정부주의의 제조공장이다"라는 구절은 당시 혁명가들 사이에 널리 유행하였다.

23 신채호가 고토쿠 슈스이로부터 상당한 영향력을 받았다는 것은 다음의 사실에서도 확인된다. 첫째, 신채호는 중국 신문《신보晨報》에 기고한 글에서 "일본에 오직 고토쿠 슈스이 한 사람만이 있을 따름"이라고 할 정도로 그를 평가하였으며, 둘째, 그의《기독 말살론基督抹殺論》을 한역漢譯해서 소개하기도 하였다.(신일철, 1981, 173~174쪽)

24 《대양보》(편집겸발행인 유진률)는 청년근업회가 발행하였는데, 청년근업회는《대양보》발행을 추진하면서 신채호를 주필로 초빙하였다.《대양보》는 1911년 6월 14일에 창간될 예정이었으나, 신문 발행에 관계하던 백원보가 경찰에 구류당하는 바람에 연기되어 6월 18일에 창간호가 발행되었다.[朝鮮駐箚憲兵隊司令部,〈明治四十五年六月調露領沿海州移住朝鮮人の狀態〉(박환, 1995, 145쪽에서 재인용);〈朝鮮人狀況報告〉;〈六月十三日以降浦潮斯德地方鮮人動靜〉등을 종합]〈六月十三日以降浦潮斯德地方鮮人動靜〉에는 대양보의 주필을 申秉熙(혹은 申秉浩라고도 함)로 기록하였는데,〈六月十四日木藤通譯官嚴仁燮より得たる情報〉에 의하면, 申秉熙는 신채호의 이명이다.

서 연해주에 거주하던 한국인들에게 민족의식을 고취하였는데,《대양보》
제13호에 논설 〈청년 노동자에게 바란다〉를 발표하여 노동의 신성함을
논하고 극력 그 노력을 장려하였다. 그리고《권업신문》1912년 8월 29일
자(러시아력 1912. 8. 16)의 논설 〈이날〔是日〕〉에서 "저의 귀족들은 음란사
치가 극도에 달하여 평민은 살 수가 없으므로 사회주의자가 생긴 일도 이
날이요, 저의 임금 무쓰히토睦仁 이하 황족을 폭발약으로 몰살케 하고 공화
국을 설립코자 하던 고토쿠 등 수십 명이 죽은 일도 이날"이라고 하면서,
일본에서 사회주의자가 발생한 원인은 귀족계급의 평민계급 착취에 있다
고 설명하였다. 신채호가 노동의 신성함을 강조한 것이나 사회주의의 발
생 원인에 대해서 설명한 것은, 그가 사회주의를 일정 정도 이해하고 있었
음을 나타내 준다.

　1913년 8월 신규식의 초청으로 상하이로 간 신채호는 류스푸劉師復의
논설을 탐독하였으며(무정부주의운동사편찬위원회 편, 1994, 142쪽), 그 과
정에서 크로포트킨의 상호부조론을 이해할 정도로 아나키즘에 대한 풍부
한 지식을 획득하였다. 그는 상하이에 함께 거주하던 한국인들이 벌이던
민족해방운동의 방도에 대한 토론에도 참가하였는데,**25** 토론 과정에서 아
나키즘에 대한 연구도 이루어졌을 것으로 보인다.

　그렇지만 신채호는 아직 아나키즘을 자신의 사상으로 받아들이지는
않고, 단지 아나키스트들의 방법론만을 수용하였다. 즉 고토쿠 슈스이가

---

**25** 이광수에 따르면, 1913년 무렵 문일평, 홍명희, 조소앙 등은 한집에 거주하면서 독립
　운동 방도에 대해 토론하였고, 그 결과 정인보를 국내로 파견하기도 하였다. 같은 해에
　신규식의 초청으로 상하이로 갔던 신채호도 이들과 왕래하고 있었다.[이광수, 〈그의
　자서전〉(이광수, 1979, 234·353~354쪽)] 인명은 이광수의《나의 고백》을 바탕으로 하
　였다.

《장광설》에서 제창한 '암살론'26을 수용하여 암살활동을 민족해방운동의
방도로 채택하였던 것이다. 신채호는 1910년 〈철퇴가鐵椎歌〉에서 진시황
秦始皇을 암살하고자 하였던 창해역사滄海力士를 본받아 철퇴鐵椎로 포학무
도暴虐無道한 자들을 처단하여 한국의 국위국광國威國光을 빛내고, 고점리高
漸離·형가荊軻 등을 위로하자고 노래하면서,27 암살행위를 나라를 구할 방
도로 설정하였다. 1916년에 저술한 《꿈하늘》에서는 "을지문덕도 암살당
을 조직하였다"고 하여 암살활동의 가치를 인정한 뒤, "외교를 의뢰하여
국민의 사상을 약하게 하는 놈들은" 댕댕이지옥에 두어야 하며, "의병도
아니요 암살도 아니요 오직 할 일은 교육이나 실업 같은 것으로 차차 백성
을 깨우자 하여 점점 더운 피를 차게 하고 산 넋을 죽게" 하는 놈들은 '어
둥지옥'에 가야 한다고 하여28 외교독립론과 실력양성론을 비판하고, 한
국 민족이 취해야 할 민족해방운동 방도 가운데 하나로 암살활동을 설정
하였다. 이외 〈이날〉·〈증별 기당안태국贈別 期堂安泰國〉·〈독사讀史〉 등에서
도 고토쿠 슈스이와 형가의 암살행위를 예찬하였다.

　　나아가 암살활동을 정당화하기까지 하였다. 즉 신채호는 〈도덕〉에서
망국민인 한국 민족이 취해야 할 도덕으로서 '유제한적有制限的 도덕', '무
공포적無恐怖的 도덕', '국수적國粹的 도덕'을 들면서, 붓을 잡거나 칼을 잡
거나, 스파르타와 같이 도둑질[竊賊]을 좋아하거나 몽고와 같이 싸워 죽이
기[戰殺]를 즐기거나 간에, 그것이 국가를 위한 것인 이상은 모두가 다 도

---

**26**　고토쿠 슈스이는 《장광설》에서 암살 행위가 벌어지는 근본 원인은 사회가 판단 능력
　　과 제재 능력을 상실한 데 있다고 하면서 암살의 불가피성을 강조하였다.(幸德秋水,
　　1902, 40쪽)

**27**　〈鐵椎歌〉(박정규 편, 1999, 136쪽) 참조

**28**　한놈(신채호의 필명), 1916(《신채호전집》 하, 183·209~210쪽)

덕이라 하였던 것이다.[29] 이것 또한 '목적이 정당하다면 어떠한 수단을 사용하더라도 정당하다'고 하면서 테러를 정당화하는 아나키스트들의 논리를 차용한 것이다.

신채호가 한말부터 아나키즘으로부터 강한 영향을 받았으면서도 곧바로 아나키즘을 수용하지 않았던 것은 그의 주체적인 사상 수용 태도에 기인한다고 할 수 있다. 신채호는, 주의·사상은 "그 사회의 정황을 따라 혹은 성하고 혹은 쇠하거늘, 우리 사회는 그렇지 아니하여 발이 아프거나 말거나 세상이 외씨버선을 신으면 나도 외씨버선을 신나니, 이는 노예의 사상"이라 하여 외래 사상을 그대로 수입하는 것을 경계하였다.[30] 이러한 태도는 〈낭객浪客의 신년만필新年漫筆〉에서도 잘 드러난다. 즉 신채호는 "석가가 들어오면 조선의 석가가 되지 않고 석가의 조선이 되며, 공자가 들어오면 조선의 공자가 되지 않고 공자의 조선이 되며, 무슨 주의가 들어와도 조선의 주의가 되지 않고 주의의 조선이 되려 한다"고 하여,[31] 한국인들의 비주체적인 외래사상 수용 태도를 비판하였던 것이다. 이러한 주체적 태도는 신채호로 하여금 아나키즘을 수용할 때 전통사상과 단절하지 않고 기존의 자신의 사상, 즉 유교적 소양을 바탕으로 아나키즘을 수용하게끔 하였다.[32]

---

**29** 〈도덕〉(《신채호전집》하, 141~142쪽)

**30** 〈문예계 청년에게 參考를 求함〉(《신채호전집》하, 24쪽) 참조. 이 글의 작성 시기는 1920년대 전반으로 추정된다. 그것은 이 글에 "불과 5·6년 전이지만 그때는 조선 전폭 안에 돌아 다니는 신문이 총독부 기관지인 《매일신보》 하나뿐이었고, 잡지는 《청춘》이 있을 뿐"(《신채호전집》하, 19쪽)이라는 표현이 있기 때문이다. 《청춘》은 1914년에 창간되어 1918년에 폐간되었다.

**31** 《동아일보》 1925년 1월 2일자(《신채호전집》하, 26쪽)

**32** 신채호는 1929년 2월 6일 제2회 공판에서, 예심조서에서 고토쿠 슈스이의 저서를 읽

러시아혁명 이후 대동사상과 결합된 사회개조·세계개조론을 제창하던 신채호가 아나키즘을 자신의 사상으로 수용하게 된 것은 3·1운동 이후로 보인다. 그는 3·1운동이 민중의 주도 아래 전개되자 커다란 충격을 받았다. 그는 3·1운동을 '5,000년 이래 제일 큰 일'로 보고, 1919년 3월 1일을 '우리나라 독립사의 개권開卷 제1장'으로 규정하기도(대궁, 〈제3회 삼일절 동포에게 널리 알린다〉) 하였다. 그는 3·1운동 과정에서 민중의 폭발적인 힘이 드러나자, 민중을 민족해방운동의 주체로 인식하고, 당시 민중해방을 표방하던 아나키즘을 자신의 사상으로 수용하였다.

신채호의 아나키즘 수용은 암살활동을 주요한 수단으로 삼는 민족해방운동 방법론과 대동사상의 사상적 기반 위에서 이루어졌는데, 상호부조론이 사회진화론의 생존경쟁론을 극복하는 데 가장 적합한 논리였다는 점이 크게 작용했던 것으로 보인다. 아나키즘을 수용하면서 신채호는 국수주의를 극복해 갔다. 신채호는 〈국제연맹에 대한 감상〉에서 모든 나라가 자유를 누리는 사회를 건설하는 것이 시대의 흐름임을 강조하면서 강력자强力者에 대한 요구를 버릴 것을 역설하였다.[33] 이는 그가 사회진화론적 입장에서 강자强者를 추구하던 1910년대의 국수주의적 사고에서 탈피하여 아나키즘적 세계관을 가지고 있었음을 보여준다. 그는 〈고고편考古篇〉에서도 "라니아羅尼亞(루마니아羅馬尼亞인 것 같다-인용자)의 대라마니아등주의大羅馬尼亞等主義('대루마니아주의 등'의 오식인 것 같다-인용자)는 모두 국

---

고 아나키스트로 되었다고 한 것을 수정하여, 자신은 책에서 얻은 이론으로 아나키스트가 되었던 것이 아니라 자신의 인간적 요구에 따른 것이라고 하였다.(《自由聯合新聞》第36號)

**33** 固麻, 〈국제연맹에 대한 감상〉. 이 글의 성격으로 보아 固麻는 신채호의 필명으로 사료된다.

수國粹적 강토의 망상에서 발원하였다"고 하여,[34] 대외 팽창을 추구하는 국수주의를 비판하고 있다.

## 2) 아나키스트로서의 활동

3·1운동 이후 아나키즘에 주목한 신채호는 임시정부 수립에 참여하여 1919년 7월 8일 개최된 의정원 제5회 회의(제2일)에서 전원위원회 위원장으로 선출되었다.(在上海日本總領事館警察部第2課 編, 《朝鮮民族運動年鑑》, 22~23쪽) 하지만 1919년 8월 18일 개최된 의정원 제6회 회의에서 미국에 위임통치를 청원했던 이승만이 대통령으로 선출되자 그는 이에 격렬하게 반대하였고, 이 때문에 임시의정원에서 해임되었다.[35]

임시정부를 떠난 신채호는 반임시정부 활동을 활발하게 전개했다. 3·1운동 얼마 뒤 대동청년단 단장으로 추대되었던(《신채호전집》하, 501쪽) 그는 1919년 청년학생들을 조직화하여 군사행동을 목적으로 하는 대한독립청년단(일명 학생단)을 결성하였으며,[36] 남형우南亨祐를 단주團主로 하여 신

---

**34** 志神, 〈考古篇〉(윤병석 편, 1993, 38쪽). 《天鼓》제1권 제2호에 실린 〈만리장성〉의 저자와 제3호에 게재된 〈考古篇〉의 저자가 神志로 기록되어 있는 것으로 보아, 志神은 神志의 잘못으로 사료되며, 神志는 신채호의 필명인 것으로 보인다.

**35** 在上海領事館 編, 《朝鮮民族運動(未定稿)〉第一(1910. 9~1922. 8)(《外務特殊文書》23, 236~237쪽) 참조

**36** 在上海日本總領事館 編, 《朝鮮民族運動年鑑》, 57·70쪽; 민족운동연구소 편, 1956, 40~41쪽 등을 종합. 대한독립청년단의 간부진은 단장 신채호, 부단장 韓震山, 총무 한진산, 通信社長 한진산, 서기 方錫範, 外務長 文哲, 內務長兼財務長 趙東珍, 軍務長 徐日甫 등이었으며, 1919년 12월 현재 회원수는 70명이며, 이 가운데 在北京 회원수는 30명이었다. 1919년 9월 2일 天津不變團長이 北京에 있던 학생단의 존재를 임시정부에 보고하고 있으므로 대한독립청년단은 1919년 7·8월 무렵에 결성되었던 것으로 보인다.

대한동맹단(단원 약 40명)도 조직하고 부단주가 되었다.[37] 그리고 김두봉·한위건韓偉健 등과 함께 상하이에서《신대한新大韓》을 발행하여[38] 임시정부의 운동노선을 비판하였다. 이러한 활동 과정에서 신채호의 아나키즘 수용이 촉진되었던 것으로 보인다. 즉 임시정부의 노선을 분쇄하기 위해 이승만의 외교노선이나 안창호의 준비론을 대체할 새로운 방법론을 개발하는 과정에서 아나키즘을 민족해방운동의 지도이념으로 받아들인 것이다.

신채호는〈신대한 창간사〉에서 자치운동과 참정권운동, 외교독립론을 비판하고, "다만 대의大義로써 동포를 분려奮勵하여 '제일第一 독립을 못하거든 차라리 사死하리라는 결심을 공고케 하며, 제이第二 적에 대한 파괴의 반면反面이 곧 독립건설의 터이라'는 이해를 명확케 하여, 이상의 국가보다 먼저 이상의 독립군을 제조"할 목적으로 창간하게 되었다는 취지를 밝혔다.[39] 이 창간사는 아나키즘적 세계관에 입각하여 계급투쟁으로 자본주의 사회의 모순을 극복하고 빈부의 차이가 없는 평등한 이상세계를 건설할 것을 주장하고, '파괴가 곧 건설'이라는 바쿠닌의 주장에 근거하여 일제를 파괴하는 것이 곧 한국의 독립을 건설하는 것이라 주장하였다. 그리

---

**37** 〈上海における獨立運動團體各派の組織報告の件〉(1920年 11月 24日)(金正明 編, 1967, 418쪽); 朝鮮總督府警務局 編,〈上海在住不逞鮮人ノ狀況〉(1921年 4月)(《外務特殊文書》2, 525쪽) 등을 종합

**38** 在上海領事館 編,《朝鮮民族運動(未定稿)》第一(1910. 9~1922. 8)(《外務特殊文書》23, 658쪽);〈上海における獨立運動團體各派の組織報告の件〉(1920年 11月 24日)(金正明 編, 1967, 419쪽); 朝鮮總督府警務局 編, "在外不穩新聞雜誌調査表(昭和2年11月調)", 1쪽 등을 종합.《신대한》을 신대한동맹단의 기관지로 기록하고 있는 일제 정보보고서도 있다.(이상구 편역, 1967, 485쪽)

**39** 〈新大韓 창간사〉. '파괴가 곧 건설'이라는 논리가 그대로 관철되어 있는 1923년 1월의 〈조선혁명선언〉을 보고 조완구가 그 자리에서 신채호를 그 필자로 지목하였는데(柳子明,《한 혁명자의 회억록》, 133쪽), 이것은 신채호가 그전부터 '파괴가 곧 건설'이라는 논리를 펴고 있었으며,〈新大韓 창간사〉의 필자가 신채호라는 것을 말해 준다.

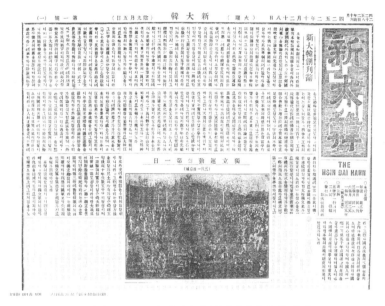

**사진 1-1** 1919년 상해에서 창간된《신대한》창간호

고 아나키즘적 국가관에 입각하여 국가보다는 독립군을 조직하는 것이 급
선무임을 밝혔다.

〈국제연맹에 대한 감상〉에서는 민족자결이 실행되면 "대소大小가 상
안相安하고 강약이 상부相扶하여" 평화로운 세상이 될 것이며, 이것이 바로
세계 인민이 평화회의에 바라는 바라고 하였다. 그리고 시세의 흐름은
자유의 길로 나아가고 있다며, 만약 "국제 당국들이 일시의 강력强力으로
약자를 무시하고 사리私利만 다툰다 하면," 자유를 갈망하는 인류들은 제1
차 세계대전보다 더한 대유혈의 참극을 열어서라도 자유를 찾을 것이라
하였다.(固麻,〈국제연맹에 대한 감상〉) 이 글은 크로포트킨의 상호부조론에
입각하여 대동세계를 건설하는 것이 시대의 흐름임을 강조하고 있는데,
이는 결국 아나키즘에 입각하여 민족해방운동을 전개할 것을 주장하는 것

이다.

1919년 무렵부터 아나키즘적 입장에서 민족해방운동을 전개하던[40] 신채호는 한때 이동휘의 한인사회당과 '국가사회주의당'에 가입하기도 하였다. 일부 자료에는 신채호가 고려공산당(1921년 5월 창당)에 가입한 것으로 기록되어 있으나,[41] 그가 가입한 것은 고려공산당이 아니라 그 전신인 한인사회당(1920년 9월 한인공산당으로 개편)인 것으로 사료된다. 신채호가 상하이에 있을 때 공산주의 정당에 가입한 것으로 보이기 때문이다. 당시 상하이에 있었던 공산주의 정당은 한인사회당이었으며, 신채호는 1920년 초에 상하이를 떠나 베이징으로 갔다. 일제의 다른 정보보고서에 따르면 신채호는 국가사회주의당의 당원이기도 하였다. '국가사회주의당'은 문창범·신채호·한위건·김재희·이옥李鈺·김덕金德·노무령盧武寧·김갑金甲 등이 수령이었고, 김두봉·남형우 등이 주요 관계자였다. 그리고 베이징에서《서광曙光》을 발행하였는데, 신채호가 주필을 맡았다.[42]

신채호가 한인사회당에 가입한 것은 아나키즘과 공산주의의 본질적 차이를 인식하지 못하고, 다 같은 사회주의로 파악하였기 때문이 아닌가 여겨진다. 그 결과《신대한》은 기본적으로는 아나키즘적 입장을 나타내고 있지만, 러시아의 내전 상황과 공산주의운동에 관한 기사도 상당수 게재하였다.

---

**40** 徐世忠은 신채호가 "(1918년 北京에서《中華報》에 논설을 쓰다가 그만둔 이후-인용자) 上海·北平 등지에서 무정부주의운동을 하면서 잡지《天鼓》를 발행"하였다고 회고하였다.[徐世忠,〈단재의 天才와 礙滯없는 성격〉(《신채호전집》하, 464쪽)]

**41** 〈在上海共産黨首領呂運亨取調狀況ニ關スル件〉(《外務特殊文書》28, 463쪽) ; 국사편찬위원회 편, 1955《기려수필》여운형(2) 편

**42** 〈국외 정보-재상해 조선인의 사회주의 구분에 관한 건〉(독립운동사편찬위원회 편, 1975, 530~531쪽) ; 이상구 편역, 1967, 490~491쪽 등을 종합

임시정부의 압력으로 1920년 1월 중순 이후《신대한》발행이 중단되자,[43] 신채호는 베이징으로 가서 반임시정부 세력을 규합하기 시작하였다. 6월 즈음에는 박용만·문창범·유동열·김영학·고창일 등과 함께 노령露領 쑤이펀하綏芬河로 가서 독립운동을 모색하였으나 무위로 끝나고 말았다.[44] 베이징으로 돌아간 신채호는 1920년 9월 박용만·신숙申肅 등 14명과 함께 군사통일촉성회를 발기하여[45] 독립군 통합을 서둘렀다. 군사통일촉성회는 반년여의 노력을 기울인 끝에 1921년 4월 17일 각단체대표회(4월 19일 군사통일회의로 명명)를 개최할 수 있었다.(《대동》3호) 군사통일회의에서는 4월 24일 임시정부와 임시의정원 불승인안을 통과시키고, 이를 임시정부와 임시의정원에 통고하기로 결의하였다.(《대동》4호) 그리고 반임정 선전활동을 하고자 신채호를 주간으로 하여《대동》을 간행하였다.(애국동지원호회 편, 1956, 368쪽)

그는 1921년 4월 19일 이승만·정한경 등의 대미對美 위임통치 청원을 규탄하는 내용의 〈성토문〉[46]을 작성·공표하는 한편, 군사통일기관 설립을 촉진하고자 1921년 5월 21일 김정묵金正黙·박봉래朴鳳來 등과 함께 통일책진회統一策進會를 발기하고 〈통일책진회발기취지서〉를 작성·발표하였

---

**43** 〈上海方面排日鮮人의 狀況〉(대한민국국회도서관 편, 1978, 725쪽);〈上海居住抗日運動者의 書信入手의 件〉(金正明 編, 1967, 407~408쪽) 등을 종합

**44** 대한민국국회도서관 편, 1979, 667~668쪽;〈有力不逞鮮人の動靜〉(姜德相 편, 1970, 179쪽) 등을 종합

**45** 《대동》3호(1921. 7); 申肅,《나의 일생》, 61쪽(신용하, 1991, 44쪽에서 재인용) 등을 종합

**46** 김원봉·김창숙·남공선·서왈보·오성륜·장건상·이극로 등 54명이 〈성토문〉에 서명하였는데, 이들은 〈성토문〉을 통해 이승만을 옹호하는 임시정부의 처사를 비판하면서, 매국賣國·매족賣族의 청원은 무효라고 주장하였다.[〈성토문〉(《신채호전집》별집, 87~90쪽) 참조]

다(《신채호전집》하, 501쪽). 통일책진회는 외교정치노선을 버리고 군사에 주중注重할 것과, 각지에 산재한 군대를 한곳에 집중하고 다수의 군인을 더 불러모아(招募) 일전一戰을 시試하도록 노력할 것을 주장하면서, ① 진정한 독립정신 아래에서 통일적으로 광복운동을 할 일, ② 정부문제를 근본적으로 해결하여 시국을 수습할 일, ③ 각 군사 단체를 완전히 통합하여 혈전血戰을 도圖할 일 등을 3대 주장으로 내세웠다.(〈통일책진회선언서〉) 여기서 정부 문제를 근본적으로 해결한다는 것은 당시의 임시정부를 해체하고 새로운 정부를 수립한다는 의미가 아니라, 임시정부를 해체하는 대신 각 군사단체를 통괄하는 조직을 결성한다는 의미였던 것으로 사료된다.

하지만 당시의 많은 독립군 부대들과 독립운동 단체들은 군사통일기관 설립보다는 국민대표회의에 깊은 관심을 가지고 있었다. 그리하여 군사통일회의는 군사통일의 과제보다는 주로 임시정부를 비판·공격하는 데 주력하였다.(최갑용, 1996, 78~80쪽) 군사통일회의가 1921년 6월 2일 박용만·신숙·박건병·남공선·김갑 등을 국민대표회주비원으로 선출하는[47] 등 국민대표회의 소집에 주력하자, 신채호는 군사통일회의와 일정한 거리를 두었다. 통일책진회 또한 별다른 활동을 전개하지 못하였다. 이에 신채호는 무장투쟁은 자신이 추진할 바가 아니라는 것을 인식하고 독립군에 의한 무장투쟁노선을 포기하였다.[48] 대신 자신이 1910년대부터 견지해 오던

---

**47** 《대동》4호. 일반적으로 신채호도 국민대표회 소집운동에 적극 참가하여 '창조파'의 맹장으로서 활동하였다고 하지만, 그가 국민대표회의에 참가하여 활동한 자료는 보이지 않는다.

**48** 신채호는 〈이수상에게 도서열람을 요청하는 편지〉에서 "무장단투武裝段鬪란 유생儒生의 능사能事가 아니…라는 것을 비로소 알았으니…전일의 그름은 자인합니다"라고 하여(《신채호전집》별집, 367~368쪽), 독립군에 의한 무장투쟁을 포기하였음을 밝히고 있다. 수상은 리다자오李大釗의 호이다. 본문에 "나이 사십을 지냈습니다"라는 표

**사진 1-2** 1921년 베이징에서 창간된《천고》창간호

테러에 의한 폭력투쟁노선으로 전환하였다.

　한편, 신채호는 1921년 1월 김창숙·박숭병朴崇秉·이회영·한영복韓永福
등과 함께 순한문지《천고天鼓》를 창간하여 아나키즘 선전작업을 전개하
였다.[49] 신채호는 〈창간사〉에서 일제의 식민지지배에 맞서서 "안(국내-인

---

　현이 있는 것으로 보아 이 편지의 작성 연대는 사십대 초반, 즉 1921~1922년인 것으
로 추정된다. 끝부분에 "작년 가을에 이를 쓰다가 마치지 못한 것이다"라는 구절이 있
는 것으로 보아 이 편지는 보내지 않은 것으로 여겨진다.

**49** 〈北京天津附近在住朝鮮人の狀況報告書傳達の件〉(《朝鮮人에 대한 施政關係雜件 一般의 部
⑶》, 38쪽); 《단재신채호전집》9, 440쪽; 柳子明, 〈朝鮮愛國史學家申采浩〉(楊昭全 等編,
1987b, 1374쪽); 김창숙, 〈자서전〉(심산사상연구회 편, 1985, 220쪽) 등을 종합. 김창
숙에 따르면 신채호는 1920년 11월에 이미 베이징에서 박숭병과 함께《천고》발행을
준비하고 있었다. 〈단주 유림선생 약력〉(단주유림선생기념사업회 편, 1991, 262쪽)에
는 김정묵金正黙·남형우南亨祐·유림柳林 등도《천고》발행에 관계한 것으로 기록되어
있다.

용자)에서는 민기民氣가 날로 성장하여 암살폭동의 장거壯擧가 층견層見하여 끊이지 않고, 밖에서는 세운世運이 일신日新하여 잔방약족屛邦弱族의 자립운동이 속출하여 그치지 않고 있다"고 하면서, 한국 민족이 해방을 쟁취하기 위해 끊임없이 투쟁하고 있다는 것을 밝힌 뒤, 민족해방의 방법으로 "도구刀鉤가 되고 창포槍炮가 되어 구분寇氛을 소탕"하고 "작탄비수炸彈匕首가 되어 적을 놀라게" 할 것을 주장하였다.[50]

나아가 아나키스트단체를 조직하여 아나키스트운동을 본격적으로 전개하기 시작하였다. 즉 1921년 지식인들을 중심으로 하여 흑색청년동맹黑色靑年同盟을 국내에 창설하고, 같은 해에 베이징에 지부까지 설치하였던 것이다.[51] 흑색청년동맹의 실체에 대해서 자세한 것은 알 수 없으나, 테러활동을 추구하였던 것으로 사료된다. 신채호는 군사통일회의와 통일책진회를 통한 군사통일기관 설립이 지지부진해지자 독립군에 의한 무장투쟁론을 포기하고, 당시 재중국 한국인 아나키스트들이 활발하게 전개하고 있던 테러활동에 희망을 걸었던 것이다. 신채호는 테러적 직접행동론[52]을 민족해방운동의 방법론으로 받아들이면서, 아나키즘을 자신의 사상으로

---

50 편집인, 〈창간사〉(윤병석 편, 1993). 심훈의 회고에 따르면,《天鼓》〈창간사〉의 필자는 신채호다.[심훈, 〈단재와 우당〉(《신채호전집》 별집, 411쪽)]

51 김산·님 웨일즈, 1999, 104쪽. 흑색청년동맹은 1924년 이후 해체되었다. 張志樂은 흑색청년동맹의 창설자를 신채호로 지목하였으나, 당시 신채호는 중국에 있었으므로 그가 베이징지부의 창설자일 수는 있지만 국내 흑색청년동맹의 창설자일 가능성은 적다. 하지만 신채호는 국내 조직인 대동청년단의 단장으로 추대되었을 뿐 아니라, 단장으로 있던 대한독립단이 조선노동공제회의 결성에 관여하는(고순흠, 1967) 등 국내운동에 관계한 사례도 있어 그 가능성을 완전히 부정할 수도 없다.

52 테러적 직접행동론은 아나키스트들의 방법론으로, 테러활동을 통해 민중들을 각성시키고 민족해방운동과 아나키스트 혁명에 동참하게끔 만들 것을 주장한다. 자세한 것은 이호룡, 2001, 266~276쪽을 참조할 것.

**사진 1-3** 1920년대 초의 신채호. 왼쪽부터 신채호, 신석우, 신규식

정립하였다.

3·1운동 이후 김성도金聖道·안근생安根生 등이 쑨원孫文과 협의하여 폭
탄공장 건설과 암살활동을 계획하고, 1920년대 초에는 의열단을 중심으
로 하여 재중국 한국인 아나키스트들이 일제의 통치기관을 파괴하고 요인
들을 암살하는 등 중국에서는 한국인 아나키스트들에 의한 테러활동이 활
발하게 전개되었다. 이 시기를 장지락張志樂은 한국인 아나키스트운동의
전성기라 표현하였다.(김산·님 웨일즈, 1999, 103쪽) 하지만 당시 한국인들
이 테러활동을 활발하게 전개한 것은, 민족해방운동이 고양되어 가는 상
황에서 매국노나 일본 제국주의자 그리고 일제의 식민지 기관을 암살·파
괴함으로써 나라를 잃은 울분을 풀기 위해서이거나, 테러행위를 계속하면
일제가 물러갈 것이라고 소박하게 생각하였기 때문이었다. 한국인들이 행

한 테러의 상당수는 개인적이고 감상적인 차원에서 이루어진 것이었다. 테러활동은 민중들을 각성시키는 데는 어느 정도 효과가 있었는지 모르지만, 민중들과 점차 유리되어 가는 결과를 초래하였다.

아나키스트들의 테러활동이 활발하게 전개되는 가운데, 1921년 5월 상하이에서 이동휘 일파에 의해 고려공산당이 결성되어 공산주의 선전작업이 활발히 이루어지고, 국내에서 대중운동이 점차 성장하면서 공산주의가 점차 부각되기 시작하였다.[53] 공산주의자들은 테러에 반대하는 코민테른의 방침에 따라 아나키스트들의 테러행위를 모험주의로 비판하면서 그 세력을 확장해 갔다. 윤자영尹滋瑛·현정건玄鼎健(현정근玄正根)·조덕진趙德津[54] 등은 공산주의 단체를 조직하고 테러활동을 비판하는 글을 발표하였다.(柳子明,《한 혁명자의 회억록》, 130쪽) 그들은 대중에 근거를 둔 투쟁의 필요성을 제기하고, 테러의 비대중성·무모성을 지적하였다. 즉 의열단의 테러활동을 "암살과 파괴를 독립운동의 유일한 방법으로 하여, 적 괴수를 암살하고, 적의 시설을 파괴하여, 강도 일본을 축출"하고자 하는 개인적 공포주의 만능론으로 규정한 것이다. 또한 "현재 한국의 운동은 그 파괴의 목적물은 개인 또는 건물에 있지 않고, 정치상, 경제상 기타 각 방면의 현상제도, 조직, 그 이민족의 통치권을 파괴하는 데 있다"고 하면서 테러활

---

**53** 張志樂은 "한국 자체의 대중운동이 상당한 수준까지 솟구쳐" 올라 "1924년이 되면 대중운동이 공산주의 이데올로기로 기울어졌"으며, "대중운동의 발전은 의열단원들에게 커다란 자극을 주었"고, "마르크스주의의 정당성을 새로이 증명해 주었"으며, "개인적인 테러리즘은 더 이상 필요가 없게 되었다"고 하면서(김산·님 웨일즈, 1999, 104~105쪽), 대중운동의 흥기를 의열단이 민족주의자·아나키스트·공산주의자로 분열된 원인으로 들었다. 여기서 대중투쟁이 고양되면서 테러활동이 비판받기 시작했다는 것을 알 수 있다.

**54** 자료에 따라서는 趙德律로 표기하기도 하나, 류자명은 趙德津으로 기록하고 있다(류자명,《한 혁명자의 회억록》, 130쪽).

동의 오류를 지적하였다.[55]

이에 재중국 한국인 아나키스트들은 공산주의자들의 테러적 직접행동론에 대한 비판에 대응하기 위하여 자신들의 논리를 체계화할 필요성을 느꼈다.[56] 즉 공산주의에 대항할 수 있는 논리 정연한 민족해방운동론을 정립해야 했으며, 그것은 철저히 아나키즘에 입각한 것이어야 했다. 군사통일회의의 실패로 독립군노선을 포기하고 테러에 의한 폭력투쟁노선으로 전환한 신채호는 의열단의 요청으로 〈조선혁명선언〉을 작성·발표하여 공산주의자들의 주장에 이론적으로 대응하였다. 즉 테러적 직접행동론을 민족해방운동 방법론으로, 그리고 아나키스트혁명 방법론으로 체계화하였던 것이다.

신채호는 〈조선혁명선언〉에서 일본 제국주의와 함께 내정독립·자치·참정권론자와 문화운동론자 등을 민족의 적으로 규정하고, 민족해방운동 방략으로 외교론과 준비론을 주장하는 임시정부를 비판하였다. 한국 혁명의 길은 고유적 한국을 발견하기 위하여 이족통치異族統治를, 자유로운 한국 민중을 발견하기 위하여 특권계급을, 민중생활을 발전시키기 위하여 경제약탈제도를, 민중 전체의 행복을 증진하기 위하여 사회적 불평균을, 민중문화를 제창하기 위하여 노예적 문화사상을 파괴하는 것이라고 주장하였다. 나아가 한국의 국호·정권·생존의 필요조건을 모두 박탈하여 온갖 만행을 자행하고 있는 일본 제국주의를 몰아내고 한국 민족의 생존을 유

---

55 〈선언〉(청년동맹회, 1924. 10)(독립운동사편찬위원회 편, 1975, 723~724쪽). 이 자료는 〈조선혁명선언〉(1923. 1)이 발표된 이후의 것이기는 하지만, 그 이전의 공산주의자들의 생각도 이와 큰 차이가 없었던 것으로 보인다.

56 柳子明은 공산주의자들의 반박에 맞서 의열단도 자기의 주장을 발표할 필요를 느껴 신채호로 하여금 소위 의열단선언인 〈조선혁명선언〉을 작성케 하였다고 회고하였다.(柳子明,《한 혁명가의 회억록》, 130~131쪽)

지하려면, 민중직접혁명으로 민중의 자유가 보장되고 민중이 주인인 사회를 건설해야 한다고 선언하였다.[57]

〈조선혁명선언〉에서 테러적 직접행동론이 체계화되면서, 테러활동은 단지 복수적 감정에서 매국노나 일본 제국주의자들을 처단하던 차원에서 벗어나 민족해방운동의 주요한 수단으로 자리잡았다. 신채호의 테러적 직접행동론은 일제강점기 한국인 아나키스트의 가장 주요한 투쟁방법론이 되었다. 이후 의열단의 활동분자들은 〈조선혁명선언〉을 항상 휴대하였다.(대한민국국회도서관 편, 1976, 427쪽)

신채호는 생활상의 곤란으로 1924년 3월 10일 관음사에 들어가 중이 되었다.[58] 이 무렵 재중국 한국인 아나키스트들이 재중국조선무정부주의자연맹을 조직하였으나, 그는 여기에 참가하지 않았다. 노선 차이가 그 원

**사진 1-4**  의열단이 1923년 1월에 발표한 〈조선혁명선언〉

---

**57**  〈조선혁명선언〉(《단재신채호전집》 8, 891~901쪽) 참조

**58**  "61일 戒壇의 회고"(박정규 편, 1999, 91~92쪽); 이규창, 1992, 66~67쪽 등을 종합.
詩 "無題"(《신채호전집》 별집, 352쪽)에는 승려 시절 신채호의 일상생활이 묘사되어 있다. 하지만 신채호의 승려생활은 1년에도 미치지 못하였다. 그는 1924년 말 관음사에서 나와 이회영의 동생 이호영의 집에서 하숙하면서 《조선일보》와 《동아일보》에 투고

인이었던 것으로 보인다. 즉 재중국조선무정부주의자연맹은 이회영·이정규李丁奎·이을규李乙奎·정화암鄭華岩(鄭允玉, 鄭元玉, 鄭賢燮) 등에 의하여 결성되었는데, 그들은 대부분이 혁명근거지 건설을 도모하던 아나키스트들이었으며, 신채호는 그들과는 방법론을 달리하고 있었다.[59] 신채호는 테러활동을 주로 하는 다물단에 관계하였다. 다물단의 테러활동에는 직접 참가하지 않았지만, 〈다물단선언〉을 작성하는[60] 등 다물단을 정신적으로 지도하였다.

신채호는 한국 청년들이 바쿠닌이나 크로포트킨의 감화를 받지 못함을 한탄하면서,[61] 크로포트킨의 〈청년에게 고하노라〉란 논문의 세례를 받자고 호소하였다.[62] 그리고 "주의主義의 간판을 붙이며 자유·개조·혁명의 명사名詞 외우는 형식적 인물"이 아닌, "주의主義대로 명사名詞대로 혈전血戰하는 정신적 인물"의 존재를 강조하면서[63] 자신의 아나키즘적 이념을 실천할 방도를 모색하기 시작했다.

중국 아나키스트들을 중심으로 국제 아나키스트 단체를 결성하기 위

---

하였다.(이규창, 1992, 68·72쪽)

**59** 정화암은 "단재 신채호는 베이징 順治門內 石燈庵에 우거하면서 사고전서를 섭렵하고 역사 편찬에 몰두하고 있었"기 때문에 재중국조선무정부주의자연맹의 결성에 참가하지 않았다고 하나(정화암, 1982, 61～62쪽), 설득력이 부족하다. 당시 이회영과 내왕하고 있던 그가 재중국조선무정부주의자연맹 창립 소식을 모를 리 없었기 때문이다.

**60** 다물단은 1923년 즈음 李圭駿, 李圭鶴, 李性春 등 여러 명이 의열단의 류자명과 상의하여 조직한 단체이다.(이규창, 1992, 74～75쪽)

**61** 신채호는 僞學文의 폐해를 지적하면서 "엇지하면 루소 뿔트로 정치를 강연하며 빠곤이 쿠로포트킨으로 도덕을 논술하야, 우리 청년의 두뇌를 다시 씻슬는지"라고 하였다.[신채호, 〈僞學問의 폐해〉, 《丹兒雜感錄》(김병민, 1994, 10쪽에서 재인용)] 김병민은 《丹兒雜感錄》의 저술 시기를 1920년대 초로 추측하고 있다.

**62** 〈浪客의 新年漫筆〉(《신채호전집》하, 30쪽)

**63** 〈浪客의 新年漫筆〉(《신채호전집》하, 31쪽)

48    제1장 민중직접혁명론자 신채호

한 준비작업이 활발하게 전개되자, 신채호는 1926년 여름에 그 준비모임
에 참가하였다.<sup>64</sup> 이어 1927년 9월 베이징에서 수젠秦健의 발의로 한국·일
본·중국·대만·안남·인도 등 6국 대표자 120여 명이 참가한 가운데 무정
부주의동방연맹 창립대회가 개최되자, 이필현과 함께 한국 아나키스트 대
표로 참가하였다.<sup>65</sup> 이 대회에서는 각각 자국으로 돌아가 연락을 하여 목
적을 달성할 것과 본부를 상하이에 설치할 것 등이 결정되었다.(《조선일
보》1928년 12월 28일자) 무정부주의동방연맹은 동아시아 국가들의 국체를
변혁하여 모든 사람이 자유롭게 잘사는 사회를 건설하는 것을 그 목적으
로 하였다.<sup>66</sup>

신채호는 무정부주의동방연맹의 결정을 실천에 옮기기 위하여 재중국
한국인 아나키스트들의 힘을 한곳으로 모으고자 하였다. 1928년 4월 톈진
에서 한국인 아나키스트대회를 개최하였다.<sup>67</sup> 이 대회는 신채호가 작성한

---

**64** 신채호는 제4회 공판에서 자신은 林炳文의 소개로 1926년 여름에 무정부주의동방연
맹에 입회하였다고 진술하고 있으나(《동아일보》1929년 10월 7일자), 신채호가 가입
한 것은 준비모임이었던 것으로 사료된다. 高自性(柳林)이 진우연맹(1925. 9~1926.
7)의 方漢相에게 편지를 보내 상하이에서 계획 중인 遠東無政府主義者總聯盟이 결성되
면 가맹하라고 권유한(慶尙北道警察部 編, 1934, 241쪽) 사실로 보아 1925년에서 1926
년 사이에 국제적 아나키스트단체를 결성하기 위한 본격적인 움직임이 있었음을 알
수 있다. 위의 일제의 경찰 자료에는 함안군 출신 高自性(高三賢)으로 기술하고 있으나
이는 안동과 高自性의 잘못이다. 방한상의 〈개인 및 단체 경력서〉와 《동아일보》1927
년 6월 15일자에는 高自性(高三賢. 柳林)으로 기록되어 있다.
**65** 이 당시 류기석, 이정규 등은 취안저우에서 농민자위운동에 참가하고 있었고, 톈진에
서 생활고에 시달리고 있던 이회영은 일제 경찰의 감시를 피해 상하이로 떠났다.
**66** 신채호는 제4회 공판에서 "동방연맹이란 일본, 중국, 인도 등 동방에 있는 여러 무정
부주의자 동지가 결탁하여 기성 국체를 변혁하여 자유노동사회를 건설하자는 단체인
가?"라는 재판장의 물음에 "무정부주의로 동방의 기성 국체를 변혁하여 다 같은 자유
로써 잘살자는 것이오"라고 답변하였다.(《동아일보》1929년 10월 7일자)
**67** 《조선일보》1928년 12월 28일자는 베이징에서 아나키스트대회가 개최된 것으로 보

〈선언문〉을 채택하는 한편, 주의 선전과 기관 파괴를 결의하였다. 즉 베이징 교외에 폭탄과 총기 공장을 건설하고, 러시아·독일인 폭탄제조 기사를 초빙하여 폭탄과 총기를 제조하여, 각국으로 보내어 대관 암살과 대건물 파괴를 도모하는 한편, 선전기관을 설치하고 선전문을 인쇄하여 세계 각국에 배부·발송하기로 결정하였다.

하지만 이 사업에 소요될 자금을 어떻게 조달하느냐는 문제가 대두되었다. 신채호는 외국환을 위조하여 자금문제를 해결하고자 하였다. 당시 베이징 우무郵務관리국에 근무하던 대만 아나키스트 린빙원林炳文으로 하여금 수만 원의 외국환을 위조하여 우체국에 저축케 한 뒤, 중국·관둥저우關東州·한국·대만·일본 등지에서 현금으로 인출한다는 계획을 세웠다. 하지만 이 계획은 중도에 발각되어 1928년 4월 27일 린빙원이 돈을 인출하는 과정에서 체포되었다. 이러한 사실을 모른 채 신채호는 중국인 행세를 하면서 일본을 거쳐 대만으로 갔다. 1928년 5월 8일 대만 지룽基隆우편국에서 인출하려다가, 지룽基隆경찰서 형사에 의해 체포되었다. 이 사건으로 체포된 사람은 신채호를 포함하여 이필현, 이종원李鍾元, 린빙원, 양지칭楊吉慶(중국인) 등 5명이었다. 린빙원은 1928년 8월 옥사하였고, 이필현은 사형을, 이종원은 무기징역을 언도받았으며, 양지칭은 증거불충분으로 석방되었다. 신채호는 5월 말에 다롄大連으로 호송되어 4차례의 공판을 거쳐 10년형을 선고받고, 뤼순旅順감옥에서 복역하다가 1936년 2월 21일 뇌일혈로 옥사하였다.[68]

---

도하였으나, 이는 잘못이다. 신채호가 제4회 공판에서 진술한 내용에 의하면 대회가 개최된 곳은 톈진이다.[《동아일보》 1929년 10월 7일자《신채호전집》 하, 433쪽)]

**68** 《조선일보》 1928년 12월 28일자; 《동아일보》 1928년 5월 10일·7월 2일·1929년 2월 12일·3월 13일·10월 7일·1936년 2월 23일자; 《중외일보》 1930년 4월 14일자; 《自由

## 3. 민중직접혁명론

### 1) 사회구상

1910년대 민족주의를 제창하면서 조국의 독립을 역설하던 신채호는 아나키즘을 수용하면서부터는 국가를 더 이상 언급하지 않고 일제의 식민지지배로부터의 민족해방을 강조하였다. 〈신대한 창간사〉에서 국가의 존재를 무시한 바 있던 신채호는 〈조선혁명선언〉에서도 국가라는 용어 자체를 거의 사용하지 않는 등 국가의 독립에 대해서는 언급하지 않은 채 민족의 생존만을 도모하였다. 즉 그는 민중직접혁명을 통하여 일본 제국주의를 구축할 것을 주장하였는데,[69] 그것은 한국의 독립을 위해서가 아니라 한국민족의 생존을 유지하려는 것이었다. 나아가 1928년 4월 톈진에서 개최된 재중국 한국인 아나키스트대회가 채택한 〈선언문〉은 정부를 지배계급이 무산민중으로부터 약탈한 소득을 분배하려는 '인육분장소人肉分臟所'로 묘사하면서, 정부를 파괴해야 한다고 역설하였다.[70]

일제강점기에 국가와 정부를 부정하는 것은 곧 일본 제국주의의 식민지 권력을 부정하는 것이다. 신채호는 〈조선혁명선언〉에서 "일본 강도정치 곧 이족통치異族統治가 우리 조선민족 생존의 적임을 선언"하고, 혁명수단으로 일본을 살벌할 것을 주장하였다.[71] 일제로부터 해방을 주장한 것

---

聯合新聞》第32號(1929. 2, 1)·第47號(1930. 5. 1); "爲宣傳陰謀費 僞造郵便爲替"(《단재신채호전집》8, 905쪽); "宣傳無政府主義之鮮人逮捕詳報"(《단재신채호전집》8, 906쪽); "僞造を發見した全島郵便局"(《단재신채호전집》8, 907쪽); 무정부주의운동사편찬위원회 편, 1994, 308~309쪽 등을 종합

**69**  〈조선혁명선언〉조선혁명선언)(《신채호전집》하, 36쪽)

**70**  〈선언문〉(《신채호전집》하, 48~49쪽)

은 민중을 일제의 강압으로부터 해방시키기 위한 것이지, 민중을 수탈하는 새로운 정부를 수립하기 위한 것이 아니었다. 즉 신채호에게 민족해방운동은 곧 민중해방운동이고 아나키스트운동이었다. 그가 민족해방을 주장한 것은 민족주의자였기 때문이 아니라, 민족해방이 곧 민중해방이었기 때문이다.

그러면 신채호가 일제의 식민지배로부터 벗어나서 건설하고자 했던 사회는 어떠한 사회였을까? 그는 최근세의 계급전쟁은 노동·자본 두 계급의 전쟁이고, 자본주의의 발전에 따라 노동자와 소자본가는 망할 수밖에 없다고 하면서 빈부평균적貧富平均的인 이상세계를 건설할 것을 주장했다.(《신대한 창간사》) 즉 무산계급의 혈액을 착취하는 강도에 지나지 않는[72] 자본가 계급을 타도하고 착취가 없는 평등사회를 건설하고자 했던 것이다. 그리하여 신채호는 이족통치·특권계급·경제약탈제도·사회적 불평균·노예적 문화사상 등을 파괴하고자 했다. 이족전제異族專制 하에 있는 한 고유한 한국을 건설할 수 없으며, 특권계급이 존재하는 한 한국 민중은 자유로울 수 없고, 경제약탈제도가 존재하는 한 민중의 생활은 보장될 수 없으며, 사회적 불평균이 존속하는 한 민중 전체의 행복은 증진될 수 없고, 유래遺來하던 문화사상의 종교·윤리·문학·미술·풍속·습관 등은 모두 강자를 옹호하는 것이라고 생각하였기 때문이었다.[73] 이처럼 신채호가 앞으로 건설하고자 한 사회의 모습은 아나키즘에 바탕을 두고 있었다.

신채호는 자본주의를 부정함에 따라 자본주의사회 건설을 추구하던

---

**71** 〈조선혁명선언〉(《신채호전집》하, 36~37쪽)

**72** 〈조선혁명선언〉(《신채호전집》하, 37쪽)

**73** 〈조선혁명선언〉(《신채호전집》하, 44쪽)

민족주의자들에 대해 비판적 입장을 취하였다. 1927년 국내에서 공산주의자들과 비타협적 민족주의자들이 연합하여 신간회를 결성할 때, 안재홍이 신채호에게 발기인으로 참가할 것을 종용하였으나, 그는 절절한 논지를 펴면서 이를 거절하였다.[74] 그때 그가 펼쳤던 반론의 내용은 알 길이 없지만, 당시 아나키스트들의 민족주의에 대한 비판적 입장과 대동소이하였던 것으로 보인다. 일제강점기 한국인 아나키스트들은 식민지 권력과 타협할 수밖에 없는 한국 자본가계급의 취약성을 강조하면서, 민족주의자들을 일본 제국주의를 대신하여 권력을 장악하고자 하는 지극히 불순한 세력이라고 비판하였다. 민족주의운동이 독립국가 건설이라는 명분을 내세우는 것은 자본계급이 자신의 지배적·착취적인 권력을 확립하려는 운동에 민중을 동원하기 위해서라는 것이다. 따라서 한국인 아나키스트들은 민족해방과 식민지 권력 사이에서 끊임없이 동요하면서 새로운 지배 권력을 꿈꾸는 자본가 계급과의 연합은 도저히 불가능한 것으로 간주하고, 공산주의자와 민족주의자가 연합하여 신간회를 결성하는 것에 반대하였다.[75]

이처럼 신채호는 자본주의를 부정하고 사회주의사회를 건설하고자 하였다. 그는 제1차 세계대전 이후 인도·정의·자유·평등의 논조가 점차 고창되어 전 지구를 뒤덮고 있으며, 그것과 함께 사회주의가 널리 전파되어 결코 파괴할 수 없는 세력을 가졌다고 하면서(我觀, 〈日本帝國主義之末運將

---

**74** 안재홍, 〈嗚呼 丹齋를 哭함〉(《신채호전집》 별집, 379쪽). 하지만 신채호는 지기知己였던 홍명희가 참가를 간곡하게 부탁하자, 그와의 우의를 저버릴 수 없어 자신을 신간회의 발기인에 포함시키는 것을 결국 허락하였다.[홍벽초, 〈哭 丹齋〉(단재신채호선생기념사업회 편, 1980, 30쪽)]

**75** 일제강점기 한국인 아나키스트들의 민족주의에 대한 비판에 대해서는 이호룡, 2001, 204~214쪽을 참고할 것.

至)), 사회주의사회의 도래를 확신하였다. 신채호는 사회주의가 한국에서는 이미 고조선 시대부터 시행되었던 것으로 파악하였다. 즉 고조선 시대에 중국보다 앞서 시행되었던 정전제井田制가 바로 "고농업시대古農業時代의 사회주의"로서 사회주의자들이 꿈꾸어 온 공산제도이며, 정전제의 '평균'정신은 그 이후에도 고려·조선으로 계속 이어졌다는 것이다.(震公, 〈朝鮮古代之社會主義〉)

　신채호가 건설하고자 한 사회주의사회는 공산주의사회가 아니었다. 오히려 그는 공산주의의 폐단을 지적하면서 비판하였다. 그는 〈조선독립과 동양평화〉에서 동양평화를 이룩할 수 있는 방도는 한국 독립밖에 없다고 하면서, 일본의 시베리아 점령과 함께 러시아의 동진東進을 경계하는 듯한 입장을 개진하였다. 즉 "과격파의 신조가 진실로 진리에 어긋나지 않고 인류의 심리에 부합한다면, 비록 왜병을 총집叢集시키고 치타赤塔의 남쪽에 성벽을 쌓고 번리藩籬를 만들더라도, 과격파의 무형탄환이 이 박약한 보장保障을 뚫고 지나가는" 것을 막을 수 없으며, 만약 과격파 자체가 본래 성공할 수 없는 것이라면 일본의 야심을 키워서 동방을 더욱 소란케 할 뿐이라면서, 서방 국가들이 일본으로 하여금 러시아의 동진을 막도록 하는 것에 대해 반대하였다. 이어서 일본의 시베리아 점령은 "군벌과 자산계급을 꺼리고 미워하는〔憚惡〕황인종 각 민족의 악감정을 자극하여, 이들로 하여금 러시아와 연락하여 혁명의 도화선을 만들지도 모른다"고 하여, 러시아의 동진을 경계하였다. 그러면서 러시아가 약소민족의 독립을 지원한다는 명분 아래 동진하는 것을 막고, 그들로 하여금 날개를 접어서 치타 이북에 머물게 하여 동양평화를 이룩할 수 있는 것은 한국의 독립뿐이라 주장하였다.(《천고》제1권 제1호) 결국 동양평화를 이룩하려면 러시아의 동진 또한 막아야 하며, 그러기 위해서는 한국의 독립이 최우선이라는 것이다.

여기서 신채호가 공산주의가 추구하는 이상에 대해서는 동의하지만, 프롤레타리아 독재를 실시하고 있는 러시아가 새로운 세력을 형성하는 것에 대해서는 반대하였음을 알 수 있다. 즉 아나키즘적 입장에서 새로운 강권으로 등장하는 공산주의국가에 대한 반대 입장을 밝힌 것이다. 그는 〈크로포트킨의 죽음에 대한 감상〉에서도 레닌의 사상과 크로포트킨의 사상, 즉 볼셰비즘과 아나키즘을 서로 다른 것으로 인식하면서 볼셰비키당의 정치를 전제무단정치로 표현하여[76] 공산주의에 대한 반대의 입장을 나타냈다.

신채호는 공산주의의 프롤레타리아 국제주의도 부정하였다. 그는 〈낭객의 신년만필〉에서 프롤레타리아 국제주의에 입각하여 일본의 프롤레타리아와 연합할 것을 주장하는 공산주의자들의 주장에 대해서 반대하였다. 즉 한국인 유산계급이 일본인과 같다는 것은 맞지만, 일본 무산계급이 한국인과 같다는 것은 몰상식한 언론이라는 것이다. 그 이유는 "일본인이 아무리 무산자일지라도 그래도 그 뒤에 일본제국이 있어, 위험이 있을까 보호하며, 재해에 걸리면 보조하며, 자녀가 나면 교육으로 지식을 주도록 하여, 조선의 유산자보다 호강한 생활을 누릴 뿐더러, 하물며 조선에 이식한 자는 조선인의 생활을 위협하는 식민植民의 선봉이니, 무산자의 일인日人을 환영함이 곧 식민의 선봉을 환영함"이기 때문이라 하였다. 일본 민중, 일본 무산자, 가타야마 센片山潛, 사카이 도시히코堺利彦 등이 "주의를 부르고 강권을 반대하지만," 일본 정부, 집정대신, 통감 이토 히로부미伊藤博文, 군사령관 하세가와長谷川 등과 명사名詞만 바뀌었을 뿐 그 정신은 의구하다고 비판하였다.[77] 신채호의 '민중'은 억압받는 약자로서의 민중이었다. 그

---

**76**　南溪,〈對於古魯巴特金之死之感想〉. 南溪은 신채호의 필명으로 보인다.

**77**　《동아일보》1925년 1월 2일자(《신채호전집》하, 29쪽)

에게는 일제 식민지 권력의 보호를 받는 일본인은 아무리 그가 무산자라 하더라도 민중이 아니었고, 연대의 대상이 될 수 없었다.

신채호가 건설하고자 한 사회는 아나키스트사회였다. 그는 "우리 생활에 불합리한 일체 제도를 개조하여 인류로써 인류를 압박치 못하며, 사회로써 사회를 박삭剝削치 못하는 이상적 조선을 건설"하고자 하였다.[78] 그러한 한국 사회는 "민중이 열망하는 자유·평등의 생존을 얻어 무산계급의 진정한 해방을 이루는" 사회였다.[79] 즉 종교·도덕·정치·법률·학교·교과서·교당·정부·관청·공해公廨·은행·회사 등과 같이 지배계급이 민중들을 억압하거나 속여 자신들의 지배에 복종시키고 혁명을 소멸시키기 위하여 이용하는 지배계급의 지배기관이나 수단은 전부 파괴되고, 지배계급이 제정한 일체의 사회제도도 철폐되어 존재하지 않으며, 사유재산제도 부정되고 모든 재화의 공유제가 실시되어, 착취가 일절 없는 사회였다.[80] 결국 신채호가 건설하고자 한 사회는 일체의 지배계급과 지배도구가 없는 자유롭고 평등한 사회, 그리고 민중의 풍요로운 생활이 보장되는 사회였다. 즉 능력에 따라 일하고 필요에 따라 분배받는 아나코코뮤니스트anarcho-communist사회였다.

## 2) 민중의 직접행동에 의한 사회혁명론

아나키즘에서는 정치와 정치혁명을 부정하고 사회혁명을 주장한다.

---

**78** 〈조선혁명선언〉(《신채호전집》하, 46쪽)
**79** 〈선언문〉(《신채호전집》하, 50쪽)
**80** 燕市夢人, 〈龍과 龍의 대격전〉(《신채호전집》별집, 278~286쪽); 〈선언문〉(《신채호전집》하, 48~49쪽) 등을 종합

즉 지배권력을 근본적으로 타도하고 지배와 착취가 없는 자유로운 사회를 건설하려면 정치혁명에서 나아가 사회혁명을 달성해야 한다는 것이다. 정치혁명은 지배계급의 권력교체에 지나지 않으며, 사회혁명에 의해서만 민중해방이 이루어진다고 보기 때문이다. 그리고 그 사회혁명은 대의제도나 전위조직의 지도로 이루어질 수 없으며, 오직 민중의 직접행동[81]에 의해 완수될 수 있다고 주장한다. 즉 대의기구나 지식인, 전위조직은 결코 민중의 의사를 대변하지 않으며, 오직 민중의 직접행동만이 그들의 뜻을 제대로 실현할 수 있다는 것이다.

한국인 아나키스트 가운데 민중의 직접행동에 의한 사회혁명론을 체계적으로 서술한 사람이 바로 신채호다. 신채호는 〈조선혁명선언〉에서 임시정부의 민족해방운동 방략인 외교론과 준비론의 허구성을 폭로하면서 민중직접혁명론을 제기하였다.

신채호는 정치를 "우리의 생존을 빼앗는 우리의 적"으로, 지배계급이 "약탈행위를 조직적으로 백주에 행하"는 것으로 규정하고 일체의 정치를 부정하였다.[82] 그리고 "구시대의 혁명으로 말하면 인민은 국가의 노예가 되고, 그 이상에 인민을 지배하는 상전 곧 특수세력이 있어, 그 소위 혁명이란 것은 특수 세력의 명칭을 변경함에 불과"하다고 주장하였다.[83] 이는 민중해방은 권력계급 교체에 불과한 정치혁명이 아니라 사회혁명으로만 이루어질 수 있다는 것이다.

그리고 사회혁명은 민중직접혁명이어야 하며, 민중직접혁명은 민중의

---

81  직접행동이란 아나키스트들이 자본주의사회를 타도하고 아나키스트사회로 나아가기 위하여 취하는 주요한 방도로서, 테러·총파업·폭동 등을 지칭한다.
82  〈선언문〉(《신채호전집》 하, 48~49쪽)
83  〈조선혁명선언〉(《신채호전집》 하, 41쪽)

직접행동으로 이루어진다고 주장하였다. 신채호는 〈조선혁명선언〉에서 "금일 혁명으로 말하면, 민중이 곧 민중 자기를 위하여 하는 혁명인 고로 민중혁명이라 직접혁명이라 칭함이며, … 우리의 민중을 환성喚醒하여 강도의 통치를 타도하고 우리 민족의 신생명을 개척하자면, 양병養兵 십만이 일척一擲의 작탄炸彈만 못하며, 수억 장 신문·잡지가 일회一回 폭동만 못"하므로, "우리는 민중 속에 가서 민중과 제휴하여 끊임없는〔不絶〕폭력-암살·파괴·폭동으로써 강도 일본의 통치를 타도"해야 한다고 역설하였다.[84] 즉 일제 구축과 민중해방, 곧 민중직접혁명은 양병養兵이나 지상紙上의 선전활동의 방법이 아니라 민중의 직접행동 곧 암살·파괴·폭동 등을 통해서만 달성될 수 있다는 것이다. 그리고 민중과 폭력 가운데 하나가 빠지면 아무리 굉렬장쾌轟烈壯快한 거동이라 할지라도 전뢰電雷같이 수속收束될 수밖에 없다고 하면서,[85] 사회혁명은 민중과 폭력이 결합되어야만 성공할 수 있다는 것을 강조하였다.

### 3) 테러적 직접행동론

1910년대부터 암살활동을 민족해방운동의 수단으로 인정해 오던 신채호는 아나키즘을 수용하면서 테러적 직접행동을 더욱 강조하였다. 〈신대한 창간사〉와 〈천고 창간사〉에서 테러적 직접행동을 민족해방운동의 주요한 수단으로 제시하였던 신채호는 〈조선혁명선언〉에서 테러적 직접행동론을 민족해방운동의 방법론으로 체계화하였다. 신채호의 테러적

---

[84] 〈조선혁명선언〉(《신채호전집》하, 41~42·45쪽)
[85] 〈조선혁명선언〉(《신채호전집》하, 42쪽)

직접행동론의 내용을 살펴보면, 우선 암살·파괴활동 등을 '사실에 의한 선전fakticheskaia propaganda'[86] 수단으로 채택하고 있음을 알 수 있다.

우리 혁명의 제1보는 민중 각오의 요구니라.

민중이 어떻게 각오하느뇨?

민중은 신인神人이나 성인이나 어떤 영웅호걸이 있어 '민중을 각오'하도록 시노하는 네서 각오하는 것도 아니요, "민중아, 각오하사", "민중이여, 각오하여라" 그런 열규熱叫의 소리에서 각오하는 것도 아니오.

오직 민중이 민중을 위하여 일체 불평·부자연·불합리한 민중 향상의 장애부터 먼저 타파함이 곧 민중을 각오케 하는 유일 방법이니 …

만일 그 압박의 주인主因되는 강도 정치의 시설자인 강도들을 쳐 죽이고〔擊斃〕, 강도의 일체 시설을 파괴하고, 복음福音이 사해四海에 전하며, 만중萬衆이 동정의 눈물을 뿌리어, 이에 인인人人이 그 아사餓死 이외에 오히려 혁명이란 일로가 남아 있음을 깨달아, 용자勇者는 그 의분에 못 이기어, 약자는 그 고통에 못 이기어, 모두 이 길로 모여들어 계속적으로 진행하며 보편적으로 전염하여 거국일치의 대혁명이 되면, 간활잔폭奸滑殘暴한 강도 일본이 필경 구축되는 날이라.[87]

---

**86** '사실에 의한 선전'은 민중들로 하여금 봉기·폭동·총파업 등을 일으키도록 하기 위해서는 민중에게 아나키즘을 선전하고 그들을 각성시켜야 하는데, 그 수단으로 직접행동을 택해야 한다는 것이다. 직접행동은 민중이 전위조직이나 지식인 등의 대리인을 거치지 않고 자신의 자유의지에 따라서 스스로 행하는 행동을 뜻하지만, '사실에 의한 선전' 수단으로서 직접행동은 주로 테러를 가리켰다. '사실에 의한 선전'은 1873년 크로포트킨이 사용한 용어로서, 러시아어로는 'fakticheskaia propaganda'이다. fakticheskaia는 '사실을 통해서'란 의미다(Max Nettlau, 1989, 163쪽) 'fakticheskaia propaganda'는 영어권에서는 대개 'propaganda by deed'로 번역되며, 국내에서는 대체로 '행동에 의한 선전' 혹은 '실행에 의한 선전'으로 번역되고 있다. 하기락은 때로는 '행동에 의한 선전'으로, 때로는 '사실에 의한 선전'으로 번역하였다. '사실에 의한 선전'이 원어에 충실한 번역으로 보고, 이 책에서는 이를 채택한다.

위의 글에서 알 수 있는 바와 같이, 신채호는 민중직접혁명을 달성하기 위해서는 민중이 각성되어야 하고, 민중을 각성시키는 유일한 방법은 신인神人·성인聖人·영웅호걸 등의 지도가 아니라, 선각先覺한 민중이 민중 전체를 위하여 혁명적 선구가 되는 것이라고 역설하였다. 이는 적 요인이나 적의 기관에 대한 암살·파괴 활동이 일제의 식민지 통치구조에 파열구를 낼 뿐 아니라, 민중들의 독립의식과 해방의지를 자극하여, 민중들 스스로 봉기·폭동 등을 일으키도록 만든다고 하는 테러의 선전수단으로서 역할을 강조한 것이다. 이러한 봉기·폭동 등과 같은 민중들의 직접행동이 계속해서 일어나서 모든 민중이 참가하게 되면, 결국 일제의 식민지 권력과 자본주의 사회는 타도된다는 것이다.

둘째, 암살·파괴·폭동 등을 폭력 수단으로 규정하고 독립군에 의한 독립전쟁 또는 무장투쟁은 폭력수단에서 제외시켰으며, 폭력-암살·파괴·폭동-의 대상물로는 ① 조선총독과 각 관공리官公吏 ② 일본 천황과 각 관공리官公吏 ③ 정탐노偵探奴·매국적賣國賊 ④ 적의 일체 시설물 등을 규정하였다.[88]

신채호는 테러적 직접행동론의 정당성을 '이해론利害論'에서 구하였다. 신채호는 〈이해〉에서 다음과 같이 테러를 정당화하였다.

　　천하의 일이 이해만 있고 시비是非는 없나니, … 윤리·도덕·종교·정치·풍속·습관 모든 것이 모두 이해 2자字 밑에서 비평을 하는 것이라. … 그러므로 한 국민이 되어 이 세계에 생존을 구하려 할진대, 없는 시비를 가리지 말고 오직 이해를 위하여 활동할 뿐이다. 칼을 가지고 살육을 부름이 우리

---

**87**　〈조선혁명선언〉(《신채호전집》하, 41~42쪽)
**88**　〈조선혁명선언〉(《신채호전집》하, 43쪽)

에게 이利하거든 이대로 하며, … 폭동·암살로 선봉을 삼아 적의 치안을 혼
듦이 이利하거든 폭동·암살로 일하며 …. 무엇에 주저하며 무엇에 공박恐怕
하리오[89]

즉 민족해방을 위하여 벌이는 살육·암살·폭동 등은 정당하다는 것이
다. 이해와 시비에 관한 신채호의 이러한 인식은 그로 하여금 1928년 외국
환 위조사건에 아무런 양심상의 거리낌없이 참가하게끔 하였다.

하지만 신채호가 모든 살육·암살·폭동을 정당화한 것은 결코 아니다.
즉 "생존을 유지하기 위하여 시비는 묻지 않고 이해만 볼진대, 매국자도
일신의 생존을 위함이며, 정탐노偵探奴도 일신의 생존을 위함이니, 이도 죄
가 없다 할까. 아니라. 아니라. 나의 이른바 생존은 개신個身의 생존이 아니
라 전체의 생존"이라 하여,[90] 민족 전체가 아니라 개인의 영리만을 추구하
는 행위에 대해서는 그 정당성을 부여하지 않았다.


## 맺음말

신채호는 1905년 무렵부터 아나키즘을 비롯한 사회주의를 접했으며,

---

**89**  〈利害〉(《신채호전집》 하, 145~147쪽). 이 글에 "연전年前 내지(조선내)에서 일인이
   우리의 집회·결사를 그리 금지하지 않을 때"(《신채호전집》 하, 149쪽)라는 표현이
   있는 것으로 보아, 이 글의 작성 시기는 1925년 치안유지법 제정 이후인 것으로 추정
   된다.
**90**  〈利害〉(《신채호전집》 하, 150쪽)

사회주의에 대한 상당한 지식을 축적하였다. 하지만 그는 1910년대까지는 아나키즘을 자신의 사상으로 수용하지 않고, 여전히 사회진화론적 입장에서 국수주의적 민족주의에 입각한 민족해방운동을 전개하였다. 1917년 러시아혁명 이후 사회진화론적인 입장에서 벗어나기 시작하여 3·1운동 이후 아나키즘을 자신의 사상으로 수용하였다.

신채호는《신대한》과《천고》등을 통해 아나키즘적 입장에서 민족해방운동을 논하는 한편, 아나키스트 조직을 결성하여 본격적인 아나키스트운동을 전개하였다. 나아가 공산주의에 대항해서 아나키즘에 입각한 민족해방운동론을 정립하였다. 그리고 1926년 무렵부터는 무정부주의동방연맹에 가입하는 등 아나키스트운동에 직접 참가하여 대대적인 암살·파괴·폭동을 도모하였다. 1928년 무정부주의동방연맹의 운동자금을 마련하기 위하여 외국환을 위조偽造하다가 일제 경찰에 체포되어 10년징역형을 선고받고 복역하던 중 1936년 뇌일혈로 타계하고 말았다.

신채호는 테러적 직접행동론을 민족해방운동의 방략으로 체계화함으로써 아나키즘의 한국적 수용을 가능케 하였다. 당시 국제적 차원에서의 아나키스트운동은 테러리즘의 폐해를 지적하고 '사실에 의한 선전'을 폐기하였다. 하지만 한국인 아나키스트들은 1936년 '민족전선론'을 제기하면서 아나키즘 본령에서 일탈하기 전까지, 신채호의 민중직접혁명론의 영향하에서 테러적 직접행동론을 자신들의 주요한 민족해방운동 방법론으로 채택하였다. 이러한 점은 한국 아나키즘의 특성을 이루었다.

그리고 신채호는 1936년에 들어서면서 민족통일전선에 대한 기존의 관점을 바꾸었다. 1930년대 중반 이후 파시즘이 대두하자 프랑스와 스페인에서 인민전선이 형성되었고, 아나키스트들도 여기에 참가하였다. 1936년 2월에는 스페인에서 실시된 선거에서 아나키스트가 참가한 인민전선이 승리하는 등 세계정세가 급변하였다. 거기에다 일본과 중국의 전면전도 점차 닥쳐오고 있었다. 이에 신채호는 일제에 전면 항거하기 위해서는 민족의 힘을 하나로 모을 필요가 있다고 보고, 민족주의자와 공산주의자에 대한 기존의 입장을 바꾸어 그들과의 연합을 주장했다. 그는 〈민족전선을 위하여〉[91]라는 제목의 시를 통해 민족전선론을 제기하여 한국 아나키즘이 나아가야 할 방향을 제시하였다.

신채호는 계몽사상가에서 민족주의자로, 다시 아나키스트로 사상적 변신을 거듭하였다. 일제강점기 한국인을 억누르고 있었던 것은 일제의 식민지권력이었고, 모든 사회변혁운동은 바로 일제 식민지권력의 억압에서 비롯되었다. 사회변혁을 추구하던 사람은 모두 민족해방운동가로서 출발하였으며, 일제가 붕괴되지 않는 한 민족문제로부터 자유로울 수가 없었다. 그것은 공산주의자나 아나키스트도 마찬가지였다. 따라서 일제강점기에 민족해방을 주장하였다고 해서 그 사람을 민족주의자로 규정해서는 곤란할 것이다. 신채호를 더 이상 민족주의의 틀 안에 가두어서는 안 될 것이다. 신채호를 아나키스트로 규정할 때 우리 나라 근대 사상계에서 신채호가 차지하는 비중은 더욱 커질 것이다.

---

**91** 이 시는 신채호의 유시遺詩로 《남화통신》 1936년 11월호(제1권 제10기)에 발표되었다. (司法省刑事局 編, 1937, 482쪽) 그 내용은 알 수 없지만, 재중국 한국인 아나키스트들 사이에서 최초로 민족전선을 언급한 글이다.

# 참고문헌

## 1. 자료

《권업신문》《대한매일신보》《동아일보》《조선일보》《중외일보》

《대동》3호(1921. 7. 9)·4호(1921. 7. 19)

《新大韓》창간호(1919. 10. 28)

《自由聯合新聞》第32號(1929. 2. 1)·第36號(1929. 6. 1)·第47號(1930. 5. 1), 全國勞
　　動組合自由聯合會(1975년 自由聯合·自由聯合新聞復刻版刊行會에서 복각)

《天鼓》제1권 제1호(1921. 1. 1)·제2호(1921. 2. 1)(단재신채호전집편찬위원회 편,
　　2008《단재신채호전집》5, 독립기념관한국독립운동사연구소에 수록)


〈六月十三日以降浦潮斯德地方鮮人動靜〉(《不逞團關係雜件-朝鮮人の部-在西比利亞(3
　　)》; 국사편찬위원회 소장)

〈六月十四日木藤通譯官嚴仁燮より得たる情報〉(《不逞團關係雜件-朝鮮人の部-在西比利
　　亞(3)》; 국사편찬위원회 소장)

〈20세기 신국민二十世紀 新國民〉,《대한매일신보》1910년 2월 22일~3월 3일자(단재
　　신채호선생기념사업회 편, 1995(개정5쇄)《단재 신채호 전집》별집, 형설출판사
　　에 수록)

〈61일 戒壇의 회고〉(박정규 편, 1999《단재 신채호 시집》, 단재문화예술제전추진위
　　원회에 수록)

〈국가는 즉 일가족〉,《대한매일신보》1908년 7월 31일자(단재신채호선생기념사업
　　회 편, 1995(개정5쇄)《단재 신채호 전집》별집, 형설출판사에 수록)

〈國粹保全說〉,《大韓每日申報》1908년 8월 12일자(단재신채호선생기념사업회 편,
　　1995(개정5쇄)《단재 신채호 전집》별집, 형설출판사에 수록)

〈국외 정보-재상해 조선인의 사회주의 구분에 관한 건〉(독립운동사편찬위원회 편,
　　1975《독립운동사자료집》9, 독립유공자사업기금운용위원회에 수록)

〈귀중한 줄을 認하여야 保守할 줄을 認하지〉,《대한매일신보》1907년 10월 1일자

〈금일 대한국민의 목적지〉,《대한매일신보》1908년 5월 24~25일자(단재신채호선
　　생기념사업회 편, 1995(개정5쇄)《단재 신채호 전집》별집, 형설출판사에 수록)

〈浪客의 新年漫筆〉,《동아일보》1925년 1월 2일자(단재신채호선생기념사업회 편,
   1995(개정5쇄)《단재 신채호 전집》하, 형설출판사에 수록)

《단재신채호전집》1~9(단재신채호전집편찬위원회 편, 2008 《단재신채호전집》
   1~9, 독립기념관한국독립운동사연구소)

〈대동단결의 宣言〉(조동걸, 1987 〈임시정부 수립을 위한 1917년의 〈대동단결의 선
   언〉〉,《한국학논총》제9집, 국민대한국학연구소에 첨부)

〈大洋報ニ關スル件〉(1911年 9月 25日 在浦潮斯德總領事→外務大臣 報告)(日本外務省外
   交史料館 소장 마이크로 필름. 분류기호 M/T4-3-2-2-1-1)

〈大洋報第八號記事譯報〉(1911年 8月 27日 在浦潮斯德總領事→外務大臣 報告)

〈대한독립선언서〉(강만길 편, 1987(2판)《조소앙》, 한길사에 수록)

〈도덕〉(단재신채호선생기념사업회 편, 1995(개정5쇄)《단재 신채호 전집》하, 형설
   출판사에 수록)

〈獨立協會沿歷略〉(《창작과비평》1970년 봄호에 수록)

〈東洋主義에 대한 비평〉,《大韓每日申報》1909년 8월 8~10일자(단재신채호선생기
   념사업회 편, 1995(개정5쇄)《단재 신채호 진집》하, 형설출판사에 수록)

〈無題〉(1924. 단오)(단재신채호선생기념사업회 편, 1995(개정5쇄)《단재 신채호 전
   집》별집, 형설출판사에 수록)

〈문예계 청년에게 參考를 求함〉(단재신채호선생기념사업회 편, 1995(개정5쇄)《단
   재 신채호 전집》하, 형설출판사에 수록)

방한상의 "개인 및 단체 경력서"(1966. 10)

〈北京天津附近在住朝鮮人의 狀況報告書傳達의 件〉(支那特命全權公使芳澤謙吉→外務大臣
   幣原喜重郞, 1925. 3. 20)(《朝鮮人에 대한 施政關係雜件 一般의 部(3)》; 국사편찬위
   원회 소장)

〈上金拓庵先生〉(동산선생기념사업회 편, 1978《東山全集》하에 수록)

〈上海における獨立運動團體各派의 組織報告의 件〉(1920年 11月 24日 高警第37234號)
   (金正明 編, 1967《朝鮮獨立運動》2, 原書房에 수록)

〈上海居住抗日運動者의 書信入手의 件〉(金正明 編, 1967《朝鮮獨立運動》2, 原書房에 수록)

〈上海方面排日鮮人의 狀況〉(대한민국국회도서관 편, 1978《韓國民族運動史料》三一運
   動篇 其二, 국회도서관에 수록)

〈선언〉(청년동맹회, 1924. 10)(독립운동사편찬위원회 편, 1975《독립운동사자료
   집》9에 수록)

〈선언문〉(단재신채호선생기념사업회 편, 1995(개정5쇄)《단재 신채호 전집》하, 형
   설출판사에 수록)

〈宣傳無政府主義之鮮人逮捕詳報〉(단재신채호전집편찬위원회 편, 2008《단재신채호전

집》8, 독립기념관한국독립운동사연구소에 수록)

〈성토문〉(단재신채호선생기념사업회 편, 1995(개정5쇄)《단재 신채호 전집》별집,
형설출판사에 수록)

〈신교육(情育)과 애국愛國〉(단재신채호선생기념사업회 편, 1995(개정5쇄)《단재 신
채호 전집》하, 형설출판사에 수록)

〈新大韓 창간사〉,《新大韓》창간호(1919. 10. 28)

《신채호전집》상·중·하·별집(단재신채호선생기념사업회 편, 1995(개정5쇄)《단재
신채호 전집》상·중·하·별집, 형설출판사)

〈역사와 애국심의 관계〉,《大韓協會報》第3號(1908. 6)(단재신채호선생기념사업회
편, 1995(개정5쇄)《단재 신채호 전집》하, 형설출판사에 수록)

《外務特殊文書》1~62(고려서림 편집부 편, 1989《日本外務省特殊調査文書》1~62, 고
려서림)

〈僞造を發見した全島郵便局〉(단재신채호전집편찬위원회 편, 2008《단재신채호전집》
8, 독립기념관한국독립운동사연구소에 수록)

〈爲宣傳陰謀費 僞造郵便爲替〉(단재신채호전집편찬위원회 편, 2008《단재신채호전집》
8, 독립기념관한국독립운동사연구소에 수록)

〈유교 확장에 대한 論〉,《대한매일신보》1909년 6월 16일자(단재신채호선생기념사
업회 편, 1995(개정5쇄)《단재 신채호 전집》하, 형설출판사에 수록)

〈有力不逞鮮人の動靜〉(姜德相 編, 1970《現代史資料−朝鮮(3)》27, みすず書房에 수록)

〈利害〉(단재신채호선생기념사업회 편, 1995(개정5쇄)《단재 신채호 전집》하, 형설
출판사에 수록)

〈在上海共産黨首領呂運亨取調狀況ニ關スル件(1929年8月21日附京畿道知事發信)〉, 《外
務省警察史−支那ノ部(未定稿)》, 在上海總領事館(고려서림 편집부 편, 1989《日本外
務省特殊調査文書》28, 고려서림에 수록)

〈제국주의와 민족주의〉,《대한매일신보》1909년 5월 28일자(단재신채호선생기념사
업회 편, 1995(개정5쇄)《단재 신채호 전집》하, 형설출판사에 수록)

〈朝鮮人狀況報告〉(機密鮮 第41號, 二瓶兵二 浦潮斯德總領事代理 → 小村壽太郎 外務大臣,
1911. 6. 23)(《不逞團關係雜件−朝鮮人の部−在西比利亞(3)》; 국사편찬위원회 소장)

〈조선혁명선언〉(의열단, 1923. 1)(단재신채호전집편찬위원회 편, 2008《단재신채
호전집》8, 독립기념관한국독립운동사연구소에 수록)

〈鐵椎歌〉《대한매일신보》1910년 3월 25일자(박정규 편, 1999《단재 신채호 시집》,
단재문화예술제전추진위원회에 수록)

〈통일책진회선언서〉《대동》5호(1921. 7. 27)

〈한일합병론자에게 고함〉,《대한매일신보》1910년 1월 6일자(단재신채호선생기념

사업회 편, 1995(개정5쇄)《단재 신채호 전집》별집, 형설출판사에 수록)

〈許多古人之罪惡審判〉,《大韓每日申報》1908년 8월 8일자(단재신채호선생기념사업회 편, 1995(개정5쇄)《단재 신채호 전집》별집, 형설출판사에 수록)

姜德相 編, 1970《現代史資料-朝鮮(3)》27, みすず書房

강만길 편, 1987(2판)《조소앙》, 한길사

畊夫申伯雨先生紀念事業會 編, 1973《畊夫 申伯雨》

慶尙北道警察部 編, 1934《高等警察要史》(1970년 張基弘이《폭도사편집자료》와 합본 해서 영인)

固麻, 〈국제연맹에 대한 감상〉,《新大韓》창간호(1919. 10. 28)(日本外務省外交史料館 소장 마이크로 필름. 분류기호 M/T4-3-2-2-1-1)

고순흠, 1967 〈조선노동공제회 창업의 동기 및 전말〉(무정부주의운동사편찬위원 회가《한국아나키즘운동사》편찬을 위해 자료를 수집하는 과정에서 작성된 자 료임)

국사편찬위원회 편, 1955《기려수필》

김산·님 웨일즈(조우화 역), 1999(개정증보판)《아리랑》, 동녘

金正明 編, 1967《朝鮮獨立運動》2, 原書房

김창숙, 〈자서전〉(心山思想研究會 편, 1985《김창숙》, 한길사에 수록)

南溟, 〈對於古魯巴特金之死之感想〉,《天鼓》제1권 제2호(1921. 2. 1)(단재신채호전집 편찬위원회 편, 2008《단재신채호전집》5, 독립기념관한국독립운동사연구소에 수록)

단주유림선생기념사업회 편, 1991《단주유림자료집(1)》

대궁, 〈제3회 삼일절 동포에게 널리 알린다〉(단재신채호전집편찬위원회 편, 2008 《단재신채호전집》5, 독립기념관한국독립운동사연구소에 수록)

대한민국국회도서관 편, 1976《韓國民族運動史料》中國篇, 국회도서관

대한민국국회도서관 편, 1978《韓國民族運動史料》三一運動篇 其二, 국회도서관

대한민국국회도서관 편, 1979《韓國民族運動史料》三一運動篇 其三, 국회도서관

독립운동사편찬위원회 편, 1975《독립운동사자료집》9, 독립유공자사업기금운용위 원회

柳子明, 〈朝鮮愛國史學家申采浩〉(楊昭全 等編, 1987b《關內地區朝鮮人反日獨立運動資料 彙編》下册, 遼寧人民出版社에 수록)

柳子明, 《한 혁명자의 회억록》(1999년 독립기념관 한국독립운동사연구소에서 영인)

민족운동연구소 편, 1956《民族獨立鬪爭史 史料-海外篇》(《興論》제26호 부록), 여론사

박정규 편, 1999《단재 신채호 시집》, 단재문화예술제전추진위원회

司法省刑事局 編, 1937 〈昨秋(昭和11年秋)以後の在支不逞鮮人團體の動靜〉(杉原一策의

昭和12年 2月 5日 보고)《思想情勢視察報告集》其の二(社會問題資料硏究會 編으로 1976년에 東洋文化社에서 복간)

徐世忠,〈단재의 天才와 礙滯없는 성격〉,《신동아》1936년 4월호(단재신채호선생기념사업회 편, 1995(개정5쇄)《단재 신채호 전집》하, 형설출판사에 수록)

신영우,〈조선의 역사 대가 단재 옥중회견기〉(단재신채호선생기념사업회 편, 1995 (개정5쇄)《단재 신채호 전집》하, 형설출판사에 수록)

신채호,《讀史新論》(단재신채호선생기념사업회 편, 1995(개정5쇄)《단재 신채호 전집》상, 형설출판사에 수록)

心山思想硏究會 편, 1985《김창숙》, 한길사

심훈,〈단재와 우당〉(단재신채호선생기념사업회 편, 1995(개정5쇄)《단재 신채호 전집》별집, 형설출판사에 수록)

我觀,〈日本帝國主義之末運將至〉,《天鼓》제1권 제1호

안재홍,〈嗚呼 丹齋를 哭함〉(단재신채호선생기념사업회 편, 1995(개정5쇄)《단재 신채호 전집》별집, 형설출판사에 수록)

애국동지원호회 편, 1956《한국독립운동사》

楊昭全 等編, 1987a《關內地區朝鮮人反日獨立運動資料彙編》上冊, 遼寧人民出版社

楊昭全 等編, 1987b《關內地區朝鮮人反日獨立運動資料彙編》下冊, 遼寧人民出版社

燕市夢人,〈龍과 龍의 대격전〉(단재신채호선생기념사업회 편, 1995(개정5쇄)《단재 신채호 전집》별집, 형설출판사에 수록)

윤병석 편, 1993《한국독립운동사자료집: 중국편》, 한국정신문화연구원

이광수, 1979《이광수전집》6, 우신사

이광수,〈그의 자서전〉,《조선일보》1936년 12월 22일∼1937년 5월 1일자(이광수, 1979《이광수전집》6, 우신사에 수록)

이규창, 1992《운명의 餘燼》, 보련각

이상구 편역, 1967〈상해 한국 독립운동의 이면〉,《신동아》1967년 2월호

在上海領事館 編,《朝鮮民族運動(未定稿)》第一(1910. 9∼1922. 8)(고려서림 편집부 편, 1989《日本外務省特殊調査文書》23, 고려서림에 수록)

在上海日本總領事館警察部第2課 編,《朝鮮民族運動年鑑》

정화암, 1982《이 조국 어디로 갈 것인가》, 자유문고

朝鮮總督府警務局 編,〈上海在住不逞鮮人ノ狀況〉(1921年 4月)(고려서림 편집부 편, 1989《日本外務省特殊調査文書》2, 고려서림에 수록)

朝鮮總督府警務局 編, "在外不穩新聞雜誌調査表(昭和2年11月調)"《治安狀況》(昭和2年 12月)(靑丘文庫에서《朝鮮の治安狀況》(昭和2年版)이란 제목으로 1984년에 復刻)

志神,〈考古篇〉,《天鼓》제1권 제1호(윤병석 편, 1993《한국독립운동사자료집: 중국

편》, 한국정신문화연구원에 수록)

震公, 〈朝鮮古代之社會主義〉,《天鼓》제1권 제2호(1921. 2. 1)(단재신채호전집편찬위
　　원회 편, 2008《단재신채호전집》5, 독립기념관한국독립운동사연구소에 수록)

震公, 〈조선독립과 동양평화朝鮮獨立及東洋平和〉,《천고》제1권 제1호(1921. 1. 1)
　　(단재신채호전집편찬위원회 편, 2008《단재신채호전집》5, 독립기념관한국독립
　　운동사연구소에 수록)

최갑용, 1996《황야의 검은 깃발》, 이문

편집인, 〈창간사〉,《天鼓》제1권 제1호(윤병석 편, 1993《한국독립운동사자료집: 중
　　국편》, 한국정신문화연구원에 수록)

한놈, 1916《꿈하늘》(단재신채호선생기념사업회 편, 1995(개정5쇄)《단재 신채호
　　전집》하, 형설출판사에 수록)

幸德秋水(中國國民叢書社 譯), 1902〈暗殺論〉,《社會主義廣長舌》, 商務印書館

홍벽초, 〈哭 丹齋〉(단재신채호선생기념사업회 편, 1980《단재 신채호와 민족사관》)
　　(단재신채호선생 탄신 100주년 기념논집), 형설출판사에 수록)


## 2. 연구성과

김병민, 1994〈신채호의 문학 유고에 대한 자료적 고찰〉,《신채호문학유고선집》, 연
　　변대학출판사(1995년 한국문화사에서 영인)

단재신채호선생기념사업회 편, 1980《단재신채호와 민족사관》(단재신채호선생 탄
　　신 100주년 기념논집), 형설출판사

Max Nettlau(하기락 역), 1989《전세계 인민해방전선 전개-아나키즘 약사略史》, 형
　　설출판사

무정부주의운동사편찬위원회 편, 1994(초판 2쇄)《한국아나키즘운동사》, 형설출
　　판사

박찬승, 1992《한국근대정치사상사 연구》, 역사비평사

박환, 1995《러시아한인민족운동사》, 탐구당

石坂浩一, 1993《近代日本の社會主義と朝鮮》, 社會評論社

신연재, 1991〈동아시아 3국의 사회진화론 수용에 관한 연구-加藤弘之, 梁啓超, 신채
　　호의 사상을 중심으로〉, 서울대박사논문

신용하, 1991(4판)《신채호의 사회사상 연구》, 한길사

신일철, 1981《신채호의 역사사상 연구》, 고려대학교출판부

이호룡, 2001《한국의 아나키즘-사상편》, 지식산업사

이호룡, 2013 《신채호 다시 읽기》, 돌베개

이호룡, 2015 《한국의 아나키즘-운동편》, 지식산업사

趙景達, 1996 〈金玉均から申釆浩へ-朝鮮における國家主義の形成と轉回〉,《'近代'を人
　　はどう考えてきたか》(歷史學硏究會 編), 東京大學出版會

조동걸, 1987 〈임시정부 수립을 위한 1917년의 〈대동단결의 선언〉〉,《한국학논총》
　　제9집, 국민대한국학연구소

조동걸, 2001 〈단재 신채호의 삶과 유훈〉,《한국사학사학보》3, 한국사학사학회

최홍규, 1993(5쇄) 《신채호의 민족주의사상》, 형설출판사

# 제 2 장

민족해방운동기지건설론자

# 이 회 영

이회영은 고관대작의 아들로 태어나 탄탄대로였던 입신양명의 길을 포기하고, 제국주의의 침략으로부터 나라를 구하고 일제의 식민지배로부터 우리 민족을 해방시키는 데 일생을 바친 분이다. 그는 자신뿐 아니라 그의 형제들을 설득하여 모두 만주에서 민족해방운동기지를 건설하는 데 참여하게 하는 등 민족해방운동 개척에 혁혁한 공을 세웠다. 나름대로 자기 한 몸을 민족해방운동에 바친 사람들은 많지만, 온 가족 전체가 해외로 망명하여 민족해방운동에 종사한 예는 거의 없다.

게다가 이회영은 19세기 후반 20세기 초 격변기에 새로운 사상 수용의 선구자로서의 삶을 살았다. 제국주의 세력의 침략 속에서 자주적 근대화를 달성하고자 사회진화론을 수용하고, 그에 기초하여 실력양성운동에 종사하였다. 일제강점기에는 민족해방운동을 이끌어갈 반제국주의적 사고체계로서 아나키즘을 선구적으로 수용하고, 그를 바탕으로 민족주의나 공산주의와는 다른 제3의 독자적인 민족해방운동에 앞장섰다. 따라서 이회영에 대한 연구는 한국인의 아나키즘 수용과정과 일제강점기 제3의 사상의 실체를 밝히는 데 필수적이다.

이회영이 근대 사상계에서 차지하고 있는 지위와 역할에 주목하여 그에

---

※　이 글은《한국독립운동사연구》33(2009)에 발표한〈이회영의 아나키스트 활동〉을 수정·보완한 것이다.

대한 연구는 다른 아나키스트들과는 달리, 충분하지는 않지만 상당히 축적
되어 있다. 하지만 이회영에 대한 자료가 거의 남아 있지 않아 상당 부분 회
고록에 의존하고 있다. 그러다 보니 잘못 서술된 부분도 있고, 제대로 정리
되지 않아 혼란스러운 부분도 많이 있다. 이 글에서는 이회영에 대한 기존
자료와 연구들을 비판적으로 검토하고 종합하여 정리하는 한편, 새로운 관
련 자료들을 최대한 발굴해 내고자 하였다. 이로써 이회영의 행적에 대해
잘못 알려진 부분들을 바로잡고, 그의 민족해방운동에 대한 내용을 보다
풍부하게 하고자 한다.[1]

## 1. 자주독립 모색과 만주로의 망명

이회영은 1867년 4월 21일(음 3월 17일) 서울 저동에서 이조판서 이유
승李裕承의 4남으로 태어났다. 그는 소년 시절부터 진취적이어서 옛 경전을
공부하기보다 서구의 새로운 지식을 흡수하기를 좋아하였다. 그는 1885년
봄부터 8개월 동안 이상설李相卨 등과 함께 신흥사에서 합숙하면서 수학, 영
어, 법학 등 신학문을 공부하기도 하였다. 이 무렵 달성서씨와 결혼하였
다.(외솔회 편, 2002, 17쪽)

---

**1** 이하 이회영의 행적 가운데 전거를 밝히지 않은 것은 이규창의《운명의 餘燼》, 이은숙
의《민족운동가 아내의 수기》, 이을규의《是也 金宗鎭先生傳》, 이정규의《友堂 李會榮 略
傳》, 이정규의〈추모 우당이회영선생〉, 정화암의《이 조국 어디로 갈 것인가: 나의 회고
록》등을 종합하여 서술한 것이다.

서구의 새로운 사상을 접하고 그것을 수용한 이회영은 약관이 지나면서부터 계급적 구속과 불평등한 봉건적 인습을 타파하는 데 앞장섰다. 그는 먼저 봉건적 신분제도에 반기를 들어 노비·이서吏胥·적서 차별 철폐를 몸소 실천하였다. 집안의 노비를 풀어주고, 남의 집 노비에게도 차별적 언사를 쓰지 않고 경어를 사용하였다. 그리고 자기 가문 대대로 내려오던 노비의 자손이었던 이관식李寬植을 친자식같이 여겼으며, 일제강점기 베이징北京 시절에도 동지로서 일관되게 대우하였다.

또한 이회영은 개가재혼改嫁再婚을 장려하고 몸소 실천에 나섰다. 그는 과부인 여동생의 개가를 적극적으로 추진하였다. 수절하고 있던 여동생을 자기 집으로 데려와서는 여동생이 갑자기 죽었다는 부고를 돌리고 가짜 관

**사진 2-1** 청년 이회영(독립기념관 소장)

으로 장사를 시냈다. 시체 없는 장사를 지내고 난 뒤에 그는 여동생을 적당한 혼처에 시집보냈다. 부친 이유승이 이 사실을 전해 듣고 "그렇지! 넷째 아이라면 능히 할 수 있는 짓이지" 하며 빙그레 웃었다고 한다. 이는 이회영이 평소 자신의 신념에 얼마나 투철하였는지를 잘 말해 준다. 이런 진취적이고 현대적인 기풍으로 말미암아 그는 가정 안에서도 개화군開化軍이라는 조롱을 받기도 했다.[2]

---

2　이관직,《우당 이회영 실기》(이정규·이관직, 1985, 119~120쪽); 이정규·이관직, 1985,

이회영이 봉건적 질곡에서 벗어나 근대사상을 받아들이고 실천하는 가운데, 지배층을 중심으로 한 근대화운동이 다양한 형태로 전개되었다. 1896년 아관파천을 단행했던 고종은 1년 만에 경운궁으로 환궁한 뒤, 독립협회의 건의를 받아들여 1897년 8월 연호를 '광무'光武로 고치고, 10월에는 황제 즉위식을 하였다. 이를 통해 한국이 독립제국임을 내외에 선포하고, 이어 광무개혁을 단행하는 등 황제 중심의 근대화를 추진하였다. 독립협회를 중심으로 한 개화파들은 의회 개설을 요구하거나, 만민공동회를 개최하여 정부의 친러정책과 비자주적 외교에 반대하고, 자주 외교와 국정개혁을 주장하는 헌의6조를 결의하는 등 자주독립운동과 자유민권운동을 전개했다. 자신들 중심의 근대화를 달성하고자 한 것이다.

이처럼 다양한 형태의 근대화운동이 전개되는 가운데, 이회영은 1896년 독립협회가 간행하던 《독립신문》 사설을 읽고 큰 감명을 받았다. 그는 독립협회 관계자들과 상통하며 상동교회를 드나들었다.(전택부, 2002, 56쪽) 이회영은 1898년 9월 이상설, 여준呂準과 함께 남산 홍엽정紅葉亭에 올라 국내외의 정치적 정세를 검토·비판하였다. 내치와 외교의 방법에 대하여 토론한 결과, 첫째, 국민을 계몽할 것, 둘째, 신진 정치가들과 결합할 것, 셋째, 국내외의 문제에 대한 빠르고 확고한 정책을 수립할 것 등의 결론을 내렸다. 이 세 가지를 구체적으로 실현하려면 상당한 기간의 연구가 필요하였다. 그를 위해 이상설의 서재를 연구실 겸 회의실로 사용하기로 하였다. 이회영, 이상설, 여준, 이강연 등은 이상설의 서재에 신구新舊의 많은 전적典籍을 모아 놓고, 날마다 거기에 모여 정치, 경제, 법률, 동서양의 역사 등

21~22쪽; 이정규, 1985, 14쪽; 권오돈, 〈민족계몽의 길잡이 이회영〉, 이희승 외 편, 《한국전기전집, 한국의 인간상》 6, 신구문화사, 1966, 341~351쪽(한상복, 1989, 617쪽에서 재인용); 최영주, 1985, 376쪽 등을 종합

여러 문제에 대해 토론하였다.[3]

뜻을 같이 하는 인재를 널리 찾고 모으며 동지들 사이에 연락을 하는 데에는 많은 자금이 필요하였다. 이를 위해 이회영은 장유순張裕淳과 의논하여 풍덕군(현재의 개풍군)에서 인삼을 재배하고, 다른 한편으로는 제재소를 경영하기로 결정하여 거액의 자본을 투자하였다. 제재소 경영에서는 사람을 잘못 만나 자금을 횡령당하여 실패하였다.[4] 인삼 재배는 그럭저럭 성공적이었다. 하지만 1901년 10월 채취기採取期가 된 인삼을 일본인이 작당하여 도적질해 갔다. 이회영은 즉시 풍덕으로 가서 며칠 묵으면서 사건을 조사하였다. 그 결과 도둑 무리의 한 명이 일본인인 것이 드러났고, 이에 이회영은 개성경찰청에 고발했다. 경무청에서는 이 사건을 헌병대에 이첩하여 조사하도록 하는 한편, 이회영을 동행하도록 하여 인삼의 무허가 재배를 문책하였다. 이에 격한 이회영은 주먹으로 책상을 치고 창문을 부수며 경찰관을 엄중하게 꾸짖었다. 이 사건으로 그는 4일 동안 강제 구금되었다. 이 소식이 문중에 알려지자 그 일족一族이 들고 일어나 대한제국 정부에 항의하였고, 이 사건은 결국 통감부와 정부의 싸움으로까지 확대되었다. 경찰과 헌병대의 조사 결과 밝혀진 사실에 따르면, 당초에 일본인 경무청 고문이 도둑을 몰래 보내어 인삼을 캐어 오게 하고, 나중에 은밀하게 경찰을 시켜 이회영을 처벌하도록 꾸민 것이었다. 결국 사건은 이회영이 11월 1,761원 3전을 변상하고 인삼을 돌려받는 것으로 마무리되었다.[5]

---

**3**  이정규·이관직, 1985, 24~25쪽; 이관직, 《우당 이회영 실기》(이정규·이관직, 1985, 119~120쪽) 등을 종합

**4**  이관직, 《우당 이회영 실기》(이정규·이관직, 1985, 120쪽); 이정규·이관직, 1985, 25쪽 등을 종합. 이회영이 인삼포 농장을 경영한 것은 항일의병 자금을 조달하기 위한 것이었다는 기록도 있다.(이정규·이관직, 1985, 207쪽)

이 사건은 내장원경 이용익李容翊에 의해서 고종한테 알려졌다. 고종은 "이회영이 재상이었던 그의 선조 백사 이항복과도 같은 기풍이 있으니 뽑아 쓸 만하다"고 하며, 1902년 8월 30일자로 이회영을 탁지부주사에 임명하고 판임관判任官 6등等에 임명하였다.[6] 하지만 이회영은 그 자리에 취임하지 않았다.(한상복, 1989, 617쪽) 이 무렵 이회영은 나인영 등의 무인협객과도 사귀었다.(이정규·이관직, 1985, 26쪽)

일제는 러일전쟁을 개시한 이후 한국을 노골적으로 침략하면서 을사늑약 체결을 추진하였다. 1905년 11월 이상설과 이회영은 이토 히로부미伊藤博文가 러시아와의 강화조약에서 확보한 한국에서의 우월권을 행사하고자 을사늑약 체결을 공작할 것에 대한 대비책을 강구하였다. 그 대비책은 첫째, 이상설과 이시영이 한규설과 박제순을 설득하여 불리한 내용의 조약 체결을 거부하게끔 하고, 둘째, 민영환이 고종에게 일제의 불리한 조약이나 제안을 완강히 거절하도록 상소하는 것이었다.[7]

하지만 일제의 강압으로 1905년 을사늑약이 체결되었다. 이에 항의하여 민영환과 조병세가 자결하였고, 궁내대신 심상훈이 소두疏頭가 되어 표훈원에 소청疏廳을 설치하였다. 상하 신료가 모여 조약을 파기할 것을 요구하는 내용의 상소를 작성하는 자리에서 지운영이 민영환의 유서를 낭독하자, 소청이 통곡의 장으로 바뀌었다.

---

**5** 〈人蔘密買日本人二關スル件〉; 이관직,《우당 이회영 실기》(이정규·이관직, 1985, 120 ~122쪽); 한상복, 1989, 617쪽 등을 종합

**6** 이관직,《우당 이회영 실기》(이정규·이관직, 1985, 122쪽); "탁지부 재무관 김용순 受牒 일자 및 이회영 주사임명 건 관보 게재 요청" 등을 종합

**7** 이관직,《우당 이회영 실기》(이정규·이관직, 1985, 124~126쪽); 이정규·이관직, 1985, 27~28쪽; 육영회 편, 1985, 9쪽 등을 종합

이회영은 통곡하는 것으로는 나라를 구할 수 없다고 생각하고, 이상설과 협의하여 학생과 군중을 종로 거리에 모으고, 나라를 잃게 된 슬픔과 원한을 국민들에게 호소하여 온 국민이 모두 분기하도록 할 것을 촉구하였다. 이회영은 자신의 가산을 내다팔아서 활동자금을 마련하고, 사람을 놓아 기산도·나인영 등 여러 사람과 연락을 취하며 이완용李完用 등 을사오적 암살을 꾀하였다. 하지만 이 계획은 여러 난관이 있어 의도한 성과를 거두지 못하였다.(이정규·이관직, 1985, 29~30쪽)

이회영은 을사늑약 체결로 나라의 운명이 위기에 처한 것으로 보고, 이를 타개하기 위해 만주기지론을 제기하였다. 1906년 초여름 부재溥齋 이상설, 석오石吾 이동녕李東寧, 시당時堂 여준, 장유순, 류완무柳完懋 등과 더불어 나라의 주권을 되찾을 방도에 대해 논의하였는데, 이 논의에서 당시의 정세로는 "국내에서 대규모의 운동을 전개하는 것은 불가능한 것이니 만주에다 토대를 잡자"고 결론을 내렸던 것이다. 이 결론에 따라 운동자 훈련과 교육 등을 준비하기 위해서 근거지를 만주 룽징촌龍井村에 두기로 하였다. 그곳에 한인 교포가 많이 거주하여 교육하기가 가장 좋고, 북으로 노령露領과 통하여 외교가 편리하며, 국내와 강물 하나를 사이에 두고 있을 뿐이어서 왕래하기가 좋기 때문이었다. 이 사업을 맡은 이상설은 인천에서 중국 상선을 타고 상하이上海로 갔다가 다시 블라디보스토크로 가서 룽징촌에 무사히 도착하였다. 그리고 서전서숙瑞甸書塾[8]이라는 학교를 설립하여 그

---

8  서전서숙은 1906년 10월에 건립되어 독립군 양성소 역할을 하였으나, 중심인물이었던 이상설과 이동녕·정순만 등이 헤이그 밀사 관계로 1907년 4월 블라디보스토크로 떠나는 바람에 재정난을 겪었다. 게다가 1907년 7월 통감부 간도출장소가 설치되면서 일제의 감시가 강화되자 1907년 10월 무렵 문을 닫았다. 자료에 따라서는 서전의숙이라고도 기록하고 있으나, 서전서숙이 정확한 명칭이다.

지방 교포의 자녀를 교육하는 한편, 지방 유지들과 사귀면서 동지를 얻기 위해 노력하였다.**9**

이상설을 룽징촌으로 떠나보낸 이회영은 국내의 동지를 규합하면서 교육을 통한 실력양성운동을 전개하는 등 계몽운동에 참가했다. 그의 실력양성운동은 19세기 말 서양문물을 연구하는 과정에서 수용한 사회진화론에 근거한 것이었다. 그는 민중을 깨우치고 교육하여 국민의 실력을 길러야 한다고 생각했다.(전택부, 2002, 57쪽) 그의 교육활동은 상동청년학원의 학감으로 재직하면서 시작되었다. 상동청년학원은 전덕기가 1904년 미국에 있던 강천명의 경제적 지원을 얻어 상동교회에 설립한 교육기관으로, 중등교육 수준의 교육으로 민족독립운동에 헌신할 인재를 양성하고, 기독교 정신에 입각한 민족정신을 북돋우는(昂揚) 것을 목적으로 하였다. 당시에 유명했던 인사들과 독립지사들을 강사로 초빙하였는데, 이회영은 전덕기의 부탁으로 이 학교의 학감을 맡았다.(박설봉, 1985, 21쪽) 상동청년학원 교사들은 학생들의 몽매를 깨우쳐 주기 위해 본격적 교육사업을 벌이는 동시에, 월요일과 목요일에는 정기적으로 모여 성경을 연구하고 국제정세 문제를 토론하였다. 이들의 이러한 모임을 중심으로 흩어져 있던 계몽운동가들이 모여들었고, 이들은 상동파라는 이름으로 민족운동을 전개하였다.(박설봉, 1985, 22쪽)

이회영은 상동청년학원에서 청소년들을 대상으로 교육활동을 전개하는 가운데, 1907년 4월 안창호의 발기로 양기탁梁起鐸, 전덕기, 이동휘, 이동녕, 이갑, 유동열, 안창호 등이 창건위원이 되어 신민회가 창립되자, 이에

---

**9** 이관직,《우당 이회영 실기》(이정규·이관직, 1985, 130~131쪽); 이정규, 〈友堂 李會榮先生 略傳〉(이정규, 1974, 27~30쪽) 등을 종합

참가하였다.(신용하, 1977, 37~41쪽) **10** 이회영이 비밀결사체 신민회 창립에 참가한 것은 자주독립을 위한 새로운 방도를 모색하기 위한 것이었다. 신민회는 창립문에서 신사상으로 민습의 완고함을 타파하고, 신교육으로 민습의 우매함을 깨우치며, 신제창新提唱으로 열심히 일을 하게 하며, 신수양新修養으로 원기를 북돋우며, 신윤리로 도덕의 타락을 방지하고, 신학술로 문화의 쇠퇴를 막으며, 신규범新規範으로 실업을 육성하고, 신개혁으로 정치의 부패를 추방하는 것이 신민회의 창립 목적임을 밝히면서, "신정신을 불러 깨우쳐서 신단체를 조직한 후에 새로운 나라〔新國〕를 건설"하되, 그 나라는 자유독립국으로 공화정을 정체로 해야 한다고 주장했다. 신민회는 창립 이후 교육활동, 강연, 서적·잡지 출판활동, 실업 장려 등의 활동을 전개하여 실력을 양성하고 이를 통해 국권을 회복하고자 했다.

한편, 이회영은 외교적 노력을 통한 독립도 모색하였다. 양기탁으로부터 1907년 여름 네덜란드의 헤이그에서 만국평화회의가 개최된다는 사실에 대한 자세한 내용을 전해들은(이정규·이관직, 1985, 32쪽) 이회영은 이 회의를 일제의 한국 침략 실상을 세상에 알리고 그들의 도움을 얻을 수 있는 기회로 삼고자 하였다. 이를 위해 이 회의에 밀사를 파견할 계획을 세웠다. 즉 대한제국의 대표를 만국평화회의에 참석시켜서, 세계평화를 수립하려면 동양의 화약고인 한국의 완전 독립이 그 전제조건이 된다는 것을 설명하고, 일본이 국제적 신의를 무시하고 짓밟았으며, 강압과 위협·사기로써

---

**10**　신민회 창립을 주도한 사람에 대해서는 여러 주장이 있다. 이은숙은《민족운동가 아내의 수기》(13쪽)에서 신민회 발기인을 이회영, 전덕기, 김진호, 이용태, 이동녕 등으로, 이정규는《友堂 李會榮 略傳》(39쪽)에서 이회영, 전덕기, 이동녕, 이동휘, 양기탁, 김구, 이갑, 여준, 김진호, 김형선, 이관직 등을 창립회원으로 기록하고 있다. 한편, 이규창은 이회영, 전덕기, 이동녕, 김진호, 이관직, 양기탁 등 45인에 의해 신민회가 발기·창설되었고, 안창호는 신민회가 창립된 뒤 가입하였다고 주장하였다.(이규창, 1992, 32쪽)

이른바 '보호조약'이라는 것을 맺었다는 것을 폭로한다는 것이었다. 이회영은 대한협회 이후 가까이 지내던 내시 안호형安鎬瀅으로 하여금 자신의 계획을 황제께 아뢰도록 하였다. 고종 황제의 윤허가 내리고, 주청한 대로 이상설이 수석대표로 임명되었다. 대표에 대한 신임장이 미국인 허버트 박사를 통해 이회영에게 전해졌다. 신임장은 부사副使 이준李儁의 품속 깊이 간직되어 지체 없이 이상설에게 전달되었다.[11]

이상설은 이준, 이위종 등과 함께 만국평화회의에 참가하였으나 서구 열강의 비협조로 기대한 바의 성과를 거두지 못하였다. 오히려 이 사건으로 말미암아 고종은 1907년 6월 일제의 압력에 의해 강제 퇴위당하였다. 이후 일제는 한국을 식민지화하려는 야욕을 노골적으로 드러냈다. 7월 대한제국 고등 관리의 임면任免에 대한 통감의 동의권, 일본인을 한국 관리로 임명할 것, 통감부의 한국 사법권 장악 등을 규정한 정미7조약을 체결하고, 언론에 대한 규제와 단속의 필요성을 강조하는 내용의 신문지법 등을 제정하여 언론에 대한 통제를 강화하였다. 8월 1일에는 정미7조약에 따라 군대마저 해산시켰다. 이러한 일련의 조치를 통해 일제는 한국을 사실상 식민지화시켜 나갔다.

일제가 식민지화 작업을 본격화하는 가운데, 1908년 초[12] 이회영은 헤

---

**11**  이관직, 《우당 이회영 실기》(이정규·이관직, 1985, 132쪽); 이정규·이관직, 1985, 33~35쪽; 이규창, 1992, 24~25쪽 등을 종합

**12**  이회영이 블라디보스토크로 이상설을 찾아간 시기를 이관직[이관직, 《우당 이회영 실기》(이정규·이관직, 1985, 134쪽)]과 이정규(이정규·이관직, 1985, 37쪽)는 1908년 여름으로, 이회영의 "연보"(이정규·이관직, 1985, 207쪽)는 신민회가 결성되기 전으로 기록하고 있으나, 취하지 않는다. 이은숙에 따르면, 이회영은 블라디보스토크로부터 귀국하여 1908년 3월(음력) 초순 선친의 대기大朞에 참석하였다.(이은숙, 1975, 13쪽)

이그 만국평화회의에 참석했다가 미국을 거쳐 블라디보스토크에 정착한 이상설을 찾아갔다. 국가의 난국을 타개하기 위해서는 국제적 관계를 이용하여 안팎에서 호응하여 운동하는 것이 필요하다고 보고, 이상설을 만나 이에 대해 의논하고 계획하려는 목적에서였다. 이상설과 이회영은 조국광복 성취를 위한 준비작업으로 ① 지사들을 규합하여 국민교육을 장려할 것 ② 만주에서 광복군을 양성할 것 ③ 비밀결사를 조직할 것 ④ 운동자금을 준비할 것 등을 결정하고, 이상설은 국외에서 외교활동을 하고, 국내의 모든 활동은 이회영이 전담하여 계획·추진하기로 하였다.[13]

이회영은 귀국한 뒤 대한협회와 기호흥학회에 참가하여 계몽운동에 적극적으로 참가하였다. 그는 1908년 10월 대한협회 회원으로, 10월 3일에 개최된 통상평의회에서 법률부장으로 이선移選된 이우영의 후임으로 평의원 후보에 추천되기도 했으며,[14] 1908년 10월 26일에 개최된 기호흥학회 특별총회에서 총무 후보로 추천받았다. 11월 8일에 개최된 통상총회에서는 평의원으로 선출되어 임원으로 활동하였다.(〈회중기사會中記事〉)

그는 기호학회·서북학회·호남학회·교남嶠南교육회(영남)·관동학회 등 다섯 학회의 지우들과 연락을 취하면서, 애국운동으로서 교육진흥사업을 추진하는 것에 대해 협의하였다. 이동녕·안창호·이승훈李昇薰·박승봉 등과 교육을 어떻게 진흥할지를 협의한 다음, 김사열金思說(평양 대성학교. 사정상 부임하지 못함), 이강연(정주 오산학교), 이관직(안동 협동학교), 여준(상동청년학원) 등을 각 학교의 교사로 추천하였다.[15] 계몽운동을 전개하다

---

13　이관직,《우당 이회영 실기》(이정규·이관직, 1985, 135~136쪽); 이정규·이관직, 1985, 37~38쪽; 이덕일, 2001, 32쪽 등을 종합
14　〈本會歷史〉; 〈會員名簿〉 등을 종합
15　이관직,《우당 이회영 실기》(이정규·이관직, 1985, 136~137쪽)

가 이관직의 중매로 1908년 10월 20일 상동교회에서 20살의 이은숙과 재혼하였다.[16]

1909년 8월 안창호의 발의로 신민회의 외곽청년단체인 청년학우회가 설립되자, 이회영은 전덕기, 이동녕 등과 함께 적극 참여하였다. 1910년 3월 청년학우회의 지방조직으로서 한성연회漢城聯會가 조직되자, 이회영은 김인식金仁湜, 박중화朴重華, 박찬익朴贊翊, 옥관빈玉觀彬, 장도순張道淳, 윤기섭尹琦燮 등과 함께 의사원議事員으로 일하기도 했다.[17]

이회영은 계몽운동으로 실력양성을 도모하였지만, 그렇다고 해서 일부 계몽운동가들처럼 실력양성을 최우선시하는 근대화지상주의에는 빠지지 않았다. 그는 실력양성보다는 독립을 우선시하면서 외교적 방법을 통해 주권 회복을 도모하거나, 암살활동과 만주기지 건설 등을 모색하는 등 자주독립을 위해 다양한 활동을 전개했다. 그는 계몽운동가들이 무시하였던 항일의병활동에도 관여하였다. 1910년 자신이 만주로 떠날 때 서울 시내에서 큰 동란을 일으키기로 동지들과 협의하고, 성재구成載九, 이기영李冀永 등을 통하여 지방 의병부대와 연락, 결사대를 조직하여 자금이 입수되는 대로 서울 부근에서 거사를 일으키도록 하는 계획을 세우기도 했다.[18]

계몽운동가들이 교육 진흥과 산업 발달을 통한 근대화를 추구하였지만, 일제의 탄압으로 성과를 내지 못하였다. 일제의 식민지화작업은 더욱 진척되어 갔고, 나라의 운명은 위태로운 지경에 이르렀다. 국내 투쟁의 한

---

**16** 이은숙, 1975, 14쪽. 이회영은 1907년 정월 중순에 상처하였다.(이은숙, 1975, 12쪽)

**17** 《소년》 제3년 제3권(1910. 3. 15), 71쪽; 《소년》 제3년 제4권(1910. 4. 15), 65쪽 등을 종합

**18** 이정규·이관직, 1985, 40쪽; 이관직, 《우당 이회영 실기》(이정규·이관직, 1985, 141쪽) 등을 종합

계를 깨달은 신민회는 1909년 봄 양기탁의 집에서 이동녕, 주진수朱鎭洙, 안태국安泰國, 이승훈, 김도희金道熙, 김구金九 등이 참가한 가운데 비밀리에 간부회의를 개최하였다. 이 회의는 독립기지 건설과 군관학교 설립에 대해 토의하고, 동삼성東三省에 제2의 독립운동기지를 건설하기로 결정했다. 그리고 그를 위한 자금조달계획까지 세웠다.(채근식, 1949, 47쪽)

이회영은 1910년 봄부터 박노호, 윤태훈, 이기영, 성재구, 장유순, 이관식, 이관직 등과 협의하면서 만주기지 건설 준비작업에 착수했다.[19] 이회영은 1910년 7월 보름께 이동녕, 장유순, 이관식[20] 등과 함께 종이장수로 변장하고 남만주로 가서 각지를 시찰한 뒤, 8월 하순에 귀국하였다. 시찰 결과 독립운동기지를 설치할 지역으로 지린성吉林省 류허현柳河縣 싼위안포三源浦 저우자가鄒家街 지방을 선정하였다. 그리고 이동녕의 친족 이병삼李炳三 일가를 헝다오천橫道川에 정착시켜 나중에 이주해 올 사람들에게 편의를 제공할 수 있도록 준비케 하였다.[21]

그러나 결국 1910년 8월 일제에 의해 한국은 강제로 병합당하였다. 이에 신민회는 만주 이주를 더욱 적극적으로 추진하였다.(《思想情勢視察報告集》其の二, 178쪽) 이회영은 나라 안의 일은 이상재와 전덕기에게 맡기고[22] 자신이 먼저 이주를 실행에 옮기기로 하였다. 이회영은 6형제와 상의하여 전 가족이 망명하는 것으로 의견을 모으고 토지와 가옥을 정리하였다. 이회영

---

**19**  이관직, 《우당 이회영 실기》(이정규·이관직, 1985, 140~141쪽)

**20**  이은숙은 이관직으로, 채근식은 주진수로 기록하였으나, 이 책에서는 이관직의 《우당 이회영 실기》(이정규·이관직, 1985, 144쪽)에 따른다.

**21**  이관직, 《우당 이회영 실기》(이정규·이관직, 1985, 144쪽); 이은숙, 1975, 15~16쪽; 이 정규·이관직, 1985, 208쪽; 채근식, 1949, 47쪽 등을 종합

**22**  이관직, 《우당 이회영 실기》(이정규·이관직, 1985, 146쪽)

은 형제의 가족들을 먼저 떠나보낸 이후 12월 27일(음력)에 압록강을 넘었다. 이회영 일가는 1911년 1월 9일(음력) 안동현安東縣에서 500리나 떨어진 통화현通化縣 헝다오천을 향해 10여 대의 마차에 이삿짐과 권속을 나누어타게 하여 혹한 추위를 무릅쓰고 말을 달린 지 7~8일 만에 헝다오천에 도착했다. 며칠 쉰 뒤 이회영과 이시영은 일부 가족과 함께 정착 준비를 위해 1월 28일 먼저 떠났으며, 나머지 가족들은 2월 초순에 류허현 싼위안포 저우자가에 도착하였다.(이은숙, 1975, 18~20쪽) 이때 망명한 사람이 그의 모든 가족과 친척 등 무려 50~60명이나 되었다.[23] 이회영 일가는 토지와 집들을 사는 등 정착 준비를 서둘렀다.

이회영 형제들의 도만渡滿 소식이 널리 알려지면서 안동의 이상룡 일가가 1911년 정초 만주로 떠난 것을 비롯하여 많은 유력 인사들이 그 뒤를 이었다.(최영주, 1985, 379쪽) 1910년대 초 당시 서간도로 이주한 민족해방운동가로는 이회영 형제 외에 이상룡, 이동녕, 김동삼金東三, 김창환金昌煥, 주진수, 윤기섭 등이 있다.(서점영, 1992, 9쪽) 서간도로 이주한 민족해방운동가들의 궁극적 목표는 "서간도에 단체적 이주를 기도하고, 조선 본토에서 상당한 자력資力이 있는 다수 인민을 동지同地에 이주시키어 토지를 구매하고 촌락을 만들어 신영토로 삼고, 새로이 다수의 교육받은 청년을 모집하여 동지를 보내어 민단을 일으키며, 학교 및 교회를 설設하고, 나아가 무관학교를 설립하고 문무쌍회교육文武雙會教育을 실시하여 기회를 타서 독립전쟁을 일으키어 구한국의 국권을 회복"하는 것이었다.[24] 이들은 이 목표

---

**23** 〈서간도 초기 이주와 신흥학교 회고기〉,《韓民》第3號(1936. 5. 25)(《思想情勢視察報告集》其の二, 179쪽)
**24** 〈신민회 판결문〉[《양기탁·주진수·임수정林虽正·안태국安泰國 등 16명 보안법위반판결문》(明治44년 7월 22일)](서점영, 1992, 9쪽에서 재인용)

를 달성하기 위하여 1912년 봄 남만주 은양보恩養堡에서 경학사를 창립하
였다.25

경학사는 이회영이 이상룡 등과 함께 1911년 4월 지린성 류허현 쌍위안
포 저우자가 다구산大孤山에서 노천 군중대회를 개최하여 결성한 민단적인
성격을 띤 자치기관이었다.26 경학사를 설립한 취지는 인명人命을 보호하고
살리려는 것뿐이 아니고 민지民智를 개발하려는 것이었다.27 이건영, 이석
영李石榮, 이철영, 이회영, 이시영, 이호영, 이상룡, 이동녕, 장유순, 류인식柳
寅植, 이관직, 김창환, 윤기섭, 이규룡, 주진수, 장도순, 이장녕, 이규봉, 여준
, 이상설 등이 발기인이었는데,28 이들 가운데는 이름만 올리고 설립 현장
에 없었던 사람도 상당수 있다. 이상룡(社長), 이회영(內務), 장유순(農務), 이
동녕(財務), 류인식(敎務) 등이 경학사의 간부로 활동하였다.29

그리고 독립군 간부를 양성할 목적으로 이회영, 이동녕, 이관직, 윤기섭,
이상룡 등이 발기하여 부설기관 신흥강습소(1913년 5월부터 신흥학교로 개

---

**25** 〈경학사 취지서〉(안동독립운동기념관 편, 2008, 626쪽); 이관직,《우당 이회영 실기》(이
     정규·이관직, 1985, 155~156쪽); 이정규·이관직, 1985, 48~49쪽 등을 종합. 이상룡은
     경학사 창립 시기를 1911년 여름으로 기록하고 있다.[이상룡, 〈滿洲記事〉(고려대중앙도
     서관 편, 1973, 42쪽)]

**26** 박영석, 1985, 26쪽; 박영석, 1982, 188쪽; 이상룡, 〈滿洲記事〉(고려대중앙도사관 편,
     1973, 42쪽) 등을 종합

**27** 〈경학사 취지서〉(안동독립운동기념관 편, 2008, 626쪽). 〈경학사취지서〉는 이동녕과
     이회영이 초를 잡고 이상룡이 보필한 뒤, 여러 사람들이 의논, 첨삭하여 확정하였다.
     [이현희, 1995《대한민국임시정부주석 이동녕 연구》, 동문도서주식회사, 176쪽(서중석,
     2002, 87~88쪽에서 재인용)]

**28** 〈경학사 취지문〉(우당기념관 소장). 이 자료의 내용은 〈경학사 취지서〉와 동일함.

**29** 이관직,《우당 이회영 실기》(이정규·이관직, 1985, 156쪽); 이정규·이관직, 1985, 49쪽.
     이 간부진은 1912년 전반기의 진용으로 보이는데, 그것은 류인식이 1912년 음력 2월
     쯤 서간도로 갔다가 7월 20일 무렵 귀국하였기 때문이다.(서중석, 2002, 88쪽)

명되었으며, 신흥무관학교의 전신이다)를 설립하였으며, 음력 5월 14일에 개학하였다. 신흥강습소의 교주校主에는 이석영이, 교장에는 이상룡이 추대되었다.**30** 교명을 신흥新興이라 한 것은 신민회의 '신新'자와 다시 일어난다는 의미에서 '흥興'자를 붙인 것으로, 신민회의 구국투쟁 정신을 계승한다는 의미였다. 그리고 학교 명칭을 강습소라고 한 것은 중국 토착민들의 의혹을 피하기 위해서였다.**31** 신흥강습소는 본과와 특과를 설치하였는데, 본과는 중학 과정이었고, 특과는 군사학을 전수하는 과정이었다.**32** 1912년 가을에 제1회 수료생을 배출하였다.**33**

한국인들이 점차 정착하여 하나의 부락을 형성하자, 중국인들이 큰 의혹을 품기 시작했다. 중국인들은 일본의 앞잡이들이 만주를 침략하기 위해 이주해 온 것으로 오인하기도 했다. 특히 이회영, 이시영 등의 李·榮의 중국식 발음이 이완용李完用의 李·用과 거의 같았기 때문에 이회영 등이 이완용의 형제라는 유언비어가 주위에 퍼져 나가기도 했다. 이런 오해에 따라 각 현장縣長들은 산하 각 기관에 명령을 내려 한국인과 중국인 사이의 가옥이나 토지 매매와 임대차를 금하고 교통을 차단하였다. 이 바람에 한국인들은 통행에도 제한을 받게 되었다. 심지어 생활필수품 거래까지도 끊으려

---

**30**  이은숙, 1975, 24쪽; 이정규·이관직, 1985, 49쪽; 이정규·이관직, 1985, 208쪽; 서중석, 2002, 91쪽 등을 종합. 이상룡이 4~5년 교장을 맡았으며, 이후 1912년에 하니하哈泥河로 온 여준이 교장을 맡았다.(이은숙, 1975, 24~25쪽) 이관직은 이철영이 신흥학교 교장을 맡은 것으로 기록하였다.[이관직,《우당 이회영 실기》(이정규·이관직, 1985, 156쪽)]

**31**  원병상,〈신흥무관학교〉(독립운동사편찬위원회 편, 1976《독립군전투사자료집》10, 12쪽)(박환, 1989, 236쪽에서 재인용)

**32**  이관직,《우당 이회영 실기》(이정규·이관직, 1985, 156쪽)

**33**  이관직,《우당 이회영 실기》(이정규·이관직, 1985, 155~156쪽); 이정규·이관직, 1985, 48~49쪽 등을 종합

하였다.[34]

이러한 문제를 해결하고자 이회영은 이석영, 이시영, 이동녕, 이장녕 등과 함께 상의한 뒤, 1912년 2월[35] 펑톈奉天(지금의 선양瀋陽)의 동삼성東三省 총독 자오얼순趙爾巽을 방문하였으나 만날 수 없었다. 이에 이회영은 베이징의 위안스카이袁世凱 총통을 찾아가서 한국의 존망은 중국의 안위에 크게 영향을 미친다면서, 만주에 거주하는 한인 교포에게 거주 안전과 교육 시설, 농상農商의 편리 등을 허락해 줄 뿐 아니라 끝까지 보호·협조해 줄 것을 호소했다. 위안스카이는 후밍천胡明臣을 이회영과 동행하게 하여 동삼성 총독 자오를 방문하도록 하였다. 자오 동삼성 총독은 위안 총통의 친서와 후밍천의 전언을 듣고, 비서 자오스슝趙世雄으로 하여금 이회영의 일행과 농행하여 화이런懷仁, 퉁화, 류허의 세 현장縣長에게 명령을 선달하도록 하였다. 명령의 내용은 위안 총통의 뜻을 받들어 이회영을 비롯하여 서간도 일대에 거주하는 한국인들의 사업이나 생활에 협력하고 편의를 제공하라는 지시였다. 세 현장은 관하管下 요소마다 자오 총독의 훈시를 게시하였다.[36]

이때 후밍천과 자오스슝은 이회영 등에게 저우자가는 저우 씨 일족이

---

34 이정규·이관직, 1985, 46쪽; 최영주, 1985, 379쪽 등을 종합

35 이은숙은 이회영이 이상룡과 함께 1911년 7월 초순에 동삼성東三省 총독을 방문하였으나 만나지 못한 것으로 기록하고 있다.(이은숙, 1975, 21~22쪽)

36 이관직,《우당 이회영 실기》(이정규·이관직, 1985, 152~153쪽); 이정규·이관직, 1985, 46~47쪽;〈不逞朝鮮人に關する件〉(《不逞團關係雜件-朝鮮人의 部-在滿洲의 部(2)》, 170~171쪽) 등을 종합. 일제의 정보보고서는 이회영이 서간도에 거류하는 한국인 일동의 귀화를 東三省 총독에게 청하였던 것으로 기록하고 있다. 이정규와 이관직은 동삼성 총독을 자오얼펑趙爾豊으로 기록하였으나, 趙爾豊은 쓰촨성四川省 총독이었다[제롬 첸, 1980《원세개와 근대 중국》(守川正道 역), 岩波書店, 121~122·131쪽(서중석, 2002, 93쪽에서 재인용)].

몇십 대 동안 살아온 곳이라 토지를 잘 팔려고 하지 않으니, 한국인들이 거주하고 활동하기에 편리한 곳으로 거주지를 옮길 것을 제안했다. 이에 이회영은 이동녕·후밍천과 함께 화이런懷仁, 퉁화, 류허 등지를 둘러보면서 후보지를 물색하였다. 1912년 3월에 하니허哈泥河 인근에 있는 토지를 매입하고 거기로 이주하였는데,[37] 퉁화현에서 토지 매매를 허가하지 않았다. 이회영과 이계동(이상룡의 아우)이 3월에 총독에게 청원서를 올렸으나 회답이 없었다. 이에 4월 1일 다시 청원서를 올려 결국 토지를 매입할 수 있다는 비답을 받고 귀가하였다.(서중석, 2002, 94~95쪽)

1912년 음력 3월 2일부터 학교 신축공사를 시작하여 6월 7일(양력 7월 20일)에 낙성식을 가졌다.(이덕일, 2001, 50쪽 참조) 이어 같은 해 가을 류허현 싼위안포 하니허에서 경학사(지난 1911년 가을 흉년으로 해체)의 뒤를 이어 새로운 한인 자치기구인 부민단을 조직하였다. 이 단체의 설립목적도 경학사와 동일하였다.[38]

하지만 신흥강습소 운영에 커다란 위기가 닥쳤다. 신흥강습소를 경영하는 데에는 막대한 경비가 소요되었는데(이정규·이관직, 1985, 49쪽), 국내로부터 자금조달 창구가 막힌[39] 데다가 시일이 흐르면서 이회영 일가의 자

---

**37** "이회영과 이계동의 명의로 동삼성 총독에게 토지매매 허가를 받기 위해 제출한 청원서": 이은숙, 1975, 23~24쪽; 이관직, 《우당 이회영 실기》(이정규·이관직, 1985, 154쪽); 이정규·이관직, 1985, 48쪽; 이정규·이관직, 1985, 208쪽; 최영주, 1985, 380쪽 등을 종합

**38** 채근식, 1949, 49쪽; 원병상, 〈신흥무관학교〉(독립운동사편찬위원회 편, 《독립군전투사 자료집》 10, 1976, 13쪽)(박환, 1989, 237쪽에서 재인용) 등을 종합

**39** 신민회는 경술국치 이후 양기탁, 이동녕, 안태국, 주진수, 이승훈, 김도희, 김구 등이 참가한 가운데 비밀회의를 열어 만주 이주와 무관학교 설립을 위해 지방대표를 선정하여 자금을 모집하기로 결정하였다. 이 결정에 따라 이승훈(평안북도, 15만 원), 안태국(평안남도, 15만 원), 김구(황해도, 15만 원), 주진수(강원도, 10만 원), 양기탁(경기도, 20만

산이 바닥을 드러내기 시작했던 것이다. 경비 수요는 날로 증가하는데 재정 토대는 점점 빈약해져서 사업의 장래가 크게 우려되었다.(한상복, 1989, 619쪽) 이에 이관직·장도순 두 사람이 자원하여 자금모금운동을 하고자 국내로 들어갔다. 하지만 아무런 성과도 거두지 못한 채 장도순은 만주로 돌아왔고, 이관직은 국내에 남아 뒷날의 기회를 기다리기로 하였다.[40]

이처럼 자금 부족으로 곤란을 겪고 있는 가운데 더욱 불길한 소식이 들려왔다. 즉 1913년 봄 수원의 맹보순孟普淳으로부터 비밀연락이 왔다. 이회영을 비롯하여 이동녕, 이시영, 장유순, 김형선金瀅璇 등을 암살 또는 체포하기 위해 조선총독부가 비밀리에 형사대를 파견하였다는 것이었다. 이를 놓고 의논한 결과, 블라디보스토크로 가서 이상설에게 한동안 의탁할 수밖에 없다는 의견이 다수였다. 이회영은 안전만을 도모하여 피신하는 것은 아무런 의미가 없으니, 이왕 위험한 상황인 바에야 국내로 가서 재정문제를 해결할 방법을 찾아야 한다면서 자신은 귀국할 것임을 밝혔다.[41] 이회영은 음력 정월 초순 혼자서 국내로 떠났고, 이동녕 등의 네 사람은 1913년 늦은 봄 블라디보스토크로 갔다. 안둥현을 거쳐 무사히 서울에 도착한 이회영은 윤복영尹福榮을 찾아가 몇 달을 종적을 감추고 지내며 비밀리에 앞으로 할 일을 계획하였다. 그때 귀국 소식을 듣고 찾아온 이관직을 만났다. 이관직은 이상재, 유진태俞鎭泰, 이득년李得季, 류기남柳冀男 등을 찾아가 이회영의 환국 소식을 전하였다. 유진태는 이회영의 신변보호를 책임지겠다

---

원) 등이 지역별로 조달 책임을 맡았다(김구, 1997, 216쪽)

**40**  이관직, 《우당 이회영 실기》(이정규·이관직, 1985, 157~158쪽); 이정규·이관직, 1985, 49~50쪽 등을 종합

**41**  이관직, 《우당 이회영 실기》(이정규·이관직, 1985, 159쪽); 이정규·이관직, 1985, 50~51쪽 등을 종합

며 그를 자신의 집으로 데려갔다.[42]

이회영은 귀국한 뒤 2년 남짓 자금을 마련하기 위한 활동을 비밀리에 전개했다. 그러던 중 종로경찰서에서 이회영의 귀국 사실을 탐지해 내고, 여러 차례 그가 지내고 있던 유진태의 집을 급습하여 수색하였다. 이회영은 1915년 8월 20일 무렵 체포되어 조사를 받았다. 이회영은 취조 과정에서 자신이 만주로 간 것은 농장 개척을 위해서이며, 도적이 선영先塋의 나무를 도벌했다는 소문이 있어 묘소를 수리하고자 귀국한 것이라 둘러댔다. 일제 경찰은 별다른 증거가 없는 데다가, 명문가의 후손인 그를 무작정 구속할 수도 없어서 3주일 만에 석방할 수밖에 없었다. 하지만 그에 대한 엄중한 감시는 계속되었다. 이런 감시 속에서도 그는 1916년부터 1917년에 걸쳐 고종 황제의 밀지를 받아 시종 이교영李喬永, 전 판서 민영달閔泳達 등을 통해서 지방 부호들로부터 자금을 염출하는 계획을 착착 진행하였다.[43]

한편, 이회영은 이상설과 연락하여 대일단이라는 독립운동단체를 결성하였다. 대일단은 1916년 이상설을 단장, 이동녕을 부단장으로 하여 결성되었는데, 본부를 연해주 니콜리스크시尼古市에 두었다. 대일단은 미국, 중국, 만주, 남양군도, 노령, 국내에 지방대표를 두는 등 전 지역의 민족해방 운동가들을 총망라하였다. 각 지방대표는 이승만·서재필(미국), 김진녕金鎭寧·홍명희洪命熹(남양군도), 신숙(상하이), 조성환曺成煥·이시영(베이징), 임경호林敬鎬(펑톈), 이상룡·김동삼·윤기섭(남만주), 백순白純(1917년 이상설 사망으로 단장이 됨)·이범윤李範允·조완구趙琬九(북만주), 이갑·이탄헌李坦軒

---

**42** 이관직,《우당 이회영 실기》(이정규·이관직, 1985, 160~164쪽); 이정규·이관직, 1985, 50~51쪽; 이은숙, 1975, 26쪽; 육영회 편, 1985, 10쪽 등을 종합

**43** 이관직,《우당 이회영 실기》(이정규·이관직, 1985, 164~169쪽); 이정규·이관직, 1985, 53쪽; 이정규·이관직, 1985, 209쪽; 최영주, 1985, 380쪽 등을 종합

(노령), 이회영·양기탁(국내) 등이었다.(《不逞團關係雜件-朝鮮人의 部-在滿洲의 部(41)》, 384쪽)

1917년 러시아혁명이 일어나고, 1918년에는 윌슨이 민족자결주의를 선언하는 등 국제정세가 급격하게 변하자, 이회영은 이러한 국제정세를 이용하여 독립을 쟁취할 기회를 모색하고자 했다. 그는 천도교계의 오세창吳世昌, 불교계의 한용운韓龍雲, 기독교계의 이승훈, 교육계의 김진호金鎭浩·강매姜邁, 사회 방면의 이상재·유진태·안확安廓·이득년 등 여러 사람과 아침·저녁으로 밀의를 거듭하는 한편, 고종망명계획을 세웠다. 즉 당시의 세계적 변동기를 이용하여 고종이 국외로 망명한 뒤 한일합방이 일본의 강도적인 폭력에 의해 조작된 것이라는 사실을 직접 전 세계에 폭로하면 큰 효과가 있으리라는 자신의 생각을 시종 이교영으로 하여금 고종에게 알리게 하였다. 고종이 이를 승낙하자, 이회영은 홍증식洪增植을 데리고 민영달을 찾아가 고종의 뜻을 전하며 그의 의사를 타진하였다. 민영달은 고종의 뒤를 따르겠다고 하였고, 이회영은 민영달과 비밀리에 만나 구체적인 방법을 강구하였다. 먼저 배를 타고 중국으로 건너가서 베이징에 행궁行宮을 마련하기로 하였다. 민영달은 자금으로 5만 원을 내놓고, 이회영은 준비작업을 맡기로 하였다. 1918년 말 무렵 이회영은 민영달이 내놓은 자금을 이득년, 홍증식 두 사람에게 주어 베이징에 머물고 있던 이시영에게 전달하게 하고, 고종이 거처할 행궁을 임차하고 수리하도록 부탁하였다.[44] 하지만 1919년 1월 21일 고종의 갑작스러운 죽음으로 고종망명계획은 수포로 돌아가고 말았다.

---

[44] 이관직, 《우당 이회영 실기》(이정규·이관직, 1985, 169~170쪽); 이정규·이관직, 1985, 54~55쪽 등을 종합

이회영이 고종망명계획을 실행에 옮기고자 노력하고 있을 때, 일부 국내 민족주의자들도 즉각 독립할 수 있는 방도를 모색하고 있었다. 국내의 민족주의자들은 그동안 선실력양성후독립론에 입각해서 우리 민족의 독립을 애써 외면하고 실력양성을 위해 노력해 왔다. 하지만 1914년 제1차 세계대전이 발발하자, 일부 지식인들은 인류 역사에 유례없는 세계대전의 참상에 놀라움을 금치 못하면서 사회개조·세계개조론을 수용하기 시작했다. 즉 제1차 세계대전의 발생원인이 열국 사이의 경쟁 즉 약육강식과 적자생존의 원칙에 있으며, 다시는 세계대전과 같은 대참사가 일어나지 않으려면 강자가 약자를 지배하는 사회질서·세계질서를 개조하여 강자와 약자가 공존하는 사회와 세계를 건설해야 한다고 보았다.(이호룡, 2001b, 54~56쪽) 한국인들 사이에서 사회개조·세계개조론이 수용되면서 국내 민족주의자들 사이에는 즉각독립을 모색하는 흐름이 형성되었다. 그들은 우리 민족이 독립하기 위해서는 연합국의 힘을 빌려야 하는바, 그러기 위해서는 국내에서 대규모의 만세시위를 조직하여 한국인 스스로 독립을 위해 노력하고 있다는 사실을 보여줄 필요가 있다고 보았다. 마침 고종이 죽고, 그 죽음이 일제에 의한 독살이라는 소문이 흉흉하게 나돌았다. 민족주의자들은 이 기회를 이용하고자 하였다. 그리하여 고종의 인산일을 기하여 대규모 만세시위를 전개할 계획을 세워나갔다.

귀국한 이후 민족주의자들과 교류하던 이회영은 고종망명계획이 틀어지자 민족주의자들의 계획에 합류하였다. 독립선언 계획이 확정되고 추진되어 가자, 그는 해외 동지들에 대한 연락과 대비를 하기 위해 1919년 2월 9일(음 1월 9일) 아들 규룡과 함께 베이징으로 떠났다.[45]

---

[45] 이은숙, 1975, 39쪽; 이관직, 《우당 이회영 실기》(이정규·이관직, 1985, 171쪽); 이정

## 2. 아나키즘 수용

베이징에 도착한 이회영은 이시영과 이동녕을 만났다. 3·1운동 직후 상하이에서는 임시정부를 수립하기 위한 움직임이 활발하게 일어나고 있었다. 세 사람은 3월 하순 상하이에서 온 현순玄楯 목사와 함께 그곳으로 떠났다. 상하이에서 이회영은 손정도孫貞道, 조완구, 신익희, 조성환, 조소앙, 신채호申采浩 등과 만났다.[46] 3·1운동 이후 상하이에 모인 민족해방운동가들은 민족해방운동을 어떻게 전개할 것인지 그 방도에 대해서 토론하였다. 이회영은 인물 중심으로 단결해야 한다는 주장에 대해 그것은 한 인물을 신격화·우상화하는 결과를 낳으며 결국 동학東學식의 방법이라 할 수밖에 없는데, 어떤 특수한 일부에 대한 운동이라면 몰라도 일반적인 대중을 이해시키고 진작시켜 동원하려는 독립운동의 방법으로는 부적당하다고 하였다.(이정규·이관직, 1985, 59~60쪽) 그의 의견은 첫째, 시대가 변하고 정세가 변하였으니, 운동의 방향과 방법을 새롭게 수립해야 한다는 것, 둘째, 우리의 운동은 약자로서 세계적 강대국으로 성장하고 있는 강자와 맞서는 운동이므로, 우리가 지닌 온 힘을 합하여 하나로 단결된 항쟁을 해야 하는 것이니, 과거에서부터 내려오는 지방적인 또는 인물 중심의 대립 등을 일절 지양하고 동심 협력할 수 있는 방법을 강구하자는 것 등이었다.(이정규·이관직, 1985, 58쪽)

이회영은 일찍이 우리 민족이 요구하는 인물은 나폴레옹이나 제갈공명 같은 영웅, 대군략가가 아니라, 개인의 천직을 대하는 자, 사회에 책임을 행

---

규·이관직, 1985, 56쪽; 이규창, 1992, 31쪽 등을 종합
**46**　이정규·이관직, 1985, 56·60쪽; 최영주, 1985, 381쪽 등을 종합

하는 자, 국가에 의무를 다하는 자이고, "영웅이 건설한 나라는 길이 가지
못하되, 국민이 합동하여 세운 국가는 운명이 장구하"다면서,[47] 영웅이나
지도적 인물과 같은 능력 있는 개인보다는 다수의 보통사람들을 중시하였
다. 그리고 그들이 앞으로 수립될 독립국가의 중심이 되어야 한다고 주장
하였다. 이러한 입장은 정부 수립에 반대하는 것으로 이어졌다. 즉 이회영
은 인물 중심의 정부는 영웅 혹은 지도자들의 세력 각축장이 될 수밖에 없
다면서, 정부를 수립하여 독립운동을 이끌어 가도록 하자는 주장에 반대하
였던 것이다.

1919년 4월에 들어서자 임시정부를 조직하는 문제에 대한 논의가 각 방
면에서 활발하게 전개되었다. 이회영은 당시 논의의 핵심은 실제 운동을
할 때 각 방면에서 서로 연락하여 중복되거나 마찰이 일지 않고 민첩하게
진행되어 나가도록 지도하고 서로 협동·협력할 수 있는 방법과 조직을 세
우자는 것이므로, 그 형태가 정부라는 행정적인 조직과는 근본적으로 달라
야 한다고 주장하였다. 그리고 정부라는 조직 형태를 취하면 그 명칭으로
말미암아 지위와 권력을 다투는 분규가 끊이지 않게 될 것이라고 예언하
며, 조직의 형태를 임시정부로 하는 것에 대해 반대하였다.(이정규·이관직,
1985, 61쪽) 즉 임시정부가 정부 형태를 갖추게 되면 서울정부니 상해정부
니 정통성 시비가 일 것이요, 독립운동 지도자들이 모두 영웅호걸들인지라
야심과 지배욕에 얽매여 대사를 그르칠 우려가 있으니 정부라는 형태를 취
하지 말자는 것이었다. 실제운동에서 빚어지는 중복과 마찰, 낭비를 방지
하고 또 사태 추이에 민첩하게 대응할 수 있는 조정기관연락기관이면 충
분하다고 생각하였던 것이다.(이광수, 1947, 23~24쪽)

---

[47]　이회영, 〈한국은 어떠한 인물을 요구하는가?〉(외솔회 편, 2002, 172~173쪽)

이러한 이회영의 반정부적 입장과 반중앙집권적 조직관은 아나키즘의 정부에 대한 비판과 자유연합주의적 조직관에 닿아 있다. 여러 사람들과 민족해방운동의 방도에 대해 토론하는 과정에서 이회영은 아나키즘을 접하였던 것으로 보인다. 특히 당시 아나키즘에 경도되어 있던 신채호와의 교류는 이회영의 아나키즘 수용을 촉진시켰던 것으로 보인다. 이전부터 그는 신분평등과 인간의 자유에 깊은 관심을 가지고 그것을 몸소 실천하고 있었으므로, 모든 인간의 평등과 개인의 절대적 자유를 추구하고 정부나 국가와 같은 권력기구에 반대하는 아나키즘에 공감하며 자연스럽게 수용하기 시작하였던 것이 아닌가 한다. 《중앙일보》가 이회영이 1920년에 방향을 전환하였다고 보도한(《중앙일보》 1932년 11월 24일자) 것으로 보아 그가 아나키즘을 자신의 사상으로 확립하게 되는 것은 1920년 무렵인 것으로 생각된다. 이회영이 이정규·이을규 형제를 통해서 아나키즘을 접하고 수용하였다는 이정규의 주장은 설득력을 가지기 어렵다.

이회영의 아나키즘 수용은 어느 날 갑자기 하루아침에 이루어진 것이 아니라, 그 자신이 평소 품고 있던 자유·평등 사상이 그 기반이 되었다. 이회영은 "지배 없는 세상, 억압과 수탈이 없는 세상"을 건설해야 한다는 것이 자신의 일관된 정견이며, "반드시 사민평등四民平等한, 만인이 자유평등을 누릴 수 있고, 따라서 공평하게 다 같이 행복을 누리며, 자유 발전할 수 있는 기회가 균등하게 부여될 수 있는 사회"를 건설해야 한다는 것이 자신의 정치사상이고, 자신의 이상은 자유합의적인 자유연합의 이상과 합치한다고 설명하였다.(이정규, 1985, 17쪽) 그는 "내가 의식적으로 무정부주의자가 되었다거나, 무정부주의로 전환하였다고는 생각할 수 없으며, … '지금이 옳고 지난 것은 잘못되었다는 것을 깨닫는[覺今是而昨非]' 식으로 본래는 딴 것이었던 내가 새로이 방향을 바꾸어 무정부주의자가 된 것은 아니라"

고 주장하였다.(이을규, 1963, 42쪽) 즉 자신이 이러한 사상을 가지게 된 것은 별안간의 180도 사상전환에 따른 것이 아니라, 자신이 본래 자유주의적인 자유사상가였기 때문이라는 것이다.

　유교적 소양도 이회영이 아나키즘을 받아들이는 사상적 기반이 되었다. 이회영은 내가 하고 싶지 않은 것은 다른 사람에게 행하지 말아야〔己所不欲勿施於人〕하며, 나 자신이 남에게 지배받고 싶지 않으면 나도 남을 지배해서는 안 된다고 하였는데, 이정규는 이러한 그의 태도를 유교적 소양과 연결시켰다. 즉 이회영이 약관 때부터 자유·평등을 주장하고, 신분제도의 불평등을 배척했으며, 관료들의 권위주의와 지배욕을 저주해서 관리가 되는 것을 단념한 것이라든지, 또 자기과시를 싫어하고 공명功名을 바라지 않은 것은 공자가 말한 부지불온不知不溫이라는 것이다.(이정규, 1985, 17쪽) 그리고 이회영 자신도 유교적 소양 위에서 아나키즘을 수용하였음을 밝혔다. 그는 "맹자孟子도 '생 역시 내가 하고자 하는 바이며〔生亦我所慾〕, 의 역시 내가 하고자 하는 바이나〔義亦我所慾〕, 양자를 겸하는 것이 불가능하면〔兩者不可得兼〕, 생을 버리고 의를 취하겠다〔捨生就義〕'고 하지 않았는가"라 하면서 자신의 결의를 다졌는데,[48] 이는 이회영이 아나키스트로서의 자신의 행동지침을 유교적 교양에서 구하고 있었음을 말해 준다.

　이회영의 반대에도 임시의정원이 조직되고 임시정부 조직을 위한 임시헌법이 기초되는 등 임시정부 수립작업은 계속 진행되었다. 이회영은 처음에는 임시정부 수립에 반대하면서도 1919년 4월 10일에 개최된 제1회 임시의정원 회의에 이동녕, 조완구, 한기악韓基岳, 조성환, 김구, 신채호 등과 함께 의원으로서 참석하였으며, 4월 11일에는 현순에 의해 국무총리 후보

---

[48]　이정규, 〈友堂 李會榮先生 略傳〉(이정규, 1974, 73쪽)

로 추천되기도 했다.[49] 그는 다시 한 번 손정도, 이동녕, 조완구, 조소앙 등
에게 혁명당이나 독립운동본부와 정부는 성질이 다른 것이니 이를 고려하
라고 촉구하였다.[50] 하지만 이회영의 임시정부 수립 반대는 구황제 중심의
보황파적인 생각에 기인하는 것이 아닌가, 또는 이회영 자신이 임시정부의
중심인물이 되지 못한 까닭이 아닌가 하는 오해를 불러왔다.(이정규·이관
직, 1985, 63쪽) 이에 이회영은 그들의 무성의한 태도와 몰이해한 심정에 분
노를 느끼고 독립운동의 전도를 개탄하면서, 제3회 임시의정원 회의(1919
년 4월 25일 개최)에 참가한 뒤 국무원장에 추대된 것도 거절하고 5월 중순[51]
상하이를 떠나 베이징으로 돌아갔다.[52]

이회영이 돌아간 뒤 얼마 되지 않아서 임시정부 각료가 되었던 이시영
과 이동녕이 상하이에서 각 파와 의견이 대립되어 베이징으로 왔다. 거의
1년 동안 머무르다가 박남파朴南坡가 베이징으로 와 상해임시정부로 돌아
가서 협력할 것을 간청하였다. 몇 달 뒤 이시영과 이동녕은 박남파와 동
행하여 상해임시정부로 돌아갔으나, 이회영은 끝내 불응하고 베이징에
남았다.[53]

이회영의 주변에는 동료·후학 등 많은 사람들이 모여들었다. 민족해방
운동가로서 베이징에 온 사람치고 이회영 집에 들르지 않은 사람이 없을

---

**49** 秋憲樹 編,《資料韓國獨立運動》1, 338~340쪽;〈大韓民國臨時議政院記事錄 第1回集〉등
을 종합
**50** 이정규·이관직, 1985, 62쪽; 육영회 편, 1985, 10~11쪽 등을 종합
**51** 이규창은 이회영이 1919년 2월 무렵 상하이로 떠났다가, 1920년 1월 무렵 베이징으로
돌아갔다고 기록하였으나(이규창, 1992, 37~38쪽) 취하지 않는다.
**52** 〈大韓民國臨時議政院 關係資料〉; 이정규·이관직, 1985, 63쪽; 이광수, 1947, 23~24쪽;
육영회 편, 1985, 10~11쪽 등을 종합
**53** 이규창, 1992, 49~50쪽; 이정규, 1985, 17쪽 등을 종합

정도였다. 앞으로 같이 활동할 젊은 동지들도 많이 만났다. 1921년 4월에 베이징으로 간 류자명柳子明(류흥식)을 만났으며, 또 형 이석영의 소개로 펑텐에서 찾아온 충남 홍성 출신의 김종진을 만났다. 1921년 가을에는 이을 규와 이정규도 만났다.(이정규·이관직, 1985, 67쪽)

　이회영은 여러 사람들과 교류하면서 민족해방운동을 모색하였다. 그는 전부터 베이징에 거주하던 김국빈金國賓(金國彬)·한세량韓世良·한진산韓震山 등의 인사들과 아침저녁으로 만나고, 1920년 베이징으로 온 신채호와는 매일 만났으며, 1921년에는 박용만 등과도 교류하였다. 1921년 7월에는 국내에서 베이징으로 간 유석현劉錫鉉, 홍남표洪南杓, 어수갑魚洙甲과 의열단 참모인 류자명이 그의 집에서 함께 지내며 민족해방운동에 대해 토의하는 등 여러 방면의 사람들과 접촉하며 동지 규합을 꾀하는 한편, 다양한 활동을 전개했다.[54]

　3·1운동 이후 아나키즘을 접하면서 이회영은 사회주의에 많은 관심을 기울였다. 이회영은 1921년 신채호·한영복·박숭병朴崇秉 등과 함께 아나키즘 선전지《천고天鼓》창간을 발기하였다.[55] 이회영이 아나키즘 선전작업에 관여하고 있을 때, 1919년 파리에 파견되었던 조소앙이 유럽 순방을 거쳐 1921년 국제사회당대표단 일원으로 러시아 각지를 시찰하고 5월에 베이징에 도착하였다. 이회영은 조소앙의 내방을 기다리지 않고 즉시 그를 찾아가서 사회주의가 어떻게 실현되고 있는지에 대해 상세히 들었다. 하지만 조소앙으로부터 들은 파리강화회의의 앞뒤 이야기와 러시아혁명에 관한

---

**54**　이규창, 1992, 41·49쪽; 이정규·이관직, 1985, 65쪽 등을 종합

**55**　〈北京天津附近在住朝鮮人の狀況報告書進達の件〉(《朝鮮人에 대한 施政關係雜件 一般의 部 (3)》, 38쪽).《천고》발간에 참가한 사람의 명단은 자료에 따라 다르게 나타난다. 하지만 대부분이 회고에 의거한 것이라 일제의 정보보고서를 따른다.

이야기, 혁명 뒤의 근황 등은 이회영으로 하여금 공산주의에 대해 회의를 가지게 만들었다. 즉 "그 냉혹·무자비한 독재정치가 과연 만인에게 빈부의 차이가 없는 균등한 생활을 보장한다는 이상을 성취할 수 있을지는 모르나, 그처럼 자유가 없는 인간생활이 가능할까? 그리고 인간생활의 발전을 기대할 수 있을까? 그들이 말하는 평등생활이 하루에 세끼 밥을 균등히 주는 감옥생활과 무엇이 다른가?", "그러한 독재권을 장악하고 인민을 지배하는 정치는 옛날의 절대 왕권의 정치보다도 더 심한 폭력정치이니, 그러한 사회에 평등이 있을 수 없으며, 마치 새 왕조가 세워지면 전날의 천민이 귀족이 되듯이 신흥 지배계급이 나타나지 않겠는가?"라고 반문하였다.(이정규·이관직, 1985, 69~70쪽)

이후 이회영은 오랜 고민 끝에 첫째, 민족해방운동은 짧은 시일에 목적을 이루기 어려우며, 오랜 기간 동안 그 성취를 위한 힘을 기르고 기회를 기다리고 또 만들어 가야 하며, 둘째, 힘을 기른다는 것은 무력과 인재를 양성한다는 것이며, 그 핵심적인 정신요소로서 이론이 갖추어져야 한다는 결론을 내렸다.(이정규·이관직, 1985, 70~71쪽) 이러한 결론에 따라 그는 민족해방운동의 경제적 기반을 확보하는 데 주력하였다.

이회영의 주변에는 많은 사람들이 모여들어 함께 일할 것을 희망하고 권고하였다.(이정규·이관직, 1985, 65쪽) 하지만 이회영은 군사통일촉성회(1920년 9월 박용만과 신채호 등에 의해 결성)를 함께 결성하자는 박용만의 제안을 거절하는(이정규·이관직, 1985, 67쪽) 등 그 많은 회會·단團·당黨들에 대해 일체 참여하지 않았다(이정규·이관직, 1985, 65쪽). 대신 1921년 무렵 신채호와 매일 아침·저녁으로 만나 토론하며(이규창, 1992, 49쪽) 아나키즘에 대한 이해를 더욱 깊게 하는 한편, 융딩하永定河 개간사업을 추진하였다.

이회영은 1910년대 초반 자신이 주도하였던 만주개척사업을 참고로 하여 융딩하 개간사업을 구상하였다. 융딩하 개간사업은 융딩하 가에 있는 하천부지를 개간하여 거기서 나오는 수익금으로 민족해방운동에 필요한 자금과 민족해방운동가들의 생활비를 조달하는 것을 목적으로 하였다.(정화암, 1982, 35쪽) 민족해방운동을 장기간 지속하기 위해서는 막대한 규모의 자금이 필요한바, 그 자금을 융딩하 개간사업을 통해 자력自力으로 해결하고자 하였던 것이다. 그는 이을규·이정규·정화암 등과 함께 이 사업을 추진하였는데, 정화암은 이 사업에 소요될 자금을 마련하기 위하여 1921년 말[56] 무렵 국내로 잠입하였다. 하지만 자금 마련에는 결국 실패하였다.(정화암, 1982, 34~35·52~53쪽) 이리하여 융딩하 개간사업은 흐지부지해지고 말았다. 융딩하 개간사업은 비록 본격적인 아나키스트운동은 아니라고 할지라도 자신의 문제는 자력自力으로 해결한다는 자주성을 중시한 운동으로서, 이회영이 아나키즘에 기반해서 추진한 사업이었다.[57]

이회영은 융딩하 개간사업 이외에도 경제적 기반을 확보하기 위해 많은 노력을 기울였다. 조성환·김복金復 등과 함께 독립운동의 경제적 근거를 만들기 위해 한·중 합작의 경제분야에 대한 운동을 계획하였으며, 국내에서 온 김성환·임경호 등과 함께 국내외 연락을 긴밀히 하여 침체된 독립운동을 진작시키고자 큰 운동을 일으켜 보려는 계획도 세웠다. 하지만 이러한 계획들은 모두 실패하고 말았다.(이정규·이관직, 1985, 75쪽)

이회영은 한민교육회를 결성하여 인재를 양성하기 위한 교육활동에도 종사했다. 한민교육회는 1922년 베이징에서 조직되었는데, 이회영은 이 단체의 발기인으로 참여하였다. 한민교육회의 발기인은 이회영, 이석영

---

**56** 정화암은 1921년 늦겨울에 귀국한 것으로 회고하였으나 시기가 맞지 않는다.
**57** 이호룡, 2001a, 273쪽. 이정규 등은 아직 아나키즘을 수용하기 전이었다.

(회장), 조성환, 박숭병, 이광李光, 성준용, 조동은趙東殷, 이성환李惺煥, 이한
영李釬永, 신팔균申八均 등이었다.[58] 그리고 1922년 7월에는 김창숙과 함께
대한독립단 명의로 〈일본 정부에 보내는 글送日本政府書〉을 작성하여 일본
정부와 일본·중국의 각 신문사에 송부할 계획으로 100여 매를 인쇄하였
다.(〈在北京不逞鮮人の保皇黨組織說に關する件〉)

그리고 자신의 사상을 정립하기 위하여 아나키즘 연구도 계속했다. 이
회영은 신채호와 교류하면서 민족해방운동에 관해 많은 의견을 나누었다.
이회영은 당시의 상해임시정부는 물론, 구미 여러 선진국의 정치형태나 정
부, 그리고 정치 그 자체에 관하여 연구 검토하고 있었는데, 신채호와 "여
러 선진국의 현 정치제도를 그대로 답습·모방하여 가지고는 자유·평등의
사회 즉, 정치·경제·사회·문화 등 인간생활 전반에 걸쳐서 자유롭고 평등
한 사회가 실현될 수 없지 않겠는가?", "그들의 정치를 모방한다면 부자유
와 불평등에 의해 불만·불평·억압이 생겨나는 저주스러운 현대사회의 결
함을 새로이 독립할 우리나라에서도 반복하게 되지 않겠는가?" 등에 대해
토론하였다.(이정규·이관직, 1985, 76쪽) 나아가 1922년 12월 이을규, 이정
규, 저우수런周樹人(루쉰魯迅, 베이징사범대 교수), 러시아 맹인 시인 바실리
예로센코, 대만인臺灣人 판번량范本梁 등과 사상 문제를 연구하기도 했다.
(이정규·이관직, 1985, 209쪽)

---

**58**  〈北京天津附近在住朝鮮人の狀況報告書進達の件〉(《朝鮮人에 대한 施政關係雜件 一般의 部
(3)》, 16쪽). 일제의 정보보고서에는 이석영이 이세영李世榮으로 기록되어 있으나, 잘못
이다.

## 3. 아나키즘 실천활동 전개

### 1) 재중국조선무정부주의자연맹 결성

이회영에게 그동안 연구해 오던 아나키즘을 실천에 옮길 수 있는 기회가 찾아왔다. 저우周 씨 소유의 토지에 그와 함께 이상촌을 건설할 계획을 세운 중국 아나키스트 천웨이치陳偉器가 1923년 9월 베이징대 동창인 이정규에게 이상농촌건설사업에 참가해 줄 것을 요청하였다. 이정규는 베이징대에 편입학한(이정규, 1974, 4쪽) 이후 예로센코라는 러시아 시인에게 감화를 받아 아나키즘을 수용하고 있었다. 천웨이치의 제안을 받아들인 이정규는 이회영을 방문하여 농지 개척에 대한 체험담과 이 계획에 대한 의견을 묻고 지도를 요청하였다. 양타오촌의 이상농촌 건설사업은 한국 농민 50호 가량을 개성·개풍 등지에서 이주시킨다는 계획을 세우고, 다음 해 봄을 기하여 출발시키도록 일정을 잡는 등 상당 부분 진척되었다. 하지만 불행히도 후난성에 내분이 일어나 저우 씨 일족이 쫓겨 흩어지게 되었으므로, 사업을 중단하고 뒷날을 기약할 수밖에 없었다.[59]

이회영과 이정규 등이 이상농촌 건설사업을 추진하고 있을 무렵 재중국 한국인 사회주의자들 사이에는 테러활동을 둘러싸고 논쟁이 벌어지고 있었다. 1922년 오성륜·김익상金益相·이종암李鍾岩 등에 의한 다나카 기이치田中義一 암살미수사건 이후 아나키스트들이 주도하고 있던 테러활동에 대해 국제적으로 비난이 쏟아졌고, 임시정부 관계자들도 테러에 대해 비판

---

**59** 《중앙일보》1932년 11월 24일자; 이정규·이관직, 1985, 77~79쪽; 〈이정규 공판기〉, 《동아일보》1929년 2월 16일자; 무정부주의운동사편찬위원회 편, 1994, 288~289쪽 등을 종합

하였다.

아나키스트들은 신채호의 〈조선혁명선언〉을 통해 아나키즘에 입각한 민족해방운동의 방법론을 제시하는 등 이에 대응하였다. 하지만 테러에 대한 논쟁은 더욱 확대되었다. 즉 1920년대 초 국내 사회주의자들의 활동으로 대중운동이 점차 성장하자 공산주의자들이 테러활동을 비판하고 나선 것이다. 이에 재중국 한국인 아나키스트들은 점차 세력을 확장해가는 공산주의 세력에 맞서기 위하여 아나키스트들의 힘을 하나로 모을 수 있는 조직의 필요성을 절감하였다. 그러한 가운데 이회영, 이을규, 이정규, 정화암, 류자명 등이 1924년 4월 말 베이징에서 재중국조선무정부주의자연맹을 결성하였다. 백정기도 재중국조선무정부주의자연맹 창립에 관계하였다는 주장도 있으나, 이는 잘못으로 보인다. 백정기가 중국으로 건너간 것은 1924년 6월 또는 여름이므로, 백정기는 재중국조선무정부주의자연맹이 결성된 후 가입한 것으로 보는 것이 타당하다.(이호룡, 2015, 242~245쪽)

재중국조선무정부주의자연맹은《정의공보正義公報》를 통해 제국주의·자본주의를 배척하고 현 사회제도를 파괴할 것을 주장하며, 민중의 폭력적 혁명을 고취하였다. 그리고 민족주의 진영 내의 파벌주의적 경향을 지양할 것을 요구하면서 자유연합의 조직원리에 따라 모든 민족해방운동단체들의 총력을 결집할 것을 호소하는 한편, 프롤레타리아독재를 표방하는 공산주의의 볼셰비키 혁명이론과, 당시 해외운동에 커다란 파문을 일으키고 있던 흥사단의 무실역행론務實力行論 및 국민대표회의를 비판하였다.《정의공보》창간호에는 〈창간선언〉과 〈문화운동과 조선혁명〉이라는 제목의 글 등이 게재되었다.[60]

---

60　〈北京天津附近在住朝鮮人の狀況報告書進達の件〉《《朝鮮人에 대한 施政關係雜件 一般의 部

**사진 2-2** 1924년 재중조선무정부주의자연맹 결성 당시의 이회영(맨 왼쪽).
베이징에서 김창숙(맨 오른쪽) 등과 함께.

정화암과 이정규는《정의공보》가 재중국조선무정부주의자연맹의 기관지로 9호까지 발간되었다고 회고하였다.[61] 하지만 일제의 정보보고서에 따르면,《정의공보》는 1924년 5월 1일 한진산, 장건상張建相, 김국빈 등에 의해 창간되어 순간旬刊(석판)으로 매 1일에 7호까지 발행되었으며, 주로 한진산에 의해 배포되었다. 더욱 자세한 내용을 담고 있는 일제의 정보보고서가 좀 더 정확한 것으로 보이지만, 이정규와 정화암의 기억도 완전히 무시할 수는 없을 것이다. 따라서 한진산, 김국빈 등이 창간한《정의공보》

---

(3)》, 40쪽);〈義烈團新聞發行の件〉; 정화암, 1982, 61~62쪽; 이정규·이관직, 1985, 80
쪽 등을 종합
**61**   이정규·이관직, 1985, 80~81쪽; 정화암, 1982, 62쪽 등을 종합

를 그들과 교류하고 있던 이회영 등이 재중국조선무정부주의자연맹의 기관지로 활용하면서 아나키즘을 선전하였던 것으로 정리하는 것이 별 무리가 없을 것이다.(이호룡, 2015, 245쪽)

재중국조선무정부주의자연맹은 결성된 지 얼마 되지 못하여서 극심한 자금난과 생활난에 시달리게 되었다. 1924년 8월 이회영은 "운동비를 마련하는 일이 매우 어려운 문제이며, 개인 생활도 극도로 곤궁하니 이렇게 하여서는 운동의 발전을 꾀할 수 없다. 그러니 각처로 분산하여 각자가 동지 획득에 전력하고, 특히 중국 동지들과 긴밀한 유대를 맺음으로써 중국 측 운동에도 우리가 참가하고, 우리의 운동에도 중국 동지가 참여하여 상호 협력이 되도록 추진하자"고 연맹원들에게 제의하였다. 이 제의에 따라 아나키스트들은 각지로 떠나기로 하였다. 이회영은 베이징에 남아서 국내와의 연락을 책임지기로 하고, 상하이에 있던 류자명이 보내준 다소의 금전을 경비로 하여 이을규·이정규 등은 상하이로, 백정기·정화암 등은 푸젠성福建省으로 갔다. 백정기는 1925년 봄 무렵에 다시 상하이로 갔다.[62]

1925년에 들어서면서 이회영은 곤란한 상황에 처했다. 다물단[63]에서 1925년 3월 일제의 밀정 노릇을 하던 김달하金達河를 처단하였는데, 이회영 부인이 김달하 집에 문상을 다녀온 것이 문제가 된 것이다. 이로 말미암아 이회영은 신채호·김창숙 등과 관계가 틀어지는 등 민족운동 진영으로부터 오해를 받았으며, 신채호로부터 사상적 지도를 받고 있던 다물단 측에서는 이회영의 동정을 살피며 감시하였다. 이에 신채호·김창숙 등과 이

---

62  〈有吉公使暗殺陰謀不逞鮮人一味檢擧に關する件〉; 이정규·이관직, 1985, 81쪽; 이규창, 1992, 73~74쪽 등을 종합

63  다물단은 1923년 무렵 이규준, 이규학, 이성춘 등 여러 명이 의열단의 류자명과 상의하여 조직한 단체로서, 신채호가 그 선언문을 작성하였다.(이규창, 1992, 74~75·82쪽)

회영 사이에 커다란 마찰이 생겼다.[64] 이정규는 이회영이 다물단에 대해서 운동의 정신과 조직의 요령을 지도하였으며, 류자명과 상의하여 다물단과 의열단을 합작시켜 베이징에서 소문난 일제의 밀정 김달하金達河를 처단하였다고 기록하였다.[65] 하지만 김달하 문상으로 벌어진 일련의 사태는 이회영이 다물단을 지도하거나 김달하 처단에 관계하지 않았다는 것을 말해 준다.

### 2) 테러활동 기도와 남화한인청년연맹 참가

1925년 7월 하순(음력) 계속되는 자금난을 해결하고자 이회영은 부인을 밀사로 국내에 보내어 동지들에게 연락을 취하게끔 하는 한편, 1925년 9월에는 상하이에 연락하여 이을규를 베이징으로 불러 상의하여 운동자금을 마련할 계획을 세우기도 하고, 자금을 만들기 위한 공작도 꾀하여 보았으나 효과를 거두지 못하였다.[66] 그러던 가운데 허난성河南省 독판督辦 후징이胡景翼의 고문으로 있던 이광이 이회영을 찾아왔다. 즉 후징이가 이광에게 3,000원을 주면서 자신의 정적을 제거해 달라고 요구하였는데, 이광이 후징이를 지원할 방도를 상의하기 위해 이회영을 방문하였던 것이다. 이회영, 이광, 이을규 등이 협의한 결과, 후징이의 요구는 도저히 승산이 없을 뿐 아니라 잘못하면 재중국 한국인 민족해방운동가들의 처지를 난처하게 만들 우려가 있으므로, 이 돈을 폭탄과 권총을 구입하는 등 민족해방운동

---

**64** 김달하 암살을 둘러싸고 노정되었던 이회영과 신채호의 갈등에 대해서는 이은숙, 1975, 52~53쪽과 이규창, 1992, 78~80쪽을 참조할 것.

**65** 이정규, 〈友堂 李會榮先生 略傳〉(이정규, 1974, 50쪽)

**66** 이은숙, 1975, 53쪽; 이정규·이관직, 1985, 83쪽; 이규창, 1992, 85쪽 등을 종합

의 자금으로 사용할 방도를 모색하기로 하였다. 이광은 보고를 하기 위해 자신의 임지로 가고, 이회영은 톈진으로 이주하기로 하였다. 이을규는 제 동지를 톈진天津에 집결케 하고자 상하이로 갔다. 1925년 10월 무렵[67] 이회 영이 톈진으로 이주하였고, 1주일 뒤 이을규, 이정규, 백정기, 이기연李基演, 이상일李相日, 정화암, 이영무李英武, 권계옥權桂玉[68] 등이 폭탄, 권총 등 무기 를 가지고 톈진에 집결하였다. 마침 후징이가 실각함에 따라 이 돈을 민족 해방운동의 자금으로 이용할 수 있게 되었으나, 마땅히 할 일이 없었다. 장 래에 대한 방향과 계획을 논의한 결과, 정세를 보아 차후에 논의하기로 하 고, 구입한 무기는 보관하고 있다가 유용하게 사용하기로 하였다. 이광은 베이징으로, 이영무와 권계옥은 광둥廣東으로, 이기연은 남양군도로 갔다. 계속되는 생활난으로 정화암과 이상일도 각각 베이싱과 상하이로 갔다.[69]

국내에 들어온 이회영의 부인 이은숙은 자금 모집에는 실패하고, 고무 공장 여공생활, 삯빨래, 삯바느질 등 온갖 고생을 하면서 생활비조로 이회 영에게 약간씩을 송금하였다.(이은숙, 1975, 53~67쪽) 이회영이 생활비조차 없이 궁색한 생활을 하고 있다는 사실을 파악한 일제는 1925년 12월 이회 영과 교류가 있었던 임경호[70]와 채기두蔡基斗로 하여금 이회영을 귀순시킬 공작을 꾸미게 하였다. 즉 당시 서울에 있던 이회영의 부인으로 하여금 이

---

**67** 이정규·이관직, 1985, 83쪽에는 1925년 11월경으로 기록되어 있다.

**68** 이영무와 권계옥 2인은 비행사였다.

**69** 이규창, 1992, 86~90·108쪽; 이정규·이관직, 1985, 83쪽; 육영회 편, 1985, 11쪽 등 을 종합. 당시 구입한 무기는 나석주의 동양척식주식회사 폭탄투척사건에 사용되었다.

**70** 임경호는 중국 베이징의 이회영을 방문하고 다소의 자금을 제공하여 제반 경비와 생활 비를 충당케 하였다. 하지만 1924년 무렵 이회영에게만 자금을 제공하는 것에 불만을 품은 조성환, 이천민, 성주식 등에게 구타당한 뒤 발길을 끊었다.(이규창, 1992, 54~57 쪽 참조)

회영을 펑톈으로 부르게 하고, 그곳에서 임경호와 채기두가 이회영을 만나 귀순시킨다는 것이었다.[71]

이회영의 생활 형편은 더욱 어려워져 궁핍이 극에 달하였다. 거기에다가 1926년 12월에 발생한 나석주의 동양척식주식회사 폭탄투척사건으로 경찰의 감시까지 강화되었다. 이에 그는 규숙圭淑과 현숙賢淑 두 여식을 톈진 시영市營 빈민구제원에 의탁하고, 1927년 5월 김사집金思集·아들 이규창李圭昌(이규호李圭虎)과 함께 상하이로 향하였다. 3개월 만에 무전여행으로 쉬저우徐州에 도착하였으나, 여비도 없는 상태에서 행낭까지 도둑맞았다. 이에 이회영과 이규창은 톈진으로 돌아가고, 김사집은 상하이로 갔다.[72] 이회영이 톈진으로 돌아간 직후 민족해방운동기지를 건설할 목적으로 만주로 향하던 김종진이 이회영을 찾아갔다. 이회영은 김종진과 함께 민족해방운동의 방법론에 대해 토론하면서 민족해방운동 이념으로서의 아나키즘에 대한 자신의 소견을 설파하였다.(이을규, 1963, 40~50쪽)

이회영이 톈진에서 생활고를 겪고 있을 때, 상하이에서는 동방무정부주의자연맹이 결성되었다. 동방무정부주의자연맹 결성은 신채호 등이 체포되면서 무정부주의동방연맹의 활동이 위축되자, 이를 재정비하기 위하여 꾸려진 연맹조직준비회의 주도 아래 이루어졌다. 연맹조직준비회는 1928년 6월 14일[73] 중국·안남(베트남)·인도·필리핀·한국 등과 그 외 5개

---

**71** 〈不逞鮮人遊說に關する件〉(《不逞團關係雜件－朝鮮人의 部－在滿洲의 部(41), 398쪽) 참조

**72** 이규창, 1992, 116~123쪽 참조. 이은숙은 이회영이 상하이로 간 시기를 1928년 여름으로 기록하고 있으나(이은숙, 1975, 62쪽) 취하지 않는다.

**73** 동방무정부주의자연맹의 결성일과 결성장소에 대해서 이정규는 1928년 7월과 南京으로, 《한국아나키즘운동사》와 정화암은 1928년 5월 말과 난징으로 서술하였으나[이정규, 〈友堂 李會榮先生 略傳〉(이정규, 1974, 57쪽); 무정부주의운동사편찬위원회 편, 1974,

국의 지방 유지 대표가 참가한 가운데 동방아나키스트대회를 개최하고, 대
회에 출석한 백수십 명의 각국 유지로 동방무정부주의자연맹을 정식으로
결성하였다. 동방무정부주의자연맹은 기관지로《동방東方》을 발간하였다.
이회영은 동방아나키스트대회에 〈한국의 독립운동과 무정부주의운동〉이
라는 제목의 글을 보냈다. 이 글에서 그는 한국에서의 진정한 해방운동은
아나키스트운동이고, 한국인의 아나키스트운동은 곧 진정한 민족해방운
동이라는 것을 밝히고, 동방아나키스트대회에 참가한 각국의 동지들에게
한국인의 민족해방운동을 적극적으로 성원해 줄 것을 호소하였다. 이회영
의 이 글은 그 대회에서 결의안 중의 하나로 채택되었다.[74] 그는 또한《동
방》창간호에 축화 묵란墨蘭 한 폭을 게재하여 창간을 축하하였다.(이정규·
이관직, 1985, 96~97쪽)

1929년 초 이을규가 만주에서 민족해방운동기지 건설을 도모하던 김종
진의 요청으로 난징에서 만주로 가다가 이회영을 찾아갔다. 이회영은 북만
주 민족해방운동기지 건설의 긴급성을 말하면서, 북만주에서 어떠한 운동
을 어떻게 할 것인지에 대해 상의하였다. 이을규가 먼저 북만주로 가서 사
정을 살피고, 이회영도 소식이 오는 대로 만주로 가기로 하였다. 하지만
1929년 7월 만주의 이을규로부터 당분간 근거를 닦아야 하니 1930년 4~5

297쪽; 정화암, 1982, 93쪽] 모두 잘못이다.

**74** 《自由聯合新聞》第32號(1929. 2. 1);《조선일보》1929년 2월 12일자;《동아일보》1929
년 2월 16일·3월 19일자; 在上海總領事館 編,〈東方無政府主義聯盟李丁奎ニ對スル判決〉
(《外務調査文書》28, 334쪽); 이정규·이관직, 1985, 96~97쪽 등을 종합.《한국아나키즘
운동사》는 이정규 등이 결성한 동방무정부주의자연맹과는 별개로 신채호 등이 1928
년 4월 베이징에서 동방무정부주의자연맹을 결성하였다고(무정부주의운동사편찬위원
회 편, 1974, 297쪽) 서술하고 있다. 하지만 이 두 조직은 별개의 조직이 아닌 것으로 사
료된다. 그것은 일제가 이정규를 심리하면서 신채호의 공범으로 서술한(《동아일보》
1929년 2월 16일자) 데서 단적으로 드러난다.

월 무렵 연락이 가는 대로 만주로 오라는 연락이 왔다.[75]

　이러한 가운데 1930년 3월 22일[76] 신현상申鉉商(申鉉鼎)[77]과 최석영崔錫榮이 충남 호서은행에서 58,000원이라는 거금을 인출하여 베이징으로 망명하였다.(〈호남은행사건의 동지 申君의 서한〉) 그들은 류기석과 협의한 끝에 그 자금을 활용하여 톈진 일본영사관을 파괴하기로 하였으며, 류기석은 동지를 물색하러 상하이로 갔다. 류기석은 1930년 4월 20일 류자명, 장도선, 정해리, 안공근 등과 함께 남화한인청년연맹을 결성하였다.[78] 하지만 남화한인청년연맹은 1930년 5월 류기석이 베이징으로 가면서 별다른 활동을 전개하지 못했다.

　베이징으로 돌아간 류기석·신현상 등은 대파괴공작을 일으킬 계획을 세우기 위해 전 중국에 퍼져 있는 한국인 아나키스트들을 소집하여 베이징에서 무정부주의자동양대회를 개최하였다.[79] 이회영도 이 모임에 참가하

---

**75**　이을규, 1963, 83~89쪽; 이정규·이관직, 1985, 97~98쪽 등을 종합

**76**　《동아일보》1930년 12월 6일자에는 최석영과 신현상이 1930년 2월쯤에 베이징으로 잠입하였던 것으로 기록되어 있으나 취하지 않는다.

**77**　자료에 따라서는 申鉉相으로 기록하기도 하였으나, 국가보훈처가 간행한《포상자 공적조서》에는 申鉉商으로 기록되어 있다. 이 글에서는《포상자 공적조서》에 따른다.

**78**　《동아일보》1930년 5월 8일자·11월 30일·12월 6일자;〈호남은행사건의 동지 申君의 서한〉; 內務省警保局 編,〈在上海留朝鮮人の不穩狀況〉(朴慶植 編, 1975, 846~847쪽); 內務省警保局 編,〈1934年の上海を中心とする朝鮮人の不穩策動狀況〉(金正明 編, 1967, 506쪽); 林友,〈재중국 조선무정부주의운동 개황〉; 在上海總領事館 編,〈上海及同關係不逞鮮人團體ノ件〉(《外務調査文書》27, 100쪽); 在上海總領事館 編,〈有吉公使暗殺陰謀無政府主義者檢擧ノ件〉(《外務調査文書》28, 855·862쪽); 村田生,〈上海及南京方面ニ於ケル朝鮮人ノ思想狀況〉, 176~177쪽; 이을규, 1963, 104~105·107~108쪽; 坪江汕二, 1966, 96~97·119~120쪽; 대한민국광복회,《독립운동대사전》, 474쪽;《自由聯合新聞》第48號(1930. 6. 1)·第89號(1934. 2. 10);《朝鮮統治史料》10, 871~872쪽 등을 종합

**79**　《自由聯合新聞》第89號(1934. 2. 10); "신현상의 공적조서"(공기택, 1990, 32쪽에서 재인용);《조선일보》1930년 9월 23일자 등을 종합

였다. 베이징에 모인 아나키스트들은 이 자금의 사용처를 놓고 갑론을박을

벌였다. 김구조차 이 돈에 관심을 기울였다.(정화암, 1982, 102쪽) 재만조선

무정부주의자연맹에서 파견된 김종진과 이을규는 무정부주의자동양대회

에서 "각지 동지들이 만주 기지의 중요성을 인식하고, 재정적인 면에서는

물론 인적인 면에서도 우선적으로 총력을 기울여서 민족 대계의 기반을 만

주에다 닦자"고 호소하였다.(이을규, 1963, 107~110쪽) 이회영도 만주에 총

력을 집중할 것을 제안했다.(이정규·이관직, 1985, 98쪽) 결국 이회영의 주재

로 그 자금을 만주에 민족해방운동기지 건설사업을 지원하는 데 사용할 것

과, 그 외에 중국 관내關內에서도 적극적인 성의를 가지고 운동을 전개할 것

을 결의하고 분과별로 활동의 방법을 모색하였다. 하지만 5월 6일80 베이

싱 일본공사관과 결탁한 중국 경찰에 의해 10여 명이 체포되었다. 류기석

(당시 北京市政府 직원)81의 항의와 베이징시장北京市長의 지시로 다음 날 아침

모두 석방되었다. 하지만 그 다음 날 신현상과 최석영은 다시 체포되었다.

류기석은 신현상과 최석영을 석방시키기 위해 갖은 노력을 했으나, 이들은

결국 일본영사관에 넘겨졌으며, 구입한 무기와 남은 돈은 중국 경찰에 약

탈당하였다.82

---

80  신현상은 체포일을 5월 16일로 회고하였다(〈호남은행사건의 동지 申君의 서한〉) 그러
    나《동아일보》1930년 5월 8일자는 5월 6일에 신현상을 비롯하여 10여 명이 체포된 것
    으로 보도하였다. 이 책에서는《동아일보》의 보도를 따른다. 이을규는 자신이 베이징
    에서 개최된 대표자회의에 참석하기 위하여 北京에 도착한 시기를 6월 하순으로 기록
    하였으나(이을규, 1963, 105쪽) 이는 잘못이다.

81  應起鸞은 류기석이 친구 周茂林의 소개로 베이징시정부 제3과원으로 근무한 것으로 회
    고하였고(應起鸞, 1991, 2쪽), 신현상은 류기석이 당시 베이징시정부에서 외교를 담당
    하는 요직을 맡고 있었던 것으로 회고하였다(〈호남은행사건의 동지 申君의 서한〉).

82  《조선일보》1930년 9월 23일자;《동아일보》1930년 5월 8일·9월 26일·10월 2일·12
    월 6일자;〈호남은행사건의 동지 申君의 서한〉; 林友,〈재중국 조선무정부주의운동 개

베이징에 모였던 각 지역 대표들은 회의를 거듭한 결과, 김종진은 북만주로 귀환하고, 이을규는 자금 모집을 위하여 푸젠으로 가기로 하는 한편, 재중국 한국인 아나키스트들은 북만주 사정과 운동의 장래를 고려하여 조속한 시일 안으로 만주에 집중할 것 등을 결의하였다.(이을규, 1963, 107~110쪽) 하지만 이을규는 1930년 9월 톈진에서 상하이로 가다가 선상에서 체포되어 징역 5년을 선고받았다.[83] 이에 재만조선무정부주의자연맹은 긴급총회를 열어 중남부 중국에 산재한 한국인 아나키스트들을 북만주로 집결시키는 것만이 위기를 타개할 수 있는 유일한 방도라는 데 합의하고, 이들을 즉시 북만주로 초치할 것을 결의하였다.(이을규, 1963, 112쪽)

재만조선무정부주의자연맹의 초청을 받은 재중국 한국인 아나키스트들은 만주로 가기로 결정하고, 만주행 자금을 마련하기 위하여 김지강金芝江·오면직(양여주楊汝舟)·장기준莊麒俊(왕해평)·김동우金東宇·정화암 등이 1930년 10월 톈진에서 정실은호正實銀號(中日合辦)를 습격하였다.[84] 이 습격에서 획득한 자금으로 1930년 10월 말 이회영의 두 딸 이규숙·이현숙과 정화암·백정기·김지강·장기준·오면직 등 15인이 만주로 떠났으며(이을규, 1963, 113쪽), 김동우는 상하이로 돌아갔다(정화암, 1982, 118쪽).

---

황〉; 村田生,〈上海及南京方面ニ於ケル朝鮮人ノ思想狀況〉, 176~177쪽; 이을규, 1963, 104~105·107~110쪽; 坪江汕二, 1966, 96~97·119~120쪽; 대한민국광복회 편,《독립운동대사전》, 474쪽;《自由聯合新聞》第48號(1930. 6. 1)·第89號(1934. 2. 10);《朝鮮統治史料》10, 871~872쪽; 在上海總領事館 編,〈有吉公使暗殺陰謀無政府主義者檢擧ノ件〉(《外務調査文書》28, 856쪽); 대한민국국회도서관 편, 1976, 646쪽; 류기석, 2010, 180~191쪽 등을 종합

**83**  《동아일보》1931년 1월 20일·3월 11일·11월 16일·12월 14일자 등을 종합
**84**  정실은호 습격에 대해서는 정화암, 1982, 114~117쪽을 참조할 것. 이정규,〈友堂 李會榮先生 略傳〉(이정규, 1974, 59쪽)에는 아나키스트들이 정실은호를 습격한 날짜를 1930년 12월 초순으로 기록하고 있으나 취하지 않는다.

1930년 10월 말 상하이에 거주하던 장남 규학圭鶴에게로 간[85] 이회영은
남화한인청년연맹에 가입하여 활동하였다. 유명무실했던 남화한인청년연
맹은 이회영이 가입하면서 점차 활동을 재개하기 시작했다. 남화한인청년
연맹은 연구·토론 등 각종 회의를 개최하여 정보 수집과 이론 구명에 주력
하였다. 각종 기념일에는 격문을 살포하여 재중국 한국인 청년들에게 아나
키즘을 선전하는 등 일반 청소년을 대상으로 계몽운동을 전개하였다.(《흑
색신문》제29호(1934. 6. 30)) 1931년 3월 1일 〈3·1절기념선언〉을 살포하였으
며, 5월 1일에는 〈5월 1일-해방을 위해서 투사의 힘을 발휘하자〉라는 제목
의 일반 노동계급에 대한 격문을 발행하여, 국내, 일본, 대만, 상하이, 베이
징, 톈진 등에 발송하였다. 8월 20일에는 국치일을 맞아 〈8월 29일은 조선
민족이 다른 민족[他族]의 노예가 된 날이다. 분발하여 적의 아성을 쳐부수
자〉라는 제목의 격문을 약 1,000매 등사하고, 그것을 27·28일에 상하이에
있는 한국인들에게 우송하여 남화한인청년연맹의 주의와 목적을 선전하
였다.[86]

이회영은 남화한인청년연맹의 조직 정비에 나섰다. 그는 김광주金光洲·
박랑朴浪·박기성朴基成(李守鉉, 李壽鉉, 歐陽軍) 등 남화한인청년연맹원들과 교
류하면서, 1931년 5월 15일 무렵 류자명·정해리 등과 함께 이용준과 원심
창元心昌(元勳)을 설득하여 남화한인청년연맹에 가입시켰다.[87] 그리고 1931

---

**85** 이규창, 1992, 154쪽; 육영회 편, 1985, 12쪽 등을 종합

**86** 在上海日本總領事館警察部第2課 編,《朝鮮民族運動年鑑》, 360·364·383쪽;《흑색신문》
제23호(1933. 12. 31); 在上海總領事館 編,〈有吉公使暗殺陰謀事件公判狀況〉(《外務調
査文書》28, 876쪽;〈上海 六三亭사건의 판결문〉(원주원씨중앙종친회 편, 1979, 78쪽) 등을
종합

**87** 이정규·이관직, 1985, 104쪽;《自由聯合新聞》第47號(1930. 5. 1); 梁一東,〈元心昌傳〉,
《自由聯合新聞》第93號(1934. 8. 5);〈在支不逞團加入活動事件〉,《思想彙報》第25號

년 8월 이후 만주에서 철수한 아나키스트들을 포괄하여 남화한인청년연맹 개편작업을 벌였다. 산하에 남화구락부를 설치하여 선전작업을 담당케 하고, 류자명을 남화한인청년연맹의 의장 겸 대외책임자로 선출하였다.[88]

　한편, 이회영은 아나키즘 선전작업도 활발하게 전개했다. 그는 1931년 8월 하순 무렵 상하이 백정기의 집에서 이용준, 원심창, 류자명, 박기성, 정종화, 이규창 등과 협의하여 남화한인청년연맹 명의로 일본 제국주의를 타도하고 조선을 독립시키고 아나키스트사회를 건설하자는 내용의 전단을 약 100매 등사하여 배포하였다.[89] 1931년 9월 하순 무렵에도 상하이 백정기의 집에서 이용준, 백정기, 류자명, 박기성, 정종화, 이규창 등과 회합하였다. 이 회합에서 일제의 만주 침략에 대하여 반전투쟁의 의미로 반전 전단을 한국어와 중국어로 작성 배포할 것과, 이 전단을 작성할 담당자를 류자명으로 할 것 등을 협의하였다. 이 협의에 따라 전쟁 반대, 일본 제국주의 타도, 아나키스트 혁명을 성공시키자는 취지의 반전 전단 약 1,000매를 등사하여 각지의 동지들에게 배포하였다.[90]

　이회영은 남화한인청년연맹의 조직을 재흥하여 선전활동을 전개하는 한편, 새로운 운동방향을 모색했다. 1931년 8월 중순과 10월 중순에는 상하이 백정기의 숙소에서 이용준, 정화암, 류자명, 정종화, 원심창, 백정기, 박기성, 이달(이이덕), 이강훈, 오면직, 엄순봉, 김성수, 이규창, 류기석, 김

---

　(1940. 12), 212~213쪽; 〈無政府主義者 李容俊 取調의 건〉《思想에 關한 情報綴(4)》, 21~23쪽); "李容俊의 판결문" (독립운동사편찬위원회 편, 1976, 846~847쪽) 등을 종합

**88**　김학준 편집해설·이정식 면담, 1988, 316~317쪽; 정화암, 1982, 134쪽; 이규창, 1992, 165쪽 등을 종합

**89**　〈無政府主義者 李容俊 取調의 건〉《思想에 關한 情報綴(4)》, 47~48쪽)

**90**　〈無政府主義者 李容俊 取調의 건〉《思想에 關한 情報綴(4)》, 48~49쪽)

야봉, 안우생安偶生(安禹生), 현영섭, 최동철崔東喆, 곽흥태郭興泰, 변혁卞革 등
과 함께 남화한인청년연맹 정기모임을 2차례 개최하여 운동자금 조달방
법, 청년학생층 지도방침 등을 협의하였다. 그 결과 운동자금 조달방법으
로는 규슈九州 방면으로부터 오는 아편 밀수선을 습격하고, 가톨릭병원의
월급일에 현금운반 자동차를 습격하기로 하였으며, 청년학생 지도방침과
관련해서는 원심창, 최동철, 박기성, 안우생, 변혁, 이용준 등을 지도위원
으로 선정하였다.[91]

### 3) 항일구국연맹 결성과 만주행

이회영은 남화한인청년연맹에 가입하여 활동하면서 국제적 아나키스
트단체에도 관계하였다. 항일구국연맹이 그것이다. 일제가 만보산 사건을
야기하여 만주 침략을 본격화하자 일제의 침략에 대항하기 위하여 동아시
아의 아나키스트들은 국제적 연대 활동을 모색하였다. 1931년 11월 상순
중국 아나키스트 왕야차오王亞樵와 화쥔스華均實가 백정기 등을 방문하여
유명무실해진 동방무정부주의자연맹을 대신하여 새로운 국제단체를 조직
할 것을 제안하였다. 이 제안에 따라 1931년 11월 중순[92] 백정기·이회영·
정화암, 왕야차오·화쥔스, 일본 아나키스트 사노 이치로佐野一郎(田華民, 田化
民, 吉田) 등에 의해 항일구국연맹이 결성되었다. 항일구국연맹은 전 세계에
대한 혁명적 수단으로 일체의 권력 및 사유재산제도를 배격하고 진실한 자
유평등의 사회를 실현시키기 위하여, 우선 한국을 일본으로부터 독립시키

---

**91**  〈無政府主義者 李容俊 取調의 건〉(《思想에 關한 情報綴(4)》, 46~47쪽)
**92**  자료에 따라서는 항일구국연맹의 결성일을 1931년 10월, 10월 말, 11월 상순, 11월 말
　　　 등으로 기록하기도 한다.

고 한국에 아나키스트사회를 건설한 다음, 일본의 입헌군주제도 및 사유재
산제도를 폐지하고, 중국 기타 각국에서 아나키스트사회를 건설하는 것 등
을 목적으로 하였으며, "현사회의 모든 권력을 부정하고, 새로이 세계 전
인류가 인생의 모든 방면에서 자유·평등을 향수享受할 수 있는 새로운 사회
를 건설할 것"을 강령으로 채택하였다.

　항일구국연맹은 조직의 확대·강화를 적극적으로 도모하였다. 맹원이
늘어나면서 부서개편대회를 개최하였다. 한국인 이회영·백정기 등 7명과
중국인 왕야차오·화쥔스 등 7명, 일본인 사노 이치로·야타베 유지谷田部勇
司(伊藤, 吳秀民, 吳世民)[93] 등이 참석한 가운데 연석회의를 열고, 선전·연락·
행동·기획·재정 등 5부를 설치하고 각 부마다 위원 몇 명씩을 두었다. 그리
고 적의 기관 파괴와 요인 암살, 친일분자 숙청, 배일 선전 등을 실행에 옮
기기 위해 행동대를 편성했으며, 러시아인부와 미국인부(미국통신원 존슨
), 대만인부(린청차이林成材)를 증설하였다. 이회영은 기획위원으로 기획부
를 맡았는데, 기획부는 조계 밖 중국 거리에 미곡상 점포를 차려 놓고 비밀
리에 ① 적 군경기관 및 수용기관의 조사 파괴, 적 요인 암살, 중국 친일분
자 숙청 ② 배일 선전을 위한 중국 각지의 문화기관 동원, 선전망 조직 ③
①항과 ②항을 실행하는 데 필요한 인원 및 경비의 구체적인 설계 등에 관
한 계획을 세웠다.[94]

---

**93** 자료에 따라서는 矢田部勇司로 기록하기도 하나, 일제의 어느 정보보고서에는 矢田部勇
司를 谷田部勇司로 바로잡을 것을 공지하고 있고, 芝浦勞動組合의 기관지《芝浦勞動》제
17호(1927.11.20.)와 제31호(1929.10.26.)의 편집발행인이 谷田部勇可인["澁谷定輔文
庫戰前新聞目錄"(http://fujimi.saitama.jp/shibuya/)] 것으로 보아 谷田部勇可가 옳다고
할 수 있다.

**94** 《흑색신문》제23호(1933. 12. 31); 林友, 〈재중국 조선무정부주의운동 개황〉;《동아일
보》1933년 11월 1일자; 村田生, 〈上海及南京方面二於ケル朝鮮人ノ思想狀況〉, 177~

항일구국연맹은 행동대를 중심으로 하여 적의 기관이나 친일파들을 처단하는 활동을 전개했다. 화쥔스·사노·이용준 등은 상하이 북군참北軍站에서 일제에 투항적인 외교정책을 펼치던 난징 정권의 외교부장 왕징웨이汪精衛를 저격했다. 하지만 그의 부관을 왕징웨이로 잘못 알고 죽이는 데 그치고 말았다. 취안저우泉州에서는 그곳에 있던 아나키스트들이 샤먼廈門 일본영사관을 폭파하였다.[95] 그리고 왕야차오는 장제스蔣介石 암살을 시도하였으나 중국 국민당과 관계를 맺고 있던 정화암 등의 비협조로 이루어지지 않았다.(정화암, 1982, 136쪽)

1932년 2월 일제의 제1차 상하이 침공 이후 차이팅카이蔡庭楷의 19로군[96]과 난징정권 사이에 정면충돌이 발생하였다. 이에 19로군과 연결되어 있던 왕야차오와 화쥔스는 난징정권과 남의사藍衣社의 탄압을 받게 되었고, 거기에다가 1931년 6월 시게미쓰重光 공사와 동행하던 숭쯔원宋子文을

---

178쪽; 〈上海 六三亭사건의 판결문〉(원주원씨중앙종친회 편, 1979, 82~83쪽); 무정부주의운동사편찬위원회 편, 1994, 340쪽 및 344~345쪽; 이정규, 〈友堂 李會榮先生 略傳〉(이정규, 1974, 62쪽); 김학준 편집해설·이정식 면담, 1988, 319~320쪽; 在上海總領事館 編, 〈有吉公使暗殺陰謀無政府主義者檢擧 ノ件〉(《外務調查文書》 28, 837~839·852~853쪽); 〈在上海總領事館ニ於ケル特高警察事務狀況〉(《外務調查文書》 27, 789~790쪽); 內務省警保局 編, 〈在上海留朝鮮人の不穩狀況〉(朴慶植 編, 1975, 847~848쪽); 內務省警保局 編, 〈1937年の在支不逞鮮人の不穩策動狀況〉(金正明 編, 1967, 607~608쪽); 《朝鮮統治史料》 10, 871~872쪽; 정화암, 1982, 134쪽; 司法省刑事局 編, 1938, 〈中華民國南京及上海地方に於ける不逞朝鮮人團體の文書活動〉(《思想情勢視察報告集》 其の三, 37쪽) 등을 종합

95 정화암, 1982, 134쪽; 外務省警察局 編, 1989, 856~857쪽; 이정규, 〈友堂 李會榮先生 略傳〉(이정규, 1974, 62쪽) 등을 종합

96 채정해의 19로군은 1931년 늦가을 상하이에 배치되었는데, 당시 상하이에서는 80만 노동자들이 항일구국연합회를 조직하여 격렬한 항일·반장운동을 전개하고 있었다. 19로군은 노동자, 학생, 시민들의 항일운동에 영향을 받아 이들의 지지와 원조하에 1932년 1월 28일에 상하이에서 대일전쟁을 수행하였다.(김계일, 1987, 196쪽)

암살하기 위하여 상하이 북정거장北停車場에 폭탄을 투척한 사건의 주모자
가 왕야차오와 화쥔스인 것이 드러났다. 이에 두 사람은 검거를 피해 1932
년 5월 홍콩香港으로 도피하였다. 중국 측의 중심인물이 빠지게 됨에 따라
항일구국연맹은 한국인 아나키스트들을 중심으로 운영되었다.[97]

이로 말미암아 항일구국연맹이 침체에 빠지자 이회영은 만주에 민족해
방운동기지를 건설하는 문제에 대해 고민하였다. 자신의 만주 개척과, 재
만조선무정부주의자연맹과 한족총연합회의 만주 민족해방운동기지건설
운동의 좌절에 많은 미련을 가지고 있던 그는 1932년 9월 초 중국 아나키
스트 우즈후이吳稚暉와 리스청李石曾 등을 만나 앞으로의 운동방향에 대해
논의하였다. 이들은 이회영이 만주로 가서 일본 제국주의의 만주 침략의
선봉인 무토武藤 관동사령관을 암살하고 그 거간巨幹과 중추기관을 파괴하
기 위한 준비공작을 하기로 합의를 보고, 구체적 사업으로 ① 만주에 시급
히 연락의 근거지를 만들 것 ② 주변〔四圍〕 정세를 세밀히 시찰하고 정보를
수집할 것 ③ 장기준을 앞세워 지하조직을 계획할 것 ④ 무토 관동사령관
암살계획을 세울 것 등을 선정하였다. 그리고 이회영이 무사히 만주에 안
착하면 우즈후이와 리스청을 통해 장쉐량張學良의 협조를 얻어 중·한·일
공동의 유격대와 각 도시에 편의대便衣隊·파괴부대를 배치하여 도시와 촌
락에서 동시에 항전하기로 하였다.[98]

우즈후이·리스청과 논의를 끝낸 이회영은 1932년 10월경 백정기, 원심

**97** 〈在上海總領事館ニ於ケル特高警察事務狀況〉(《外務調查文書》 27, 790쪽); 이정규, 〈友堂
李會榮先生 略傳〉(이정규, 1974, 63쪽); 在上海總領事館 編, 〈有吉公使暗殺陰謀無政府主義
者檢擧ノ件〉(《外務調查文書》 28, 853~854쪽) 등을 종합

**98** 이정규, 〈友堂 李會榮先生 略傳〉(이정규, 1974, 63~65쪽); 林友, 〈재중국 조선무정부주의
운동 개황〉; 〈無政府主義者 李容俊 取調의 건〉(《思想에 關한 情報綴(4)》, 16쪽) 등을 종합

창, 박기성, 정화암, 류자명 등과 함께 북만주에 운동기지를 건설하는 문제
에 대해 논의하였다. 이 자리에서 이회영은 류자명, 백정기 등에게 자신이
기지건설 책임자로 가겠다고 자원하였다. 다른 사람들이 말렸으나, 성공하
면 천행天幸이지만 불행히 성공치 못한다고 하더라도 죽을 자리를 얻는 것
이니 얼마나 다행이냐면서 자신의 확고한 결심을 굽히지 않았다.**99**

이회영은 1932년 11월 5일 영국선 남창호南昌號를 타고 상하이를 떠나
만주로 향하였다. 하지만 다롄大連항에 입항하다가 다롄 수상서원水上署員
에 의해 체포되었다. 그는 검문을 받을 때 중국인 '양 모楊某'로 행세를 했으
나, 취조를 받으면서 자신은 한국인 이환광李煥光으로 중국 내지의 친구를
방문하였을 뿐이라고 진술하고는 일체 함구하였다. 취조가 중단된 상태에
서 다롄 수상서는 이회영을 부랑죄로 구류처분한 뒤 취조를 계속하고자 했
지만 이회영은 17일 새벽에 사망하였다. 다롄 수상서는 그가 유치장 창살
에 삼 노끈으로 목을 매어 자결하였다고 했으나, 고문으로 사망한 것이 확
실하였다.**100**

이회영이 체포된 것은 이규서와 연충렬의 밀고 때문이었다. 그들의 배
후에는 일본영사관의 밀정 노릇을 하고 있던 상해조선인거류민회 부회장
이용로李容魯가 개입되어 있었다. 그는 이규서에게 은밀히 돈도 주고 정탐
의 말도 묻곤 하였는데, 결국은 이회영이 다롄으로 간다는 사실을 알아내
고 이규서를 일본 형사에게 직접 데리고 가서 인사를 시키고 확인까지 하
였다.(한상복, 1989, 627~628쪽)

1932년 12월 정화암·이달·백정기·원심창·김지강·박기성·오면직 등

---

99   이규창, 1992, 175쪽; 이정규, 1985, 18쪽 등을 종합
100   《동아일보》1932년 11월 24일자;《중앙일보》1932년 11월 21일자 등을 종합

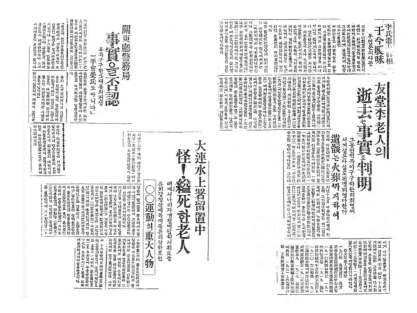

**사진 2-3** 이회영 체포와 사망을 전하는 기사

은 이규서와 연충렬이 이회영을 일제 경찰에 밀고한 사실을 알아내고, 이들을 살해할 것에 대해 논의하였다. 이달이 아나키스트운동의 특별공작을 공동으로 실행할 것에 대해 논의하자며 두 사람을 입달학원立達學院으로 유인하였다. 이달과 오면직은 상하이로 공작자금을 입수하러 가자면서 그들을 난샹역南翔驛 철교 부근으로 데리고 가서, 그들로부터 일제의 밀정 노릇을 한 것을 자백받고 살해했다.[101]

---

**101**  "吳冕植 외 4인의 판결문", 독립운동사편찬위원회 편, 1976, 825쪽; 司法省刑事局 編, 〈上海及南京地方に於ける朝鮮人の一般狀況と最近の不逞鮮人の思想運動〉, 1938(《思想情勢視察報告集》其の三, 27쪽); 이규창, 1992, 183~186쪽; 무정부주의운동사편찬위원회 편, 1974, 364쪽 등을 종합. 남화한인청년연맹원과 항일구국연맹원들이 서로 겹쳐 있었던 관계로 항일구국연맹이 李圭瑞와 延忠烈을 살해한 것으로 기록한 자료도 있으나, 중국 아나키스트나 일본 아나키스트들이 전혀 관계하지 않은 것으로 보아 남화한

다롄 수상서는 중국 경찰관 입회하에 이회영의 시체를 시역소市役所로 넘겨 가매장했다.(《중앙일보》1932년 11월 24일자) 창춘長春에 있던 딸 경숙(규숙)이 부고를 받고 18일 다롄 수상서로 가서 19일에 화장하였다. 이규숙은 21일 이회영의 유골을 가지고 창춘으로 돌아갔다.[102] 서울에 있던 이규룡은 23일 밤 출발하여 창춘으로 가서 이회영의 유해를 옮겨왔다. 26일 저녁에 창춘을 떠난 그의 유해가 28일 장단역長湍驛에 도착하자 영결식장에 곡소리가 낭자하였다. 그러한 가운데 아무도 조문을 읽지 않고 곧바로 개풍군 중면中面 송산리松山里에 선처先妻와 합장하였다. 유족들의 제전은 장단역 서편 천변 노상에서 큰형 이건영, 처 이은숙 등 친지들이 모인 가운데 집행되었다. 이에 앞서 서울에서는 27일 권동진, 신석우 등 20여 명의 유지들이 유해를 맞아 영결식을 집행하였다.[103]

## 맺음말

지금까지 살펴본 것처럼 이회영은 19세기 후반 20세기 초 격변기에 새로운 사상 수용의 선구자로서의 삶을 살았다. 제국주의 세력의 침략 속에서 자주적 근대화를 달성하고자 사회진화론을 수용하고 그를 바탕으로 실

---

인청년연맹 혹은 上海聯盟에 의해 단행된 것으로 보는 것이 타당하다.

**102**   《동아일보》1932년 11월 24일자;《중앙일보》1932년 11월 24일자 등을 종합

**103**   《중앙일보》1932년 11월 24일자;《동아일보》1932년 11월 27일~29일자를 종합

력양성운동에 종사했으며, 일제강점기에는 민족해방운동을 이끌어 갈 반제국주의적 사고체계로서 아나키즘을 선구적으로 받아들여 민족주의와 공산주의와는 다른 제3의 독자적인 민족해방운동에 앞장섰다. 하지만 그는 아나키즘을 실천하다가 일제의 마수에 걸려 고문사하고 말았다.

이회영은 만주에 민족해방운동 근거지를 마련한 경험을 바탕으로 중국 관내와 만주에 민족해방운동기지를 건설하고자 하였지만 결국 실패하고 말았다. 이회영이 혁명근거지 건설운동에 종사한 것은 맞지만, 다른 아나키스트들과는 달리 민족주의자와 합작하지 않고 아나키즘의 독자성을 고수하였다. 아나키즘 본령에 충실하였던 그의 사망은 신채호의 사망과 더불어 한국 아나키스트운동에 커다란 손실을 가져왔다. 한국인 아나키스트운동의 두 거두의 죽음 이후 한국인의 아나키즘은 점차 제3의 사상으로서의 지위를 상실해 갔고, 해방 이후에는 우익 세력에 편제되었다가 역사의 전면에서 사라지는 불운을 맞이하였다.

# 참고문헌

## 1. 자료

《기호흥학회월보》《대한협회회보》《동아일보》《自由聯合新聞》《조선일보》《중앙일보》《흑색신문》

《소년》 제3년 제3권(1910. 3. 15)·제4권(1910. 4. 15)

〈경학사 취지서〉(안동독립운동기념관 편, 2008 《석주유고》 상에 수록)

〈경학사 취지문〉(우당기념관 소장)

〈大韓民國臨時議政院記事錄 第1回集〉[국사편찬위원회 편, 《한국독립운동사자료》 2(임정편 Ⅱ)에 수록]

〈大韓民國臨時議政院 關係資料〉[국사편찬위원회 편, 《한국독립운동사자료》 2(임정편 Ⅱ)에 수록]

〈無政府主義者 李容俊 取調의 건〉(京畿道知事→警務局長 등, 1939. 4. 27)(《思想에 關한 情報綴(4)》에 편철 ; 국사편찬위원회 소장)

〈本會歷史〉, 《대한협회회보》 제7호(1908. 10. 25)

〈北京天津附近在住朝鮮人의 狀況報告書進達의 件〉(支那特命全權公使芳澤謙吉→外務大臣幣原喜重郎, 1925. 3. 20)(《朝鮮人에 대한 施政關係雜件 一般의 部(3)》에 편철 ; 국사편찬위원회 소장)

《不逞團關係雜件-朝鮮人의 部-在滿洲의 部(2)》(국사편찬위원회 소장)

《不逞團關係雜件-朝鮮人의 部-在滿洲의 部(41)》(국사편찬위원회 소장)

〈不逞朝鮮人에 關する件〉(《不逞團關係雜件-朝鮮人의 部-在滿洲의 部(2)》에 편철 ; 국사편찬위원회 소장)

〈不逞鮮人遊說에 關する件〉(《不逞團關係雜件-朝鮮人의 部-在滿洲의 部(41)에 편철 ; 국사편찬위원회 소장)

《思想情勢視察報告集》 其の一~其の九(社會問題資料研究會에서 재편집하여 1972~1977년에 東洋文化社에서 출판)

〈上海 六三亭사건의 판결문〉(원주원씨중앙종친회 편, 1979 《義士 元心昌》에 수록)

〈서간도 초기 이주와 신흥학교 회고기〉, 《韓民》 第3號(1936. 5. 25)(《思想情勢視察報

告集》其の二에 수록)

〈鳴冕植 외 4인의 판결문〉(1936年 刑控 第119號)(독립운동사편찬위원회 편, 1976 《독립운동사자료집》11, 독립유공자사업기금운용위원회에 수록)

《外務調查文書》1~62(고려서림편집부 편, 1989《日本外務省特殊調查文書》1~62, 高麗書林)

〈有吉公使暗殺陰謀不逞鮮人一味檢擧に關する件〉(亞細亞局機密第340號, 1933. 3. 27, 上海總領事 石射猪太郞→外務大臣)

〈義烈團新聞發行の件〉(關機高收第10665號, 1924. 6. 2)

〈李容俊의 판결문〉(독립운동사편찬위원회 편,《독립운동사자료집》11, 독립유공자사업기금운용위원회에 수록)

〈이회영과 이계동의 명의로 동삼성 총독에게 토지매매 허가를 받기 위해 제출한 청원서〉(외솔회 편, 2002《나라사랑》104집, 외솔회에 수록)

〈人蔘密買日本人ニ關スル件〉(1901.11.13, 機密第一二一號)(《일본공사관기록》, 국사편찬위원회에 수록)

〈在北京不逞鮮人의 保皇黨組織說に關する件〉(高警第2475號)(《不逞團關係雜件−朝鮮人의部−在支那各地(2)》에 편철 ; 국사편찬위원회 소장)

〈在上海總領事館ニ於ケル特高警察事務狀況〉(1937年 12月末 調查)(고려서림편집부 편, 1989《日本外務省特殊調查文書》27, 高麗書林에 수록)

〈在支不逞團加入活動事件〉,《思想彙報》第25號(1940. 12)

《朝鮮統治史料》1~10(金正柱 編, 1971《朝鮮統治史料》1~10, 韓國史料研究所)

〈탁지부 재무관 김용순 受牒일자 및 이회영 주사임명 건 관보 게재 요청〉(1902. 8. 30)(《각사등록》근대편, 국사편찬위원회에 수록)

〈호남은행사건의 동지 申君의 서한〉(申鉉商이 동경 某 同志에게 보낸 편지)《흑색신문》제27호(1934. 4. 18)

〈會員名簿〉,《대한협회회보》제7호(1908. 10. 25)

〈會中記事〉,《기호흥학회월보》제5호(1908. 12. 25)

김구(도진순 주해), 1997《백범일지》, 돌베개

金正明 編, 1967《朝鮮獨立運動》2, 原書房

김학준 편집해설·이정식 면담, 1988《혁명가들의 항일회상》, 민음사

內務省警保局 編, 〈在上海留朝鮮人의 不穩狀況〉,《社會運動의 狀況》(1933年)(朴慶植 編, 1975《在日朝鮮人關係資料集成》2, 三一書房에 수록)

內務省警保局 編, 〈1934年의 上海를 中心とする 朝鮮人의 不穩策動狀況〉,《社會運動ノ狀況》(1934年)(金正明, 1967《朝鮮獨立運動》2, 原書房에 수록)

內務省警保局 編, 〈1937年의 在支不逞鮮人의 不穩策動狀況〉,《社會運動ノ狀況》(1937年)

(金正明 編, 1967《朝鮮獨立運動》2, 原書房에 수록)

대한민국국회도서관 편, 1976《한국민족운동사료-중국편》, 국회도서관

독립운동사편찬위원회 편, 1976《독립운동사자료집》11, 독립유공자사업기금운용위
　　원회

朴慶植 編, 1975《在日朝鮮人關係資料集成》2, 三一書房

司法省刑事局 編, 1938〈中華民國南京及上海地方に於ける不逞朝鮮人團體の文書活動〉(三
　　木今二의 1937년 보고)(《思想情勢視察報告集》其の三에 수록)

안동독립운동기념관 편, 2008《석주유고》상

梁一東,〈元心昌傳〉,《自由聯合新聞》第93號(1934. 8. 5)

外務省警察局 編, 1989《朝鮮民族運動史(未定稿)》6, 高麗書林

육영회 편, 1985《友堂 李會榮先生 追悼》

應起鸞, 1991〈柳樹人生平〉(미간, 독립기념관 소장)

이관직,《우당 이회영 실기》(이정규·이관직, 1985《友堂 李會榮 略傳》, 을유문화사에
　　합본)

이광수, 1947《도신 안창호》, 대성문화사

이규창, 1992《운명의 餘燼》, 보련각

이상룡,〈滿洲記事〉(고려대중앙도서관 편, 1973《石洲遺稿》, 고려대출판부에 수록)

이은숙, 1975《민족운동가 아내의 수기》, 정음사

이을규, 1963《是也金宗鎭先生傳》, 한흥인쇄소

이정규,〈友堂 李會榮先生 略傳〉(이정규, 1974《又觀文存》, 삼화인쇄에 수록)

이정규, 1974《又觀文存》, 삼화인쇄

이정규, 1985〈추모 우당이회영선생〉,《友堂 李會榮先生 追悼》(육영회 편)

이정규·이관직, 1985《友堂 李會榮 略傳》, 을유문화사

이회영,〈한국은 어떠한 인물을 요구하는가?〉,《국민보》(1914. 5. 30)(외솔회 편,
　　2002《나라사랑》104집, 외솔회에 수록)

林友,〈재중국 조선무정부주의운동 개황〉,《黑色新聞》제29호(1934. 6. 30)

在上海日本總領事館警察部第2課 編,《朝鮮民族運動年鑑》

在上海總領事館 編,〈東方無政府主義聯盟李丁奎二對スル判決〉,《外務省警察史-支那ノ部
　　(未定稿)》(고려서림편집부 편, 1989《日本外務省特殊調査文書》28, 高麗書林에 수록)

在上海總領事館 編,〈上海及同關係不逞鮮人團體ノ件〉,《朝鮮民族運動(未定稿)》5-2
　　(1933. 1～1937. 12)(고려서림편집부 편, 1989《日本外務省特殊調査文書》27, 高
　　麗書林에 수록)

在上海總領事館 編,〈有吉公使暗殺陰謀無政府主義者檢擧ノ件〉,《外務省警察史-支那ノ部
　　(未定稿)》(고려서림편집부 편, 1989《日本外務省特殊調査文書》28, 高麗書林에 수록)

在上海總領事館 編,〈有吉公使暗殺陰謀事件公判狀況〉,《外務省警察史-支那ノ部(未定稿)》
　　　(고려서림편집부 편, 1989《日本外務省特殊調査文書》28, 高麗書林에 수록)
정화암, 1982《이 조국 어디로 갈 것인가-나의 회고록》, 자유문고
채근식, 1949-1950《무장독립운동비사》, 대한민국공보처
村田生,〈上海及南京方面ニ於ケル朝鮮人ノ思想狀況〉,《思想彙報》第7號(1936. 6), 朝鮮
　　　總督府高等法院檢査局思想部
秋憲樹 編,《資料韓國獨立運動》1~4, 연세대학교출판부


　2. 연구성과

공기택, 1991〈남화한인청년연맹의 무정부주의운동〉, 국민대 석사학위논문
김계일, 1987《중국 민족해방운동과 통일전선의 역사》1, 사계절
대한민국광복회 편,《독립운동대사전》
무정부주의운동사편찬위원회 편, 1994(2쇄)《한국아나키즘운동사》, 형설출판사
박설봉, 1985〈참기독교인이며 애국자이신 우당이회영선생〉,《友堂 李會榮先生 追悼》
　　　(육영회 편)
박영석, 1982〈일제하 재만 한인의 독립운동과 민족의식-경학사의 설립경위와 그 취
　　　지를 중심으로〉,《한민족독립운동사 연구》, 일조각
박영석, 1985〈신흥무관학교〉,《友堂 李會榮先生 追悼》(육영회 편)
박환, 1989〈이회영과 그의 민족운동〉,《국사관논총》7집
서점영, 1992〈우당 이회영의 독립운동-1920년대 독립운동방안으로서 무정부주의
　　　의 수용을 중심으로〉, 전북대 석사학위논문
서중석, 2002〈이회영의 교육운동과 독립군 양성〉,《나라사랑》104집(외솔회 편)
신용하, 1977〈신민회의 창건과 그 국권회복운동〉,《한국학보》8, 일지사
신용하, 1984《한국근대사와 사회변동》, 문학과지성사
외솔회 편, 2002《나라사랑》104집(2002. 10. 23), 외솔회
외솔회 편, 2002〈우당 이회영 해적이〉,《나라사랑》104집, 외솔회
이덕일, 2001《아나키스트 이회영과 젊은 그들》, 웅진닷컴
이호룡, 2001a〈재중국 한국인 아나키스트들의 민족해방운동-혁명근거지 건설을 위
　　　한 활동을 중심으로〉,《한국독립운동사연구》제16집
이호룡, 2001b《한국의 아나키즘-사상편》, 지식산업사
이호룡, 2015《한국의 아나키즘-운동편》, 지식산업사
전택부, 2002〈우당 선생과 상동교회를 통한 독립운동〉,《나라사랑》104집(외솔회 편)

최영주, 1985 〈우당 이회영의 天路歷程〉, 《정경문화》 240, 경향신문 정경연구소
坪江汕二, 1966 《朝鮮民族獨立運動秘史》, 巖南堂
한상복, 1989 〈독립운동가 가문의 사회적 배경-우당 이회영 일가의 사례연구〉, 《한
　　국독립운동사연구》 3, 한국독립운동사연구소

# 제 3 장

허무주의적 아나키스트

## 박 렬

일제의 식민지배가 시작된 이후 한국 민족은 끊임없이 민족해방운동을 펼쳤다. 민족해방운동은 민족주의, 공산주의, 아나키즘 등을 그 지도사상으로 하였다. 하지만 민족해방운동에 대한 연구는 주로 민족주의세력과 공산주의세력 등을 중심으로 이루어져 왔다. 아나키스트 세력의 항일투쟁이 한국 민족의 민족해방운동에서 상당한 비중을 차지하고 있음에도, 아나키즘을 민족주의자들이 독립운동의 방편으로 내세웠던 것에 불과했다고 파악하는 등 본격적인 연구는 충분히 이루어져 있지 않다. 이러한 사정은 해방3년사에 대한 연구에서도 마찬가지이다. 해방공간에서 좌·우익 두 세력의 활동에 대해서만 연구가 이루어지고 있을 뿐, 그 밖의 사상이나 운동에 대해서는 관심을 많이 두지 않고 있다.

　　아나키스트에 대한 인물 연구는 자료 부족 등이 겹쳐 더욱 미미하다. 박렬[1]의 경우 천황암살 기도라는 단일 죄목으로 최장 시간 감옥 생활을 했다는 상징성 때문에 연구자들의 주목을 받아 다른 아나키스트들에 견주어 연구가 어느 정도 이루어져 있다.[2] 하지만 이 역시 충분하다고는 할 수 없다.

---

※　이 글은 《韓國學報》第八十七輯(1997)에 발표한 〈박렬의 무정부주의 사상과 독립국가 건설 구상〉을 대폭 수정·보완한 것임.
**1**　박열로 표기하기도 하나, 본인이 '박렬'로 표기하고 있어 이에 따른다.
**2**　박렬에 대한 연구성과는 다음과 같다.

일제강점기와 해방공간에서 아나키스트들이 근거하고 있었던 사상은 무엇이었고, 그러한 사상이 민족해방운동과 통일민족국가수립운동에 미친 영향은 무엇이었던가, 그리고 그들은 어떤 국가를 어떻게 건설하고자 하였으며 그들의 운동은 왜 실패하였는가에 대한 연구가 이루어질 때 민족해방운동사의 공백이 채워질 것이다. 아울러 공산권 몰락 이후 사상 혼돈의 시대에 살고 있는 우리에게 하나의 시사점을 줄 수 있을 것이다.

## 1. 박렬의 성장과정과 민족주의자로서의 출발

박렬朴烈(朴準植, 朴爀)은 1902년 2월 3일에 경상북도 문경군 마성면 오천리 샘골에서 아버지 박지수朴芝洙와 어머니 정선동의 셋째 아들로 태어났다.(《함양박씨 치암공파 세보》 제2권) 어릴 때의 이름은 혁식爀植이었으나 1909년에 준식準植으로 개명하였으며, '렬'이라는 이름은 자신의 기질을

金明燮, 2003, 〈朴烈·金子文子의 反天皇制 鬪爭과 아나키즘 認識〉, 《韓日民族問題研究》 4, 韓日民族問題學會; 김명섭, 2014, 〈박열의 일왕폭살계획 추진과 옥중투쟁〉, 《한국독립운동사연구》 48, 독립기념관 한국독립운동사연구소; 김성국, 2004, 〈아나키스트 박열의 개인주의, 허무주의 그리고 세계주의〉, 《韓日研究》 15, 韓國日本問題研究學會; 김삼웅, 1996, 《박열평전》, 가람기획; 김인덕, 2017, 〈박애주의자 박열의 생사관 소고: 옥중기록을 중심으로〉, 《崇實史學》 38, 崇實史學會; 김철수, 2010, 〈아나키스트 朴烈선생의 구국운동〉, 《상주문화》 20, 상주문화원; 김태기, 2014, 〈아나키스트 박열과 해방 후 재일한인 보수단체〉, 《韓日民族問題研究》 27, 韓日民族問題學會; 박종렬, 1992, 〈천황 암살 기도한 '박열'사건의 진상〉, 《일본평론》 가을·겨울호, 사회과학연구소; 전상숙, 2008, 〈박열의 무정부주의와 민족의식〉, 《동양정치사상사》 7-1, 한국동양정치사상사학회; 황용건, 2002, 《항일독립투사 박열, 잃어버린 역사를 찾아서》, 한빛.

따라 7~8세 무렵에 스스로 붙인 것이다. 박렬의 가문인 함양박씨 집안은
누대로 삼난가三難家[3]라 불릴 정도로 양반 가문이었으나, 박렬 집안은 일제
강점기에 경제적으로 몰락하였다. 1906년 아버지가 돌아가실 무렵에는 논
과 밭이 각각 1,500평 정도씩으로 생활에는 별 어려움이 없었으나,
1919~1920년에 파산하였다. 박렬은 9세까지 서당을 다니다가 10세에 함
창공립보통학교에 입학하여 14세에 졸업하였다.[4]

함창공립보통학교 시절은 박렬의 사상 형성에 중요한 시기였다. 8~9
세 때부터 이미 한국 고래의 계급제도, 즉 약자는 강자에게, 유년幼年은 장
년長年에게 복종하여야 된다는 사상에 많은 의심을 품고 있던(《동아일보》
1925년 11월 25일자) 그는 졸업하기 직전에 한 한국인 교사가 학생들을 모아
놓고 "이때까지 마음에도 없는 거짓 교육을 해 왔다. 조선의 역사를 존중하
지 않으면 안 된다. 일본의 교사는 경찰의 형사다"라면서 우는 것을 보고
의식이 크게 변하게 되었다.[5] 이 사건으로부터 한국 역사의 존엄성과 민족
독립의 필요성을 배우며 비로소 민족의식과 반일감정에 눈뜨게 되었던 것
이다.

박렬은 1916년 15세에 경성고등보통학교에 입학하면서 사상 형성에
중요한 전기를 맞이하게 된다. 그는 일본인 심리학 교사가 학생들에게 고
토쿠 슈스이의 대역사건[6]에 대해 이야기하는 것을 흥미롭게 들었다. 어느

---

**3** 박렬의 친형 박정식은 "직계 20대 조부로 형제 다섯 분이 있고, 수험 결과 등제과거를
　한 일이 있는데, 이 다섯 분의 과거 때문에 자신의 집안이 삼난가로 불린다"고 증언하
　고 있다.["박정식의 제1회 증인신문조서"(再審準備會 編, 1977, 264쪽)]
**4** "박정식의 제1회 증인신문조서"(再審準備會 編, 1977, 262~263쪽). 박렬은 7세부터 9세
　까지 서당에서《천자문》,《동몽선습》,《통감》 6권까지 습득하였다.
**5** "박렬의 제3회 訊問調書"(再審準備會 編, 1977, 30~31쪽)
**6** 대역사건이란 1910년에 일본 최초의 아나키스트인 고토쿠 슈스이(일명 고토쿠 덴지로

역사 교사는 자신은 일본인이면서 일본인이 아닌 세계인이라는 것, 그리고 독일은 일찍이 프랑스의 정복으로부터 독립하였다는 것 등을 말해 주었는데, 이러한 내용들은 한국 학생들의 독립심을 부추겼다. 이러한 영향 아래 박렬은 점차 일본 민족 및 일본 정부에 반역적인 태도를 가지게 되었다.

빅렬은 학교 밖에서 은밀하게 개최되는 깅연회와 기독교 교회에도 참석하였다. 연설자들은 인종의 자유·평등·독립 등을 열성적으로 이야기하였다. 학교로 돌아가 다른 학생들에게 연설 내용을 이야기하면 다들 공감하였다. 이러한 가운데 박렬은 일제의 교육정책, 언론정책, 한국인 차별정책 등 식민지 지배정책 전반에 걸쳐 비판적 안목을 갖추어 나갔다.[7]

1919년 3·1운동이 일어나 박렬은 학교에서 헛되이 세월을 보낼 수는 없다고 생각하였다. 그는 일본에 대한 시위운동을 펼칠 계획을 세우고, 4~5명의 동지와 함께《독립신문》을 발행하고 격문을 살포하는 등 민족해방운동에 직접 참가하였다. 경찰에 끌려갔던 친구로부터 일제 경찰의 가혹한 고문을 전해 들은 박렬은 일제의 엄중한 단속과 가혹한 고문이 행해지는 국내에서는 더 이상 지속적인 독립운동을 할 수 없다고 판단하였다. 1919년 봄 평소 일본 정부가 세운 학교에서 공부하는 것을 수치스럽게 생각하고 있던 박렬은 가정형편까지 곤란해지자 경성고등보통학교를 중퇴하였다. 이후 고향 집으로 돌아갔다가 곧바로 서울로 다시 올라왔고 1919년 10월 무렵에는 일본으로 건너갔다. 당시 박렬은 반일본민족주의와 범사

---

幸德傳次郞) 등이 천황을 타도하고 정부를 분쇄할 목적으로 폭탄테러를 계획하였으나 실패한 사건을 말한다. 이 사건으로 1911년에 고토쿠 슈스이 등 24명이 사형당했고 12명은 무기형을 받았다.(一友, 1949, 84쪽)

**7** "박렬의 제4회 訊問調書"(再審準備會 編, 1977, 32~33쪽); "박렬의 제5회 訊問調書"(再審準備會 編, 1977, 34쪽) 등을 종합

회주의적 사상을 지니고 있었다.[8]

## 2. 아나키즘 수용과 아나키스트로서의 활동

일본 도쿄에 도착한 박렬은 신문 배달을 비롯하여 술병 제조[製瓶]공장 직공, 날품팔이, 우편배달부,[9] 인력거꾼, 야간경비원, 점원, 인삼행상, 한국 엿장수 등의 일을 하면서[10] 정칙영어학교正則英語學校[11]에 다녔다. 그는 일본에 간 이후 오스기 사카에大杉榮[12]·이와사 사쿠타로岩佐作太郎 등 일본 아나키스트들과 교류하였고, 이를 계기로 1919~1920년 무렵 아나키즘을 받아들였다.[13]

---

**8** "박정식의 제1회 증인신문 조서"(再審準備會 編, 1977, 262~263쪽); "박렬의 제5회 訊問調書"(再審準備會 編, 1977, 34~35쪽) 등을 종합

**9** 박렬은 우체부가 되어 매일 궁성을 출입하면서 천황의 동정과 출어出御의 경로 등을 연구하였다고 한다.(布施辰治·張祥重·鄭泰成, 1946, 154~155쪽)

**10** "박렬의 제5회 訊問調書"(再審準備會 編, 1977, 35쪽)

**11** 오봉빈은 박렬이 明治大學에 다녔다고 회고하였으나(오봉빈, 1949, 110쪽) 취하지 않는다.

**12** 오스기 사카에는 일본의 초기 아나키스트로서 박렬에게 많은 영향을 끼친 인물이다. 1903년에 외국어학교와 정칙영어학교에 다니면서 사회주의사상을 접하였으며, 1907년에 크로포트킨의 《청년에게 고함》을 번역 게재하면서 그의 사상을 수용하였다. 1912년 즈음부터 사상상의 차이로 말미암아 공산주의자인 堺利彦과 결별하였고, 1917년에 크로포트킨의 《상호부조론》을 번역하였으며, 1920년에는 《크로포트킨 연구》를 저술하였다. 1922년에 《無政府主義者の見たロシア革命》(부록: 크로포트킨의 《革命の研究》)을 저술하여 볼셰비키에 대해 논박하고, 노동조합의 자유연합주의를 고취하였다. (大杉榮, 1923) 1923년 관동대지진 때 학살당하였다.

3·1운동에 직접 참가하였던 박렬로서는 평화적인 시위에 의한 독립운동이 가지는 방법상의 한계를 뚜렷이 느낄 수밖에 없었을 것이고, 그로 말미암아 사회주의적 성향을 가지고 있던 그는 아나키즘에 쉽게 노출되었다. 일제의 지배에 저항하는 민족주의와 모든 억압에 반대하는 아나키즘 사이에 일본 제국주의라는 공통의 적이 있었던 사실도 박렬로 하여금 별다른 저항 없이 아나키스트로 전환하게끔 하였다.

아나키즘을 수용한 박렬은《흑도黑濤》,《후테이선인太い鮮人》,**14**《현사회現社會》등의 잡지를 통해 일제의 제국주의 논리를 비판하고, 부르주아민주주의의 대의제 민주정치와 자본주의 및 사적유물론을 부정하면서 민족주의와 공산주의를 비판하는 한편, 상호부조론과 직접행동론 등을 선전하였다. 그는 일제가 식민지배를 합리화하기 위해 제창하였던 동양먼로주의東洋monroe主義의 허구성을 폭로하였다.(朴烈,〈亞細亞モンロ主義に就て〉) 공산주의에 대해서도 반대의 입장을 분명히 하였다. 아나키즘이 지향하는 바가 공산주의와 거의 비슷함에도,**15** 공산주의에 철저하게 반대한 것은, 아나키즘이 그 주요 목표를 자유에 대한 관심과 통치기구 폐지를 촉진하는 데 둠으로써**16** 개인의 자율성을 강조하기 때문이다. 아나키스트들이 꿈꾸는 이

---

**13** "박렬의 제6회 訊問調書"(再審準備會 編, 1977, 39쪽)

**14** '太い鮮人'은 일본 관헌이 한국 독립운동가들을 지칭하며 사용한 不逞鮮人이란 의미로 사용되었다. 일본 당국이 '不逞鮮人'을 제호로 사용하는 것을 금지하자 '太い鮮人'(후토이선인)의 발음이 不逞鮮人(후테이선인)과 비슷한 것을 이용한 것이다. '太い'는 'フトイ'로 발음해야 하나 '不逞'의 발음과 같은 'フテイ'로 읽었다. 즉 박렬이 주간으로 있던《太い鮮人》은 'フテイ鮮人'으로 읽었다.

**15** 다니엘 게랭은 "아나키즘은 사실상 사회주의와 동의어이다. 아나키스트는 본래 인간에 의한 인간의 착취를 폐지할 것을 목적으로 하는 사회주의자이다"라고 하여 아나키즘과 사회주의의 목적을 동일시하였다.[Daniel Guérin, *Anarchism*, New York: Monthly Review Press, 1970, p.12(방영준, 1995, 20쪽에서 재인용)]

상사회는 구성원의 모든 호혜적 관계가 법이나 권위에 의해서가 아니라, 오로지 사회구성원 사이의 상호 동의 및 사회적 습관이나 전통의 집적에 의해 자율적으로 규제되는 사회이다.[17] 이상사회를 실천하는 방법에서 공산주의와 아나키즘은 결코 결합될 수가 없는 것이다.

박렬이 공산주의를 거부하게 된 데는 공산주의혁명을 성공시킨 러시아의 현상에 대한 실망도 상당 부분 작용했던 것으로 보인다. 박렬은 러시아는 예민隸民의 개방·평등을 표방하면서도 다수결제도로 소수자의 의견을 유린하고, 법률을 만들어 사회민중의 의사를 강제하고 있으므로 일종의 국가주의의 변형에 지나지 않으며,[18] 러시아의 민중은 60만 상비군대의 위협 속에서 구식의 로마노프가家 대신 공산당의 신식의 흡혈귀에게 가장 조직적으로 착취당하고 기계화되어 가고 있다고 파악하였다.[19] 모든 개인이 자신의 의사에 따라서 자신의 행동을 결정하는, 권력과 지배와 억압이 없는 평등한 사회를 지향하던 그로서는 무계급사회를 건설하기 위한 과도기로서 프롤레타리아 독재를 설정하고 중앙집권적인 권력기구를 창설한 러시아의 정책에 동조할 수가 없었을 것이다.

박렬은 아나키즘을 실현하는 방법론으로 테러적 직접행동론을 제기하고, '직접행동'을 추구하였다. 그는 평상시에는 가장 신성한 대법칙으로

---

**16**   Daniel Guérin, *Anarchism*, New York : Monthly Review Press, 1970, p.12(방영준, 1995, 20쪽에서 재인용)

**17**   Peter Kropotkin, *Modern Science and Anarchism*, The Essential Kropotkin(New York : Liveright, 1975), ed., Emile Capouya & Keiht Tompkins, p.55(방영준, 1995, 15쪽에서 재인용)

**18**   "박렬의 제5회 訊問調書"(再審準備會 編, 1977, 36쪽)

**19**   朴烈, 〈俺の宣言〉(再審準備會 編, 1977, 82쪽). 박렬의 소련에 대한 이러한 인식 역시 오스기 사카에의 영향으로 보인다.

기능하는 법률, 도덕, 습관이라는 것이 직접행동 앞에서는 무기력해질 수밖에 없음을 실례를 들어 입증하면서 직접행동의 위력을 강조하였다.[20] 그는 폭력적인 방법을 모색하였는데, 그가 찾아낼 수 있었던 폭력적인 방도는 테러밖에 없었다. 일본에 있던 그로서는 테러를 통한 직접행동 이외의 다른 폭력투쟁을 고려할 여지가 없었던 것이다. 그리고 오스기 사카에로부터 받아들인 바쿠닌의 행동적 집산주의[21]와 제1차 세계대전 이전부터 일본 아나키스트들에게 널리 퍼져 있던 테러리즘[22]이 그를 테러적 직접행동으로 몰고 간 것으로 보인다.

박렬은 테러적 직접행동만이 계급해방의 유일한 수단임을 밝히면서 자신의 테러적 직접행동론을 〈음모론〉[23]에서 체계적으로 밝혔다. 그의 직접행동론의 골자는 ① 지배와 착취를 목적으로 구성된 제국주의적 자본주의 국가를 붕괴시키지 않고서는 무산자계급이 자유를 회복할 수 없다는 것 ②

---

**20** 烈生, 〈直接行動の標本〉. 열생烈生은 박렬로 사료된다.

**21** 바쿠닌의 아나키즘은 노동자와 농민연합체에 의한 생산수단 집산화를 주장하며, 자유에 대한 격렬한 정열·파괴주의·행동주의·로맨티시즘 등이 그 특징이다.(白井厚, 1990, 233쪽) 오스기 사카에는 1922년《二人の革命家》에서 바쿠닌의 사상과 생애에 대해 소개하였다.(大杉榮, 1923) 박렬은 오스기 사카에로부터 바쿠닌과 크로포트킨의 아나키즘을 수용하였던 것으로 보인다.

**22** 고토쿠 슈스이, 간노 스가코管野須賀子(고토쿠 슈스이의 부인) 등의 일본 아나키스트들은 제1차 세계대전 이전에 팽배했던 좌절적 상황에서 테러리즘으로 돌아서고 있었다.(존 크럼프, 1995, 91쪽) 고토쿠 슈스이와 간노 스가코 등 26명의 아나키스트들이 1911년 '대역사건'으로 처형당하거나 투옥되었다.

**23** 〈음모론〉(1925. 3. 1)은 〈한 불령선인으로부터 일본의 권력자계급에게 전한다〉(1924. 2), 〈나의 선언俺の宣言〉(1924. 12. 3), 〈무위도식론働かずにどしどし喰ひ倒す論〉(1924. 12. 29)과 함께 박렬이 예심을 받으면서 감옥에서 저술한 원고로, 이 글들은 "박렬의 제17회 신문조서"에 첨부되어 있다.(再審準備會 編, 1977, 74~99쪽) 〈무위도식론働かずにどしどし喰ひ倒す論〉은《현사회》제3호에 발표한 〈무위도식론働かずにどんどん食ひ倒す論〉을 감옥에서 수정한 것으로 보인다.

국가 타도는 의회주의, 즉 참정권 획득운동으로는 불가능하며, 무권력자와 무산자가 국가를 타도하기 위해서는 군대와 경찰을 말살할 수 있는 힘을 키워야 한다는 것 ③ 무산자들이 당연히 취해야 하는 것은 직접행동이며, 소요·폭동·반란 등이 가장 유효한 수단이라는 것 ④ 폭동이나 반란은 어느 정도 국가의 규율과 권위가 이완되고, 또 사회적 정세가 혼란스러운 무대를 필요로 한다는 것 ⑤ 일본에서는 경제적 직접행동인 총파업 등으로는 폭동화·반란화에 이를 수 없으며, 음모로만 가능하다는 것 ⑥ 목적이 수단을 정당화시키므로, 음모가는 어떠한 수단을 사용해서라도 자신의 목적을 관철시켜야 한다는 것 등이다.(再審準備會 編, 1977, 89~96쪽) 즉 테러 등의 음모 활동으로 사회를 혼란시키고, 이 사회혼란을 폭동으로 몰고 가서 군대와 경찰을 무력화시키고 국가를 타도해야 된다는 것이다.

하지만 경제적 직접행동에 대해서는 비판적 입장을 취하였다. 당시 일본에서는 1906년에 고토쿠 슈스이가 단결한 노동자의 직접행동, 곧 총파업으로 혁명을 행할 것을 강력하게 주장한(石田一良 編, 1978, 274쪽) 이후 1913년에 '생디칼리슴연구회'가 개최되는 등 생디칼리슴이 널리 전파되어 있었다. 그리고 오스기 사카에도 1916년에《노동운동의 철학勞動運動の哲學》이라는 생디칼리슴에 관한 연구논문집을 간행하였다.(大杉榮, 1923) 그때 일본 사상계에 아나르코생디칼리슴이 풍미하였음에도, 박렬이 그것을 수용하지 않고 직접행동론에 입각해서 활동을 전개하고자 한 것은, 당시 일본 아나키스트와 한국인 아나키스트가 처한 상황의 차이에서 비롯된 것으로 보인다. 제1차 세계대전 이후 일본에서는 자본주의가 급성장함에 따라 노동운동 또한 매우 활성화되어 아나르코생디칼리슴이 그 전성기를 구가하였던 것에 견주어 한국인의 경우는 사정이 달랐다. 우선 한국인 노동자의 수가 적었던 관계로 그들을 조직화하여 운동을 전개하는 것에는 관심을 그다지 기울이지 않았다. 그리고 1920년대 초는 민족해방운동이 활발하게 전개되던 시기로서, 오랜 시일을 요하는 노동운동보다는 소규모의 투쟁으로 당장 커다란 선전효과를 낼 수 있는 직접행동에 이끌릴 수밖에 없었던 것으로 보인다.(이호룡, 2015, 199~200쪽)

박렬은 경제적 직접행동론을 다음과 같이 비판하였다.

> 혹자는 … 노동조합운동 즉 경제적 직접행동으로 나아갈 것을 우리에게 권한다. 그들은 그 주요한 전투수단으로서 총파업을 주창한다. 즉 스트라이크, 사보타쥬, 보이콧에 의해서 일보일보 현대의 제국적 자본주의국가 조직의 생명을 쇠멸시켜 가고, 결국에는 저 총파업에 호소하여 완전하게 그 목적을 달성한다고 하는 것이다. … 국가는 혹은 우리들에게 그 스트라이크, 사보타쥬, 보이콧 등을 허용해 줄지도 모른다. 그러나 그것은 하시何時라도 소위 국가의 안녕·질서를 문란하게 하지 않는 정도에서인 것이다. 조금이라도 그 정도를 넘어서보라! 국가는 그것에 대해 바로 국가에 대한 반역적 행위라 하여 예의 군대와 경관대를 보내어 너희들을 혹은 그 장소에서 학살하거나 혹은 감옥으로 보낼 것이다.[24]

위의 글에서 보는 바와 같이 박렬은 경제적 직접행동으로는 결코 국가를 타도할 수 없다고 역설하였다. 경제적 직접행동은 국가가 인정하는 범위 안에서만 전개될 수 있을 뿐이며, 그 결과 아나르코생디칼리스트 운동은 개량주의적 운동으로 전락할 수밖에 없다는 것이다. 나아가 "일본과 같은 경찰국에서 총파업에 의해서 일거에 자본주의를 분쇄하고자 하는" 것은 공상에 지나지 않는다고 단정하였다.(朴烈,〈조선의 민중과 정치운동-사

---

**24** 朴烈,〈陰謀論〉(再審準備會 編, 1977, 91쪽)

기꾼인 권력광들을 배격한다〉)

박렬은 재일본 한국인의 민족의식을 깨우칠 목적으로 테러적 직접행동론을 몸소 실행에 옮겼다. 그는 아나키즘과 독립사상을 가지고 있던 한국인 학생 15~6명과 함께 1920년에 혈권단을 조직하였고, 1921년 10월 무렵에는 아나키즘적 또는 사회주의적 사상을 가진 도쿄의 학생·노동자들로 조직된 의권단에 가입하였다. 혈권단과 의권단은 친일파와 같이 한국인으로서 한국 민족을 팔아먹는 자와 한국인을 모욕하는 일본인을 박멸하거나, 비밀문서를 살포하는 것을 목적으로 결성되어 직접행동을 다소 집행하기도 했다. 하지만 일본의 단속이 심해서 혈권단은 반년 정도 지속하다가 해산되었으며, 의권단은 1년 정도 지나서 해산되었다.[25] 박렬은 1923년 2월에도 한국인 학생들과 함께 박살단 또는 혈권단의 이름으로 일부 한국인 학생들과 친일 한국인들에게 협박장을 우송하기도 하였는데, 그 대상은 주로 일본인으로부터 학비를 보조받는 자 또는 일본인과의 친교를 중요시하고 그들의 집에 출입하는 자, 일본인 여자와 부부관계를 맺고 고향에 있는 처와 자식을 돌보지 않는 자 등이었다.[26]

박렬은 테러활동을 전개하는 한편, 아나키스트 단체 결성[27]과 아나키즘

---

**25**  "박렬의 제6회 訊問調書"(再審準備會 編, 1977, 38쪽). 일제의 정보보고서는, 박렬이 한국인의 사상 퇴폐와 공공연히 친일을 표방하는 자의 존재는 한국 민족의 체면을 오손시키는 것이라는 판단 아래, 이들 재일본 한국인의 부패분자를 응징하는 것을 목적으로 1921년 11월에 혈권단을 조직하였으며, 제1기는 의권단, 제2기는 철권단, 제3기는 혈권단이라 칭하고 재일본 한국인들을 폭행·협박하였다고 보고하였다.[〈血拳團に關する件〉(布施辰治·張祥重·鄭泰成, 1946, 156쪽에서 재인용)

**26**  〈血拳團に關する件〉(布施辰治·張祥重·鄭泰成, 1946, 156쪽에서 재인용)

**27**  박렬이 1921년 일시 귀국하여 서울에서 흑로회를 조직하였으며, 흑로회는 박렬이 일본으로 돌아간 뒤 곧바로 해산된 것으로 기록하고 있는 자료도 있다(《治安狀況-昭和5年》, 16쪽; 《治安狀況-昭和8年》, 28쪽; 坪江汕二, 1966, 155쪽 등). 그러나 이는 1923년의

선전에도 나섰다. 박렬은 김약수, 백무白武 등과 함께 단체 결성을 준비하였다. 이때 원종린 역시 단체 결성을 계획하고 있었다. 원종린은 1921년 10월 5일 김홍기와 함께 '신인연맹新人聯盟'이라는 단체를 조직할 것을 계획하고 그 창립취지서를 발표하여 약 10명의 동지를 획득하는 한편, 임택룡·황석우 등과 서로 모의하여 별도로 흑양회黑洋會라는 단체를 조직하고 주의선전을 행할 계획을 세우고 있었다. 이에 박렬은 김약수, 김판권, 권희국, 원종린, 황석우, 백무, 손봉원, 정태성, 장상중張祥重,[28] 임택룡, 김사국金思國, 조봉암 등 20여 명과 함께 회합하여 오스기 사카에·이와사 사쿠타로·사카이 도시히코堺利彦·다카츠 마사미치高津正道 등의 후원 아래 신인연맹과 흑양회를 합병하여 아나키스트 단체 흑도회[29]를 조직하였다. 흑도회 창립대회는 1921년 11월 29일[30] 도쿄 기독교청년회관에서 열렸다. 결성할 때에는

---

잘못으로 보인다. 흑로회 결성의 주역도 박렬이 아니라, 이강하, 이윤희, 김중한, 신기창 등이다.

**28**  자료에 따라서는 장상중張祥重을 장찬수張讚壽와 다른 인물로 병기竝記하기도 하였으나, 홍진유[홍진유의 "第2回 調書"(再審準備會 編, 1977, 160쪽)]와 일제 정보기관의 자료[內務省警保局 編, 〈元無政府主義系朝鮮人の篤行〉(《資料集成》4, 165쪽); 朝鮮總督府警務局 東京出張員, 〈在京朝鮮人狀況(1924년 5월)〉(《資料集成》1, 142쪽)]에 따르면, 장상중과 장찬수는 동일인이다. 또 장귀수張貴壽·장찬수張贊壽 등으로 기록한 자료도 있는 자료도 있으나, 이 책에서는 장상중으로 통일한다.

**29**  일부 자료들은 흑도회를 아직 명확한 체계를 갖추지 못하고 막연히 사회주의를 연구하는 단체라고 평가하고 있으나[〈在留朝鮮人運動〉, 《社會運動の狀況(1933年)》(《資料集成》2, 783쪽); 坪江汕二, 1966, 285쪽], 이는 한국인 사회주의운동을 폄하한 것에 지나지 않는다. 흑도회는 본격적인 아나키스트운동 단체였다.

**30**  흑도회 결성일은 자료마다 약간 다르게 나타나기도 한다. 慶尙北道警察部 編, 1934, 162쪽에는 1923년 12월로 서술되어 있으며, 〈在留朝鮮人の運動狀況〉, 《社會運動の狀況(1929年)》(《資料集成》2, 59쪽)에는 1921년 10월로 서술되어 있으나, 《社會運動の狀況》의 다른 연도편에는 1921년 11월로 서술되어 있다. 하지만 흑도회의 〈선언〉(《黑濤》第1號에 게재)이 1921년 11월에 발표되었으므로 흑도회 결성일을 1921년 11월로 보는 것이 타당하다.

김판권, 권희국, 원종린, 김약수, 박렬, 임택룡, 장상중, 김사국, 정태성, 조봉암 외 약 10명이 참가하였으며, 박렬은 정태신, 김약수, 정태성, 서상일, 원종린, 조봉암, 황석우[31] 등과 함께 간사로 선출되었다.[32]

흑도회는 〈선언〉을 통해 일상의 일거일동이라 할지라도 그 출발은 모두 자아에서 구해야 하며, 각인의 자아의 자유를 무시하고 개성의 완전한 발전을 방해하는 모든 불합리한 인위적 통일에는 끝까지 반대하고 전력을 기울여서 그것을 파괴하기 위해 노력하고, 마음이 향하는 대로 감정대로 행동할 것을 주장하는(《黑濤》第1號) 등 개인주의적 아나키즘의 경향을 강하게 띠고 있었다.[33] 흑도회는 1922년 4월 1일 고학생동우회와 연합하여 조선기독교청년회 안에서 한국내정독립운동과 참정권운동에 대한 반대연설회를 개최하였으며(《대중시보》 제4호), 1922년 5월에는 도쿄 시바우라芝浦에서 거행된 일본노동총동맹日本勞働總同盟[34] 주최 메이데이 시위운동에 회원 30명이 참가하고, 간부인 송봉우宋奉禹와 백무 두 사람이 대표연설을 하

---

31  황석우는 흑도회 회원이었다가 어떤 사정으로 제명되었다.(《黑濤》第1號)

32  朝鮮總督府警務局 東京出張員, 〈在京朝鮮人狀況(1924년 5월)〉《資料集成》 1, 145쪽); 內務省警保局 編, 〈在京朝鮮留學生槪況(1925년 12월)〉《資料集成》 1, 327쪽); 〈在留朝鮮人の運動〉,《社會運動の狀況(1931年)》《資料集成》 2, 308쪽); 〈在留朝鮮人運動〉,《社會運動の狀況(1933年)》《資料集成》 2, 783쪽); 慶尙北道警察部 編, 1934, 55·162쪽;《治安狀況 -昭和8年》, 5·208쪽; 坪江汕二, 1966, 155·285쪽 등을 종합. 조선총독부 경무국이 편찬한 《朝鮮高等警察關係年表》(118쪽)에는 김중한, 이윤희 등이 흑도회에 참가한 것으로 기록되어 있으나, 이는 잘못으로 보인다. 김중한과 이윤희가 일본으로 건너간 것은 1923년 4월 이후이기 때문이다.

33  아나키즘 수용기 재일본 한국인 아나키스트들의 개인주의적 아나키즘 경향에 대해서는 이호룡, 2001, 136쪽을 참조할 것

34  일본에서는 '노동'의 한자를 한국과는 달리 '勞働'으로 표기한다. 따라서 이 책에서는 '노동'의 한자 표기에서 일본인 단체나 신문·잡지는 '勞働'으로, 한국인 단체나 신문·잡지는 '勞動'으로 표기한다.

기도 하였다.[35]

박렬은 1922년 7월 10일 가네코 후미코金子文子[36]와 함께 흑도회의 기관 지《흑도》를 창간하여 아나키즘 을 선전하였다.《흑도》는 1922 넌 7월 10일자로 월간으로 창간 되어 2호(1922. 8. 10)까지 발간되 었는데, 박렬과 가네코 후미코가 발간의 전 과정을 거의 전적으로 떠맡다시피 하였다.

박렬은 재일본 한국인 아나키 스트들과 함께 김윤식 사회장 반 대투쟁에도 참가하였다. 1922년 1월 김윤식 사회장이 추진되자 박렬·원종린 등 아나키스트들은 1922년 2월 2일 재동경신인동맹

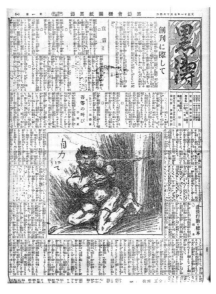

**사진 3-1** 1922년에 창간된 흑도회의 기관지《흑도》창간호

---

35  內務省警保局保安課 編, 〈大正15年中ニ於ケル在留朝鮮人ノ狀況〉(1926년 12월)(《資料集 成》1, 221쪽)

36  가네코 후미코는 박렬의 처로서 허무주의자였다. 그녀는 1922년 3월쯤에 박렬을 알게 되었고, 서로의 사상에 공감하게 되어 1922년 5월 무렵부터는 동거하면서 같이 활동하 였다.[《조선일보》1925년 11월 25일자; "金子文子의 제1회 調書"(再審準備會 編, 1977, 8 쪽); 大審院 特別裁判所 判決文(布施辰治·張祥重·鄭泰成, 1946, 97쪽에서 재인용) 등을 종합] 가네코 후미코는 가정환경과 사회로부터 받은 압박이 자신이 허무주의자가 된 동기임 을 밝혔으며["金子文子의 第2回 被告人 訊問調書"(再審準備會 編, 1977, 9쪽)], 자신의 허무 주의에 대해서 "자신의 운동은 생명절멸운동"이라고 한마디로 요약하였다["金子文子 의 第3回 被告人 訊問調書"(再審準備會 編, 1977, 17쪽)]. 박렬과 함께 '대역사건'에 연루되 어 사형을 선고받은 뒤 무기징역형으로 감형되었으나, 감옥에서 의문의 죽임을 당하 였다.

在東京新人同盟의 명의로 발표된〈민중의 격橄 : 소위 김윤식 사회장이란 유
령배의 참칭 사회장을 매장하라〉에 김한·원우관(이상 조선공산당), 김약수
·정태신(이상 재일본조선인공산단체) 등과 함께 연서하는(《매일신보》 1922
년 2월 2일자) 등 김윤식 사회장 반대투쟁을 전개했다. 1922년 초 동경고학
생동우회의 주도하에 김약수, 김사국, 정태신, 이익상李益相, 홍승로洪承魯,
황석우, 임택룡 등이〈전국 노동자 제군에 격함〉이라는 제목의 선언문을
발표하였는데, 박렬은 정태성·이용기·원종린·박석윤 등의 아나키스트들
과 함께 여기에 연서하였다.(《조선일보》 1922년 2월 4일자)

　　1922년 7월 니가타현新潟縣 나카쓰천中津川[37] 댐 공사장에서 한국인 노동
자 학살사건[38]이 일어나자, 흑도회는 한국인 노동자 집단학살에 대한 항의
투쟁을 전개하였다. 흑도회원들은 '시나노천信濃川조선노동자하살사건조
사회'가 1922년 9월 7일 도쿄 청년회관에서 김약수의 사회로 '시나노천학
살사건규탄대연설회'를 개최하자, 여기에 주동적으로 참가하였다. 박렬은
나경석과 함께 실지조사를 보고하였으나, 중도에 중지당하였다. 결국 이
연설회는 일제 경찰에 의해 해산되었다.[39]

---

**37**　거의 모든 자료는 한국인 노동자 집단학살사건이 발생한 지역을 시나노천信濃川으로
　　기록하고 있으나, 나카쓰천이 더 정확한 기록이다. 나카쓰천은 시나노천의 지류이다.
　　(《勞働運動》第7號)

**38**　한국인 노동자 학살사건이란 신월전력주식회사信越電力株式會社가 건설하던 댐 공사장
　　에서 일하던 한국인 노동자들이 가혹한 학대를 피해 도망하다가 살해된 사건이다. 학
　　살된 한국인 노동자의 시체가 낚시꾼에게 발견되고, 이 사실이《독매신문讀賣新聞》
　　1922년 7월 29일자에 보도됨으로써 공사장 노동자들의 참상이 널리 알려졌다. 회사
　　측의 비인도적 처사는 일본뿐 아니라 국내까지 커다란 사회적 물의를 일으켰다. 국내
　　에서는 이 사건의 진상을 조사하기 위하여 30여 명의 조사위원회가 조직되었다. 조사
　　위원회는 나경석·김명식·박희도 등을 대표로 일본에 파견하였고, 이들은 8월 15일 김
　　약수와 내무성 참사관·서장 등과 함께 현장을 조사하였다.(《勞働運動》第7號; 金一勉,
　　1973, 66쪽 등을 종합)

'시나노천학살사건규탄대연설회' 이후 흑도회는 분열되었다. 3·1운동 이후 공산주의 수용의 폭이 넓어지면서 재일본 한국인들 사이에서 1921년부터 공산주의 단체가 조직되기 시작하였고, 재일본 한국인 사회주의계는 아나키스트계와 공산주의계로 점차 분화되어 갔다. 재일본 한국인 아나키스트들은 정치와 정치운동을 부정하면서 일본 공산주의자들의 의회전술을 강도 높게 비판하였지만, 공산주의자인 이여성李如星은 보통선거운동을 민중들이 각성하여 계급적 차별을 철폐하고 자유를 획득하려는 민중운동으로 높게 평가하였다.(이여성, 〈정파리경淨玻璃鏡〉) 재일본 한국인 사회주의계의 분화는 흑도회의 분열로 이어졌다. 1922년 7월 나카쓰천 한국인 노동자 학살사건을 조사할 시점부터 박렬을 비롯한 아나키스트들과 김약수를 비롯한 공산주의자들 사이에 일어난 분규는 '시나노천信濃川학살사건규탄대연설회'에서 증폭되어 나타났다. 결국 흑도회는 해체되었다. 박렬은 1922년 9월[40] 신영우, 정태성, 서상일, 서동성, 홍진유, 장상중, 박흥곤, 김근호 등과 함께 풍뢰회風雷會를 조직하였다가 곧바로 흑우회黑友會로 개칭하였다. 박렬·김중한·홍진유·정태성·이지영(이필현李弼鉉) 등이 간부진을 구성하였다.

흑우회는 '시나노천信濃川 한국인 노동자 학살사건'의 진상을 규명하기 위해 박렬을 현장에 파견하는 등 한국인 노동자에 대한 일제의 탄압을 시

---

**39** 《조선일보》 1922년 9월 9일자; 金一勉, 1973, 68·70~72쪽; 부정부수의운농사편찬위원회 편, 1994, 153쪽 등을 종합

**40** 풍뢰회와 흑우회의 결성일은 1922년 9월, 10월, 11월, 1923년 1월 등 자료들마다 다르게 나타난다. 박렬은 1922년 9월에 흑우회를 결성한 것으로 진술하였다.["박렬의 第6回 訊問調書"(再審準備會 編, 1977, 38쪽)] 이 책에서는 그의 진술에 따른다. 흑도회가 해산된 뒤에 흑로회를 조직하였다는 기록들이 있는데, 이는 흑우회 내지 풍뢰회의 잘못으로 사료된다.

정하고자 노력하였다. 그리고 일본 사회주의자 다카오 헤이베에高尾平兵衛
의 사회장 이후 일본 사상단체 전선동맹戰線同盟·말살사抹殺社, 그 밖의 일본
인 단체 등과 연계를 맺으면서 이들 단체와 함께 시위운동에 착수하고자
모의하는 등의 활동을 활발하게 전개했다.[41]

　박렬은《흑도》를 대신하여 1922년 11월[42]《후테이선인太い鮮人》을 발간
하였는데, 2호까지 발간한 뒤 당국의 제호 사용 금지 조치로《현사회》로 개

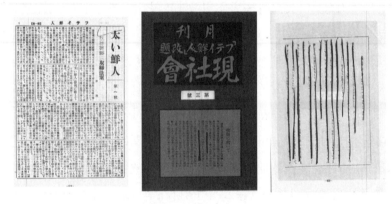

**사진 3-2** 박렬과 후미코가 발간한《후테이선인太い鮮人》과《현사회》삭제된 기사

---

**41** 《太い鮮人》第1號·第2號;《勞働運動》第10號;《現社會》第3號; 朝鮮總督府警務局 東京出
張員,〈在京朝鮮人狀況〉(《資料集成》1, 139·145쪽); 內務省警保局 編,〈在京朝鮮留學生槪
況〉(1925年 12月)(《資料集成》1, 144·162·327쪽);〈在留朝鮮人の運動狀況〉,《社會運動
の狀況(1929年)》(《資料集成》2, 59쪽);〈在留朝鮮人の運動〉,《社會運動の狀況(1931年)》
(《資料集成》2, 308쪽);〈在留朝鮮人運動〉,《社會運動の狀況(1933年)》(《資料集成》2,
783~784쪽);《治安狀況-昭和8年》, 209쪽; 慶向北道警察部 編, 1934, 162쪽; "金子文子
의 제5회 訊問調書"(再審準備會 編, 1977, 21쪽); "朴烈의 제6회 訊問調書"(再審準備會 編,
1977, 38쪽); 무정부주의운동사편찬위원회 편, 1994, 154쪽; 坪江汕二, 1966, 155·285
쪽 등을 종합
**42** 金一勉은《太い鮮人》의 발행일을 제1호 1922년 10월, 제2호 1922년 12월 30일로 서술
하였으나(金一勉, 1973, 90·244쪽), 金子文子는 1922년 11월에《太い鮮人》을 간행하였
다고 법정에서 진술하였다["金子文子의 제5회 訊問調書"(再審準備會 編, 1977, 21쪽)].

명하여 4호까지 발간하였다. 그 내용은 현 사회제도에 대한 신랄한 비판과 일제의 조선 식민지통치에 대한 격렬한 반대 논설로 편집되었으며, 독립 운동과 사회사상운동 전선의 동향에 관한 보도 기사를 곁들였다. 가네코 후미코가 잡지 편집 및 원고 집필을 맡는 등 박렬과 가네코 후미코가 거 의 전적으로 제작하다시피 하였으며, 이윤희와 이지영이 동인으로 참가 하였다.[43]

## 3. 허무주의자로서의 박렬

아나키즘을 수용한 박렬은 점차 허무주의에 심취해 갔다. 박렬은 1922 년 3월 가네코 후미코를 만날 무렵에 권력에 반역하고 생명의 절멸을 기期 하는 사상, 즉 허무주의를 품고 있었다.[44] 박렬이 허무적 사상을 품게 된 것 은 인간성에 대한 불신에서 비롯되었다. 즉 "인간성은 모두 추악하여 인간 성을 신뢰할 수 없다는 것을 깨닫고, 이 추악한 인간성 위에 아나키즘이라 고 하는 이상의 아름다운 서정시를 짓는 것은 불가능하다"는[45] 생각이 그

---

**43** "朴烈의 제6회 訊問調書"(再審準備會 編, 1977, 38쪽); 金子文子의 "제5회 訊問調書"(再審 準備會 編, 1977, 21쪽); 《現社會》 제3호; 金一勉, 1973, 79~80쪽; 이호룡, 1998, 173쪽; 坪江汕二, 1966, 285쪽 등을 종합. 《太い鮮人》와 《현사회》를 흑우회의 기관지로 기록한 자료도 있으나, 이는 사실과 다르다. 《太い鮮人》와 《현사회》는 박렬이 개인적으로 발간 한 잡지이다. 흑우회의 기관지는 신영우申熔波, 서상일, 홍진유, 서동성 등에 의해 1923 년 3월에 창간된 《민중운동》이다.
**44** "金子文子의 제4회 被告人 訊問調書"(再審準備會 編, 1977, 20쪽)

로 하여금 허무주의적 경향을 띠게 한 것이다. 그는 인류는 태어나면서부터 오직 어떻게든지 죽지 않으려는 생명욕의 소유자인 동시에 가장 추악한 우월욕의 소유자로서, 가장 강렬하고 반성하지 않는 정복욕·지배욕 덩어리라고 인식했다. 즉 현실의 인류사회 어디에도 아름답고 참된 상애호조想愛互助·공존공영의 사실은 없으며, 오직 비열하고 참혹한 인류 상호의 약육강식과 무반성으로 가득찬 우월욕, 정복욕, 지배욕만이 발현되고 있을 뿐이라는 것이다. 그에게 인간이란 모든 죄악의 원천으로서, 어떠한 아름다운 이상이나 교혜巧慧한 정책으로도 도저히 영원히 구제할 수 없는 존재에 지나지 않았다.[46] 그가 허무주의를 품고 있으면서도 아나키스트 단체인 흑우회를 조직하여 아나키스트 활동을 한 것은, 아나키즘적 사상 선전과 그 실현이 허무적 사상 실현에 이르는 제일보라고 생각하였기 때문이다.[47]

인간성에 대한 불신으로 말미암아 박렬은, 현실의 인류사회가 폭력으로써 그 근본기초를 이루며 정복·착취를 그 목적으로 하고 있어서, 정의라는 것이 도대체 존재할 수 없고 오직 약육강식만이 존재할 뿐이라는 것, 따라서 인류는 항상 서로 속이고 헐뜯으며 서로 죽이는 것을 계속하면서 어느 불가피한 운명 때문에 아침 이슬과 같이 계속해서 멸망해 가는 것으로 인식하게 되었다.[48] 인간성에 대한 불신은 민중에 대한 불신으로 이어졌다. 박렬은 민중은 국가의 강권에 의해 항상 협박·유린당하고 있으면서도, 그것으로부터 벗어나려고 하지 않는 것으로 인식하였다. 또한 인류의 최대

---

**45**  "박렬의 제5회 訊問調書"(再審準備會 編, 1977, 36쪽). 박렬이 이 시점에서 인간성을 불신하게 된 동기가 무엇인지는 알 수 없다.

**46**  朴烈, 〈俺の宣言〉(再審準備會 編, 1977, 78~79·84쪽)

**47**  "박렬의 제6회 訊問調書"(再審準備會 編, 1977, 38쪽)

**48**  朴烈, 〈俺の宣言〉(再審準備會 編, 1977, 78~79쪽)

다수인 노동자계급도 그 생활과 운명이 일부 소수의 욕심이 끝없는 흡혈귀인 자본가들의 악랄한 손아귀에 잡혀 있어서 전 생애를 끊임없이 절망적인 노동과 궁핍에 허덕이면서도, 이에 대해서 많은 불만을 가슴속에만 가지고 있을 뿐, 자본가들에게 절대적으로 복종하는 노예생활로부터 자신을 해방시키려 하지 않고 오히려 이 저주스러운 산업제도를 시시하고 있다고 생각하였다. 나아가 민중을 한편으로는 비굴한 복종자이면서, 다른 한편으로 자기보다 약한 자에게는 극히 악랄한 압제자로 행세하는 존재로 규정하였다.[49]

민중에 대한 불신은 직접행동론과 결부되어 모든 것을 파괴하는 데로 나아갔다. 즉 박렬은 약육강식의 논리가 지배하는 인간사회에서 약자인 한국인으로 태어난 것을 저주하면서 만물의 존재를 부정함과 동시에, 모든 것에 대한 반역·복수로써 억압하는 모든 것을 멸하는 것이 자연에 대한 합리적인 행동이라고 생각하였다. 한국 민족의 한 사람으로서, 약자인 한국을 학대하는 강자인 일본의 권력자계급뿐 아니라 우주 만물까지도 멸망시키고자 하였다.[50] 그는 "멸하라! 모든 것을 멸하라!"라고 외치면서, "모든 것을 멸할 것이다. 붉은 피로써 가장 추악하고 어리석은 인류에 의해 더럽혀진 세계를 깨끗이 씻을 것이다. 그리고 나 자신도 죽어갈 것이다. 거기에 참된 자유가 있고, 평등이 있고, 평화가 있다. 참으로 선량하고 아름다운 허무의 세계가 있는 것이다"라고 자신의 의지를 다짐했다.[51] 자신의 존재조차 부정하는 이러한 허무주의적 태도는 박렬로 하여금 파괴를 위한 파괴의 길로 나아가도록 하였다.

---

**49**   朴烈, 〈俺の宣言〉(再審準備會 編, 1977, 80쪽)

**50**   "박렬의 제5회 訊問調書"(再審準備會 編, 1977, 37쪽)

**51**   朴烈, 〈俺の宣言〉(再審準備會 編, 1977, 88쪽)

박렬의 직접행동에 대한 추구는 허무주의와 결합되면서 더욱 적극화·체계화되어 갔다. 그것은 '불령사不逞社' 결성과 일본 황태자 폭살계획 수립으로 나타났다. 그는 흑우회의 활동이 지지부진해지자 흑우회가 포괄하지 못하는, 아나키즘에 소원한 사람들까지 규합하기로 계획하고, 1923년 4월[52] 정태성, 김중한, 홍진유, 최규종, 육홍균, 서동성, 노구치 시나니野口品二, 장상중, 하세명河世明(河一),[53] 한현상, 구리하라 가즈오栗原一男, 서상경, 오가와부小川武,[54] 니야마 하쓰요新山初代[55] 등과 함께 불령사를 조직하였다.[56] 박렬이 불령사를 조직한 것은 동지들을 규합하여 사회운동과 폭력에 의한 직접행동으로 권력을 파괴할 목적에서였다.[57]

불령사는 다수 동지를 규합하고 혁명적 분위기를 촉진할 필요가 있다고 인식하였다. 이에 따라 무산자동맹회[58]·자진회自進會 또는 후테이선인사ㄱ

---

**52** 不逞社의 결성일을 1923년 5월이나 1922년 4월로 기록한 자료도 있으나, 이 연구에서는 "朴烈의 제6회 訊問調書"와 "金子文子의 제5회 訊問調書"에 따른다.

**53** 자료에 따라서는 河世命, 河州明 등으로도 기록하였으나, "金子文子의 제1회 調書"에는 河世明으로 기록되어 있어(再審準備會 編, 1977, 8쪽), 이를 따른다.

**54** 자료에 따라서는 小川茂로 기록하기도 하였으나, 이는 잘못으로 보인다. "金子文子의 제1회 調書"에는 小川武로 기록되어 있다(再審準備會 編, 1977, 8쪽).

**55** 최갑용, 1995, 21쪽에는 神山初代로 서술되어 있으나, 이는 잘못으로 보인다. "金子文子의 제1회 調書"(再審準備會 編, 1977, 8쪽)와 朴尙僖의 〈東京朝鮮人團體歷訪記〉(《在日朝鮮人史研究》第5號, 135쪽)에는 新山初代로 기록되어 있다.

**56** "豫審請求書"(再審準備會 編, 1977, 304쪽); "朴烈의 제6회 訊問調書"(再審準備會 編, 1977, 38쪽); "金子文子의 調書"(再審準備會 編, 1977, 8쪽); "金子文子의 제5회 訊問調書"(再審準備會 編, 1977, 21쪽); 內務省警保局保安課 編, 〈大正14年中二於ケル在留朝鮮人ノ狀況〉(《資料集成》1, 162쪽) 등을 종합

**57** 〈예심청구서〉(再審準備會 編, 1977, 304쪽)

**58** 內務省警保局保安課 編, 〈大正14年中二於ケル在留朝鮮人ノ狀況〉(《資料集成》1, 162쪽)에는 무산자동맹으로 기록하고 있으나 정확한 명칭은 무산자동맹회이다. 무산자동맹회는 1922년 3월 31일 서울에서 무산자동지회와 신인동맹회가 합병한 단체로서, 사상문제 연구와 노동자 교육이 그 목적이었다. 조직은 위원제로서 위원으로는 金翰, 李爀

テイ鮮人社[59] 등과 협력하거나,[60] 조선형평사를 선동하여 한국 안에 소요를 야기하고자 기도하였으며, 혹은 반대파에게 폭행을 가하는 등 이른바 직접 행동을 실행하는 분위기를 조성하였다.[61] 그리고 정례회의를 개최하여 한국에서 일어나고 있는 형평운동에 대해 불령사 명의로 축전을 보내는 것, 사회주의자를 욕한 진일파 김형원金炯元(농아일보 기자)을 구타하는 것, 마산에서 발생한 선로 인부 스트라이크에 불령사 명의로 후원 전보를 치는 것 등에 대해 토의하였다.[62]

한편, 박렬은 일본 천황과 황태자를 폭살할 계획을 세워 나갔다. 박렬은 1921년 11월부터 폭탄을 구하려고 여러 번 노력하였으나 실패하였다. 그러던 가운데 1923년 가을에 황태자 결혼식이 있다는 사실을 알게 되었고, 이에 박렬은 황태자 결혼식장에 폭탄을 투척하여 일본 천황 부자와 요로要路의 대관大官을 폭살할 준비를 하면서 폭탄 구입을 서둘렀다.[63] 박렬이 폭

---

魯, 申伯雨, 元友觀, 金達鉉 기타 십수 명이었다. 金科熙(金科熙의 誤記로서 金科全, 金若水와 동일인-인용자)·金思國·鄭泰信·李龍基·李益相·朴錫胤·朴烈·元鐘麟·洪承魯·黃錫禹·林澤龍 등과 연락하고 있었다.["金翰의 증인 調書(再審準備會 編, 1977, 115쪽); 朝鮮總督府 警務局 編,《大正11年 朝鮮治安狀況》其の一(鮮內) (고려서림편집부 편, 1989 579쪽) 등을 종합]

**59**　フテイ鮮人社는《太い鮮人》과《現社會》를 발행한 출판사이다. 內務省警保局保安課 編의 〈大正14年中ニ於ケル在留朝鮮人ノ狀況〉(《資料集成》1, 162쪽)에는 フテイ社로 기록되어 있으나 フテイ鮮人社가 맞다.《現社會》에는 그 편집사무소가 太い鮮人社 內(3호)·不逞鮮人社 內(4호)인 것으로 기재되어 있다.

**60**　內務省警保局保安課 編의 〈大正14年中ニ於ケル在留朝鮮人ノ狀況〉(《資料集成》1, 162쪽)에는 不逞社가 표면운동단체로서 무산자동맹회·自進會 또는 잡지 フテイ鮮人社를 조직하였다고 기록되어 있으나, 이는 잘못이다. 이 단체들은 不逞社보다 빠른 1922년에 결성되었다.

**61**　內務省警保局保安課 編, 〈大正14年中ニ於ケル在留朝鮮人ノ狀況〉(《資料集成》1, 162쪽)

**62**　"金子文子의 제5회 訊問調書"(再審準備會 編, 1977, 22쪽)

**63**　"朴烈·金子文子의 예심청구서"(再審準備會 編, 1977, 219~220쪽)

탄 구입을 서두르고 있는 가운데 1923년 9월 1일 관동대지진이 일어났다.
1918년에 혹독한 쌀 소동을 겪은 일본 당국은 재차의 식량폭동을 막기 위하여 민족감정을 부추겨 정부로 향한 민중의 반항을 한국인 쪽으로 돌리고자 하였다. 일본 당국은 한국인과 공산주의자가 폭동을 일으키려고 한다는 소문을 퍼뜨리고 한국인 대학살을 시작하였다. 도쿄경시청은 박렬을 비롯한 불령사 회원 19명을 '보호'라는 명목으로 9월 3일 일제히 체포하였다.[64]
일본 경찰은 보호검속 기간인 24시간이 지났음에도 이들을 석방하지 않고, 오히려 경찰범처벌령을 적용하여 즉결에 넘겨 구류 29일에 처하고 세타가야世田谷경찰서에 유치하였다. 그리고 10월 20일 구류 기간이 만료됨과 동시에 치안경찰법 위반으로 기소하여 이치가야市ヶ谷형무소에 이들을 수용하였다. 이들을 취조하는 과정에서 박렬의 일본 황태자 암살 계획이 드러났다. 한국인 대학살의 진상이 폭로되기 시작하면서 일본 식민정책의 야만성이 공격받게 되자, 일본 당국은 황태자 폭살계획을 빌미로 소위 '대역사건'을 조작하였다.[65] 이 사건으로 박렬 이하 19명이 검거되었다.[66]

---

**64** 9월 3일의 체포는 보호검속이라고 하는 행정집행법 제1조의 "구호를 필요로 한다고 인정되는 자에 대하여 필요한 검속을 가한다"라고 하는 규정을 근거로 이루어졌다.(布施辰治·張祥重·鄭泰成, 1946, 11쪽) 김삼웅은《박열평전》에서 박렬이 이들보다 먼저 8월 28일 고향인 상주에서 체포되어 일본으로 이송된 것으로 서술하였으나, 布施辰治·張祥重·鄭泰成의《運命の勝利者朴烈》에는 그러한 언급이 없고, 9월 3일에 체포된 것으로 서술되어 있다(布施辰治·張祥重·鄭泰成, 1946, 5쪽) 박정식도 박렬이 일본으로 간 뒤 집에 들른 적이 없다고 증언하고 있다.["박정식의 제1회 증인신문조서"(再審準備會 編, 1977, 263쪽)]

**65** 불령사 회원의 취조 과정에서 김중한의 일본인 부인 니야마에 의해 폭탄 입수 계획이 누설되어, 박렬이 경찰에서 이 계획에 대해 자진해서 밝혔다. 하지만 경찰은 이를 문제 삼지도 않았고 조사하지도 않았다. 이 계획이 대역사건으로 비화된 것은 예심 판사 다테마쓰에 의해서이다.(박종렬, 1992, 437쪽)

**66** 布施辰治·張祥重·鄭泰成, 1946, 11~12쪽; 坪江汕二, 1966, 285쪽; 박종렬, 1992, 424~425쪽 등을 종합

**사진 3-3** 1925년 도쿄아사히신문에 게재된 '박렬의 대역사건'. 사진은 박렬과 가네코 후미코.

박렬은 법정투쟁을 전개했다. 대심원 특정법정의 공판에 앞서 1926년 1월 18일 마키노 기쿠노스케牧野菊之助 재판장에게 자신은 피고가 아니며, 재판장이 일본을 대표해서 자신을 재판하고자 하듯이 자신은 한국 대표로서 당당하게 논쟁할 것인바, 제일 먼저 자신이 법정에 서는 취지를 선언할 수 있도록 해 줄 것,[67] 피고의 좌석을 재판장과 같은 높이로 설치할 것, 한국 대표로서 한국 사모관대를 입고 법정에 서도록 해 줄 것, 법정에서 일본어를 사용하지 않고 한국어를 사용하겠다는 것 등을 요구하고, 만약 이들 요구가 관철되지 않을 경우 한구하고 일체 신문에 불응하겠다고 경고하였다. 그의 요구는 피고의 좌석을 높이는 것을 제외하고는 모두 받아들여졌다.[68]

---

[67] 조헌영은 박렬이 옥중에서 작성한 70여 매 정도의 원고를 법정에서 낭독할 수 있도록 해 줄 것을 요구하였다고 증언하였다.(조헌영, 1949, 55~56쪽)

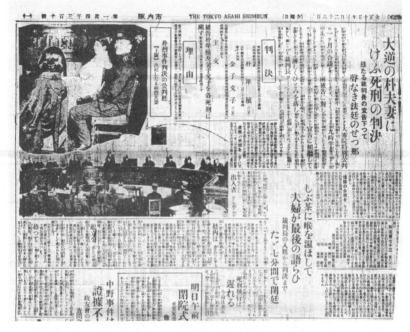

**사진 3-4** 소위 '대역사건' 공판정의 모습

이 조건들은 한국인으로서 일본 천황을 폭살하고자 했던 것은 죄가 되지
않으므로 피고의 자격으로 재판을 받을 수 없고, 재판관이 일본을 대표해
서 재판을 주재하는 것처럼 자신도 한국을 대표할 수 있도록 좌석이나 의
복에서 재판관과 동등하게 해 주어야 하며, 한국 독립에 대한 자신의 입장

---

**68** 《동아일보》1926년 1월 20일자; 布施辰治·張祥重·鄭泰成, 1946, 45~46쪽;《每日新聞》
1945년 12월 8일자(鄭泰成 編, 1946, 20~21쪽) 등을 종합. 후세 다쓰지布施辰治는 박렬
이 한국의 왕관·왕의를 입고 법정에 서도록 해 줄 것 등을 요구하였다고 하였지만, 조
헌영은 박렬이 자신에게 사모관대를 구해다 줄 것을 요구하여 실제로 구해다 주었으
며, 박렬이 이 사모관대를 쓰고 재판을 받았다고(조헌영, 1949, 54~58쪽) 증언하고 있
다. 신문지상에도 박렬이 사모관대에 조복朝服을 입고 검은 혜자鞋子를 신은 채 재판정
에 입장하였던 것으로 보도되었다.(독립운동사편찬위원회 편, 1972, 330쪽)

을 밝힐 수 있어야 하고, 재판관은 자신의 질문에 천황을 대신해서 답변해야 함을 주장한 것이다.

　재판 결과 박렬과 가네코 후미코는 사형을 선고받았으며, 다른 사람들은 모두 풀려났다. 박렬과 가네코 후미코는 곧 무기형으로 감형되었다. 가네코 후미코는 수감 생활을 하는 도중 의문사하었으며, 박렬은 일제가 패망할 때까지 복역하었다.

## 4.　해방 이후 박렬의 독립국가 건설 구상

### 1) '세계는 하나'라는 세계관 제기

　1945년 10월 16일 일본 도쿄 히비야공회당日比谷公會堂에서 개최된 재일조선인연맹전국대회在日朝鮮人聯盟全國大會 석상에서 "박렬 석방 교섭"이라는 긴급제의가 제안되어 박렬석방운동이 전개되었다.(김광남, 1949, 44~46쪽) 그 결과 박렬은 1945년 10월 27일 오전 8시 반 재일조선인연맹 아키타현秋田縣본부 대표 정원진丁遠鎭 이하 4명의 환영을 받으며 아키타형무소에서 석방되어,[69] 오다테정大館町의 동지 집에서 정양한 후 12월 7일 도쿄로 가서[70] 활동을 시작하었다.

---

**69** 《秋田魁新報》1945년 10월 28일자(鄭泰成 編, 1946, 12쪽)
**70** 《每日新聞》1945년 12월 8일자(鄭泰成 編, 1946, 19쪽)

박렬은 1946년 1월 21일 약 5,000명의 청년들이 참가한 가운데 조선건국촉진청년동맹의 주최로 개최된 조선신탁통치반대민중대회에 참가하여 신탁통치에 반대하는 내용의 강연을 하였다.[71] 그리고 이강훈과 함께 재일본 한국인들을 규합하여 1946년 2월 10일[72] 신조선건설동맹[73]을 창립하여 고도의 정치적 문화운동을 시작하였다. 박렬은 1946년 2월 27일 도쿄 고이시카와小石川 후낙원後樂園에서 가진 기자회견에서 어느 정당·파벌에 편중되지 않고 광범위하게 민족동일전선民族同一戰線을 결집하고자 신조선건설동맹을 결성하였다고 하면서, 민족자주성을 무시하는 신탁통치에는 전면적으로 반대한다고 밝혔다.[74] 그 뒤 그는 신조선건설동맹을 중심으로 확대 개편된 범우익단체인 재일조선인거류민단 단장으로 다시 선출되어 우파 대열의 앞장을 섰다.

해방 이후 박렬은 민족주의적 입장에서 활동하였다. 그는 일제강점기

---

71 《조선국제신문》 1946년 2월 1일자(鄭泰成 編, 1946, 22쪽)

72 신조선건설동맹은 좌익계인 재일본조선인연맹에 대항하고자 우익들이 조직한 단체인데, 결성일은 자료마다 약간씩 다르게 나타난다. 이강훈은 1946년 2월 8일에 조직된 것으로 회고하였고(이강훈, 1994, 204쪽), 김광남은 1946년 1월에 조직된 것으로 증언하였다(김광남, 1949, 48쪽).

73 이강훈의 증언에 따르면, 신조선건설동맹은 초기에는 아나키스트들이 그 중심세력을 이루고 있었으나, 차츰 친일파들이 가담하기 시작하여 나중에는 그들이 신조선건설동맹을 좌지우지하였다.(이강훈, 1994, 215쪽) 신조선건설동맹의 행동강령은 다음과 같다.[신조선건설동맹의 〈선언〉(鄭泰成 編, 1946, 29~30쪽); 吳記者, 1949, 80~81쪽 등을 종합]
ㅡ. 진정한 민주주의적 건설의식을 함양하자
ㅡ. 민족통일전선을 속히 완성하자
ㅡ. 민족의 자주성을 무시하는 신탁통치에는 반대한다
ㅡ. 재일 동포의 현실적 제 문제를 급속히 해결하자
ㅡ. 성실한 각 분야의 운동을 지지하자
ㅡ. 신조선건설방침의 구체안을 속히 완성하자

74 《日本産業經濟》 1946년 2월 28일자(鄭泰成 編, 1946, 25~26쪽)

에 아나키즘 내지 허무주의적 태도를 가지고 활동하였으나, 해방 이후의 그에게서는 허무주의적 태도를 찾아볼 수 없다.[75] 허무주의에서 벗어나 오히려 허무주의자들을 비판하기까지 하였다. 즉 해방 이후의 사회현실에 '안이한 허무주의'가 범람하고 있는 것으로 진단하면서(박열, 1989, 97쪽), 자기와 사기 민족을 비하하는 방법을 '서얼한 허무주의'라고 비판하었다 (박열, 1989, 56쪽). 그리고 아나키즘적 요소가 포함된 민족주의적 입장을 피력하였다. 그는 자신의 민족주의에 대해서 민족독선주의도 아니고 민족배타주의도 아니라면서, 국제사회의 한 단위로서 한국을 하루라도 빨리 강력하게 만들어 세계평화에 공헌하기 위해 3,000만 민족의 전심전력을 총출동시키고자 하는 새로운 시대의 민족주의로 규정했다.[76]

　박렬은 해방 이후 민족주의적 입장에서 공산주의에 반대하고 우익 진영의 선두에서 민주적 한국을 건설하기 위해 노력하였다.[77] 그는 "(국민들이) 일부의 전리적專利的인 지도자에 의해서 지도되고 그 지도력에 권력을 부여하였을 때에는 파쇼 독일의 형태가 또 다시 등장"할 것이라면서(박열, 1989, 28쪽), 공산당의 전일적인 지도와 프롤레타리아독재는 자유연합의 논리에 어긋날 뿐 아니라, 제2의 파쇼 독일을 초래할 것이라고 단정하였다.

---

**75** 박렬이 해방 이후 허무주의에서 벗어나게 된 동기와 과정은 뚜렷하지 않다. 단지 오랜 감옥 생활에서 온 사상적 변화로 추측될 뿐이다. 해방 이후 변화된 상황도 하나의 요인이 될 수 있을 것이다. 즉 해방이 되면서 파괴해야 할 대상으로서의 식민지권력이 사라지고 한국 민족에게 새로운 국가 '건설'이라는 과제가 주어졌던 깃도 허무주의에서 벗어나는 하나의 동기가 될 수 있었을 것이다.

**76** "박렬이 1946년 2월 10일 신조선건설동맹 창립을 기해 나카노 동아각中野東亞閣에서 한 담화"(鄭泰成 編, 1946, 230~31쪽)

**77** 박렬의 민족주의 활동에 대해 신익희는 "박열은 일시 반제투쟁의 전술적 요소로서 무정부주의를 상尙한 일이 있었으나, 8·15해방 이후에는 번연히 태도를 명백히 하여 민족주의자로서 대한민국 건설에 힘쓰고" 있는 것으로 평가하였다.(신익희, 1949, 13쪽)

그는 공산주의자들을 "민족의 단결을 파괴·중상하고 스스로 사회혁명의 사도로 광신하는 … 일종의 파쇼적 존재로 구성되어 있는 … 흉포하고 교만하게 무지한 대중 위에 군림하려고 발악하는" 자들로 파악하고,[78] 그들을 건국운동에서 배격할 것을 역설하였다.[79]

박렬의 민족주의적 태도는 민족독립 최우선주의로까지 나아갔다. 그는 각 정당·정파 사이의 모든 투쟁은 민족 통일과 조국 독립이라는 한 목표를 지향해야 하고, 이 목표를 올바르고 신속히 구현하는 방법으로 투쟁하지 않으면 안 된다고 하면서(박렬, 1989, 22쪽), 조국의 독립과 통일을 지상과제로 설정하고 그것을 실현하고자 하였다. 박렬은 1948년 8월 15일 대한민국 정부 수립 축전에 참가하기 위하여 서울에 왔을 때 기자들로부터 자신이 국무총리가 될 것이라는 소문의 진상에 관한 질문을 받았다. 그는 "국무총리가 되는 것도 좋으나 조국을 통일시킬 수 있어야 그 자리를 하지, 그럴 가망이 보이지 않는 국무총리는 해서 뭐하나 … 조국 독립이 나의 염원이요, 조국 독립이 나의 전부이다"라고 답변하였다.(김삼웅, 1996, 197쪽)

이처럼 박렬은 민족 독립을 최우선시하였지만, 배타적 민족주의나 국수주의에 빠지지는 않았다. 오히려 그는 '세계는 하나'를 내세우면서 자국지상주의를 배격하였다. 그에게 자주적인 민족국가 수립은 세계평화에 기여하는 방도이기도 하였다.[80]

박렬의 반공산주의적 태도와 민족독립 최우선주의는 그로 하여금 이승만과도 접촉하게 하였다. 이승만이 1946년 12월과 1947년 4월 국제연합 회의 참가를 위한 미국 방문길과 귀로에 도쿄에 들렀을 때, 박렬을 만났다.

---

**78**　박렬, 〈소아병적인 좌익진영의 폭거를 배격한다〉(박렬, 1989, 147쪽)
**79**　《민단신문》 1947년 6월(김삼웅, 1996, 198쪽에서 재인용)
**80**　"1945년 12월 21일자 박렬의 성명"(하기락, 1993, 269쪽에서 재인용)

그들의 관계는 1948년 8월 15일 대한민국정부수립 축전에 박렬이 참석하고, 나아가 박렬이 국무총리가 될 것이라는 소문이 나돌 정도로까지 발전하였다.(김삼웅, 1996, 197쪽)

자신이 '자유민'이요 '세계시민'임을 강조하던[81] 박렬은 민족 독립을 실현하기 위한 사상의 하나로 '세계는 하나'라는 세계관을 제시하였다. 그는 '세계는 하나'의 기치하에 미국과 소련이 하나의 사상 아래에서 세계평화에 공헌하는 것, 우익 자본주의와 좌익 사회주의·공산주의가 하나의 합일점을 발견하는 것, 서구 문명과 동양 문명을 하나로 합치는 것, 유심사관이나 유물사관을 결합시켜 하나의 창조사관을 확립하는 것을 당면한 과제로 제시하였다. 그리고 양자를 전적으로 긍정하는 위에서 제3의 세계질서를 창조해야 하며, 이 제3의 질서는 오로지 조화를 뜻하는 것으로서 세계평화의 기본적인 원리·사상이라고 주장하였다.(박열, 1989, 18~19쪽)

해방 이후 박렬은 자신은 아나키스트가 아니라고 천명하면서,[82] 민족주의를 표면에 내세우고 민족 독립과 조국 통일에 전력을 기울였다. 그것은 민족 독립을 아나키스트사회로 나아가기 위한 필수 과정으로 보았기 때문이다. 즉 박렬이 '세계는 하나'라는 세계관을 바탕으로 민족 독립을 위해 노력하였던 것은 아나키즘을 포기하여서가 아니라, 그것이 민족발전의 한 단계이고(박열, 1989, 33쪽), '세계는 하나'가 되는 민주 한국·사회주의적 한국[83]으로 가는 과정이라고 생각하였던 것이다(박열, 1989, 28쪽). 계급혁

---

**81**  박렬은 1945년 12월 7일 도쿄 히비야日比谷공원 구 음악당에서 개최된 '박렬환영회'에서 "나는 자유민입니다. 세계시민입니다"라고 하였다.[《每日新聞》 1945년 12월 8일자 (鄭泰成 編, 1946, 19쪽)]

**82**  박렬은 1949년 8월 9일 신문기자와의 대구 회견에서 그가 아나키스트가 아니라는 신문보도에 대하여 어떻게 생각하느냐는 신문기자의 질문에 자신은 아나키스트가 아니라고 대답하였다.(오봉빈, 1949, 115쪽)

명과 프롤레타리아 독재에 반대하였던 박렬로서는 아나키스트사회를 건
설하는 방도로서 우선 민주주의사회를 건설하고, 민주주의 원리 실현을 통
해서 점진적으로 아나키스트사회로 나아가는 것을 설정할[84] 수밖에 없었
다. 따라서 해방 이후 박렬이 제시하였던 독립국가에 대한 구상은 아나키
스트사회로 나아가는 과정으로서 민주 한국을 건설하기 위한 것으로, 그
속에는 아나키스트사회적인 요소도 많이 포함되어 있다. 해방 이후 박렬의
모든 활동 또한 아나키스트사회로 나아가는 과정으로서 민족 독립과 민주
한국 건설에 그 초점을 두었다고 할 수 있다.

### 2) 건국이념과 건국지표

#### ① 건국이념

박렬은 '세계는 하나'라는 세계관을 제시한 뒤, 한국의 건국이념은 '세
계는 하나'라는 세계관 위에서 창조되는 제3의 질서 곧 한국 민족의 역사와
민족 본연의 전통, 습관, 민족성을 배경으로 하여 한국 민족의 새로운 질서
를 창출하는 것이어야 하며, 이러한 사상을 근간으로 삼아야만 한국이 완
전한 독립을 달성할 수 있다고 역설하였다.(박렬, 1989, 19~20쪽) 즉 자본주
의나 사회주의는 모두 외래 사상에 불과한 것으로서, 이 둘 가운데 어느 하
나를 선택하고 그것을 바탕으로 새로운 나라를 건설해서는 안 된다는 것이
다. 한국의 문화와 전통사상을 근본으로 하고, 자본주의와 사회주의의 장

---

**83**   여기서 사회주의적 한국이라고 하는 것은 자유연합의 논리로 운영되는 아나키스트사
회로서의 한국을 지칭하는 것이다.

**84**   박렬의 이러한 인식은 부르주아민주주의의 본질에 대한 철저하지 못한 이해에 기초하
고 있다.

점을 결합시킨, 한국 민족의 주체성을 살린 그러한 사상을 창조하고, 이에 입각해서 자주적인 민족국가를 건설해야 한다는 것이다. 그렇게 해야만 한국 민족이 세계의 평화에 이바지하는 것이 가능하다는 것이다.

박렬은 한국 민족에 알맞은 민주주의를 참된 건국이념으로 규정하였다. 민족 자주에 대한 자각이 없이 헛되이 어떤 나라의 사회주의나 또한 어떤 나라의 민주주의를 모방하여 한국에 적용시키면, 그것은 진정한 한국의 사상이 될 수 없다는 것이다.(박열, 1989, 28~29쪽) 박렬이 말하는 민주주의란 부르주아민주주의도 프롤레타리아민주주의도 아니다. 한국에 알맞은 민주주의란 '세계는 하나'라는 세계관을 바탕으로 하고 있는 것으로서, 전통사상의 기반 위에 서구의 사회주의와 민주주의를 하나로 결합시킨 좌우합일사상이다.

② 건국지표

ㄱ. 계급대립이 없는 조화로운 사회 건설

박렬은 한국 민족이 완전 독립과 통일을 이룩하기 위해서는 올바른 건국이념과 함께 다음의 조건들이 전제되어야 한다고 강조하였다. 첫째, 민족통일과 조국 독립을 위해서 민족 전체의 힘이 집중되어야 할 것, 특히 농민의 의지가 이 혁명에 집중적으로 동원되어야 할 것, 둘째, 한 계급 이기주의 내지는 개인의 이기주의로 타락해서는 안 되며, 높은 구국의 상념과 가장 현실적인 민족의 당면과제를 결코 망각해서는 안 된다는 것, 셋째, 계급투쟁을 지양하고 정당·정파 사이의 주의·주장을 구국의 큰 목적 앞에 통일시켜야 하며, 이러한 통일을 위한 싸움은 타협·휴전·협조·제휴 등이 아니라 완전한 결합으로 해결될 것 등이다.(박열, 1989, 26~27쪽) 즉 박렬은 '세

계는 하나'라는 세계관에 입각해서 좌우익의 사상을 하나로 결합시킨 새로
운 사상을 창조하고, 그것을 바탕으로 계급은 존재하지만 계급대립은 없
는, 모든 계급이 조화롭게 살아가는 그러한 사회를 건설하고자 하였다.

　그러면 주의·주장이 다른 각 정파나 정당이 완전한 결합을 이룰 수 있는
방도는 무엇인가? 여기에 대해서 박렬은 "보수와 진보와의 싸움에는 휴
전·협조·제휴 등이 있을 수 없다. … 결합하기 위하여 결합하는 것이며, 적
당하게 타협하는 일은 있을 수 없다"라고 하여(박열, 1989, 27쪽) 철저한 이
론투쟁을 제시하고 있다. 그에게 "대립하는 두 개는 형태상으로는 둘일지
라도 그 본질은 하나이며, 그 하나를 구현하기 위하여 두 개는 두 갈래로 나
뉘어 투쟁하고 항쟁하는 것이며, 이러한 투쟁이나 항쟁은 그것 자체에 커
다란 의미가 있는데, 그것은 참된 모습인 하나의 목표를 놓치지 않는 한에
서 옳은 것이다. 그리고 이 항쟁을 통해서만 길이 열리며, 그것은 창조인"
것이다.(박열, 1989, 41~42쪽) 따라서 좌익과 우익의 완전한 결합은 타협이
나 제휴 등의 임시방편적인 것으로 이루어질 수 있는 것이 아니며, 민족통
일과 조국 독립이라는 최대의 목표 아래 치열한 이론투쟁을 전개하여, 민
족통일과 조국 독립에 기여할 수 있는, '세계는 하나'라는 세계관에 근거한
제3의 사상을 만들어 내야 하는 것이었다.

　박렬이 제기한 이 제3의 사상은 자본의 자본주의성(자본만이 만능이라
고 하는 사상)을 배제하며, 계급성 인식·계급투쟁 일변도·근로자와 소작인
만의 경제적 이익을 기본으로 하는 계급사회를 고려하는 사상도 부정한다.
자본이나 노동력도 그대로의 존재로서는 무가치하고, 그것이 필수적이며
쓸모 있는 것을 생산하였을 때에 또한 생산하는 까닭에 높이 평가되는 것
이며, 따라서 어느 한 편에 치우쳐서 그 쪽만을 주장하고 목적을 잃었을
경우에는 높이 평가될 것이 전혀 없다고 보았기 때문이다.(박열, 1989,

38~39쪽)

결국 제3의 사상을 건국사상으로 하여 자주적인 민족국가를 수립하고, 계급대립이 없는 조화로운 사회를 건설하자는 것이다. 박렬이 건설하고자 한 사회는 계급대립과 계급투쟁이 존재하지 않으며, 억압과 착취가 존재하지 않는 가운데, 긱 개인들은 자신들의 자유의지에 따라 자주적으로 행동하는 그러한 사회이다.

### ㄴ. 민주사회 건설

박렬은 민주사회 건설을 민족 독립과 마찬가지로 아나키스트사회로 나아가는 필수적인 과정으로 파악했다. 그리고 이 민주사회를 건설하려면 지방자치제를 실시해야 하며, 그렇지 못하면 한국은 봉건제도에서 벗어날 수 없다고 보았다. 그것은 그가 구상한 민주사회가 정치에서는 민주주의가 확립되고 중앙과 지방에서 민치 조직이 확립된 사회였기 때문이다. 그러한 사회에서는 각급 기관 구성이 각각 민주적 선거로 완성되고, 기관 그 자체가 민주화되며, 각자가 민주적인 교양을 쌓고 민주적 운영에 위임한다.(박렬, 1989, 37쪽)

박렬은 지방자치제를 철저하게 실시하려면 지방행정제도를 근본적으로 개혁해야 한다고 주장하였다. 최저변의 부락·면·읍 구성에 이르기까지 철저하고 공정한 선거를 통해서 민주화가 취해져야 하며, 이 최저변의 말단 조직부터 갱신되어야 민주정치의 기반이 확립될 수 있다는 것이다. 그것은 민주화의 기반을 이 최저변의 국민의 실생활 면에 두지 않으면 표면적이고 기만적인 쇄신으로 끝날 것이며, 결국 사회혁명과 정치혁명의 본질을 놓친 채 일종의 변질된 변혁으로 끝나기 때문이라는 것이다.(박렬, 1989, 52~53쪽)

이처럼 박렬은 지방행정제도를 근본적으로 개혁하여 촌락자치제를 완성할 것을 강조하고, 다시 촌락자치제 완성에 의한 철저한 지방자치제를 실시하여 민주정치의 기반을 구축하고 이를 통해 민주사회를 건설할 것을 주장하였다. 이 민주사회에서는 모든 국민이 정치에 참여하여 자신들의 요구를 개진·관철시킬 수 있는데, 이러한 민주사회를 건설하여 개인의 자유의지가 보장되고 자유연합의 논리가 관철되는 아나키스트사회로 나아가고자 하였다.

### ㄷ. 산업입국을 통한 풍요로운 사회 건설

박렬은 정치 부문에서 민주주의와 지방자치 조직을 확립하는 한편, 경제적으로는 자본가와 대지주계급 중심이 아닌 민주적인 경제체제를 확립할 것을 주장하였다. 즉 민주적 기업과 생산체를 기반으로 산업을 일으켜 생산하고, 무역을 확대하여 국가 재정을 확립하며, 국민을 풍요롭게 하여 생활을 안정시키고, 또한 각 부서에서 생산 증강을 추진하도록 시책을 수립해야 한다는 것이다.(박열, 1989, 37~38쪽)

이를 위해 제시된 것이 산업입국책이다. 박렬의 산업입국책의 주된 내용은 다음과 같다.

ㄱ. 중·경공업 시설을 완비하고 원자재를 생산함과 동시에 그 부족한 부분에 대한 수입을 책정하며, 제품 및 반제품을 수출한다.

ㄴ. 농지제도를 개혁하여 자작농을 기본 농가로 하고, 토질 개조·시비施肥 개선·영농 기계화 등으로 생산력을 제고한다.

ㄷ. 지방행정제도를 근본적으로 개혁하여 철저한 지방자치제를 실시한다.

ㄹ. 산업경영은 노자 협동에 의한 경영협의체에 의거해야 하며, 노동자
　와 사무원 및 금융의 각급 조합 대표가 각 업종별로 조직되어 횡적으
　로 연합체를 가져야 한다.

ㅁ. 보통교육과 산업경영으로 기술자를 양성한다.(박렬, 1989, 45·51
　~54쪽)

　박렬은 비록 한국의 영토가 좁고 인구밀도가 높더라도 국토와 민족의
발전 방향을 예측하여 고도의 산업입국책을 채택하면 3,000만 민족이 풍
족하게 살 수 있다고 하면서, 자립적인 경제구조 구축을 기본으로 하고 생
산력을 발전시킬 것, 토지개혁과 경영협의체[85]에 의한 산업경영으로 계급
대립을 배제하고 모든 계급들이 서로 협력하면서 조화롭게 살아가는 사회
를 건설할 것, 철저한 지방자치제를 실시하여 사회민주화를 달성할 것을
주장하였다.

　박렬의 이러한 산업입국책은 민중 정치에 의한 민주 산업을 기반으로
하여 입국의 기초를 견고히 다지기 위한 것이다.(박렬, 1989, 54~55쪽) 이러
한 산업입국책을 통해 억압과 수탈이 없는, 그래서 계급대립 없이 온 민족
이 조화롭게 살아가는, 이러한 바탕 위에서 생산력이 고도로 발전된 풍요
로운 사회를 건설하자는 것이다. 능력에 따라 일하고 필요에 따라 소비하
는 이상사회로 나아가기 위해서는 먼저 생산력이 고도로 발전한 사회를 건
설해야 한다. 이로 보아 박렬의 산업입국책은 아나키스트사회를 지향하고
있었다는 것을 알 수 있다.

---

**85** 박렬이 제시한 경영협의체는 생산한다는 커다란 목적 앞에 노사의 대립을 지양하고 각자
　의 특유한 능력을 완전히 발휘케 하기 위하여 조직되는 것으로서, 자본가, 노동자, 기술자
　등 모든 요소를 대표하는 사람들로 구성되며, 동일하게 분배한다.(박렬, 1989, 61쪽)

## 3) 건국방략

### ① 통일전선 형성을 통한 자주적인 통일민족국가 수립

박렬은 미국과 소련에 의해 세계정세가 좌지우지되고 있다고 인식하였다. 즉 어떤 나라일지라도 미국과 소련의 어느 한쪽의 지원과 비호 없이는 아무 일도 도모할 수 없으며, 국가의 독립마저도 불가능하다는 것이다.(박렬, 1989, 16~17쪽) 하지만 미국과 소련이 한국의 독립을 방해하고 있는 것으로 보지는 않았으며, 오히려 혼란스러운 해방 정국 수습을 도와주는 '선량한 연합국'으로 파악하고 있었다.[86]

박렬은 한국 민족이 자주적인 민족국가를 건설하는 데 문제가 있는 곳은 외세가 아니라 민족 내부인 것으로 파악하였다. 즉 한국 민족 내부에 새로운 한국 건설에 대한 구체적인 지도원리가 부족하여 민족이 하나로 통일되지 못하고, 그 결과 3,000만 동포는 대외에 의존하는 당파를 형성하여 혼란을 일으키고 있을 뿐 아니라 그 세력 다툼이 민족통일전선을 무참히 짓밟고 있는 것이 문제이며, 한반도에 진주한 미소 양군은 한국의 독립을 지원하고 있다는 것이다.[87] 그는 한국 민족이 대외의존적이 아닌 자주적인 통일민족국가를 수립하려면 "우리 조국의 전선이 하루빨리 통일되어 그 목적을 하나로 하여 총력을 경주함으로써, 독립에 알맞은 태세를 급속히 정비"해야 한다고 강조하였다.(박렬, 1989, 57쪽) 그리고 통일전선을 형성하

---

[86]  박렬, 1989, 21쪽. 이러한 박렬의 대미인식은 국내 아나키스트들의 대미인식과는 달랐다. 국내 아나키스트들은 미국과 소련군을 해방군으로 보지 않고 일본군을 대신하여 한반도를 지배할 목적으로 상륙한 점령군으로 여기고, 미·소 군정으로부터 조속히 해방되어야 한다고 주장하였다.(이호룡, 2001, 322쪽)

[87]  "1945년 12월 21일자 박렬의 성명"(하기락, 1993, 269쪽에서 재인용)

여 온 민족이 하나의 사상으로 통일되고 계급을 초월하여 하나로 단결할 때에만 자주적인 통일국가가 수립될 수 있으며, 만약 그러지 못하고 분열되면 한국은 결국 식민지로 전락하고 말며, 조국과 민족의 독립 그 자체가 상실된다고 경고하였다.(박렬, 1989, 63쪽)

박렬은 통일전선을 형성하려면 좌익은 좌파 전선을 국민전선으로 확대하고, 계급적·대립적 당의 존재를 민족의 앞날을 통찰한 민족독립의 방향으로 이끌어가야 하며, 우익은 자체의 계급적 이익을 기초로 한 자본·토지와 영예만을 기반으로 삼는, 민족 전체의 방향을 간과하는 태도를 버려야 한다고 주장하였다.(박렬, 1989, 60쪽) 즉 '세계는 하나'라는 세계관에 근거해서, 타협이나 제휴 즉 좌우익의 연합에 의해서가 아니라 좌우익이 합일되는 완전한 결합을 통해서 자주적인 민족국가를 건설해야 한다는 것이다.

하지만 박렬이 제기한 통일전선은 친일파 숙청이라는 민족적 과제 완수를 도외시한 것이었다. 미·소가 점령한 상황에서 자주적인 민족국가를 건설하기 위해서는 친일파를 철저하게 숙청하는 것이 급선무였음에도, 박렬은 친일파에 대해 관대한 처분을 내리고 그들까지 통일전선에 끌어들일 것을 주장하였다. 그는 친일파에 대한 숙청이 제대로 이루어지고 있지 않는 상황에 대해 "파렴치한 민족반역자로서 … 과거를 반성하고 청산하기는커녕 전보다 더 나쁜 짓을 태연하게 저지르고 있는 자가 상당히 많은 개탄스러운 현상"이 벌어지고 있는 것으로 파악하였으면서도,[88] 부일협력자·전쟁범죄자 처단에 관한 법안에 대해 "법망이 너무 엄하고 그 처벌이 지나친 경향이 있다"라든지, "이러한 법안이 장기간 효력을 가지고 있는 특수 계층의 무기로서 남용되는 일이 있다면, 그 해악은 전율할 만한 것"이라고 주

---

[88] 박렬, 〈3천만 동포 모두에게 죄가 있다-민족적 자책의 고백-〉(박렬, 1989, 117쪽)

장하였다.[89] 나아가 "지난날 일본 제국주의의 침략이 합리화되고 중일전쟁이 순조롭게 진척되고 있던 시대에는 우리 동포는 대부분이 이른바 황민화정책의 와중에 휩쓸려 너나 할 것 없이 일본 성을 쓰는 것을 영광으로 여겼고 … 스스로 일본화되는 것에 아무런 거리낌도 느끼지 않았다는 것이 당시의 우리 민족의 실태였던" 상황에서, "과연 하자 없는 조선인이 몇 명이나 남겠는가"라고 반문하면서, 독립을 당면 과제로 삼고 있는 한국은 "급박한 정세하에서 많은 시간을 낭비해서는 안 되며, 힘 있는 자는 그 힘을, 금전이 있는 자는 그 재화를, 지식이 있는 자는 그 지성을 모조리 민족해방전선에 총동원해야" 한다고 하여 친일파를 철저하게 청산하는 것에 반대하였다.[90] 이러한 주장은 결국 친일파를 옹호하는 논리로 귀결될 수밖에 없었다.

### ② 생활혁명운동 전개

박렬은 공산주의의 계급투쟁에 대해서 반대하였다. 계급투쟁이 사회주의 실현을 위한 유력한 방도이기는 하지만 오직 그것만이 유일한 것은 아니며, 조국독립 쟁취는 오직 민족의 단결로만 가능하고, 민족의 단결을 위해서는 하나의 사상과 이념만을 고집해서는 안 되기 때문이라는 것이다. 따라서 박렬은 "우리는 주의와 주장만 하는 정치에서 탈피하고, 자신과 자당만을 고집하는 굴레에서 벗어나서 대동단결에 의해서 넘치는 전력을 다

---

**89** 박렬, 〈부일협력자·전쟁범죄자의 처단에 관한 법안을 에워싸고〉(박열, 1989, 119~120쪽)

**90** 박렬, 〈3천만 동포 모두에게 죄가 있다-민족적 자책의 고백-〉(박열, 1989, 115~117쪽)

하고, 집중된 모든 지혜로써 새로운 전개를 꾀함으로써 민족의 영예와 조국의 영광을 영구히 보전해야" 한다고 주장하면서,[91] 공산주의자들에게 초계급적인 태도를 취할 것을 요구하였다.

박렬은 건국 과정에 있는 한국 민족은 과거를 철저히 반성하고 약점을 보강해야 하며, 계급투쟁을 거부하는 대신 구체적인 입국책을 가지는 동시에 생활을 간소화하는 생활혁명을 이룩해야 한다고 하면서 생활혁명의 필요성을 제기하고(박열, 1989, 43~48쪽), 생활혁명운동을 억압과 수탈이 없는 만인이 평등한 민주사회를 건설하는 방법론으로 제시하였다. 사회혁명은 일정한 시기에 갑자기 도약하는 것이 아니라, 혁명적인 시책이 수립되어 민족 부흥을 위한 노력 하나하나가 전진하고 그 전진이 누적되어야 혁명이 성취될 수 있다고 하면서, 먼저 국민적 운동으로서 정치·경제·산업·교육 및 기타의 모든 분야에서 민주화를 실천해야 하며, 그러려면 시급히 국민생활 그 자체부터 개선해야 한다고 주장했다.(박열, 1989, 38·81쪽)

생활혁명운동의 요지는 다음과 같다. 첫째, 우두머리가 되고자 하는 지나친 욕구, 상부상조하지 못하고 사소한 일로도 다투는 파쟁성, 적극성 결여, 여성의 소극적인 사회진출 등의 민족적 결함을 우선 반성해야 한다. 둘째, 사회성과 공공성을 견지하여, 한 개인, 한 당파 내지 정파, 한 계급의 주장만을 내세울 것이 아니라, 만인과 더불어 만인을 사랑하는 공동체를 건설해야 한다. 공공사회는 만인에 의해서 수립되고 만인을 이롭게 하는 것으로서, 한국인 모두가 이 공공사회를 직시해야만 조국의 완전 독립과 민족해방이 성취될 수 있다. 셋째, 한국이 민족 자체의 내부적 문제를 어느 누

---

구의 지적도 받지 않고 자주적으로 완수해 가려면 일체의 공식론과 원칙론을 배격해야 한다. 공식론과 원칙론이 유래하는 근거는 올바르지만, 그것에 지나치게 구애되면 독단론에 빠져 혼돈이 끊임없이 계속되고, 사상 혼란과 경제 파탄과 국가의 위급은 다시는 구원될 수 없기 때문이다. 넷째, 연합국의 전승으로 한국 민족은 너무 쉽게 해방을 맞이하였다. 그 결과 한국 독립의 과정에는 수많은 난관이 도사리고 있으며, 그것을 뚫고 독립을 쟁취하기 위해서는 목숨을 걸고 고군분투해야 한다.(박렬, 1989, 86~114쪽)

이처럼 박렬은 혁명적인 시책 시행과 생활혁명운동 전개를 통하여 점진적인 사회혁명을 완수하고, 이를 통해 공공사회를 건설하자고 주장하였지만, 기존의 권력을 어떻게 타도하여 혁명적 시책들을 시행할 것인지, 반대세력들의 준동蠢動으로부터 혁명적인 시책들을 어떻게 보호할 것인지 등에 대해서는 아무런 언급을 하지 않았다. 즉 산업입국책을 시행할 주체가 누구이고 그러한 주체를 어떻게 형성·보호해 나갈지에 대한 언급이 없는 논리상의 한계를 가지고 있었던 것이다. 이는 박렬이 독립국가의 구체적인 모습과 건설방법을 제시하였다는 점에서는 '좌우협진'과 '만민공생'의 원리원칙만을 주장한 신민족주의자들에 견주어 한 걸음 나아갔지만, 억압과 착취를 근절시켜 계급대립이 없는 조화로운 사회를 건설해 나가는 방법론에서는 사회개량주의의 틀 안에 머무르고 있다는 것을 말해 준다.[92]

---

[92] 해방 이후 한국 아나키스트들은 혁명이나 폭력에 의해서가 아니라 개량적인 방법으로 아나키스트사회를 건설하고자 하였다. 그들은 농민운동에 집중하였는데, 이는 농민이 사회구성원의 대다수이고, 농촌이 한국 사회의 전통을 가장 잘 보존하고 있었기 때문이다(이정규, 1974, 187쪽). 즉 아나키스트들은 농촌에 많이 남아 있는 공동체의 유제를 바탕으로 아나키스트사회를 건설하고자 하였던 것이다. 당시 아나키스트들의 농민운동 지도조직이었던 조선농촌자치연맹이 아나키스트사회를 건설하는 방법으로 취하였던 것은 민중직접혁명이나 폭력이 아니라 사회개량주의적인 방법이었다.

# 맺음말

지금까지 박렬의 아나키스트 사상과 그 활동에 대해 살펴보았다. 이를 통해 박렬의 아나키즘은 서구에서 생성되었던 본래의 아나키즘과는 다른 특성을 가지고 있음을 알 수 있다. 이는 국가관에서 단적으로 드러난다. 서구의 아나키즘은 국가와 정부를 모두 부정하지만, 박렬은 오히려 해방 직후의 상황에서 국가의 역할을 강조하였다. 또한 그는 한국 민족 고유의 전통을 근본으로 하여 서구의 새로운 문화를 수용할 것을 주장하면서 전통사상의 중요성을 지적하였다. 이처럼 박렬은 전통의 기반 위에서 서구의 사상을 수용하여 새로운 사상 즉, '세계는 하나'라는 세계관을 바탕으로 한국에 알맞은 민주주의를 창조할 것과, 이 사상을 건국이념으로 하여 새로운 나라를 건설할 것을 주장하였다.

박렬의 세계관은 서양의 민주주의와 아나키즘을 수용하여 내재화한 좌우합일사상이다. 이 사상은 해방공간에서 한국 민족의 힘을 한데로 모아 자주적인 민족국가를 수립할 것을 주장하였는데, 당시 극심했던 좌우대립을 지양하고 좌우의 조화를 이루고자 하였던 점에서, 또 통일조국 건설을 위한 이데올로기와 방도를 제시하였다는 점에서 그 역사적 의의가 있다.

하지만 박렬의 좌우합일사상은 많은 문제점을 내포하고 있다. 그가 '세계는 하나'라는 세계관하에서 창조된 좌우합일사상을 바탕으로 민족의 독립과 민주적 한국 건설을 이루고자 했던 것은, 그것이 아나키스트사회로 나아가는 필수 과정인 것으로 보았기 때문이다. 하지만 이 '단계론'은 박렬로 하여금 우익 진영의 선두에 서서 활동하게 하는 이론적 근거로서 기능하였다. 결국 박렬은 재일조선인거류민단의 단장으로 활동하였으며, 이승만과 결합하였다. 박렬의 이러한 인식은 자유민주주의에 대한 소박한 이해에서 비롯된다. 즉 자유민주주의로 민주적 경험을 쌓으면 아나키스트사회로 나아갈 수 있다고 보았던 것이다.

또한 박렬은 민족주의적 성향을 지니고 있었음에도 친일파 청산 문제에서 많은 문제점을 드러냈다. 그는 3,000만 민족 모두에게 죄가 있다든지, 자신의 친일 행위를 깊이 회개하고 있는 자는 무조건 수용해야 한다든지[93] 하는 논리를 폈다. 하지만 친일파 청산이 극좌적인 방향으로 흐르고 있는 상황이 아니라 오히려 제대로 이루어지고 있지 않은 상황에서 이러한 주장은 결국 친일파 청산의 시급성을 부정하고 그 문제의식을 희석시키는 작용을 했다. 박렬의 친일파에 대한 이러한 태도는 이승만의 "흩어지면 죽고 뭉치면 산다"는 식의 무조건통합론이나 한민당의 "독립국가 수립 이후 친일파 문제를 거론하자"는 식의 친일파청산지연론과 맥을 같이한다.

결국 그의 좌우합일사상은 신민족주의의 '좌우협진' '만민공생' 사상과 마찬가지로 소자산계급의 이데올로기로서 기능하였으며,[94] 소자산계급의 몰락과 함께 해방공간에서 별다른 영향을 미치지 못하고 소멸하고 말았다. 이는 박렬이 해방공간에서 별다른 정치적 역할을 하지 못하는 것으로 이어졌다. 1947년 대한민국임시정부 국무위원과 독립노농당 부위원장에 선임

---

**93**　박렬, 〈전과자·수형자·현행범〉(박렬, 1989, 129쪽). 이러한 논리는 박렬이 친일파들의 은신처로 기능하였던 신조선건설동맹의 위원장을 역임하였던 것과 무관하지 않을 것이다.

**94**　박렬은 올바른 산업건설의 방도에 대한 자신의 의견을 밝히면서 "모든 물자는 반드시 자본과 기술과 노동력의 합작에 의해서 생산되고 … 모든 것은 존귀한 민족의 피땀으로 생산된 것이며, 실업가는 올바른 상품을 정당한 수단으로 입수하여 알맞는 이윤을 얻고 매매해야 할 것이다. 또한 기업 역시 정당한 수단을 통해서 원자재를 입수하고, 이것에 기술과 노동력이 합작해서 비로소 물자가 생산되고 그 산업의 이윤이 얻어지게 되는 것이다"라고[박렬, 〈조국의 올바른 산업건설을 위해서〉(박렬, 1989, 126쪽)] 하여 소자산계급의 이데올로기를 개진하였다.

된[95] 적이 있던 박렬은 1949년 5월 초 이승만의 권유로 영구 귀국한[96] 이후 경무대에서 그를 만났다. 이 만남에서 이승만은 그의 등을 두드리며 "내 아들 노릇을 하라"고 하면서, 신정부에서 큰 역할을 맡아달라고 하였다. 하지만 그 뒤 이승만과의 모든 연락이 두절되었다.(김삼웅, 1996, 197쪽) 이후 박렬은 자유사회건설자연맹[97]의 관계자들과 교류하는 한편, 조국의 실정을 파악하면서 정세를 관망하였다. 1949년 7월 13일 박열장학회를 설립하는 등 교육사업에 투신하기도 하였다. 박열장학회는 국가 백년대계를 위한 유능한 인재를 양성하기 위해 향학열에 불타면서도 학비가 없어서 고통을 받고 있는 청년학도들을 선발하여 일본 유학을 알선하였다.(《동아일보》1949년 7월 15일자) 6·26전쟁이 일어나고 사흘 뒤 그는 인민군에게 납북되었다. 납북 이후 북한에서 재북평화통일촉진협의회[98]를 통해 통일운동에 종사하다가 1974년 1월 18일 사망하였다. 남한 정부는 1989년 3월 1일 박렬에게 대한민국 건국훈장 국민장을 추서하였다.(김삼웅, 1996, 199~201쪽)

---

95  박렬은 1947년 3월 3일 국민의회 긴급대의원대회에서 이을규와 함께 대한민국임시정부 국무위원에 선임되었으며(이호룡, 2015, 418쪽), 1947년 5월 5~7일 3일 동안 개최된 독립노농당 제1회 전당대표대회에서 부위원장에 선임되었다(이호룡, 2015, 446쪽). 하지만 독립노농당은 1948년 5월 6일 제2차 전당대회를 개최하여 박렬을 부위원장에서 해임하였다.(이호룡, 2015, 455쪽)

96  박렬은 1949년 8월 9일 신문기자와의 대구회견에서 이승만 대통령의 권유로 귀국하였다고 밝혔다.(오봉빈, 1949, 114쪽)

97  자유사회건설자연맹은 1945년 9월 29일 완전한 자유의 한국 건설, 지방분산주의 실현, 상호부조에 의한 인류일가이상人類一家理想 구현 등을 강령으로 내걸고 조직된 아나키스트들의 단체이다. 좌익과 대결하면서 혁명적 좌익민족주의자와의 공동전선을 제기하였다.[〈자유사회건설자연맹 선언 및 강령〉(이정규, 1974, 173~175쪽)]

98  재북평화통일촉진협의회는 1956년 7월 2일 납북 및 월북한 인사들로 조직된 통일운동조직이다. 창립 당시의 3인의 최고위원은 조소앙, 안재홍, 오하영이었다. 박렬은 조소앙, 안재홍, 오하영, 엄항섭, 김약수, 원세훈, 윤기섭, 최동오, 박보렴, 노일환 등과 함께 상무위원을 맡았다.(이태호, 1991, 374~377쪽)

# 참고문헌

## 1. 자료

《동아일보》, 《매일신보》, 《조선일보》

《勞働運動》第7號(1922. 9. 10)·第10號(1923. 1. 1)

《대중시보》제4호

《黑濤》第1號(1922. 7. 10)·第2號(1922. 8. 10)

《太い鮮人》第1號·第2號

《現社會》第3號(1923. 3. 15)·第4號(1923. 6. 30)

〈宣言〉(黑濤會, 1921. 11)(《黑濤》第1號에 게재)

《資料集成》1~5(朴慶植 編, 《在日朝鮮人關係資料集成》1~5, 三一書房)

《治安狀況-昭和5年》[朝鮮總督府警務局 編, 《治安狀況(昭和5年 10月)》(1984년 靑丘文庫
　　에서 《朝鮮の治安狀況(昭和 5年版)》이라는 제목으로 復刻)]

《治安狀況-昭和8年》[朝鮮總督府警務局 編, 《最近における朝鮮治安狀況-昭和 8年》(1966
　　년 巖南堂書店에서 昭和 13년分과 함께 묶어서 復刊)]

《함양박씨 치암공파 세보》제2권

慶尙北道警察部 編, 1934 《高等警察要史》(1970년 張基弘 씨가 《폭도사편집자료》와 합
　　본해서 영인)

고려서림편집부 편, 1989 《日本外務省特殊調査文書》3, 高麗書林

김광남, 1949 〈내가 본 박렬선생〉, 《각계 인사가 본 박렬》(오봉빈 편), 박렬장학회
　　출판부

大杉榮, 1923 《自敍傳》, 改造社독립운동사편찬위원회 편, 1972 《독립운동사자료집》
　　11, 고려서림

박렬, 〈3천만 동포 모두에게 죄가 있다-민족적 자책의 고백-〉(박렬, 1989 《신조선혁
　　명론》, 범우사에 수록)

박렬, 〈부일협력자·전쟁범죄자의 처단에 관한 법안을 에워싸고〉(박렬, 1989 《신조선
　　혁명론》, 범우사에 수록)

박렬, 〈소아병적인 좌익진영의 폭거를 배격한다〉(박렬, 1989 《신조선혁명론》, 범우
　　사에 수록)

朴烈, 〈亞細亞モンロ主義に就て〉, 《太い鮮人》第2號

朴烈, 〈俺の宣言〉(再審準備會 編, 1977《朴烈・金子文子裁判記錄》, 黑色戰線社에 수록)

朴烈, 〈陰謀論〉(再審準備會 編, 1977《朴烈・金子文子裁判記錄》, 黑色戰線社에 수록)

박렬, 〈전과자・수형자・현행범〉(박열, 1989《신조선혁명론》, 범우사에 수록)

박렬, 〈조국애와 국제적 관념〉(박열, 1989《신조선혁명론》, 범우사에 수록)

박렬, 〈조국의 올바른 산업건설을 위해서〉(박열, 1989《신조선혁명론》, 범우사에
　　수록)

朴烈, 〈조선의 민중과 정치운동-사기꾼인 권력광들을 배격한다〉,《現社會》第4號

朴尙僖, 〈東京朝鮮人諸團體歷訪記〉,《朝鮮思想通信》(《在日朝鮮人史硏究》第5號(1979.
　　12), 在日朝鮮人運動史硏究會에 수록)

박열(서석연 역), 1989《신조선혁명론》, 범우사

신익희, 1949 〈박열 동지의 투쟁에 기대〉,《각계 인사가 본 박열》(오봉빈 편), 박열
　　장학회 출판부

烈生, 〈直接行動の標本〉,《黑濤》제1호(1922. 7. 10)

烈生, 〈學者の戲言〉,《太い鮮人》第2號

嗚記者, 1949 〈박열 씨 회견기〉,《각계 인사가 본 박열》(오봉빈 편), 박열장학회 출
　　판부

오봉빈, 1949 〈하행수륙 오천리夏行水陸伍千里〉,《각계 인사가 본 박열》(오봉빈 편), 박
　　열장학회출판부

오봉빈 편, 1949《각계 인사가 본 박열》, 박열장학회 출판부

이강훈, 1994《민족해방운동과 나》, 제삼기획이여성, 〈정파리경淨玻璃鏡〉,《대중시보》
　　제4호(1922. 6)이정규, 1974《우관문존》, 삼화인쇄

一友, 1949 〈소위 대역사건의 진상〉,《각계 인사가 본 박열》(오봉빈 편), 박열장학회
　　출판부

再審準備會 編, 1977《朴烈・金子文子裁判記錄》, 黑色戰線社

鄭泰成 編, 1946《人間 朴烈》, 新朝鮮建設同盟文化部

조헌영, 1949 〈박열과 나〉,《각계 인사가 본 박열》(오봉빈 편), 박열장학회 출판부

최갑용, 1995《어느 혁명가의 일생》, 이문출판사

布施辰治・張祥重・鄭泰成, 1946《運命の勝利者朴烈》, 世紀書房

## 2. 연구성과

金明燮, 2003 〈朴烈・金子文子의 反天皇制 鬪爭과 아나키즘 認識〉,《韓日民族問題硏究》4,
　　韓日民族問題學會

김성국, 2004 〈아나키스트 박열의 개인주의, 허무주의 그리고 세계주의〉, 《韓日研究》 15, 韓國日本問題硏究學會

김성국, 2007 《한국의 아나키스트, 자유와 해방의 전사》, 이학사

金一勉, 1973 《朴烈》, 合同出版

김태기, 2014 〈아나키스트 박열과 해방 후 재일한인 보수단체〉, 《韓日民族問題硏究》

김삼웅, 1996 《박열평전》, 가람기획

무정부주의운동사편찬위원회 편, 1994(2쇄) 《한국아나키즘운동사》, 형설출판사

박종렬, 1992 〈천황 암살 기도한 '박열'사건의 진상〉, 《일본평론》 1992년 가을·겨울호

방영준, 1995 〈아나키즘의 이데올로기적 특징에 관한 연구〉, 《아나키즘연구》 창간호, 국민문화연구소 출판부

白井厚(윤덕홍·정달현 편역), 1990(2판) 〈아나키즘〉, 《현대를 움직이는 사상들》, 이문출판사

石田一良 編, 1978 《日本思想史槪論》, 吉川弘文館

야마다 쇼지(정선태 역), 2003 《가네코 후미코-식민지 조선을 사랑한 일본 제국의 아나키스트》, 산처럼

오장환, 1997 〈1920년대 재일한인 아나키즘운동 소고〉, 《한국민족운동사연구》 17, 한국민족운동사학회

이태호, 1991 《압록강변의 겨울: 납북 요인들의 삶과 통일의 한》, 다섯수레

이호룡, 1998 〈재일본 조선인 아나키스트들의 조직과 활동〉, 《韓國學報》 第91·92합집, 一志社

이호룡, 2001 《한국의 아나키즘-사상편》, 지식산업사

이호룡, 2015 《한국의 아나키즘-운동편》, 지식산업사

전상숙, 2008 〈박열의 무정부주의와 민족의식〉, 《한국동양정치사상사》 Vol.7 No.1, 한국동양정치사상사학회

존 크럼프, 1995 〈동아시아에 있어서의 아나키즘과 민족주의〉, 《아나키즘연구》 창간호(자유사회운동연구회), 국민문화연구소 출판부

坪江汕二, 1966(개정증보판) 《朝鮮民族獨立運動秘史》, 巖南堂書店

하기락, 1993 《자기를 해방하려는 백성들의 의지》, 신명

황용건, 2002 《항일독립투사 박열, 잃어버린 역사를 찾아서》, 한빛

# 제4장

테러적 직접행동론자

# 류 기 석

한국의 아나키즘은 이회영과 신채호 등이 개척하였고, 그들과 함께 류 기석柳基石[1]·류자명·이홍근·이정규·정화암·유림柳林(柳華永, 越坡, 高相眞, 高 自性) 등이 일제강점기 한국 아나키스트운동을 주도해 왔다.

류기석이 일제강점기 한국 아나키스트운동을 이론적으로나 실천적으 로 이끌었음에도 그에 대한 연구는 거의 이루어지지 않았다. 다만 류기석 이 2006년에 국가유공자로 선정되고, 그의 회고록《삼십년 방랑기-유기석 회고록》(임원빈 역, 2010, 국가보훈처) 출판을 계기로 2010년에 그의 생애와 활동을 주로 다룬 최기영의 〈1920~30년대 류기석의 재중 독립운동과 아 나키즘〉이라는 제목의 연구논문이 하나 발표되었을 뿐이다. 한국 아나키 스트운동사에서 류기석이 차지하는 비중에도 불구하고 연구가 거의 이루 어지지 않은 것은, 그가 귀국하지 않고 공산주의 치하 중국에 머물렀던 것 과 해방 이후 한국 아나키스트계가 이정규와 유림 등에 의해 주도되어 왔 던 것에 기인하는 것으로 보인다.

한국 아나키즘에 대해 정확히 이해하려면 신채호·이회영과 함께 류기

---

1　류기석은 이명으로 柳絮, 柳樹人, 柳基錫 등을, 필명으로 友竹, 靑園生 등을, 가명으로 劉 平, 鄧茹英, 劉雨亭, 李啓東, 方未艾, 柳吉思, 汪樹仁 등을 사용했다.[《民鐘》第16期(葛懋春· 蔣俊·李興芝 編, 1984, 719쪽); 일제가 작성한 류기석 신상카드(류기석, 2010, 12쪽); 류기 석, 2010, 126쪽;〈無政府主義者 李容俊 取調의 건〉; 靑園生, 1926; 무정부주의운동사편찬위 원회 편, 1994, 297쪽 등을 종합]

석·이홍근에 대한 연구는 필수적이라 할 수 있다. 이 글은 류기석에 대한 이해를 돕기 위한 것이다. 그의 저술 등 1차 사료를 중심으로 해서 그의 사상과 활동을 검토해 보고자 한다.

## 1.  아나키즘 수용

류기석은 1905년 1월 12일[2]에 황해도 금천군金川郡 합탄면合灘面 매후리 梅後里 대동垈洞에서 태어나 1911년까지 그곳에서 살았다. 1911년에 강원도 이천군伊川郡으로 이주하였다가, 1913년에 다시 아버지 류찬희를 따라 중국으로 갔다. 일정한 거처 없이 떠돌아다니다가〔流亡〕 1915년에 옌볜延邊 쥐쯔가局子街(현 옌지시延吉市)에 정착하였다.[3] 아버지 류찬희가 쥐쯔가에 설립한 태광소학太光小學[4]을 다녔으나(1916년~1917년), 1917년에 허룽현和

---

**2** "류기석의 호적"과 應起鸞의 〈戶口登記表〉에는 1907년 1월 12일과 1905년 2월 25일에 태어난 것으로 각각 기록되어 있으나, 이는 잘못으로 보인다. 류기석이 1920년 흥사단 원동위원부에 입단하면서 제출한 이력서(류기석, 2010, 9쪽)와 "류기석의 독립유공자 평생이력서" 및 〈江蘇師範學院敎職員工登記表〉에는 1905년 1월 12일에 태어난 것으로 기록되어 있다.

**3** 류기석이 1920년 흥사단 원동위원부에 입단하면서 제출한 이력서(류기석, 2010, 9쪽); "류기석의 독립유공자평생이력서"; 沈克秋, 1990, 30쪽 등을 종합. 자료에 따라서는 류기석이 서울에서 태어나 1912년에 북간도로 간 것으로 기록하기도 하나, 이는 잘못으로 보인다.

**4** 류기석의 회고록에는 1919년쯤에 아버지 류찬희가 쥐쯔가에 태광소학을 설립한 것으로 기록되어 있으나(류기석, 2010, 48쪽), 1919년은 오식으로 보인다. 자료에 따라서는 그가 쥐쯔가 베이산北山소학교에 입학한 것으로 기록하기도 하나, 취하지 않는다.

龍縣 난양핑南陽坪으로 이사를 하는[5] 바람에 난양핑에서 5리 떨어진 창동彰東학교고등소학[6]을 다녔다. 1918년에 졸업한 그는 1920년까지 지린성吉林省옌지도립延吉道立제2중학교(1919년에 지린성립吉林省立제4사범으로 변경)에서 수학하였다.[7] 옌지도립延吉道立제2중학교에서 심용해沈容海[8]를 만났는데, 그는 류기석보다 한 살 많았지만 같은 반에서 공부하였다.(沈克秋, 1990, 30쪽)

　1919년 국내에서 3·1운동이 일어나고, 그 소식이 북간도에 알려졌다. 북간도에 있던 독립운동 인사들은 3월 14일 룽징龍井 6도구道溝에서 만세시위를 전개하기로 계획을 세웠다. 이에 옌지도립延吉道立제2중학교 학생들도 시위에 참가하기로 하였다. 학생들은 태극기와 함께 수천 장의 전단을 찍었다. 전단은 충렬단 명의로 인쇄·배포되었는데, 류기석은 심용해, 박관해朴觀海 등과 함께 13일 밤에 충렬단에 가입하고, 다음 날 집회에 참가하였다. 14일 집회는 9시 정각에 시작되어 11시쯤에 끝났는데, 약 3만 명이 참가하였다. 집회가 끝난 뒤 시위가 시작되자, 일제의 사주를 받은 옌지 도윤 타오메이산陶梅先과 지린성 육군 옌지延吉 주둔 연대장 멍푸더孟富德는 시위대를 탄압하기 시작했다. 군중을 향해 실탄을 사격하고, 총검으로 민중들을 무자비하게 탄압했다. 그 결과 14명이 죽고 50~60명이 다쳤다. 학교로 돌아간 학생들은 애국단체에 가입하여 독립운동 자금 헌납을 호소하는 내

---

5　류기석이 1920년 흥사단 원동위원부에 입단하면서 제출한 이력서(류기석, 2010, 9쪽)에는 1915년부터 1920년까지 북간도 왕청현汪淸縣에서 살았던 것으로 기록되어 있다.

6　류기석의 회고록(류기석, 2010, 49쪽)에는 1916년 여름에 창동彰東학교고등소학의 제2교사를 신축한 것으로 기록되어 있으나, 1916년은 1917년의 착오로 보인다.

7　류기석이 1920년 흥사단 원동위원부에 입단하면서 제출한 이력서(류기석, 2010, 9쪽);　류기석, 2010, 48~54쪽 등을 종합

8　심용해는 필명으로 茹秋, 如囚 등을 사용했다.(沈容澈, 1990, 60쪽)

**사진 4-1** 안창호와 흥사단 단원들(독립기념관 소장)

용의 편지를 쓰거나 전단을 살포하는 등의 활동을 펼쳤다. 류기석도 이러한 활동에 참가했다. 이들의 활동은 일제 밀정에 대한 테러로까지 이어졌다. 류기석은 일제 정탐 이기홍을 살해하는 것에 협조하였는데, 이로 말미암아 가족들과 함께 옌지를 떠나 왕칭현 가야하嘎鴉河로 옮겨갔다가, 8월 14일(음력) 새벽에 혼자 다시 상하이로 떠났다.[9]

1920년 가을 창춘長春, 펑톈, 톈진을 거쳐 상하이에 도착한 류기석은 아버지의 친구인 이동휘를 찾아갔다. 그를 통해 소개받은 여운형呂運亨의 집에 거주하면서 이광수와 친하게 지냈는데, 이광수는 류기석을 도산 안창호에게 소개하였다. 류기석은 안창호의 지도를 받으면서 흥사단에 가입하

---

**9**  류기석, 2010, 55~67쪽; 應起鸞, 1991, 1쪽; 沈容澈, 1990, 61쪽 등을 종합

였다.[10]

류기석은 1921년 학업을 계속하기 위해 난징으로 가서 9월에 화중공학
華中公學 2학년(1922년 7월 현재 2학년 재학 중)에 편입하였다.[11] 1924년 6월
화중공학을 졸업한 뒤에는 상하이로 가서 안창호 등과 함께 생활하였다.[12]
안창호에게 미국 유학에 대한 조언을 구하기도 하였지만,[13] 결국 미국 유학
을 포기하고 베이징으로 가서[14] 1924년 9월에 조양대학朝陽大學 경제학과에
입학하였다(최기영, 2010, 133쪽).

류기석은 급격히 아나키즘으로 경도되어 갔다. 그는 1925년 2월부터 6
월까지 국내 기독교 주간지《기독신보 基督申報》에 발표한 〈묵자와 기독〉이
라는 제목의 글에서 "묵자는 '겸상애교상리兼相愛交相利' 여섯 자를 늘 말하
였"는데, "겸상애兼相愛는 즉 그리스도의 애인주의愛人主義니 교상리交相利는
크로포트킨의 호조주의互助主義이다. 그리하여 묵자는 그리스도의 애인주

---

10　류기석, 2010, 80~81쪽. 류기석은 흥사단에서 상당히 활발하게 활동하였다. 1922년
6월 24일 난징단우회의 주석으로 회의를 주재하였고(〈1922년 6월분 원동지방단우회 경
과〉; 최기영, 2010, 132쪽에서 재인용), 1924년 2월 7~8일 난징의 협진회관協進會館에서
개최된 흥사단 제10회 원동대회에서 "우리는 활동하자"는 주제로 약 30분 동안 강연하
였으며, 운동시범을 보여 1등을 하였고, 한 팀의 대장으로 축구경기에 참가하였다(〈흥
사단 제10회 원동대회 경과상황(1924)〉; 최기영, 2010, 132쪽에서 재인용). 그리고 1925
년 난징에서 개최된 흥사단 원동위원부 연례회의에서 〈현 단계의 조선 청년운동의 동
향〉이라는 제목의 학술연구를 보고하는 등 흥사단 활동을 지속적으로 전개하였으며,
1925년에는 반장으로까지 승급하였다.(류기석, 2010, 84~85쪽; "1925년도 원동단우반
遠東團友班 조직표" 등을 종합)

11　〈재학 단우의 상황조사 보고의 건(1922. 7. 20)〉(최기영, 2010, 132쪽에서 재인용)

12　《동아일보》1924년 7월 2일자; 沈克秋, 1990, 31쪽; 류기석, 2010, 84쪽 등을 종합

13　류기석, 2010, 95쪽. 당시 난징에는 미션스쿨에 입학하여 미국 유학을 준비하는 한국 유
학생들이 많이 있었는데, 1925년에는 그 수가 150명에 이르렀다.(류기석, 2010, 84쪽)

14　류기석은 1925년 여름에 처음으로 베이징에 도착한 것으로 회고하였으나(류기석,
2010, 101쪽), 연도에 착오가 있는 듯하다.

의로 기其 근본사상을 작作하고, 크로포트킨의 과학적 유물관으로 실행방
침을 삼은 것이다"라고 하여,[15] 아나키즘에 대한 이해를 나타내고 있다. 또
1924년 조양대학에 다닐 때《국풍일보國風日報》부간副刊《학휘學彙》에 원고
한 편을 투고하였는데, 당시《국풍일보》편집을 맡고 있던 심용해[16]가 이
원고를 보게 되면서 둘은 다시 만났다.(沈容澈, 1990, 62쪽) 이후 류기석은 심
용해와 함께 아나키즘을 연구하면서 선전활동을 전개했다.


## 2. 아나키스트 사상의 내용

### 1) 국가 부정

류기석은 국가는 민중의 자유보다는 권력 획득을 최우선시한다면서 국
가를 부정하였다. 나아가 정부와 국가를 자유와 민중의 불구대천의 원수로
규정하고, 진정한 사회주의 국가는 있을 수 없다고 주장하였다.[17] 국가와

---

**15** 《기독신보基督申報》1925년 4월 8일자(최기영, 2010, 139쪽에서 재인용)

**16** 심용해는 1924년 창춘長春을 떠나 베이징으로 갔으며, 징메이주景梅九가 사장으로 있
던《국풍일보國風日報》에서 편집을 담당하였다. 그는 일본에서 달출한 일본인 청년 2명
과 동거하면서 그들과 항상 대동주의사상을 이야기하였으며, 천하天下는 일가一家이고
사해四海는 모두 형제이며 인민 사이에는 구원仇怨이 없고 적은 단지 일본 제국주의자
일 뿐이라고 말하였다.(沈容澈, 1990, 62~63쪽) 이는 그가 대동사상을 기반으로 아나키
즘을 수용하였음을 말해 준다.

**17** 靑園生, 1926, 35쪽.《신민》제27호(1927. 7) 목차에서는 〈露西亞 제3혁명-크론스타트
폭동〉의 필자를 柳絮로 소개하였지만, 본문에서는 靑園生으로 표시하였다. 그리고 류

사회주의는 상용相容치 못할 물건이라는 것이다. 그에 따르면, 국가는 자본주의의 산물로서 국가 조직을 파괴해야만 자본주의를 타파할 수 있다.(류기석, 1925, 29쪽) 그는 사회혁명의 목적은 통치계급의 이익을 보호하는 수단에 지나지 않는 국가를 붕괴시키는 것이어야 하고, 혁명가는 무산계급의 국가를 포함한 모든 국가를 근본적으로 타도해야 한다고 하면서, 국가가 없어진 이후에야 자유 평등의 원리 위에 생산자 자치 위주의 새로운 사회를 건설할 수 있다고 역설하였다.(柳絮, 1929b, 76쪽)

또한 그는 러시아 노농정부까지 포함한 모든 정부를 부정하고, 정부를 민중의 제일 큰 적으로 규정하였다. 그에 따르면, 의회는 자산계급 특권자의 대표기관이고, 중앙집행위원회는 야심적野心的인 정당의 기관일 뿐 민중의 직접기관이 아니며, 민주정부는 구자본주의의 산품産品이고, 노농정부는 신자본주의-국가자본주의의 산품에 불과하다.(柳絮, 1926j, 17쪽)

## 2) 사회혁명론

류기석은 사회혁명을 감정적·보구적報仇的 혁명이 아니라 정의를 기조로 한 무산계급의 해방적 혁명으로 규정하였으며, 어떤 시대에서나 그때의 경제상태는 그 시대의 정치상태와 함께 가는 것인바, 진정한 사회혁명은 경제·정치의 이중 혁명으로만 완성될 수 있다고 주장하였다. 즉 사회혁명을 완성하려면 모든 신구 자본주의를 근본적으로 없애야 하고, 동시에 현재의 모든 정치를 파괴하여야 한다는 것이다. 유물사관은 사회혁명을 경제

---

기석은 〈冤恨의 바다〉(《신민》 제28호에 게재)에서 이창선李昌善이 보낸 편지를 소개하고 있는데, 이창선은 이 편지에서 류기석을 靑園仁兄으로 부르고 있다.(柳絮, 1927a, 87~92쪽) 이러한 사실들은 靑園生이 류기석의 필명임을 말해 준다.

혁명으로 단순하게 보면서 경제혁명만 완성되면 사회혁명은 완성된다고
주장하나, 그것은 인생의 자유를 편면片面으로만 관찰한 소이所以로서 역사
적 사실을 무시하고 인류의 자유를 국한한 경제결정론에 지나지 않는다고
비판하였다.(柳絮, 1926j, 14·17쪽)

### 3) 민족주의와 공산주의 비판

#### ① 민족주의 비판

류기석은 민족주의의 계급적 기반인 민족자본가에 대해 부정적 입장을
견지하였다. 그는 먼저 민족자본가들의 반혁명성을 지적하였다. 1919년
한국의 상중하 각 계급이 총연합하여 3·1운동에 참가하였지만, 그 뒤 한국
의 독립운동 세력이 자산계급에게 독립운동자금을 요청하였을 때 자산계
급은 일본 경찰에게 도움을 요청하여 자신의 생명과 재산을 보호하였다는
것이다. 그는 식민지의 상류계급인 자산계급은 그 세력을 유지하고 자본을
발전시키기 위해서 제국주의와 타협하지 않을 수 없으며, 동시에 자민족을
먹잇감으로 하지 않을 수 없다고 하면서, 식민지의 자산계급과 민중을 동
일한 해방전선 위에 세울 수 없다고 주장하였다.

그리고 이민족 통치로부터의 해방이 민족해방운동의 제1보이기는 하
지만, 이민족의 지배로부터 이탈하고자 하는 독립운동이 민족혁명운동 그
자체는 아니라고 주장했다. 즉 민족해방운동은 표면적으로는 민족운동이
지만 그 내용은 완전히 계급성을 띠고 있다면서, 혁명운동의 근본목표는
인류의 자유·평등을 구하는 데 있지 민족복구운동復仇運動에 있지 않다는
것이다. 민족주의자들의 물산장려운동은 한국 무산자들의 고통을 해제할

수 없을 뿐더러, 오히려 자민족과 지배국의 자산계급에게 이것을 이용할 기회를 줄 뿐이라는 점을 강조하였다.(柳絮, 〈弱小民族解放の目標〉, 66~67쪽)

나아가 민족자본가들의 폐해까지 거론하였다. 즉 그들은 국가주의의 경계 안에서 순수한 국가주의적 정치운동을 제창하고 전 국민의 일치를 고창하면서 '단일 정당' 등의 기만적인 언어를 만들어 낸다면서, 그들은 자신들의 경제적 지위로 말미암아 특수한 심리가 조성되어 충분히 철저한 혁명의식과 대담함을 가지지 못하고, 어떠한 경우에도 고식적인 타협책을 취한다고 주장하였다. 따라서 그들이 추진하는 국가주의 운동은 항상 무산계급의 계급의식을 교란시킬 뿐이라고 역설하였다.(柳絮, 〈弱小民族解放の目標〉, 68쪽)

류기석은 민족자본가들이 전 민족의 일치단결을 외치는 것은 무산계급의 힘을 이용하기 위해서인 것으로 보았다. 즉 민족자본가들은 자신들의 투쟁목표인 제국주의 타도와 자본주의왕국 건설을 실현하려면 무산계급의 후원이 꼭 필요하기 때문에 '전민일치全民一致'라고 하는 교묘한 이론으로 민족 사이의 반감을 선동한다는 것이다.(柳絮, 〈弱小民族解放の目標〉, 68쪽)

② 공산주의 비판

류기석은 공산주의를 이론적으로 비판하였다. 우선 유물사관을 부정하였다. 모든 물질조건이 구비된 뒤, 즉 자본주의가 성숙한 뒤에야 사회혁명이 된다고 하는 유물사관은 잘못된 의견이라고 주장하였다. "자본주의의 발전이 절정에 달하면 곧 스스로 붕괴한다", "진정한 사회혁명은 생산력의 발전이 그 절정에 도달해서 그 사회조직을 파괴시킨 후에 비로소 발생한다" 등의 주장은 변장한 자본주의자들의 거짓말일 뿐이라는 것이다.(柳絮, 〈東洋に於ける我等〉, 38쪽) 그는 생산력은 대부분 인간의 창조적 의식으로부

터 나오며, 인간의 창조적 의식과 자유의지가 없다면 인류사회의 생활상태는 변하지 않을 것이라고 주장하였다. 사람의 의식이 육체를 떠나 존재할 수는 없지만, 의식이 없는 육체 또한 죽은 것에 지나지 않는다면서, 인류의 의지를 비롯한 모든 것은 생산방식의 속박을 받는다는 맑스의 유물사관을 망론妄論으로 규정하였다.(《중외일보》 1928년 4월 6일자) 또한 맑스는 생산 분배 방법이 인간의 모든 정치·도덕·법률을 규정한다고 주장했다면서, 그를 경제결정론자로 규정하였다. 맑스에 따르면, 인류의 자유의사는 몰시沒視될 수밖에 없으며, 유물사관은 모든 것을 경제로 정명定命하여 인류를 기계의 노예로 만들 뿐이라 하였다.(柳絮, 1926j, 16쪽)

류기석은 자본주의사회는 국가자본주의와 프롤레타리아독재를 거치지 않고 곧바로 아나키스트사회로 발전할 수 있다고 하면서, 유물사관과 함께 프롤레타리아독재론도 망론이라고 비판하였다.(柳絮, 1932a, 483~484쪽) 계급투쟁은 노동자의 조직으로써 현 사회의 재산을 몰수하여 사회에 환원하는 것을 그 목적으로 하며, 모든 전제를 배척하므로 당연히 프롤레타리아독재도 반대한다는 것이다. 그에 따르면, 유물사관에 따른 혁명은 현재의 압제자를 없애고 다시 당파로 통치계급을 만들어 내어 당파의 전제 정치를 행하는 이폭역폭以暴易暴의 혁명일 뿐(柳絮, 1926j, 18쪽), 진정한 민중 해방을 가져올 수 없다. 그는 러시아의 볼셰비키가 프롤레타리아독재라는 간판을 들고 일당의 전제정치를 실행하는 바람에 러시아의 사회혁명이 실패하였다고 하는 등 프롤레타리아독재를 민중의 자유를 구속하는 가장 큰 구적仇敵으로 규정하였다.[18]

류기석은 공산주의자들의 계급관과 전위조직의 혁명지도에 대해서도

---

[18]   柳絮, 1926e, 27쪽; 柳絮, 1927, 38쪽 등을 종합

비판하였다. 그는 이성로가 〈신흥 시詩에 대하여〉에서 "맑스주의적 인생관, 사회관, 우주관을 확립한 자라야만 진정한 프롤레타리아라 할 수 있다. … 주의자가 되지 않고는 프롤레타리아가 될 수 없다"(《중외일보》 1928년 11월 7일~12일자), 즉 노동자이지만 맑스주의적 의식이 없으면 프롤레타리아가 아니며, 지식인이라도 맑스주의적 의식을 지니고 있으면 프롤레타리아라고 한 주장을 비판하면서, 맑스주의자라고 해서 지식인이 프롤레타리아가 될 수 없다고 강조하였다.(柳絮, 1929)

그리고 혁명의 주력은 반드시 전부의 혁명 민중이 되어야만 할 것이며, 결코 정당이 독임獨任할 것이 아니라면서(柳絮, 1926e, 33쪽), 전위조직의 혁명 지도를 부정하였다. 계급 대립이 있는 사회에서는 반드시 철저한 계급의식이 있는 조직체를 만들어 선봉에 서게 해야 하지만, 이 조직체는 민중과 동일한 수평선상에서 운동을 지도해야지, 민중의 위에서 민중을 통치하고 민중에게 명령을 내려서는 안 된다고 주장하였다.(柳絮, 1929a, 38~39쪽) 위로부터 아래로의 강제적 지도와 맹목적 복종은 혁명의 실패를 초래할 뿐이라는 것이다.(柳絮, 〈東洋に於ける我等〉, 36쪽)

류기석은 공산주의자들이 주장하던 공산주의사회로 가는 과도기로서 민족혁명도 부정하였다. "식민지 민족이 사회○○(혁명-인용자)을 실행하고자 하면, 먼저 민족○○(혁명-인용자)을 경과하지 않으면 안된다"는 공산주의자들의 주장에 반해, 그는 식민지 민족은 이러한 과도기를 다시 지날 필요가 없다고 주장하였다. 식민지 민족 독립의 날은 바로 사회혁명을 완성한 그날이라면서, 약소민족이 속박으로부터 완전히 해방되기 위해서는 현 사회의 불량 제도를 파괴시키는 사회혁명이지 않으면 안 된다는 것이다. 사유재산제도가 의연하게 존재하고 지배자를 교체하는 것에 지나지 않는 민족혁명은 식민지 민족에게 어떠한 이익도 가져오지 않는다는 점을 강조

하였다.(柳絮,〈弱小民族解放の目標〉, 69쪽)

공산주의자들의 문예론도 류기석의 비판을 피할 수 없었다. 1926년〈크로포트킨의 문예관〉(《동광》 제5호)을 통해 아나키스트 문예론을 소개한 적이 있던 류기석은 1928년 봄부터 1년 동안 루쉰魯迅(저우수런周樹人) 중심의 어사파語絲派와 창조사創造社 사이에 전개된(李何林 編, 1932, 서언) 중국의 문예논쟁에 참가하였다. 류기석은〈무산계급예술신론無産階級藝術新論〉(《문화전선文化戰線》과 《중외일보》에 게재)을 통해 맑스주의예술론을 비판한(柳絮, 1932a, 479쪽) 데 이어 《민중일보民衆日報》의 《민간문화民間文化 주간週刊》에〈맑스주의의 계급예술론을 검토한다檢討馬克思主義的階級藝術論〉(1928. 5. 20 탈고)을 발표하여(谷蔭, 1932, 318쪽), 창조사創造社 측 신치제忻啓介의〈무산계급예술론無産階級藝術論〉(1927. 3. 30)을 비평하였다. 이에 구인谷蔭이〈「맑스주의의 계급예술론을 검토한다」를 검토한다檢討「檢討馬克思主義的階級藝術論」〉(1928. 6. 1 탈고)을 통해 류기석을 비판하자, 류기석은 다시〈예술의 이론투쟁藝術的理論鬪爭〉을 발표하여 구인의 비판에 반박하였다.

류기석은 예술지심藝術之心을 표현하는 것은 개체의 수양修養이 다르기 때문에 필연적으로 다를 수밖에 없는데, 맑스주의자들의 주장은 지방에 상관없이 천편일률적이라면서, 모든 예술이 선전이라는 맑스주의자들의 예술론은 창조적 이론을 제시할 수 없다고 비판하였다. 또한 공산주의자들은 문예를 정치의 굴레에 속박시키고 문예의 본질을 학살하고 있다고 주장하면서, 일체의 강권과 기만적 정치행동이 예술에 운용되는 것에 대해 반대했다. 공산주의자들이 차이를 인정한다고는 하지만 중앙집권적인 조직 안에서 개성이 존재할 수 없으며, 또 그들은 환경이 사상을 좌우한다고 주장하지만 군대식 환경에서는 개인의 창조적 자유가 존재할 수 없고 예술의 생명은 말살될 수밖에 없다고 역설했다.[19]

나아가 〈무산계급예술신론〉에서는 맑스주의자들이 주장하는 계급예술이란 본인들이 정권을 잡기 위한 쟁권탈리爭權奪利의 투쟁적 예술이요, 무산계급 전체의 예술이 아니라 통치하는 정부의 권력집단의 예술이라고 하면서, 예술이란 맑스의 유물사관과는 아무런 관계가 없음에도 맑스주의자들은 예술을 유물사관의 한 부속물로 여기며, 모든 사물을 유물사관에 의하여 해석하려고 한다고 비판하였다.(《중외일보》 1928년 4월 6일자) 공산주의자들은 "계급의 역사적 사명을 완성키 위하여 어떤 관조적觀照的 표현 태도를 취하지 않고 즉 무산계급의 계급의식으로써 산생産生하는 일종一種 투쟁의 예술"이라고 하지만, 이는 예술의 정체를 모르는 말이라면서, "대체 계급의 역사적 사명을 예술로써 완성할 수 있는가? 또 예술에 관조적 표현 태도를 취하지 않는다 하였으니, 표현의 힘이 없이 어찌 대중의 ○○(동정-인용자)을 받을 수 있으며 감동을 줄 수는 있는가?"라고 반문했다.(《중외일보》 1928년 4월 4일자)

나아가 국가자본주의를 옹호하는 맑스주의자들이 제창하는 무산계급의 예술은 자산계급의 예술과 큰 차이가 없으며, 진정한 무산계급의 예술은 본질상 맑스주의자들이 제창하는 바와 완전히 다르다고 주장하였다.(柳絮, 1932a, 485쪽) 그리하여 예술을 해방시키기 위해서는 맑스주의를 타도하지 않으면 안 된다고 역설하였다. 그리고 "만인의 의식의 여유가 있는 사회에서만 완전무결한 진정한 예술을 산생할 수 있"다면서, 민중예술이란 이름 아래 예술의 고상한 가치를 떨어뜨리려 해서는 안 된다고 주장했다. "민중이 알아듣기 쉽게 … 선전예술만을 위주한다면" 예술은 진보하지 못하고 퇴보한다는 것이다.(《중외일보》 1928년 4월 8일자)

---

**19** 柳絮, 1932a, 479~480쪽; 柳絮, 1932b, 487~488쪽 등을 종합

류기석의 공산주의 비판은 볼셰비키 정권을 수립한 소련에 대한 비판으로 이어졌다. 소련에 대한 비판은 흑하사변[20]과 신경제정책에 집중되었다. 류기석은 1925년 4월 무렵 《학휘學彙》(《국풍일보國風日報》의 부간副刊)에서 《혁명革命》 제4호에 게재된 〈공산주의 반대론자에게 답한다共産主義反對論者 ニ쯤フ〉의 주장을 반박하였다. 그는 신경제정책을 적색제국주의로 규정하고, '자유인의 자유결합'을 주장하였다. 이에 공산주의자들은 흑하사변과 신경제정책 때문에 공산주의를 반대한다는 것은 가소로운 일로 반론할 가치조차 없는 것이라 반박하였다.[21]

하지만 류기석은 〈노농 러시아露西亞의 신경제정책〉에서 볼셰비키는 신경제정책을 취함으로써 공산주의를 포기하고 자본주의사회를 회복하였으며(류기석, 1925, 30쪽), 신경제정책 같은 자본주의식 발전은 도리어 민중에게 해를 주는 원동력이 될 뿐이라면서(柳絮, 1926e, 28쪽), 재차 신경제정책을 신랄하게 비판하였다. 그리고 《민중民衆》(중국, 반월간) 제1기와 제4기에 〈붉은 러시아가 한국혁명당을 압박한 실황赤俄壓迫韓國革命黨實況〉과 〈레닌당에 대한 한국혁명당의 태도韓國革命黨對列寧黨的態度〉를 발표하여(柳絮, 1926e, 33쪽) 소련이 한국 독립군을 탄압한 것을 강력하게 비판하였다.

류기석은 1917년 10월혁명조차 부정하였다. 그는 10월혁명을 소자산계급정당 볼셰비키파의 혁명으로 규정하고, 1921년의 크론시타트폭동[22]

---

**20**  흑하사변은 소련군이 일본군의 토벌을 피해 자유시에 집결한 한국 독립군의 무장을 해제시킨 사건을 말한다. 이 사건으로 한국 독립군 1,000명 이상이 사망하거나 포로로 잡혔다. 자유시사변이라 부르기도 한다.

**21**  〈本誌ヲ毁謗スル者ニ與フ〉(국사편찬위원회 편, 2001, 139쪽)

**22**  크론시타트폭동은 1921년 크론시타트 수병水兵들이 볼셰비키 정부에 대항하여 일으킨 봉기이다. 소련은 혁명 뒤 내전 과정에서 공산당 1당 지배체제가 강화되는 한편, 경제적으로는 피폐해졌다. 1921년 2월 농민들은 곡물 강제 할당과 징발에 반발하여 몇몇 지방

을 러시아 제3혁명으로 규정하였다. 그에 따르면, 크론시타트폭동이야말로 진정한 노동자의 혁명이자, 무산계급의 혁명이다. 그는 볼세비키 정부가 크론시타트 수병들의 평화적인 요구를 무력으로 무자비하게 진압한 뒤 신경제정책을 선포하고 철저하게 자본가계급과 손을 잡았다고 비판하면서, 신경제정책을 자본주의의 연명책으로 보았다.(靑園生, 1926, 21~36쪽)

그는 소련 공산당은 정치권력만 잡고자 할 뿐 인민 해방은 고려하지 않으며, 오히려 제정러시아의 정책을 계승하여 인민을 압박하고 노역奴役하였다면서, 이러한 이유 때문에 농민들은 공산당의 약탈과 기편欺騙에 반대하여 공산당을 반대하기에 이르렀다고 주장했다.(靑園生, 1926, 22쪽) 그에 따르면, "현재의 소위 혁명 로서아는 벌써 사회혁명의 성질이 한 점도 없는 반혁명당 치하의 로서아가 되고 말았으며, 공산당 통치는 포학暴虐과 반동의 결정結晶이며, 공산당 국가는 가장 음험하고 가장 세력 있는 반혁명운동의 물건"에 지나지 않았다.(靑園生, 1926, 36쪽) 그리하여 소련을 "경제 방면으로는 국가와 사인私人 자본주의의 연합이고, 정치 방면으로는 무산계급

---

에서 폭동을 일으켰고, 노동자들도 페트로그라드와 모스크바 등지에서 파업을 전개하였다. 2월 24일 페트로그라드의 노동자들이 동맹파업을 전개했고, 크론시타트의 수병들은 페트로그라드 노동자들 파업의 진상을 조사하기 위해 2월 18일 조사위원들을 파견하였다. 크론시타트의 수병과 시민들은 3월 1일 1만 5,000여 명이 참가한 가운데 대집회를 개최하였는데, 이 집회에서 조사위원들의 보고를 듣고 15개 항의 요구조건을 통과시켰다. 소련 볼세비키 정부의 탄압에 대항하여 3월 2일 임시혁명위원회를 결성하여 공산당이 조종하는 소비에트를 거부하고 자유선거로 소비에트를 구성할 것을 주장하였다. 즉 크론시타트 민중과의 합작으로 자유소비에트를 조직하고자 한 것이다. 그들은 크론시타트가 소유한 권력은 모든 혁명 수병과 군인과 노동자의 손에 있지 결코 반혁명당의 손에 있지 않다고 천명했다. 이에 볼세비키 정부는 3월 4일 크론시타트 시민들에게 최후통첩을 하고, 3월 7일에 크론시타트에 포격을 개시하였다. 10일 동안의 혈전 끝에 3월 17일 볼세비키 정부군이 크론시타트를 점령하면서 폭동은 진압되었다. 이 폭동을 계기로 소련은 신경제정책을 시행하였다.(靑園生, 1926, 21~36쪽 참조)

**사진 4-2** 크론시타트 수병들의 모습

독재제-정확하게 말하면 즉 공산당 내부 수령의 독재제"로 규정하고(柳絮, 1926e, 30쪽), 공산당은 무산계급의 기편자欺騙子일 뿐이라면서, 이를 박멸하자고 역설하였다(柳絮, 1926e, 32쪽).

### 4) 조직관

류기석은 식민지에 대한 제국주의의 멸종정책이 매우 엄혹하므로, 식민지 민족이 제국주의의 속박으로부터 벗어나려면 일종의 강력하고 엄밀한 조직체를 결성하지 않으면 안 된다고 하면서 자유연합주의적 조직원칙을 채용하자고 주장했다. 엄밀한 조직이 되려면 조직의 내홍이 없어야 하는데, 그 방법은 먼저 정치적 권력을 없애는 것이라면서, 연맹의 형태를 취해야 한다는 것이다. 연맹적 조직은 명령지배 기관이 아니므로 정치적 권력이 없고 권력투쟁에 몰두할 필요가 없었기 때문이라 하였다. 그리고 이

러한 조직체는 ① 적과의 비타협 ② 제국주의 정부가 승인하는 정당(노동
정당과 무산정당 포함)과의 비타협 ③ 철저한 계급의식 ④ 자립정신 ⑤ 구성
원들의 주의·방략 일치 등의 최저한도의 조건을 갖추어야 한다는 것을 강
조했다.(柳絮, 1929a, 39~41·47~48쪽)

　　하지만 중앙집권주의에는 부정적 입장을 취하였다. 중앙집권제도는 근
본적으로 혁명의 성질과 서로 배치되는 것으로, 혁명에서 민중과 단체의
전략은 중앙집권적, 군대적 조직과 책략을 모방해서는 안 되고, 혁명가들
의 전략은 당연히 분산적 투쟁 즉 산병적散兵的이지 않으면 안 된다고 주장
하였다. 그리고 아나키스트 조직은 하나의 세포가 전체와 떨어질 수 없는
밀접한 관계에 있는 유기체의 조직으로서 어떠한 경우라도 모든 각 세포를
뿌리로 삼아야 하고, 이 세포 조직 안에서는 결코 피아彼我의 경중輕重을 구
별해서는 안 된다고 강조하였다.(柳絮, 〈東洋に於ける我等〉, 36~37쪽)

　　그는 식민지 민중의 조직에는 규모가 큰 당 조직과 각 부문의 작은 단체
등이 있다며, 이들 조직에 대해 다음과 같은 몇 개의 원칙을 제시하였다.

> ① 먼저 당 조직은 각 부문의 소단체를 포괄하되 연맹 형식을 취해야 하고, 소단
> 　체는 연맹의 테두리 내에서 서로 관계하고, 친목하며 연락을 취한다.
> ② 소단체들은 각각의 일을 하더라도 대연맹의 기치하에 서로 연락하고, 성질여
> 　하를 막론하고 그 권리는 평등하다.
> ③ 대연맹은 하나의 중앙의 지휘기관이 아니고, 서로 통하는 목소리로 운동의 대
> 　방침을 획정하는 연락·토의기관이다.(柳絮, 1929a, 46~47쪽)

　　이러한 조직원칙은 실제로 적용되었다. 1928년 6월 상하이에서 류기
석·이정규, 일본인 아카가와 게이라이赤川啓來(친시퉁秦希同), 중국인 마오

이보毛一波·덩멍시안鄧夢仙·이지치易子琦·우커강吳克剛 등이 중심이 되어 결성한 동양 아나키스트들의 국제연대조직 동방무정부주의자연맹은 자유연합제도원칙 위에서 건설된 평등한 조직으로, 동양 혁명가들의 총사령부는 결코 아니며, 협력하여 나아가야 한다는 의식과 상호부조의 본능을 그 기치旗幟하에 지니고 있었다.(柳絮, 〈東洋に於ける我等〉, 37쪽)

### 5) 약소민족해방운동론

류기석은 혁명운동은 자본주의제도의 사회를 뒤집어 자유평등원리에 기초하는 생산자 자치 위주의 새로운 사회로 대체하는 것을 목적으로 하며(柳絮, 1929a, 13쪽), 그 근본목표는 인류의 자유·평등을 구하는 데 있지, 결코 어느 민족의 복구운동에 있지 않다고 주장하였다(柳絮, 〈弱小民族解放の目標〉, 67쪽). 그리고 이 목적은 기본적으로 약소민족이 스스로 노력하여 달성해야 하지만(柳絮, 1929a, 25~26쪽), 다른 세력과의 연합도 필요하다고 보았다. 먼저 같은 제국주의 치하의 약소민족들을 연합대상으로 선정하였다. 다른 제국주의 치하의 약소민족들은 이해관계가 서로 다르기 때문에 동병상련의 지위에서 동정을 표할 수 있을지는 몰라도 연합하기는 어려운 측면이 많지만, 같은 제국주의 치하의 약소민족들은 처지가 비슷하기 때문에 비교적 연합할 가능성이 크다는 것이다.(柳絮, 1929a, 34~35쪽) 다음으로는 제국주의 본국 안의 혁명세력을 연합세력으로 꼽았다. 그는 "피압박 식민지 민중이 반역할 때, 그 목적은 결코 이민족 전체에 반역하는 것이 아니고, 이민족의 지배계급에게 반역하는"것이라며(柳絮, 〈弱小民族解放の目標〉, 66쪽), 제국주의 본국 내의 혁명운동세력과 연합전선을 형성해야 한다고 역설하였다. 제국주의를 타도하려면 내부에서의 반란과 외부로부터의 공격이 어우러져야 하는바, "근본적으로 타협정책을 부인하는 혁명운동 세력은 정복국 내에서이기는 하지만 제국주의와 양립할 수 없는 구적仇敵"으로서 내부에서 반란을 일으키고, 식민지 혁명운동 세력은 외부에서 제국주의를 공격해야 한다는 것이다.(柳絮, 1929a, 30쪽)

하지만 소련, 제3인터내셔널, 제국주의국가 내의 공산주의 세력 등은 연합대상에서 제외하였다. 그는 제국주의를 타도하기 위해서는 소련과 연합하지 않을 수 없다는 공산주의자들의 주장을 반박하였다. 연합전선은 그 성질상 양자가 평등한 관계에서 형성되는 것으로, 강자와 약자가 연합전선을 형성할 경우 약자는 항시 강자에게 이용당한다면서, 소련은 자국의 이익을 위해 약소민족의 혁명세력을 이용하고 있을 뿐 약소민족의 해방을 진정으로 원하고 있지는 않다고 주장했다.(柳絮, 1929a, 32~33쪽 참조) 그는 소련은 민족자결주의를 절규하면서 약소민족의 독립운동을 승인하고 지원한다고 하였지만, 이는 한국·인도·몽고 등을 이용하여 영국과 일본 등의 침략 같은 자기의 위급을 면하려는 것일 뿐, 약소민족의 독립을 인정해서가 아니라는 것이다. 거기다가 옛 러시아가 통치하던 소수 민족의 독립운동은 탄압했는데, 그것은 우크라이나와 코카서스高加索 등에는 중요한 이원利源이 소장되어 있기 때문이라면서, 만약 무력만 충족된다면 중국, 터키, 인도, 아프가니스탄 등지를 약취하고자 할 것이라고 역설하였다.(柳絮, 1926i, 29~30·32쪽 참조)

그리고 제3인터내셔널도 실제의 형세에 어둡기 때문에 동양에서의 혁명을 지도해서는 안 된다고 주장했다. 진정으로 약소민족의 민족해방운동을 지원하고자 한다면 제3인터내셔널이 약소민족 각국의 동지들이 할 수 있는 범위 내에서 서로 연락을 취하고 원조를 하는 데 그쳐야 한다는 것이다.(柳絮, 〈東洋に於ける我等〉, 36쪽)

제국주의 국가 내의 공산주의 세력 역시 약소민족 해방에는 관심이 없다면서 그들과의 연합을 부정하였다. 코민테른의 지시를 받는 한국 공산주의자들은 일본 무산정당과의 연합을 힘주어 주장하나, 일본 무산정당은 한국의 독립을 보장해 주지 않는다는 것이다. 일본 무산정당 안의 극좌파인 노동농민당조차 정강에서 식민지 민족 차별 철폐만을 내걸고 있을 뿐이라면서, 식민지 혁명운동 세력은 소위 노동정당에 어떠한 희망도 가져서도 안 되며 서로 연락해서도 안 된다고 역설하였다.(柳絮, 1929a, 22~26·28~29쪽)

류기석은 정치운동은 약소민족해방운동의 방법론이 될 수 없다고 주장하였다. 식민지 민족이 사회혁명을 달성하려면 먼저 독립을 해야 하는데, 제국주의 정부 아래에서 정당을 조직하여 보통선거에 참가하는 방법으로는 독립을 쟁취할 수 없다는 것이다.(柳絮, 1929a, 25쪽) 식민지 내에서의 이른바 정치운동은 전혀 효과적이지 않으며, 오히려 급진적 경향을 완화시켜왔을 뿐이라면서(柳絮, 1929a, 26쪽), 식민지 혁명운동 세력은 제국주의 및 각종 강권과 직접 투쟁하고, 동맹파업이나 민중 폭동과 같은 직접행동을 실행해야 하며, 아울러 정부 또는 고용주雇用主와의 회의·타협·약정 체결을 거절하고, 의회제도와 정권 장악에 반대해야 한다고 역설했다(柳絮, 1929a, 29쪽). 일부 민족주의자들이 제기한 자치운동에 대해서도 비판하였다. 식민지 민족의 자치는 제국주의의 경제이권을 완전히 보장하는 범위 내에서 윤허될 뿐이며, 자치운동으로부터 점차 독립이라는 목적에 이르게 된다는 것은 환상에 지나지 않는다는 것이다.(柳絮, 1929a, 23쪽)

그는 민족의 대동단결에 대해서도 비판적 입장을 취하였다. 약소민족의 해방운동 세력은 주의의 상이相異나 행동정책 완급의 차이, 제국주의의 분열정책 등으로 말미암아 여러 파벌로 나뉘었는데, 이들의 대동단결은 이루어내기 어려운 몽상에 불과하다고 주장하였다. 약소민족해방운동의 역사에서 민족의 대동단결이 성공한 예를 찾아볼 수 없다는 점이 그것을 증명해 준다고 하였다.(柳絮, 1929a, 36~37쪽)

류기석이 제시한 식민지 혁명운동의 방법론은 테러적 직접행동론이었다. 그는 민중의 직접행동에 의해서만 혁명이 가능하다고 보는(柳絮, 1929a, 50쪽) 한편, 식민지는 제국주의의 부원富源으로 제국주의 생존의 필수품이기 때문에 제국주의는 식민지 지배를 쉽사리 포기하지 않을 것이므로, 식민지의 혁명은 혈육으로 점철되는 악전고투로써만 가능하다며(柳絮, 1929a, 45쪽), 비타협적이고 철저한 방법을 취해야 한다고 주장하였다(柳絮, 1929a, 26쪽). 그는 현 사회를 세세하게 분석한 결과 폭력 이외에는 별다른 방법이 없다는 결론에 이르렀음을 강조하였다.(柳絮, 1929a, 50~51쪽)

류기석이 채택한 폭력수단은 테러적 직접행동이었다. 그는 총파업은 공업이 발달한 나라와 도시 중심의 지방에서 효과가 있을 뿐, 농업이 중심인 태반의 식민지에서는 총파업과 같은 것으로는 최대 다수의 사람들을 가맹시켜 최대의 효과를 얻기는 어렵다면서(柳絮, 1929a, 50쪽), 경제적 직접행동을 식민지 민족해방운동의 수단으로 채택하는 것에 반대하였다.

그는 "약소민족의 직접투쟁은 제국주의의 경제정책을 공격하여 그들의 경제적 계획과 기관을 파괴하는 것이어야" 하며, 이 파괴운동은 조직적이고 지속적으로 이루어져야 함을 강조하였다. 산만한 개인적 행동으로는 단지 혁명을 고취할 수 있을 뿐, 후속자가 없기 때문에 주효하지 않으며, 조직적으로 행해져야만 성공할 수 있다는 것이다.(柳絮, 1929, 45~46·48~49쪽)

그리고 테러의 계획성과 규모를 강조했다. 테러적 직접행동은 체계적 계획 아래 비교적 규모가 크게 행해져야 한다는 것이다. 그는 이러한 파괴운동이 "오랫동안 계속된다면 제국주의는 무한한 공포를 느낄 뿐 아니라, 경제적 착취에서도 유지 여부의 공황恐惶이 발생"하며, "이익을 얻을 기회

가 없어지고, 손실이 이익에 비해 커지거나 같게 될 경우 그들은 이해관계
로 인해 식민지를 포기하지 않을 수 없"게 된다고 보았다.(柳絮, 1929a, 49쪽)

테러적 직접행동과 함께 폭동도 강조하였다. "노동·농민문화 등의 단
체와 같은, 직접행동의 소단체를 제외한 기타 성질의 단체는 혁명운동 과
정에서 마땅히 민간으로 가서 그들의 공작을 수행하고, 민중을 깨우쳐서
〔喚醒〕 그들로 하여금 직접행동의 단체에 향응響應하게 하거나, 필요시에는
도끼와 호미〔斧子鋤頭〕를 버리고 폭동에 참가하도록 해서 폭동이 확대되게
해야"한다는 것이다.(柳絮, 1929a, 50쪽)


## 3. 아나키스트로서의 활동

### 1) 선전·조직활동

류기석은 1924년 심용해와의 재회를 계기로 아나키스트운동을 전개하
기 시작하였다. 심용해와 함께 아나키즘을 연구하던 류기석은 그와 함께
1924년 10월 무렵 베이징 민국대학民國大學에서 중국 아나키스트 샹페이량
向培良·리페이간李沛甘·가오창훙高長虹·궈퉁쉬안郭桐軒·바진巴金·팡쭝아오方
宗鰲 등과 함께 한·중 학생들을 규합하여 흑기연맹黑旗聯盟을 조직하였다.
흑기연맹은 1925년 봄부터 중국 아나키스트 차이위안페이蔡元培(베이징대
총장)·장지張繼(民國大 이사장)·리스청(베이징대 교수)·우즈후이(베이징대
교수) 등의 지원을 받아, 기관지《동방잡지東方雜誌》(중문中文 ; 팡쭝아오 주

간)를 발행하는 등의 아나키즘 연구·선전활동을 전개하였다.[23]

1925년 1월 19일 북경고려유학생회[24] 임원(체육부)에 선출된 류기석은 그해에 오경파吳耕波, 김봉환, 김성숙金星淑 외 3명과 함께《해외순보》[25] 주간으로 있으면서 아나키즘 선전활동을 전개하였다.《해외순보》는 "제국주의를 타파하고, 조선 민족 고유한 문명을 발휘시키며, 동서 최신 학설을 소개하여 민중의 신문화를 건설하여 가지고 정치상 경제상 평등인 새 사회를 세우는 것"을 주지로 하면서 아나키즘을 선전하였으며, 시평, 논설, 문예, 사회조사, 명인 전기, 중국 유학 안내, 세계어강좌 등으로 지면을 구성하였다.[26]

류기석은 점차 학생운동계에서 두각을 드러내기 시작하였고, 베이징 각 대학 학생 집회에서 연설을 하였다(沈克秋, 1990, 31쪽). 1925년 5월 30일 상하이에서 총파업이 일어나자 베이징에서도 5만여 명의 학생들이 시위를 벌였고, 20여만 명의 민중이 국민대회를 거행하였다. 당시 조양대학朝陽大

---

**23** 〈오남기 아나운동 약력〉; 무정부주의운동사편찬위원회 편, 1994, 296~297쪽 등을 종합. 최기영은 바진이 1925년 여름에 베이징대학 입시를 위해 베이징에 갔을 때 류기석과 심용해를 만난 사실을 근거로 흑기연맹의 결성 연도를 1925년으로 추측하고 있다(최기영, 2010, 138쪽).

**24** 북경고려유학생회는 북경조선유학생구락부가 1925년 1월 19일 임시총회를 개최하여 개명한 단체이다(《동아일보》1925년 1월 29일자)

**25** 《해외순보》는 북경고려유학생회 관계자들이 1925년 2월에 해외순보사를 창립하여 3월부터 간행한 신문으로, 중국어와 한국어로 1,000부씩 발행되었다.(《조선일보》1925년 3월 12일자) 해외순보사는 창립선언을 통해 독립운동과 사회운동을 아우르는 혁명운동을 지지하며, 타협적·의타적 방식이 아니라 폭력적·희생적인 암살파괴운동 등을 지지한다고 밝혔다.(조규태, 2008, 229~231쪽 참조)

**26** 《동아일보》1925년 1월 29일자;《조선일보》1925년 3월 12일자 등을 종합. 일제는 《해외순보》를 아나키스트계 선전기관지로 파악하였다.(국사편찬위원회 편, 2001, 470쪽)

學에 다니던 류기석은 유학생 대표로 몇 차례 민중대회에 참가하여 연설을 하였다.[27] 6월 30일에는 베이징 천안문天安門에서 10여만 명이 모인 가운데 개최된 국민대회에 참가하여 장시간에 걸친 연설을 하여 관중들에게 깊은 감명을 주었다.[28] 1926년 3월 1일 오후 2시부터 5시까지 베이징대학 제2원院에서 92명이 참석한 가운데 한교동지회韓僑同志會와 고려학생회高麗學生會(북경고려유학생회-인용자)의 주최로 독립선언기념회가 개최되었는데, 류기석은 조일운趙一雲(한교동지회 간부)의 사회로 열린 이 기념식에서도 감상담을 발표하였다.(〈國外ニ於ケル所謂獨立宣言紀念日ノ狀況ニ關スル件〉) 1926년 6월 중순 무렵에는 베이징에 거류하고 있던 한국인 학생들이 베이징대학 강당에 집합하여 북경고려유학생부흥회를 개최하고 간부를 선임하였는데, 여기서 류기석은 체육부 위원에 선정되었다.[29]

1926년 심용해, 정래동鄭來東, 오남기吳南基, 중국인 정 모鄭某 등과 함께 크로포트킨연구 모임을 만들어 팡웨이아이方未艾란 익명으로 베이징 중앙우체국의 사서함을 통해서 각국 아나키스트단체와 연락을 취하고 간행물을 교환하는 등의 선전공작을 전개하던[30] 류기석은 경제적 사정으로 조양

---

**27** 류기석, 2010, 102쪽. 류기석은 북경조선유학생회 대표로 민중대회에 참가하였다고 회고하였으나, 이는 북경고려유학생회의 잘못으로 보인다. 당시 베이징 한국인 유학생계는 북경고려유학생회와 북경조선유학생회로 나뉘어 있었는데, 1926년 12월 12일에 북경한국유학생회로 통합되었다. 이때 아나키스트인 정래동과 오남기 등이 임원으로 선출되었다.(《동아일보》1926년 12월 20일자) 오남기는 1927년 3월에 북경한국유학생회에 가입한 것으로 회고하였으나(〈오남기 아나운동 약력〉), 이는 잘못이다.

**28** 《조선일보》1925년 7월 10일자(최기영, 2010, 134쪽에서 재인용)

**29** 〈在北京朝鮮留學生復興會開催ニ關スル件〉. 1926년 5월 21일 현재 류기석은 타이위안太原에 있던 옌시산閻錫山의 산시山西비행대에서 활동하고 있었기(《동아일보》1926년 5월 21일자) 때문에 이 회합에 참석하지 않았던 것으로 보인다. 최기영은 류기석이 심용해의 부상문제로 잠시 베이징으로 간 시기에 북경고려유학생부흥회에 참가한 것으로 추측하고 있다.(최기영, 2010, 134쪽)

대학朝陽大學을 3년 중퇴하고,[31] 1926년 5월[32] 안창남과 함께 산시성山西省
타이위안太原으로 가서 옌시산閻錫山의 산시山西비행대에 들어가서 비행술
을 익혔다.[33]

한편, 류기석은 국내 잡지에 소비에트러시아를 비판하고 아나키즘을
선전하는 글을 발표하였다. 그는《신민》8호부터 거의 매호마다 레닌당의
전제정치와 신경제정책의 상태에 대한 전론專論을 발표하여(柳絮, 1926j, 16
쪽) 이를 비판하였는데, 그 목록은 다음과 같다.

> 柳基石,〈勞農 露西亞신경제책〉,《신민》제8호(1925.12.10.)(톈진에서 기고)
> 柳絮,〈칼 맑스의 無産專政〉,《신민》제10호(1926.2.1.)
> 柳絮,〈露國革命의 경로와 그 장래〉,《신민》제11호(1926.3.1.)

---

30 〈오남기 아나운동 약력〉; 무정부주의운동사편찬위원회 편, 1994, 297쪽 등을 종합. 위
의 자료는 크로포트킨 연구 모임을 결성한 시기를 1926년 9월로 기록하였으나 잘못으
로 보인다. 1926년 9월은 류기석이 타이위안에 있을 시기이기 때문이다. 혹시 잠시 베
이징에 들렀을 때 크로포트킨 연구모임을 결성했을 수도 있으나, 그 가능성은 희박한
것으로 보인다.

31 〈江蘇師範學院教職員工登記表〉; 류기석, 2010, 111쪽 등을 종합. 류기석은 1926년 5월
에 타이위안의 산시비행대에 들어간 것으로 보아 2학년 말부터 학교에 다니지 않았던
것으로 추측되며, 3학년 때 학적을 정리한 것으로 보인다.〈有吉公使暗殺陰謀無政府主
義者檢舉ノ件〉(고려서림편집부 편, 1989c, 855쪽)에는 류기석이 朝陽大學에서 北京大學
으로 옮긴 것으로 기록되어 있으나, 잘못이다.

32 류기석은 1926년 5월 9일 상하이에서 抱朴의〈쏘비엣트 露西亞와 조선○○운동〉을《신
민》제16호(1926. 8. 1)에 번역·기고하였다.(柳絮 역, 1926c, 17~19쪽) 따라서 류기석
이 타이위안으로 간 시기는 5월 9일과 산시비행대에서 활동하던 5월 21일 사이로 보아
야 한다.〈적색제국주의〉말미에는 '(문책작자文責作者) 1926. 二月 十五日 于泰原'이라
는 표시가 있다. 이를 근거로 최기영은 류기석이〈적색제국주의〉를 1926년 2월 15일
타이위안에서 기고한 것으로 보았다. 하지만 류기석이 타이위안으로 간 것은 1926년 5
월이었고, 따라서 1926년 2월 15일 타이위안에서 기고한 사람은 류기석이 아닌 그의
글을 받아쓴 문책작자文責作者인 것으로 보는 것이 타당하다.

33 《동아일보》1926년 5월 21일자; 류기석, 2010, 104~105·111쪽 등을 종합

柳絮, 〈적색제국주의〉, 《신민》 제12호(1926.4.1.)

柳絮 역, 〈뽈쉬빅키의 계급성〉, 《신민》 제13호(1926.5.1.)

柳絮 역, 〈무산계급전제의 쏘벳트〉, 《신민》 제15호(1926.7.1.)

柳絮 역, 〈쏘비엣트 露西亞와 조선○○운동〉, 《신민》 제16호(1926.8.1.)

柳絮, 〈露西亞와 약소 민족〉, 《신민》 제18호(1926. 10. 1.)

靑園生, 〈露西亞 제3혁명 - 크론스타트폭동〉, 《신민》 제27호(1927.7.)

　　(1926년 8월 28일 타이위안에서 기고)

　류기석이 타이위안에서 비행생활을 하고 있던 중 심용해로부터 연락이 왔다. 안창호가 지린吉林으로 가고자 하는데, 류기석과 동행했으면 한다는 것이었다. 1926년 말[34] 무렵 류기석은 휴가를 내고 베이징으로 갔다.(류기석, 2010, 118쪽) 1927년 1월 류기석은 민족유일당 결성을 추진하기 위해 만주로 가는 안창호를 수행하였다. 안창호가 지린에 도착한 지 얼마 지나지 않은 설날 저녁에 교민들은 정미소에서 축하파티를 열었다. 그 자리에서는 3·1운동을 주제로 하는 연극을 공연했는데, 류기석이 감독을 맡았다. 파티가 끝난 뒤에는 교민들의 요구로 강연회를 개최했다. 이에 일제는 지린吉林에 모여 독립운동을 도모하고 있던 한국독립운동 수뇌들을 일망타진고자 중국 경찰을 앞세워 1927년 2월 14일[35] 대동공사大同公司를 습격하여 안창

---

**34**　류기석은 1926년 초에 심용해로부터 연락을 받고, 1927년에 타이위안을 떠난 것으로 회고하였다.(류기석, 2010, 117~118쪽) 하지만 류기석이 1926년 12월 11일에 〈연경교외잡관燕京郊外雜觀〉(《동광》 1927년 3월호)을 작성한(최기영, 2010, 143쪽) 것이나, 1926년 12월 25일에 베이징에서 〈冤恨의 바다〉를 《신민》 제28호(1927. 8)에 기고하였던 것으로 보아, 그가 타이위안을 떠난 시기는 1926년 11~12월 무렵인 것으로 추측된다.

**35**　류기석이 1927년 1월 27일에 체포된 것으로 기록한 자료들도 있다.("류기석의 독립유공자평생이력서"; 심극추, 1990; 류기석, 2010, 123쪽; 應起鸞, 1991, 1쪽) 하지만 음력

호 등 124명을 체포하고, 이어서 길원정미소吉源精米所, 삼풍공사三豊公司 외 두세 곳을 습격하여 50여 명을 체포하였다. 이를 '지린吉林사건'이라 한다. 이 사건으로 류기석(체포 당시 이름 : 柳吉思)을 포함하여 42명이 구속되었 으나, 3월 7일 안창호 외 26명이 마지막으로 풀려났다. 1927년 3월[36]에 풀 려난 류기석은 우수리스크에 있는 집으로 갔다. 모스크바에 있는 동방노동 대학에 입학하려고 하였으나, 소련의 실상에 실망하여 1927년 5월에 베이 징으로 돌아갔다가 상하이를 거쳐 1927년 8월에 샤먼으로 떠났다.[37]

취안저우에서 농민자위운동에 참가한 류기석은 이 운동이 침체되자 1928년 2월에 상하이로 갔다.[38] 이후 류기석은 동방무정부주의자연맹과 재중국조선무정부공산주의자연맹에 합류하였다. 재중국조선무정부공산 주의자연맹은 1927년 10월에 발기되어(〈재중국조선무정부공산주의자연맹 발기문〉) 1927년 말 내지 1928년 초에 베이징에서 결성되었던 것으로 보인 다.[39] 재중국조선무정부공산주의자연맹은 1928년 3월에 약정한 강령을 통 해 정치운동과 일체의 중앙집권적 조직을 부정하고 자유연합의 원칙에 의 해 운영되는 조직을 주장하고, 테러적 직접행동론을 방법론으로 제시하였

---

1927년 1월 1일이 양력으로 2월 2일인 것을 고려하면, 이는 잘못으로 보인다.

**36**  류기석은 1925년 여름에 니콜스크(우수리스크)에 갔던 것으로 회고하였으나(류기석, 2010, 76쪽), 이는 1927년의 잘못으로 보인다.

**37** 《일본의 한국침략사료총서》25, 362~377쪽; 류기석, 2010, 96·118~139쪽; 沈克秋, 1990, 32~33쪽 등을 종합

**38**  이정규, 〈中國 福建省 농민자위운동과 한국 동지들의 활동〉(이정규, 1974, 152쪽); 〈有吉公使暗殺陰謀無政府主義者檢舉ノ件〉(고려서림편집부 편, 1989c, 855쪽) 등을 종합

**39**  재중국조선무정부공산주의자연맹이 1928년 2월 무렵 柳基石·韓一元·尹浩然·李乙奎· 李丁奎·安恭根 등에 의해 상하이 佛租界 李梅路 華光病院에서 결성되었다고 기록한 자료 도 있으나(村田生, 1936, 176쪽), 이 또한 잘못이다.

다.(《재중국조선무정부공산주의자연맹 강령 초안》) 재중국조선무정부공산
주의자연맹 결성을 주도한 세력은 베이징에 있던 류기석 계통의 아나키스
트들이었던 것으로 보인다.(이호룡, 2015, 254쪽) 자료에 따라서는 류기석을
재중국조선무정부공산주의자연맹의 창립멤버로 기록하기도 하나, 잘못으
로 보인다. 그것은 재중국조선무정부공산주의자연맹에 곧이어 재중국조
선무정부공산주의자연맹 상해지부(통칭 상해연맹)가 1928년 3월 류기석
에 의해 결성되기 때문이다. 그리고 재중국조선무정부공산주의자연맹 결
성 당시 류기석은 취안저우에 있어서 재중국조선무정부공산주의자연맹
결성에 직접 참가하기가 어려운 상황이었다.[40]

　재중국조선무정부공산주의자연맹은 1928년 5월 1일 노동절을 기념하
는 특집으로《탈환奪還》이라는 제목의 소책자를 발행하여 노동절과 아나코
코뮤니즘에 대해 소개하였다.(《朝鮮民族運動年鑑》, 305쪽) 그리고 잡지《탈환
奪還》[41]을 통해 자본주의와 공산주의 모두를 부정하면서, 생산자 자치를 위
주한 자유평등의 원리에 기초한 신사회로써 자본주의사회를 대신하자고
주장했다.(《탈환의 주장》)《탈환》은 상하이에서 중·한·일 3개국 언어로 발

---

**40**　이정규는 재중국조선무정부공산주의자연맹이 상하이에 체재 중이던 류기석·한일원·
　　윤호연 등에 의하여 1928년 3월에 결성된 것으로 진술하였는데(〈東方無政府主義聯盟李
　　丁奎二對スル判決〉, 고려서림편집부 편, 1989c, 332쪽), 이는 재중국조선무정부공산주의
　　자연맹 상해지부의 잘못으로 보인다.

**41**　《탈환》은 1928년 6월 1일에 창간되어 1929년 5월 1일 6호까지는 서의 격월로 발행되
　　었으나 자금 부족으로 간행이 중지되었다. 1930년 1월 1일에 인성학교 교장 김두봉의
　　도움으로 7호가 간행되었으나, 그 뒤 계속되는 자금난으로 제14호를 끝으로 간행이 중
　　지되고 말았다.[〈在上海總領事館二於ケル特高警察事務狀況〉(고려서림편집부 편, 1989b,
　　782쪽); 〈不穩出版物《奪還》第7號記事〉(고려서림편집부 편, 1989c, 559쪽); 村田生, 1936,
　　176쪽; 이강훈의 증언(堀內稔, 1992, 15쪽에서 재인용 등을 종합)] 현재 1·4·5·7·9호 등
　　의 일부가 전한다.

간되어, 만주, 한국, 일본, 중국, 대만 등 각지에 널리 배포되었다. 재중국조선무정부공산주의자연맹은 수시로 아나키즘 관련 문헌과 소책자를 간행하여 나라 안팎의 동지들에게 발송하였다.[42]

그는 1928년 3월 한일원·윤호연 등과 함께 프랑스 조계 리메이로李梅路 허핑방和平坊 화광의원華光醫院에서 상해연맹을 결성하였으며,[43] 재중국조선무정부공산주의자연맹의 기관지《탈환》발간을 주도하였다.[44] 상해연맹은 1928년 7월 9일 〈상하이 교민에게 격檄한다〉라는 글을 발표하여, 독립유일당운동을 주도하던 재중국본부한인청년동맹(조선청년총동맹의 중국 지부) 상해지부 안의 파벌투쟁을 비판하면서, 공산주의자들을 종파투쟁만 일삼는 무리로 매도하는 등 반공산주의 선전활동을 전개했다. 이에 대해 재중국본부한인청년동맹 상해지부 집행위원회가 7월 16일 〈재중국무정부주의자연맹(재중국조선무정부공산주의자연맹-인용자) 상해부로부터 「상하이 교민에 격한다」라는 글文에 대해서〉라는 제목의 성명서를 발표하여 아나키스트들의 주장에 반박하자, 다시 재중국조선무정부공산주의자연맹은 1928년 8월 19일 〈신자치파인 공산당을 주토誅討한다〉는 제목의 글을 발표하여 공산주의자들을 비판하였다.(《朝鮮民族運動年鑑》, 307~311쪽

---

42 〈有吉公使暗殺陰謀無政府主義者檢擧ノ件〉(고려서림편집부 편, 1989c, 855~856쪽);《흑색신문》제23호;〈在上海留朝鮮人の不穩狀況〉(《資料集成》2, 846쪽) 등을 종합

43 〈東方無政府主義聯盟李丁奎二對スル判決〉(고려서림편집부 편, 1989c, 332쪽);〈有吉公使暗殺陰謀無政府主義者檢擧ノ件〉(고려서림편집부 편, 1989c, 855쪽) 등을 종합.〈有吉公使暗殺陰謀無政府主義者檢擧ノ件〉에는 재중국조선무정부주의자연맹으로 기록하였으나, 이는 재중국조선무정부공산주의자연맹 상해지부의 잘못이다.

44 《동아일보》1929년 2월 16일자;〈有吉公使暗殺陰謀無政府主義者檢擧ノ件〉(고려서림편집부 편, 1989c, 855~856쪽);〈在上海留朝鮮人の不穩狀況〉(《資料集成》2, 846쪽) 등을 종합

참조)

상하이에서 상해연맹 활동을 열심히 하던 류기석은 1928년 10월 이정규가 체포되자(村田生, 1936, 176쪽) 일제의 탄압을 피해 상하이를 떠났다. 그는 1928년 가을 난창南昌의 중국 국민당 성省당부에서 일하다가 관련 증명서를 제출하지 못하여 면직되자,[45] 1929년 봄 난징으로 가서《동남일보東南日報》[46]의 문화면 편집을 수개월 맡았다. 하지만《동남일보》가 난징 경비사령부에 의해 폐쇄되는 바람에 또다시 실직하였다. 그해 여름에는 톈진으로 갔다가 안양생安陽生의 소개로《톈진상보天津商報》에서 주필을 맡았지만, 노동자 입장에서 톈진의 방직공장 노동자들의 파업을 논평한 사론社論을 둘러싸고 사장과 의견이 충돌하는 바람에 십여 일 만에 사직하고 말았다. 이후 곧바로 베이징으로 간 류기석은 거기서 저우마오린周茂林의 소개로 베이징시정부에서 근무하게 되었다.[47]

**사진 4-3** 재중국조선무정부공산주의자연맹의 기관지《탈환》창간호

---

**45**  應起鷺, 〈往事縈懷〉, 《壬辰抗倭戰爭》(《延邊歷史研究》2, 延邊歷史研究所에 수록) (최기영, 2010, 149쪽에서 재인용)

**46**  應起鷺은 류기석이 난징에서 장톈민張田民 소개로《난징일보》편집을 담당하였다고 회고하였으나, 취하지 않는다.

**47**  應起鷺, 1991, 2~3쪽; 류기석, 2010, 164~167·247쪽 등을 종합. 應起鷺은 류기석이 친구 周茂林의 소개로 北京市政府 第3課員으로 근무한 것으로 회고하였으나(應起鷺, 1991, 2쪽), 신현상은 東京 某 동지에게 보낸 편지에서 류기석이 당시 베이징시정부에서 외교

베이징에서 류기석은 1928년 5월 신채호가 체포된 이후 침체에 빠진 아나키스트운동을 재흥하고자 노력하였다. 그는 흑치단黑幟團[48]과, 1928년 10월 베이징에서 정래동·오남기·국순엽鞠淳葉·김용현金用賢·이용진李龍鎭[49] 등에 의해 결성된[50] 아나연맹을 기반으로 하여 심용해와 함께 재중국조선무정부공산주의자연맹을 재조직하였다.[51] 이를 통칭 북경연맹北京聯盟이라 하였던 것으로 보인다. 그는 북경연맹을 결성하는 것과 함께《약소민족의 혁명방략弱小民族的革命方略》(柳絮, 1929, 中山書店)을 출판하여 아나키즘에 입각한 민족해방운동론을 정립하여 선전하였다.

1936년 남화한인청년연맹의 기관지《남화통신南華通訊》이 발간되자, 류기석은 원고를 기고하는 등《남화통신》발간에 관여하면서,[52] 아나키즘을 선전하였다. 그리고 1937년에 중일전쟁이 일어나면서 전면적 항일전의 필

---

를 담당하는 요직을 맡고 있었다고 회고하였다(《黑色新聞》제27호). 베이징시정부 비서처에서 근무한 것으로 기록한 자료도 있다. 류기석은 베이징시정부에서 근무할 때 박용태 등이 1930년 6월 15일 대한대독립당주비회의 기관지《조선의 혈血》을 창간하는 것을 원조하였다.(〈안창호 일파의 한국국민당 조직과 그후의 행동에 관한 건〉) 류기석이 《조선의 혈血》창간을 원조한 것은 대한대독립당 창당을 주도하던 안창호와의 관계 때문이었던 것으로 보인다.

**48** 黑幟團은 1926년에 결성된 아나키스트단체이다.

**49** 《한국아나키즘운동사》에는 이용진이 李容鎭으로 서술되어 있으나,《형사사건부》와 《조선일보》에 따르면 李龍鎭이 맞다.

**50** 무정부주의운동사편찬위원회 편, 1994, 297쪽.《한국아나키즘운동사》에는 류기석도 아나연맹 결성에 참가한 것으로 기록되어 있으나, 이는 잘못으로 보인다. 류기석은 1928년 10월 당시 베이징에 없었기 때문이다.

**51** 《조선일보》1930년 9월 23일자;〈오남기 아나운동 약력〉;《한국아나키즘운동사》, 297쪽; 坪江汕二, 1966, 119쪽; 朝鮮總督府警務局 編, 1933, 277쪽; 류기석, 2010, 247쪽 등을 종합

**52** 〈在上海總領事館ニ於ケル特高警察事務狀況-昭和12年12月末調査〉(堀內稔, 1992, 26쪽에서 재인용)

요성이 제기되는 등 국제 정세가 급격하게 변화하자, 이에 대응하기 위하여 그는 류자명과 함께 남화한인청년연맹을 조선혁명자연맹으로 개조하였다. 조선혁명자연맹의 구성원은 20여 명이었으며, 주요 인물은 류자명(위원장), 정화암, 류기석, 나월환, 이하유, 박기성, 이승래李升來 등이었다.[53]

## 2) 농민자위운동 참가

지린사건 이후 동방노동대학 입학을 고려했다가 포기하고 1927년 5월 베이징으로 간 류기석은 농민자위운동에 참가해달라는 이정규의 제의를 받고[54] 상하이로 갔다.[55] 아나키스트들로부터 농민자위운동의 대강을 듣고 그들과 상의한 뒤 1927년 8월 샤먼으로 떠났다. 거기서 농민자위운동에 합류하였다.

취안저우·융춘永春 지역에 혁명근거지를 건설하고 이를 아나키스트운동의 지반으로 삼는 것을 목적으로 하였던[56] 취안저우 농민자위운동은 6월 하순 량룽광梁龍光과 친왕산秦望山이 상하이로 이정규를 찾아온 데서 비롯되었다. 친왕산과 량룽광은 자신들이 취안저우에 진장현晉江縣 선전원양성

---

**53** 〈韓國各政黨現況〉(추헌수 편, 1972, 77~78쪽); 朝鮮總督府警務局, 1940,《華中·華南·北中美洲朝鮮人槪況》, 117쪽(楊昭全 等編, 1987a, 271쪽);《思想報告集》其の七, 152쪽 등을 종합

**54** 이정규, 〈中國 福建省 농민자위운동과 한국 동지들의 활동〉(이정규, 1974, 135~136쪽)

**55** 류기석이 상하이로 간 시기는 1927년 7~8월이었던 것으로 사료된다. 그것은 이정규가 류기석을 만나지 못한 채 1927년 6월 말에 상하이에서 샤먼으로 떠났기[이정규, 〈中國 福建省 농민자위운동과 한국 동지들의 활동〉(이정규, 1974, 136쪽)] 때문이다. 應起鸞은 류기석이 1927년 9월 상하이에서 이정규를 만난 것으로 기록하였으나(應起鸞, 1991, 3쪽), 이는 잘못이다.

**56** 〈訪問范天均先生的紀錄〉(葛懋春·蔣俊·李興芝 編, 1984, 1040~1041쪽)

소宣傳員養成所를 설립하고 중학 출신 학생 200명을 뽑아 놓고 교육을 시작하였지만, 토비土匪와 해군 육전대陸戰隊의 횡포로 취안저우에서 물러나 샤먼항廈門港 시외에 임시 피난처를 마련하고 대책을 마련 중이라면서, 이정규 등에게 취안저우를 중심으로 한 농민자위조직 건설에 동참할 것을 제의하고, 학생들에 대한 교육을 어떻게 할 것인가 하는 문제와 농촌운동을 어떻게 이끌어 나갈 것인가 하는 문제에 대해 상의하였다. 이정규·이을규·우커강·이와사 사쿠타로·량룽광 등 5인이 모여 친왕산秦望山의 제의에 대해 토의하였다. 이정규와 량룽광이 농민자위운동을 책임지기로 하였다.

이정규는 인선人選에 들어가 훈련 담당에 이기환, 학과 담당에 류기석을 선정하고, 6월 말에 량룽광·친왕산 등과 함께 먼저 샤먼으로 떠났다. 그는 7월 1일부터 선전원양성소에서 강의를 시작하였다. 이기환에 이어 늦게 도착한 류기석은 신경제학·사회학·봉건사회 및 자본주의사회 해부 등의 강의를 맡았다. 학사일정이 조정되어 9월 말까지 강의를 한 다음 10월에는 농촌에서 실지활동을 하기로 하였다.[57]

수료기가 끝나가면서 취안저우로 돌아가는 문제가 제기되었다. 당시는 장제스의 반공쿠데타로 매우 혼란스러운 상황이라서 친왕산은 9월 하순 쉬저란許卓然·다이진후아戴金華 등과 함께 푸저우福州와 난징의 정국을 시찰하러 떠났다. 그는 난징에서 국민당 중앙당부로부터 푸젠성 당화교육훈련소黨化敎育訓練所[58]를 맡아 달라는 제의를 받았다. 이에 대해 토의한 결과 이 제의를 받아들이기로 하고, 소장에 친왕산, 정치주임에 이정규, 훈련주임

---

**57**  이정규, 〈중국 福建省 농민자위운동과 한국 동지들의 활동〉(이정규, 1974, 133~136쪽)
**58**  당화교육훈련소는 국민당 정부가 반공쿠데타 뒤 숙청을 단행하고, 중등 교원을 재훈련·재교육하고자 각 성별로 설치한 기관이다.[이정규, 〈중국 복건성 농민자위운동과 한국 동지들의 활동〉(이정규, 1974, 140쪽)]

에 리량룽李良榮, 교수부주임에 류기석, 학생대장에 이기환 등을 배치하였다. 이후 천밍수陳銘樞의 제11군이 공산군을 추격하면서 푸젠성으로 진입하자, 선봉대였던 제5사단의 사단장 차이팅카이가 친왕산에게 자신들의 점령지에 대한 정지작업을 해 줄 것을 요청하였다. 이에 민난閩南25현縣민단편련처民團編練處라는 기치를 내걸고 차이팅카이의 군대를 따라 취안저우에 입성하였다.

민단편련처는 11월에 개청식을 거행하였는데, 푸젠성 정부의 요청에 따라 관할 지역을 취안저우·융춘永春 중심의 11현으로 축소하였다. 명칭도 천영이속민단편련처泉永二屬民團編練處로 개칭하였다. 본부위원장과 비서장은 친왕산과 이정규가 맡았고, 총무부는 정진르鄭今日·이을규(회계 담당), 조직연락부는 어우양젠핑歐陽健平·판톈준范天均, 선전교육부는 류기석·량룽광·장첸디張謙第·장중런姜種仁, 훈련지도부는 천춘페이陳春培·이기환·류지청 등이 맡았다.

친왕산·량룽광·이정규·류기석 등은 취안저우에 있는 토비·토호 등 난동분자를 어떻게 숙청할 것인가에 대해 차이팅카이와 토의하는 한편, 중국 농촌의 장점을 최대한 살려 농민의 자주, 자치, 협동노작協同勞作, 협동자위를 실시하기로 방침을 세우고, 그 방침 아래 선전원양성소에서 훈련받은 청년들을 지방 곳곳에 파견하여 중견 청장년들의 훈련을 맡도록 하며, 군중들에게 농민을 조직할 것을 선전하여 민단을 조직한다는 계획을 세웠다. 민단편련처는 각 지방을 조직히는 한편, 마흐노[59] 전법 훈련을 시작하는 등

---

**59**　네스토르 마흐노Нестор Махно는 우크라이나 아나키스트로서 러시아 혁명 이후 농민 유격군을 조직하여 농민자위운동을 전개했다. 혁명을 위협하는 독오연합군獨·墺聯合軍을 우크라이나에서 몰아냈으며, 백색白色 반혁명군과도 싸워 그들을 격퇴시켰다. 이후 볼셰비키와의 싸움에서 패해 외국으로 망명하였다.[이문창 편, 〈네스톨 마푸노의 생애

무장투쟁 본거지를 건설하기 위한 활동을 전개하였지만, 제11군의 남하 이후 토비의 공격과 극심한 자금난으로 말미암아 1928년 2월 중순 이후 거의 모든 활동이 중지되고 말았다. 이에 천영이속민단편련처는 그 깃발을 내릴 수밖에 없었다. 류기석은 먼저 상하이로 떠났다.[60]

상하이에서 동방무정부주의자연맹과 재중국조선무정부공산주의자연맹 상해지부에 관계하다가, 이정규가 체포되자, 류기석은 난창, 나징 등지를 거쳐 1929년 여름에 톈진으로 갔다. 거기서 류기석은 허베이 지역에 민족해방운동기지 건설 활동을 전개하였다. 중국 동북지역에 사는 한국인 농민들을 산해관山海關으로 이주시켜 허베이 지역에 있는 황무지를 개간하는 한편, 군사를 양성하여 이들을 항일유격대로 만들고, 시기가 무르익으면 국내로 진격한다는 계획을 세운 것이다. 그는 1929년 톈진 부근의 바이하白河와 피아오하漂河 기슭의 국유지와 황무지를 중국 정부로부터 불하받기 위하여 차이위안페이와 남개대학 교장 장보링張伯苓의 도움을 받아 농광부農鑛部·허베이성 정부와 교섭을 하였으나 기대한 성과를 얻어 내지 못하였다. 이후 베이징으로 간 류기석은 거기서 심용해를 만나 그와 함께 1929년 가을에 민족해방운동기지 건설을 위한 자금을 마련하고자 지린으로 갔다. 백방으로 노력하였으나, 자금 모집에는 실패하였다.[61] 이로써 류기석의 민족해방운동기지 건설운동은 결국 좌절되고 말았다.

---

및 그 운동〉(이정규, 1974, 155~161쪽) 참조]

60    농민자위운동의 구체적 전개과정은 이정규, 〈중국 福建省 농민자위운동과 한국 동지들의 활동〉(이정규, 1974, 128~154쪽); 〈訪問范天均先生的紀錄〉(葛懋春·蔣俊·李興芝 編, 1984, 1040~1041쪽); 蔣剛, 1997, 315~319쪽 등을 종합

61    류기석, 2010, 159~179쪽; 沈容澈, 1990, 66쪽 등을 종합

### 3) 테러활동

류기석이 취안저우에서 상하이로 간 직후인 1928년 3월 재중국조선무
정부공산주의자연맹은 각 지역 대표와 서면으로 온 모든 의견을 토의·종
합하여 강령을 약정하고, 이를 통해 일체의 정치운동을 반대하고, 운동은
직접선전과 폭력적 직접행동[62] 등의 직접방법으로 할 것을 천명했다.(〈在中
國朝鮮無政府共産主義者聯盟綱領草案〉) 류기석은 재중국조선무정부공산주의자
연맹에 합류하여 활동하면서, 한일원·윤호연 등과 함께 재중국조선무정부
공산주의자연맹 상해지부를 결성하였으며, 기관지《탈환》발간을 주도하
는 등 아나키즘 선전활동을 적극적으로 전개하였다.

1928년 10월 이정규가 체포되자 신변에 위협을 느낀 류기석은 상하이
를 떠나 난창, 난징, 톈진을 거쳐 베이징으로 갔다. 그는 그곳에서 재중국조
선무정부공산주의자연맹 북경지부를 결성하고, 이를 중심으로 테러활동
을 전개했다.

1930년 3월 22일 신현상과 최석영이 충남 예산 호서은행에서 5만
8,000원[63]을 인출하여 베이징으로 류기석을 찾아왔다. 류기석은 이들과 협
의하여 이 돈을 테러활동자금으로 사용하기로 결정하였다. 그는 신현상과
함께 톈진 일본영사관을 파괴할 것을 계획하고 자동소총 5자루 등의 무기
를 구입하는 한편, 상하이로 가서 테러활동을 전개할 동지들을 규합하였
다. 어느 정도 준비를 마치자 류기석은 류자명, 장도선, 정해리, 안공근 등
과 함께 1930년 4월 20일 상하이 프랑스조계 진선푸로金神父路 신신리新新里

---

**62**  자료에는 直按行動으로 서술되어 있으나, 직접행동直接行動의 오식誤植으로 보인다.

**63**  자료에 따라서는 5만 7,000원으로 기록하기도 하였으나, 신현상에 따르면 5만 8,000
원이 맞다(〈호남은행 사건의 동지 申君의 서한〉).

모某 중국인 집 2층에서 남화한인청년연맹을 결성하고 선언과 강령 및 규약을 발표하였다.

　1930년 5월에 베이징으로 돌아간 류기석은 신현상 등과 함께 대파괴공작을 일으킬 계획을 세우기 위해 베이징에서 전 중국에 산재해 있는 한국인 아나키스트들을 소집하여 무정부주의자동양대회를 개최하였다. 대회에서는 이 자금의 사용처를 놓고 갑론을박 끝에 이회영의 중재로 만주에서의 민족해방운동기지 건설사업을 지원하는 데 사용할 것과 그 밖에 중국 관내에서도 적극적인 성의를 가지고 운동을 전개할 것을 결의하고, 분과별로 활동 방법을 모색하기로 하였다. 하지만 이 결정은 실행에 옮겨지지 못하였다.

　재중국 한국인 아나키스트들의 움직임을 예의주시하고 있던 일본 경찰은 5월 6일 중국 경찰을 앞세워 오남기 방과 최석영·신현상의 숙소를 급습하였다. 류기석·김종진·이을규·신현상·최석영·정래동·오남기·국순엽·차고동車鼓東(車學輅) 등 대회 참가자 11명이 체포되었다. 일본 경찰은 류기석의 몸을 검색하여 4,000원이 예금되어 있는 통장을 압수하였으며, 신현상·최석영의 숙소를 수색하여 채 소각하지 못한 개인 우편물과 숨겨 놓았던 무기 등을 압수하였다.

　류기석은 자신이 베이징시정부 직원임과 중국 국적을 취득한 사실을 내세워 중국 경찰에 항의하였고, 베이징시장에게까지 전화를 해서 사건의 경과를 설명하고 체포의 불법성을 따졌다. 류기석의 항의와 베이징시장의 지시로 다음 날 아침 모두 석방되었다. 오남기 등 민국대학 학생 3명은 거주지로 돌아가고, 만주와 상하이에서 온 사람들은 안전한 곳으로 피신하였다. 하지만 미처 새로운 숙소를 구하지 못한 최석영과 신현상은 그 다음날 아침에 다시 체포되었다. 류기석은 중국 경찰의 처사를 비난하는 여론을

조성하는 등 백방으로 신현상과 최석영 구명운동을 벌였으나, 결국 신현상
과 최석영은 일본영사관에 넘겨졌다. 은행에 예금된 돈은 중국 경찰에 불
법으로 강탈당하였고, 빼앗긴 3만원 상당의 무기 역시 돌려받지 못하였다.
이 사건의 여파로 국내에서는 정만희, 석윤옥, 김학성, 신현국, 장재익, 인
각수印珏洙, 최병하, 이용진 등이 검거되었다.[64]

이후 류기석은 1930년 9월 취안저우로 가서 여명黎明중학 교원으로 취
직하였다.[65] 하지만 '9·18' 사건이 발생하자 항일전에 참가하기 위해 다시
베이징으로 갔다. 가는 도중에 1931년 11월 초순 무렵 상하이를 거쳤는데,
거기서 류자명을 만나 정치화鄭致和(허열추許烈秋)와 함께 불멸구락부[66]에
가맹하였다.[67]

1931년 말 무렵 베이징으로 간 류기석은 동북의용군各종 항일회抗日會
등 중국 항일단체와 교류하면서, 항일운동의 기세를 높이기 위해 다시 테
러를 결행할 계획을 세웠다. 그는 재베이핑동북의용군후원회在北平東北義勇
軍後援會와 푸젠 방면의 항일회 등으로부터 자금 7,000달러를 지원받고, 이
돈으로 테러활동을 전개하고자 했다. 그는 테러에 참가할 동지를 물색하러

---

**64**   류기석(임원빈 역), 2010, 182~191쪽; 이호룡, 2015, 260·346~347쪽 등을 종합
**65**   류자명은 1929년 가을 무렵에 여명중학에서 허열추, 류기석 등과 함께 교사생활을 하
였던 것으로 회고하였으나(류자명,《한 혁명자의 회억록》, 198~201쪽 참조), 취하지 않
는다. 류기석은 1929년 가을에 베이징에 있었던 것으로 보인다.
**66**   불멸구락부는 류자명이 한국인 수명과 함께 비밀리에 조직한 아나키스트 단체이다.
**67**   〈有吉公使暗殺陰謀無政府主義者檢擧ノ件〉(고려서림편집부, 1989c, 856쪽);〈시국에 관
한 在滬한인독립운동자의 행동건(1931. 11. 15)〉(대한민국국회도서관 편, 1976, 694
쪽); 在上海領事館 編,《朝鮮民族運動(未定稿)》第四(1927. 12~1932. 12), 고려서림편집
부 편, 1989a, 335~336쪽; 應起鸞, 1991, 3쪽 등을 종합. 일제가 작성한 류기석 신상카
드(류기석, 2010, 12쪽)에 따르면, 류기석은 1931년 10월 현재 푸젠성 샤먼에 있는 여
명중학에 거주하고 있었다. 따라서 그가 샤먼을 떠난 시기는 1931년 10월 이후이다.

1932년 10월 상하이로 갔다. 거기서 난샹南翔 입달학원에 근무하던 류자명을 방문하여 정화암 등과 함께 테러활동에 대해 논의하였다. 11월 상하이 프랑스조계 백정기의 숙소에서 이용준, 엄형순, 이달, 정해리, 백정기, 오면직, 원심창, 박기성, 정화암, 김야봉, 야타베 유지 등과 회합하였는데, 이 자리에서 "만주사변을 계기로 하여 일본제국 세력이 북중국에 파급되는 것은 명료한 것으로 동同 방면의 인심은 동요하고 있다. 고로 이때 우리 동지들은 북중국 방면의 일본 군부 또는 총영사관에 폭탄을 투척하여 그 수뇌를 암살하고 인심을 외포畏怖케 하여, 치안을 교란하고 일본제국의 북중국 진출을 방해"하자고 제안하였다. 이에 대해 협의한 결과, 백정기, 정화암, 야타베 유지, 오면직, 박기성, 정해리, 이달, 엄형순 등은 상하이 방면에서 폭탄을 투척하고 향후의 운동자금을 조성하는 데 사용할 것을 주장하였으나, 원심창과 이용준 등은 류기석의 제안에 찬성하였다.

11월 12~13일 무렵 원심창은 류기석의 숙소를 방문하였다. 이 자리에서 류기석은 자신이 중국 항일단체로부터 7,000달러를 지원받았는데, 그 가운데 3,000달러가 남아 있으며, 이 자금으로 톈진과 베이징에서 큰 사건을 일으키면 광둥과 푸젠성의 중국 항일단체로부터 2~3만 달러를 다시 받을 수 있다고 밝혔다. 류기석, 원심창, 이용준 3명은 북중국 방면의 치안 교란공작을 실행에 옮기기로 하였다. 1932년 11월 19일 무렵 류기석, 원심창, 이용준 등은 상하이를 떠나 베이징으로 향했는데, 김야봉도 동행하였다. 류기석, 원심창·이용준·김야봉 등은 21일경 베이징에 도착하였으며, 김야봉은 북만주로 떠났다.

류기석, 원심창, 이용준 등은 정래동, 오남기, 국순엽, 류기문 등 북경연맹원들과 협의한 후, 테러를 단행할 장소를 물색하였다. 하지만 당시 베이징에는 장쉐량 군대 30여만 명이 주둔하고 있어 정세가 불리하였다. 12월

8~9일쯤 류기석은 원심창과 이용준의 숙소를 방문하여 톈진에서 항일 파괴공작을 실행할 것을 제안하여 이들의 동의를 얻었으며, 모든 준비는 류기석이 맡기로 했다.

1932년 12월 13일 밤 류기석은 원심창과 이용준에게 폭탄 3개 구입 등 모든 준비가 끝났음을 알리고, 그들과 함께 14일 야간열차로 베이징을 출발하여 밤 12시 즈음 톈진에 도착했다. 15일 원심창, 이용준 등은 각인의 부서, 기타에 대해 합의하였다. 이들은 폭탄 투척 장소를 물색하기 위하여 현장시찰을 한 뒤, 일본군사령부와 주톈진 일본총영사 구와시마桑島를 폭탄투척 대상으로 선정하였다. 독일조계 부두에 정박하고 있던 일본 기선 남양환南洋丸도 고려하였으나 제외하였다. 류기석이 일본총영사관저 근처에서 구와시마를 암살하겠다고 나섰으나, 현장 확인 결과 일본총영사관저는 테러 후 도망가기가 여의치 않은 것으로 판명이 나서 다른 사람이 맡기로 했다. 그것은 만약 류기석이 체포되면 중국 항일회와 자금문제를 교섭하는 것이 불가능해지기 때문이었다. 희생을 최소한으로 줄이기 위해 이용준이 구와시마 암살을 맡고, 일본군사령부는 류기석이 맡기로 하였으며, 원심창은 지리에 어두워 도망가기가 어려우므로 테러가 행해진 뒤 곧바로 상하이로 가서 톈진의 상황을 보고하기로 하였다. 결행 일시는 16일 오후 6시 30분으로 결정하였다.

15일 밤 류기석은 원심창 입회하에 이용준에게 폭탄(수류탄) 사용 방법 등을 알려주었다. 이때 원심창이 류기석에게 중국 측 항일회로부터 자금을 수령할 경우 그것을 어떻게 사용할 것인가에 대해 물었다. 이에 류기석은 5,000달러 이하이면 베이징에서 경제기관을 만들어 그 이익을 운동자금으로 충당하고, 5,000달러 이상이면 상하이로 가서 동지들과 협의하여 사용 방법을 결정하자고 하였다.

이용준은 계획대로 오후 6시 30분쯤 빅토리아공원 안에서 구와시마가 탄 자동차를 향해 폭탄 1개를 투척하였으나, 일본총영사관저 외곽의 벽돌담 일부를 파손하는 데 그쳤다. 류기문은 류기석으로부터 받은 폭탄을 부두에 정박 중인 일본 기선에 투척하였으나 바다에 떨어졌으며, 기선은 뱃머리를 돌려 도망가고 말았다. 류기문은 류기석으로부터 일본군사령부에 폭탄을 투척할 것을 요청받았으나, 거리가 너무 멀어 대신 일본 기선에 투척한 것이다. 원심창은 16일 석간신문에 일본총영사관저에 폭탄이 투척되었다는 기사를 보고, 9시 15분에 톈진을 출발하여 12월 19일에 상하이로 돌아갔다. 이용준은 폭탄을 투척한 뒤 일단 베이징으로 갔으나, 류기석과 감정 충돌이 생겨 1933년 2월에 상하이로 갔다.

류기석은 2차로 톈진에 있는 일본 정금正金은행과 일본군영 소재지인 해광사海光寺를 폭파하고자 했다. 그리하여 정금은행에 시한폭탄을 설치하고, 일본 병영 안에 있는 발전소에는 수류탄을 투척하였다. 하지만 정금은행 안에 설치하였던 시한폭탄은 다음 날 아침 일찍 발견되는 바람에 제거되고 말았다.(이호룡, 2015, 279~283쪽)

1932년 겨울에 잉치롼應起鸞과 결혼한(심극추, 1990, 35쪽) 류기석은 상하이와 중국 북부 등지로 가서 테러활동을 도모하다가, 1933년 가을에 카이펑開封으로 갔다. 거기서《허난민보河南民報》편집을 맡다가 주필을 거쳐 총편집을 맡았다. 5년 동안《허난민보》에 있으면서, 아울러 허난대학河南大學 농학원 강사도 맡았다.[68]

류기석은 1937년 9월 초 김구의 요청으로 난징으로 갔다. 난징에서 김구 계열과 김원봉金元鳳 계열의 연합을 중재하였다가 실패한 뒤, 청년 9명과

---

[68] 應起鸞, 1991, 3쪽; 류기석, 2010, 247~253쪽 등을 종합

함께 소모임을 만들고 상하이에서 지하공작을 하기로 협의하였다. 소모임 은 한국국민당 계열의 청년과 아나키스트 청년으로 구성되어 있었다. 10월 에 상하이로 간 류기석은 소모임원들과 함께 지하선전활동을 전개했다.(류 기석, 2010, 260~275쪽) 1937년 11월 상하이가 함락된 이후 김구 등은 상하 이에서 철수하였으나, 류기석은 상하이에 머물면서 지하공작을 벌였다.(應 起鸞, 1991, 4쪽) 류기석은 1937년 12월부터 김구·안공근 등과 연계하여 상 하이 부근에서 작전 중이던 일본 군함 출운出雲을 수뢰水雷를 사용하여 폭침 시킬 것을 계획하였다. 그는 두 차례(1937년 11월 하순 즈음, 1938년 2월 하 순)에 걸쳐 안낙생安樂生을 통해 안공근으로부터 4,000원을 건네받았다. 이 후 홍콩香港으로 가서 김인金鱗(金仁?-인용자)과 안우생을 만나 협의를 한 뒤, 1938년 4월 하순 상하이로 돌아갔다. 하지만 1938년 10월 9일 안낙생 이 검거되면서 이 계획은 실행에 옮겨지지 못하였다.[69]

1939년에는 일본 주중대사駐中大使 다니 마사유키谷正之 암살을 시도하 였지만 결국 실패하고 말았다. 수색이 심해지자 1939년 봄과 여름 사이에 쑤베이蘇北의 유격지역으로 갔다. 거기서 문화文化중학 교장과 장쑤성립교 육학원江蘇省立敎育學院 부교수를 역임하였다.[70]

### 4) 군사활동

1931년 말 무렵 베이징으로 간 류기석은 테러활동을 도모하는 한편, 항

---

**69** 〈最近に於ける在支不逞鮮人の動靜〉, 156쪽;《思想彙報》第18號; 內務省警保局 編,〈1938
年の在支不逞鮮人の不穩策動狀況〉(金正明 編, 1967, 627·629쪽); 內務省警保局保安課 編,
1941〈最近に於ける在支不逞朝鮮人の策動狀況〉(《일제의 한국침략 사료총서》67, 722
쪽) 등을 종합
**70** 應起鸞, 1991, 4쪽; 류기석, 2010, 275·277쪽 등을 종합

일구국회와 관계를 가지면서 별동대를 조직하는(應起鸞, 1991, 3쪽) 등 군사
활동도 전개했다. 그는 정래동, 오남기, 조성사趙成史, 국순엽, 김용현, 중국
아나키스트 정수쥔鄭樞俊 등과 함께 북경연맹원을 중심으로 베이징에서 구
국연맹을 결성하고, 일제를 타도하자는 내용의 격문을 국내외에 살포하였
다.(이호룡, 2015, 259쪽) 1931년 12월 조성사를 헤이룽장성黑龍江省 마잔산
馬占山 장군에게 파견하여 후방교란작전을 협의하였다. 조성사가 베이징으
로 돌아가자 재만 각지 중국 부대에 격문을 살포하여 항전선전抗戰宣傳 공세
를 전개하였다. 그리고 1933년 1월 러허성熱河省 구베이구古北溝에서 허잉
친何應欽 중앙군과 일본군 사이에 전투가 개시되자 북경연맹원들은 중국인
정수쥔의 재정 지원을 받아 의용군을 결성하기 위하여 톈진·난징·상하이·
푸젠·취안저우 등지를 순방하였다.(〈오남기 아나운동 약력〉) 1932년 9~10
월 톈진과 러하 사이에서 활동하던(應起鸞, 1991, 3쪽) 류기석은 1933년 1월
이후 상하이, 바오토우, 카이펑 등지를 전전하면서 테러활동을 도모하다가
1939년 다니 마사유키谷正之 암살 시도가 실패로 돌아가자, 쑤베이蘇北의 유
격지역으로 갔다. 하지만 쑤베이蘇北 유격지역 국민당 행정전원行政專員 쉬
지타이徐繼泰가 일제에 투항하자, 다시 창저우常州, 광더廣德를 거쳐 장시江西
상라오上饒로 가서 군사활동을 계속했다. 1943년 7월에는 옌산鉛山에서 한
국인 청년들과 합작하여 제3전구사령장관부戰區司令長官部의 허가와 지지
아래 한교전지공작대[71]를 조직하고 대장에 취임하였다. 한교전지공작대는
제3전구사령장관부의 지휘를 받았는데,[72] 대원은 십수 명이었으며, 주로

---

**71**　정화암은 류기석이 우후蕪湖를 중심으로 전시공작대戰時工作隊를 조직하였다고 회고하
　　였는데(정화암, 1982, 225쪽), 韓僑戰地工作隊를 지칭하는 것으로 보인다.
**72**　류기석은 중국전투사령부 정무주임을 역임하였다.(《동광신문》 1949년 5월 8일자)

함락지구의 한국 동포와 일본군 안의 한국인 사병을 대상으로 침략전쟁에 대해 반대할 것을 선전하고, 이들의 탈출을 도모하는 것을 중심 임무로 하였다. 1944년 7월에는 20여 명의 대원을 이끌고 완난皖南 징현涇縣 일대로 가서 적구敵區 한국 동포들을 향해 선전을 전개하였다. 적구로부터 넘어온 한국 청년들을 수용하였는데, 공작한 지 1년도 되지 않아 대원은 103명으로 증가하였다. 류기석은 완난皖南에서 활동을 하던 도중 일제의 항복으로 8·15해방을 맞이하였다.[73]

류기석은 군사활동을 하면서 조선민족혁명당에도 참가하였다. 그는 1943년 7월 조선민족혁명당 강남지부 서기를 맡았으며, 1944년 4월 10일부터 14일까지 충칭重慶에서 개최된 조선민족혁명당 전당 제8차 대표대회에서는 민찬호閔燦鎬, 김강金剛과 함께 명예주석단으로 선출되었다. 그리고 김규식, 김약산, 윤기섭, 성현원成玄園, 장건상, 김붕준金朋濬, 김상덕金尙德, 왕일서王逸曙 등 20명과 함께 중앙집행위원으로 선출되었다.[74]

### 5) 국제적 연대활동

동아시아 아나키스트들의 국제적 연대는 1921년부터 시작되어 1928년 동방무정부주의자연맹 결성으로 이어졌다. 동아시아 아나키스트들의 국제적 연대를 제일 먼저 모색했던 인물은 일본 아나키스트 오스기 사카에이다. 오스기 사카에의 주도하에 중국·인도·일본·한국의 아나키스트들

---

**73**  柳樹人, 〈韓國獨立運動的回顧與前瞻〉, 8쪽; "류기석의 독립유공자평생이력서"; 應起鸞, 1991, 4쪽; 沈克秋, 1990, 38쪽; 류기석, 2010, 305~306쪽 등을 종합. 류기석은 난징 한족동맹회의 의장이자 동시에 광복군 징모 제3분처의 대장이기도 하였다.(국사편찬 위원회 편, 1993, 573쪽)

**74**  "류기석의 독립유공자평생이력서"; 《앞길》 제33기 등을 종합

이 협의하여 동방무정부주의자동맹東方無政府主義者同盟을 결성하였다. 하
지만 1923년 관동대지진關東大地震 때 오스기 사카에가 살해되면서 동방무
정부주의자동맹은 유명무실한 존재가 된 것으로 사료된다.(이호룡, 2015,
299쪽)

류기석도 동아시아 각국의 국제적 연대조직의 필요성을 역설했다. 그
는 일본 아나키스트들의 파괴운동이 매번 실패하는 것은 파괴 수단과 조직
이 없기 때문이라면서, 일본 제국주의를 타도하려면 국제적 연대가 절실함
을 강조하였다. 즉 1923년 관동대지진 이후 쇠퇴하고 있는 일본 아나키스
트들은 국제적 연대를 통해 중국 아나키스트들로부터 자신들에게 필요한
것들을 제공받을 수 있으며, 한국·대만 아나키스트들과 합작으로 파괴운
동에 착수할 수 있다는 것이다.

동일한 제국주의의 지배 아래에 있는 약소민족들을 연맹의 대상으로
설정하고 있던 류기석은 중국과의 연대에 주력하였다. 그는 다른 지역보다
여건이 좋은 중국의 아나키스트들이 전국대회를 개최하고, 이를 기반으로
동아무정부주의자대연맹을 조직하고 동아대회東亞大會를 소집할 것을 제
의하였다. 이와 아울러 동아시아 아나키스트들이 마땅히 주의해야 할 문제
와 대회에서 토론해야 할 문제 및 주비상籌備上의 대체적인 계획을 제시하
였다. 그 내용은 2년 이내에 상하이나 우창武昌에서 대회를 개최할 것, 민종
사民鐘社·민중사民衆社·조선흑치단을 발기인으로 할 것, 동아무정부주의자
대연맹기성회를 먼저 조직하여 연맹과 대회를 준비하게 할 것 등이다. 그
리고 토론할 문제로 대연맹을 조직하는 문제, 각국 동지의 혁명방략 심사,
각국 동지 연락 문제(민종사, 조선흑치단, 노동운동사), 선전 문제, 파괴운동
문제(창사성사長沙星社, 조선흑치단), 노동운동 문제(일본 노동운동사, 민종
사), 농민운동 문제, 세계어 문제(베이징안사北京安社), 군대선전 문제, 대회

선언(노동운동사, 민중사) 등 13개 항을 제시하였다.[75]

　중국 아나키스트들을 중심으로 국제적 연대조직을 결성하기 위한 노력
은 계속되었다. 1926년 여름 국제적 연대조직을 결성하기 위한 준비회가
조직되어 활동을 개시하였고, 1927년 10월 하순 무렵에는 중국 수젠의 발
의로 한국·일본·중국·대만·안남·인도 등 6국 대표자 120여 명이 톈진 프
랑스조계 모처에서 회합하여 무정부주의동방연맹 창립대회를 개최하였
다. 이 창립대회는 각각 자국으로 돌아가 서로 연락을 취하면서 목적을 달
성할 것과 본부를 상하이에 설치할 것 등을 결정하였다. 하지만 신채호·린
빙원 등이 활동자금을 마련하기 위하여 외국환을 위조하다가 체포되면서
무정부주의동방연맹의 활동은 위축되었다.

　이를 재정비하기 위하여 다시 연맹조직준비회가 꾸려졌다. 준비를 마
친 연맹조직준비회는 1928년 6월 14일 상하이 리메이로 화광의원에서 한
국인 류기석·이정규, 일본인 아카가와 게이라이, 중국인 마오이보·덩밍시
안·이지치·우커강 외 수명이 회합한[76] 가운데, 일본 제국의 국체 변혁(아나
키즘 실현 즉 권력 부인)을 목적으로 동방무정부주의자연맹을 조직하기로
결정하였다. 그날 중국·안남·인도·필리핀·한국 등과 그 외 5개국 지역의
유지 대표를 소집하여 동방아나키스트대회를 개최한 뒤, 동 대회에 출석한
백수십 명의 각국 유지有志로 동방무정부주의자연맹을 정식 결성했다. 류
기석은 이정규, 아카가와 게이라이, 마오이보, 우커강, 덩밍시안, 하워드
(미국인) 등과 함께 서기부 위원으로 선출되었다. 동방무정부주의자연맹은

---

**75**　柳絮, 〈主張組織東亞無政府主義者大聯盟〉(葛懋春·蔣俊·李興芝 編, 1984, 716~719쪽)

**76**　이정규의 판결문에는 중국인 왕수런汪樹仁도 회합에 참석한 것으로 기록되어 있으나
　　　[〈東方無政府主義聯盟李丁奎二對スル判決〉(《外務特殊文書》28, 334쪽)], 왕수런은 류기석
　　　의 가명이다(〈無政府主義者 李容俊 取調의 건〉).

1930년 무렵까지 테러적 직접행동을 통해 민중들을 각성시켜 그들로 하여
금 일제의 식민 지배에 맞서 봉기하도록 유도하고자 상당히 활발한 활동
을 전개하여 동아시아 아나키스트운동의 중심 단체로서의 역할을 다하
였으나, 1931년 무렵이 되면서는 활동이 침체되었다.(이호룡, 2015, 299~
304쪽)

류기석은 1933년 1월 중순 상하이로 가서 정치화와 함께 프랑스조계 푸
바이로蒲柏路 경도공우京都公寓에 투숙하였다가, 안경근安敬根의 집으로 옮겼
다.[77] 이후 류기석은 상하이에 머물면서 백정기·이강훈·원심창 등 항일구
국연맹원들이 아리요시 아키라有吉明 주중일본공사를 암살하고자 한 육삼
정六三亭 사건[78]에도 관계하였다. 즉 아리요시 아키라 암살에 사용될 자금으

---

**77** 〈有吉公使暗殺陰謀無政府主義者檢擧ノ件〉(고려서림편집부 편, 1989c, 828~829·858쪽).
이 자료 863쪽에 따르면, 류기석은 1933년 3월 현재 안경근의 집에 거주하였다.

**78** 육삼정 사건은 항일구국연맹원들이 일본 주중공사 아리요시 아키라를 암살하려다 실
패한 사건을 말한다. 일본과 장제스 간의 밀약에 대한 정보를 입수한 항일구국연맹원
들은 밀약을 성공시키고 귀국하는 아리요시 아키라를 위해 육삼정六三亭에서 개최되는
송별회를 기하여 그를 암살하기로 하고, 실행대원으로 백정기·이강훈·원심창 3인을 선
정하였다. 이들 3인은 1933년 3월 17일 오후 9시 즈음 육삼정 근처의 송강춘松江春에
잠복하여 기회를 노렸으나, 암살 음모에 관한 정보를 입수하고 기다리고 있던 일본총
영사관 경찰과 공동조계 공부국工部局 경찰에 의해 체포되었다.(이호룡, 2015, 313~317
쪽 참조) 하지만 육삼정 사건은 일본 순사 야마다 가쿠베에山田角兵衛와 밀정 오키沖의
조작된 정보와 역공작에서 비롯되었다. 재중국 한국인 민족해방운동가들의 동정을 감
시하고 있던 야마다는 오키에게 아키라와 장제스 사이에 밀약이 성사되었다는 거짓된
정보를 한국인 아나키스트에게 제공케 하고, 그들을 일망타진할 계획을 세웠다. 당시
《상하이일일신문上海日日新聞》기자였던 오키는 자신의 신분을 이용하여 원심창에게 접
근하여, 주중 일본공사 아리요시 아키라가 아라키荒木 육상陸相의 밀명으로 중국으로
건너가, 장제스에게 수천만 엔을 지급하고 남의사藍衣社의 세력 확대를 원조하는 대신,
장제스는 그 교환 조건으로 만주를 방기하고 일본이 러허熱河를 점령하더라도 무저항
주의를 취한다는 내용의 협상을 성사시켰다는 왜곡된 정보를 제공했고, 원심창 등은
일본 경찰의 역공작에 밀려 암살계획을 실행에 옮기지도 못하고 체포되고 말았다. 일

로 200달러어치의 환을 류자명을 거쳐 정화암에게 넘겨주었다.(이호룡, 2015, 314~315쪽 참조)

1933년 7월 류기석은 테러활동을 보다 적극적으로 전개하기 위하여 중국 북부 평수철로平綏鐵路 바오토우包頭에서 북평한족동맹회北平韓族同盟會 회원 강구우姜九禹, 조선혁명당원 성인호成仁鎬 등과 함께 반일반만反日反滿 테러행동을 목적으로 하는 중한호조연합회中韓互助聯合會를 발기하여 결성하였다. 한국인 14명, 중국인 21명이 참가하였는데, 이들은 암살단鐵血團과 무력철혈단武力鐵血團 두 반을 꾸렸다. 회장에는 중국인 천수런陳樹人, 부회장에는 김구가 선임되었으며, 류기석은 회원으로 참가하였다. 이들은 베이징, 톈진, 상하이와 만주의 주요 도시에 지부를 설치하고 적극적으로 활동하였으나, 별다른 성과는 내지 못하였다.[79]

# 맺음말

지금까지 살펴본 것처럼 류기석은 1924년 조양대학에 들어간 이후 아나키즘을 수용하였다. 그는 뛰어난 아나키스트 이론가로서 공산주의를 이론적으로 비판하면서 아나키즘에 입각한 민족해방운동론을 펼쳤다. 그는

---

본 경찰의 역공작에 대해서는 박찬승의 〈1933년 상해 '有吉明공사 암살 미수 사건'의 전말〉,《한국독립운동사 연구》제60집을 참조할 것.

**79** 內務省警保局 編, 〈1933年の在上海朝鮮人の不穩狀況〉(金正明 編, 1967, 502쪽); 王培文, 2006, 15쪽 등을 종합

각종 아나키스트 단체를 결성하고, 그 단체를 중심으로 아나키즘 선전활동, 농민자위운동, 테러활동, 군사활동 등을 전개했다.

해방이 되자 류기석은 한반도를 분할 점령한 미국과 소련이 한국 민족의 독립을 지원해 줄 것으로 보고, 각당 각파는 국가민족의 이익을 당파의 이익보다 우선시하여 민족지상·국가지상의 원리에 입각하여 독립제일주의를 실행할 것을 역설하였다. 만약 그들이 원조라는 미명 아래 배후에서 조종하려고 하면 한국 민족의 적이 될 수밖에 없다고 경고하였다.

해방 이후 류기석은 상하이로 갔다. 거기서《중한문화中韓文化》(월간 ; 발행인 양관楊寬)[80]를 창간하고 편집을 담당하였다. 하지만《중한문화》는 자금난으로 겨우 2기를 발행하는 데 그치고 말았다. 1946년 8월부터 1948년 7월까지 장쑤江蘇 난퉁학원 경제계 부교수를 역임하였으며, 난퉁학원南通學院을 떠난 1948년 7월부터 1949년 5월까지는 칭다오화북초연공사青島華北草烟公司 고문을 역임하였다.

류기석은 1949년 5월 4일 잠시 귀국하여 모친과 누이를 만났으나, 얼마 뒤 다시 상하이로 돌아갔다. 해방 이후 분단된 조국의 현실에 실망하고 중국에 그대로 머물기로 한 것이다. 이승만 정권이 들어선 남한이나 공산당 치하의 북한을 모두 인정하기 어려웠던 그는 1950년 8월 이후 광저우廣州에서 류자명을 만나 중국공산당의 영도領導 아래 중화인민공화국의 번영과 발전을 위하여 분투할 결심을 밝히기도 했다.

그는 1952년 11월부터 1980년 11월 27일 쑤저우蘇州에서 심장병 발작으로 사망(향년 76세)하기까지 강소사범학원江蘇師範學院(현재 쑤저우대학 사회학원)에서 역사계 교수를 역임하였다. 그는 주로 강권에 대한 민중들

---

**80**　심극추는 잡지명을《中韓友好 月刊》으로 서술하였으나 취하지 않는다.

의 저항에 대해 연구하였는데, 그 성과는 다음과 같다.

柳樹人, 1952 〈美國初期侵略朝鮮簡記─從組織 '遠征朝鮮艦隊'到 '韓美條約'的
　　訂立〉,《歷史敎學》2호(13호)

柳樹人, 1952 〈'壬辰倭亂'和中朝人民的抗戰〉,《歷史敎學》6호(18호)

柳樹人, 1952 〈朝鮮李朝的農民起義:首次擧起烽火的'洪景來之亂'〉,《歷史敎學》5
　　호(17호)

柳樹人, 1958 〈甲中日甲午戰爭爆發後朝鮮農民軍的抗日鬪〉,《中國歷史敎學》
　　11호

柳樹人, 1980 〈憶安重根刺伊藤博文〉,《中學歷史敎學》

　　이외에도 북한 작가들이 6·25전쟁 시 미국에 대한 북한 민중의 저항을
그린 단편소설을 번역하여《재궤도상在軌道上》,《불타는 월미도燃燒的月尾
島》등 2권의 책을 간행하였다. 유저遺著로《화역조씨고華域朝氏考》(1984년 遼
寧人民出版社에서 발간 : 한국어판)와 〈임진항왜전쟁壬辰抗倭戰爭〉(중국어판 ;
《延邊歷史研究》第二輯(1987)에 발표)이 있으며,《안중근선생전》,《자유사회학
自由社會學》,《열강의 외교와 정치列强之外交與政治》의 원고는 유실되었다.[81]

　　류기석은 일제강점기 재중국 한국인아나키스트들의 민족해방운동을
이론적으로나 실천적으로 이끌었다. 그러한 류기석이 류자명과 함께 해방
이후 귀국하지 않고 중국에 머뭄으로써 한국 아나키스트계는 커다란 손실
을 입었다. 그들이 귀국하지 않음으로써, 해방 이후 한국 아나키스드운동

---

**81**　류기석의 해방 이후 행적은《동아일보》1945년 12월 18일자;《동광신문》1949년 5월
　　8일자; 柳樹人,〈韓國獨立運動的回顧與前瞻〉, 8쪽; "류기석의 독립유공자평생이력서";
　　應起鸞, 1991, 4~5쪽; 沈克秋, 1990, 30·40쪽; 류자명,《한 혁명자의 회억록》, 370쪽 등
　　을 종합한 것임.

이 유림과 이정규 등에 의해 주도되면서, 아나키즘 본령에서 벗어나는 모습을 보이게 되었던 것이다. 그 결과 한국 근현대사에서 커다란 역할을 하였음에도 한국 아나키즘은 제3의 사상으로서의 지위와 역할을 상실한 채 역사무대의 전면에서 사라지고 말았다. 한국 아나키즘이 제3의 사상의 지위를 회복하려면 아나키즘 본령에 충실했던 류기석의 사상을 현재적 관점에서 재분석·평가하여 계승·발전시킬 필요가 있을 것이다.

# 참고문헌

## 1. 자료

《동아일보》, 《조선일보》, 《중외일보》

《동광신문》1949년 5월 8일자(http://nl.go.kr)

《民鐘》第16期(1926. 12. 15)(葛懋春蔣俊李興芝 編, 1984《無政府主義思想資料選》上·下, 北京人民大學出版社에 수록)

《思想彙報》第16號(1938. 9. 1)(http://e-gonghun.mpva.go.kr)

《思想彙報》第18號(1939. 3. 1)(http://e-gonghun.mpva.go.kr)

《思想彙報》第25號(1940. 12. 1)(http://e-gonghun.mpva.go.kr)

《앞길》제33기(1944. 6. 1)(국사편찬위원회 임시정부자료집편찬위원회 편, 2009 《임시정부자료집》37에 수록 ; http://db.history.go.kr)

《앞길》제42기(1945. 6. 1)(국사편찬위원회 대한민국임시정부자료집편찬위원회 편, 2009《임시정부자료집》37에 수록 ; http://dbhistory.go.kr)

《자유신문》1949년 5월 8일자(http://db.history.go.kr)

《탈환》창간호(1928. 6. 1)

《흑색신문黑色新聞》제23호, 흑색신문사

〈1925년도 원동단우반遠東團友班 조직표〉(독립기념관 소장)

〈江蘇師範學院教職員工登記表〉

〈國外ニ於ケル所謂獨立宣言紀念日ノ狀況ニ關スル件〉(《不逞團關係雜件-朝鮮人ノ部-在 支那各地》4에 편철 ; http://db.history.go.kr)

〈東方無政府主義聯盟李丁奎ニ對スル判決〉(고려서림편집부 편, 1989c《日本外務省特殊 調査文書》28, 高麗書林에 수록)

"류기석의 독립유공자평생이력서"

"류기석의 호적"

"류기석이 1920년 흥사단 원동위원부에 입단하면서 제출한 이력서"(류기석, 2010 《30년 방랑기-유기석 회고록》, 국가보훈처에 수록)

〈無政府主義者 李容俊 取調의 건〉(京畿道知事→警務局長 등, 1939. 4. 27)《思想에 關한 情報綴(4)》(국사편찬위원회 소장)

〈訪問范天均先生的紀錄〉(葛懋春·蔣俊·李興芝 編, 1984《無政府主義思想資料選》下, 北京
　　人民大學出版社에 수록)

〈本誌ヲ毀謗スル者ニ與フ〉,《革命》第8號[〈不穩新聞《革命》ノ記事ニ關スル件(高警第2938
　　號, 1925. 8. 26)〉에 첨부(국사편찬위원회 편, 2001《한국독립운동사 자료》37에
　　수록)]

〈不穩出版物《奪還》第7號記事〉(고려서림편집부 편, 1989c《日本外務省特殊調査文書》28,
　　高麗書林에 수록)

《思想情勢視察報告集》其の七(社會問題資料硏究會에서 재편집하여 1975년에 東洋文化
　　社에서 출판)

〈昭和13年度に於ける鮮內思想運動の槪況〉,《思想彙報》第18號(1939. 3. 1)
　　(http://e-gonghun.mpva.go.kr)

〈시국에 관한 在滬한인독립운동자의 행동건(1931. 11. 15)〉(대한민국국회도서관 편,
　　1976《韓國民族運動史料-中國篇》, 國會圖書館에 수록)

〈안창호 일파의 한국국민당 조직과 그후의 행동에 관한 건〉(국사편찬위원회 편,
　　1973《한국독립운동사 자료》3에 수록)

〈오남기 아나운동 약력〉(무정부주의운동사편찬위원회가 한국아나키즘운동사 편찬
　　을 위해 자료를 수집하는 과정에서 작성된 자료임)

〈有吉公使暗殺陰謀無政府主義者檢擧ノ件〉(고려서림편집부 편, 1989c《日本外務省特殊
　　調査文書》28, 高麗書林에 수록)

應起鸞의〈戶口登記表〉

"李容俊의 판결문"(독립운동사편찬위원회 편, 1976《독립운동사 자료집》11, 독립유
　　공자사업기금운용위원회에 수록)

《일본의 한국침략사료총서》25(일본 외무성·육해군성 편, 1988《일본의 한국침략사
　　료총서》25, 한국출판문화원)

"일제가 작성한 류기석 신상카드"(류기석, 2010《30년 방랑기-유기석 회고록》, 국가
　　보훈처에 수록)

《일제의 한국침략 사료총서》67(국가보훈처 편,《일제의 한국침략 사료총서》67, 공
　　훈전자사료관 ; http://e-gonghun.mpva.go.kr/)

《資料集成》1~10(朴慶植 編,《在日朝鮮人關係資料集成》1~10, 三一書房)

〈在北京朝鮮留學生復興會開催ニ關スル件〉(국사편찬위원회 편,《不逞團關係雜件-朝鮮人
　　ノ部-在支那各地》4에 편철; http://db.history.go.kr)

〈在上海南華韓人靑年聯盟の綱領規約及宣言〉,《思想彙報》第5號(1935. 12)
　　(http://e-gonghun.mpva.go.kr)

〈在上海留朝鮮人の不穩狀況〉(朴慶植 編,《在日朝鮮人關係資料集成》2, 三一書房에 수록)

〈在上海總領事館ニ於ケル特高警察事務狀況〉(고려서림편집부 편, 1989b《日本外務省特殊調査文書》27, 高麗書林에 수록)

〈재중국조선무정부공산주의자연맹 강령 초안〉[《탈환》창간호 증간(1928. 6. 15)에 게재]

〈재중국조선무정부공산주의자연맹 발기문〉(연맹주비회, 1927. 10)[《탈환》창간호 증간(1928. 6. 15)에 게재]

《朝鮮民族運動年鑑》(在上海日本總領事館警察部第2課 編,《朝鮮民族運動年鑑》)

〈중국에서의 임정 산하 및 후원단체(1930. 8. 12)(대한민국국회도서관 편, 1976《韓國民族運動史料-中國篇》, 國會圖書館에 수록)

〈蔡殷國李丁奎ヲ中心トスル無政府主義運動檢擧ニ關スル件(京鍾警高秘第5791號ノ1)〉(국사편찬위원회 편,《警察情報綴(昭和 9年)》에 편철 ; http://db.history.go.kr)

〈最近に於ける在支不逞鮮人の動靜〉,《思想彙報》第16號(1938. 9. 1)(http://e-gonghun.mpva.go.kr)

〈탈환의 주장〉,《탈환》창간호(1928. 6. 1)

"被解放的韓人熱烈擁護臨時政府"《독립신문》제7호(1945. 7. 20)(http://i815.or.kr/)

〈韓國各政黨現況〉(1944. 4. 22. 嗚鐵城에게 보내는 보고서)(추헌수 편, 1972《資料 韓國 獨立運動》2, 연세대학교출판부에 수록)

《형사사건부》(http://theme.archives.go.kr ; 국가기록원 소장)

〈호남은행사건의 동지 申君의 서한〉,《흑색신문》제27호(1934. 4. 18)

葛懋春·蔣俊·李興芝 編, 1984《無政府主義思想資料選》下, 北京人民大學出版社

고려서림편집부 편, 1989a《日本外務省特殊調査文書》26, 高麗書林

고려서림편집부 편, 1989b《日本外務省特殊調査文書》27, 高麗書林

고려서림편집부 편, 1989c《日本外務省特殊調査文書》28, 高麗書林

谷蔭, 1932(4版)〈檢討〈檢討馬克思主義的階級藝術論〉〉,《中國文藝論戰》(李何林 編), 東亞書局

국사편찬위원회 편, 1973《한국독립운동사 자료》3

국사편찬위원회 편, 1993《한국독립운동사 자료》22

국사편찬위원회 편, 2001《한국독립운동사 자료》37

金正明 編, 1967《朝鮮獨立運動》2, 原書房

內務省警保局 編, 〈在上海留朝鮮人の不穩狀況〉,《社會運動の狀況》(1933年)(朴慶植 編, 1975《在日朝鮮人關係資料集成》第2卷, 三一書房에 수록)

內務省警保局 編, 〈1938年の在支不逞鮮人の不穩策動狀況〉,《社會運動ノ狀況》(1938年)(金正明 編, 1967《朝鮮獨立運動》2, 原書房에 수록)

內務省警保局 保安課 編, 1941〈最近に於ける在支不逞朝鮮人の策動狀況〉(국가보훈처 편,《일제의 한국침략 사료총서》67에 수록 ; http://e-gonghun.mpva.go.kr/)

대한민국국회도서관 편, 1976《韓國民族運動史料-中國篇》, 國會圖書館

柳基石, 1925 〈노농 露西亞의 신경제정책〉,《신민》제8호(1925. 12. 10)

류기석(임원빈 역), 2010《삼십년 방랑기-유기석 회고록》, 국가보훈처

柳絮, 〈東方革命者的使命〉(柳絮, 1929a《弱小民族的革命方略》, 中山書店에 수록)

柳絮, 〈一個革命者的人生觀〉(柳絮, 1929a《弱小民族的革命方略》, 中山書店에 수록)

柳絮, 〈主張組織東亞無政府主義者大聯盟〉,《民鐘》第16期(1926. 12. 15)(葛懋春蔣俊李
　　興芝 編, 1984《無政府主義思想資料選》下, 北京人民大學出版社에 수록)

柳絮(鎌田恙吉 譯), 〈東洋に於ける我等〉,《黑旗》1930年 1月號[柳絮의《弱小民族的革命
　　方略》(1929, 中山書店)에 수록된 〈東方革命者的使命〉을 번역한 글임]

柳絮(鎌田恙吉 譯), 〈弱小民族解放の目標〉,《黑色戰線》1929년 12月號[柳絮의《弱小民族
　　的革命方略》(1929, 中山書店)의 1장을 번역한 글임]

柳絮, 1926a 〈크로포트킨의 문예관〉,《동광》제5호(1926. 9. 1)

柳絮, 1926c 〈칼 맑스의 無産專政〉,《신민》제10호(1926. 2. 1)

柳絮, 1926d 〈露國 혁명의 경로와 그 장래〉,《신민》제11호(1926. 3. 1)

柳絮, 1926e 〈적색제국주의〉,《신민》제12호(1926. 4. 1)

柳絮, 1926i 〈露西亞와 약소 민족〉,《신민》제18호(1926. 10. 1)

柳絮, 1926j 〈프로 文士와 유물사관〉,《신민》제20호(1926. 12. 1)

柳絮, 1926k 〈主張組織東亞無政府主義者大聯盟〉,《民鐘》第16期(1926. 12. 15)(葛懋春·
　　蔣俊·李興芝 編, 1984《無政府主義思想資料選》下, 北京人民大學出版社에 수록)

柳絮, 1927 〈맑쓰 계급투쟁설의 근거〉,《신민》제25호(1927. 5. 1)

柳絮, 1927a 〈冤恨의 바다〉,《신민》제28호(1927. 8. 1)

柳絮, 1928 〈무산계급예술신론〉,《중외일보》1928. 4. 3~9(http://db.history.go.kr)

柳絮, 1929 〈신흥 詩家의 계급관〉,《중외일보》1929. 3. 18(http://db.history.go.kr)

柳絮, 1929a《弱小民族的革命方略》, 中山書店(1928년 7월 9일 탈고)

柳絮, 1929b 〈一個革命者的人生觀〉(柳絮, 1929a《弱小民族的革命方略》, 中山書店에 수록)

柳絮, 1932a(4版) 〈檢討馬克思主義的階級藝術論〉,《中國文藝論戰》(李何林 編), 東亞書局

柳絮, 1932b(4版) 〈藝術的理論鬪爭〉,《中國文藝論戰》(李何林 編), 東亞書局店

柳絮 譯, 1926a 〈뽈쉬빅키의 계급성〉,《신민》제13호(1926. 5. 1)

柳絮 譯, 1926b 〈무산계급 전제의 쏘벳트〉,《신민》제15호(1926. 7. 1)

柳絮 譯, 1926c 〈쏘비엣트 露西亞와 조선○○운동〉,《신민》제16호(1926. 8. 1)

柳絮 譯, 1926d 〈크로포트킨의 도덕관-생물학에 근거를 둔 그의 학설, 희생과 분투
　　를 기조로 한 철학〉,《동광》제6호(1926. 10. 1)

柳絮 譯, 1927 〈크로포트킨의 互助論 概觀〉,《동광》제10호(1927. 2. 1)

柳樹人, 〈安昌男的一生〉,《中國的空軍》第6期

柳樹人,〈韓國獨立運動的回顧與前瞻〉,《中韓文化》1946年 2月號

류자명,《한 혁명자의 회억록》(1999년 독립기념관 한국독립운동사연구소에서 영인)

朴慶植 編, 1975《在日朝鮮人關係資料集成》第2卷, 三一書房

沈在秋, 1990〈浮沈在硝烟彌漫的時代浪潮中-記柳樹人的一生〉,《懷念集》第5集, 泉州平民
中學晉江民生農校校友會

沈容澈, 1990〈二十六個春秋-記沈茹秋的短暫一生〉,《懷念集》第5集, 泉州平民中學晉江民
生農校校友會

楊昭全 等編, 1987a《關內地區朝鮮人反日獨立運動資料彙編》上册, 遼寧民族出版社

應起鷺, 1991〈柳樹人生平〉(未刊)

이정규,〈中國 福建省 농민자위운동과 한국 동지들의 활동〉(이정규, 1974《우관문
존》, 삼화인쇄에 수록)

이정규, 1974《우관문존》, 삼화인쇄

李何林 編, 1932(4版)《中國文藝論戰》, 東亞書局

在上海領事館 編,《朝鮮民族運動(未定稿)》第四(1927. 12 ～ 1932. 12)(고려서림편집부
편, 1989a《日本外務省特殊調査文書》第26卷, 高麗書林에 수록)

정화암, 1982《이 조국 어디로 갈 것인가》, 자유문고

朝鮮總督府警務局 編, 1933《最近における朝鮮治安狀況-昭和8年》(1966년 巖南堂書店에
서 소화 13년分과 함께 묶어서 復刊)

朝鮮總督府警務局 編, 1940《華中·華南·北中美洲朝鮮人槪況》(楊昭全 等編, 1987a《關內地
區朝鮮人反日獨立運動資料彙編》上册, 遼寧民族出版社에 수록)

靑園生, 1926〈露西亞 제3혁명-크론스타트폭동〉,《신민》제27호(1927. 7)

村田生, 1936〈上海及南方方面ニ於ケル朝鮮人ノ思想狀況〉,《思想彙報》第7號(1936. 6),
朝鮮總督府高等法院檢査局思想部

추헌수 편, 1972《資料 韓國 獨立運動》2, 연세대학교출판부

## 2. 연구성과

堀內稔, 1992〈南華韓人靑年聯盟と黑色恐怖團〉,《朝鮮民族運動史研究》8, 靑丘文庫

무정부주의운동사편찬위원회 편, 1994(2쇄)《한국아나키즘운동사》, 형설출판사

王培文, 2006〈20世紀30年代初韓國無政府主義者在中國的抗日活動〉,《和田師範專科學校
學報》第26卷第3期

이호룡, 2015《한국의 아나키즘-운동편》, 지식산업사

蔣剛, 1997 〈泉州 무정부주의운동에 대한 초보적 연구〉,《한국민족운동사연구》16,
    한국민족운동사연구회
조규태, 2008 〈1920년대 북경지역 한인유학생의 민족운동〉,《한국독립운동사연구》
    30, 독립기념관 한국독립운동사연구소
최기영, 2010 〈1920~30년대 柳基石의 재중독립운동과 아나키즘〉,《한국근현대사연
    구》55, 한국근현대사학회
坪江汕二, 1966(개정증보판)《朝鮮民族獨立運動秘史》, 巖南堂書店

# 제 5 장

## 아나르코생디칼리스트

# 이홍근

아나르코생디칼리스트운동은 테러활동, 혁명근거지 건설운동 등과 함께 일제강점기 한국인 아나키스트운동의 커다란 흐름을 형성하였다. 특히 재일본 한국인과 국내 아나키스트들 사이에서는 아나르코생디칼리슴이 아나코코뮤니즘과 함께 한국인 아나키즘의 양대 흐름을 형성했다. 아나르코생디칼리스트 운동에 대한 이해 없이는 한국인 아나키스트운동을 제대로 이해하기 어렵다. 그럼에도 한국인 아나르코생디칼리스트들에 대한 연구는 거의 전무하다시피 하다. 최갑용崔甲龍(又震)[1]의 활동에 초점을 맞춘 박환의 〈조선공산무정부주의자연맹의 결성 ; 崔甲龍의 사례를 중심으로〉(《국사관논총》 41, 1993)가 유일하다. 이 연구 역시 아나르코생디칼리스트로서의 최갑용을 분석·평가하고 있지는 않다.

일제강점기 국내 아나르코생디칼리스트 운동을 이끌었던 인물은 이홍근李宖根[2]과 최갑용이다. 특히 이홍근은 한국 아나르코생디칼리스트 운동의 이론적 부문을 담당했다. 이홍근이 한국 아나키스트운동사에서 상당한 비중을 차지하고 있음에도 그에 대한 연구는 제대로 이루어지고 있지 않

---

1 崔甲龍은 원래 '최갑룡'으로 표기해야 하나, 그의 저서인《어느 혁명가의 일생》과《황야의 검은 깃발》에서 '최갑용'으로 표기하였으므로, 이를 따른다.

2 자료에 따라서는 李宖根을 李弘根, 李(穴+弘)根으로 기록하기도 하나, 이 책에서는 "일제 감시대상 인물카드"와 "조선공산무정부주의자동맹 사건 판결문"의 기록에 따라 李宖根으로 통일한다.

다. 일제강점기 한국 아나키스트운동의 흐름을 제대로 이해하기 위해서는 이홍근에 대한 심층적 연구가 필수적이라 할 수 있다.

　이홍근에 대한 연구가 부진한 것은 그가 해방 이후 한국 아나키스트운 동의 주요한 흐름에서 제외되어 있었기 때문이기도 하지만, 자료 부족에서 비롯된 바도 크다 할 것이다. 이홍근은 다른 아나키스트들에 견주어 활동 기간이 짧아 많은 자료를 남기지 못했다. 그가 일본 잡지에 발표한 글, 일제 정보보고서, 재판기록, 집필하다 만 짧은 회고문 하나 등이 있을 뿐이다.

　이 글에서는 부족하나마 남아 있는 자료들을 최대한 수집하여 아나르코 생디칼리스트로서 이홍근의 활동을 일제강점기를 중심으로 살펴보고자 한다.

## 1.　아나키즘 수용과 사상적 내용

### 1) 아나키즘 수용

이홍근은 1907년 7월 29일[3] 평안남도 중화군 해압면 용산리 751번지[4]

---

**3**　《대한민국 건국 10년지》, 1,084쪽;《대한연감》1955년판, 717쪽;《대한민국 인물 연 감》, 194쪽; 이홍근, 1983, 9쪽 등을 종합. "일제 감시대상 인물카드"는 이홍근의 출생 년도를 1907으로 기록하고 있으나, 이홍근 본인의 회고가 맞다고 보고 이를 따른다.

**4**　〈無政府主義者の行動に關する件〉에는 평남 중화군 동두東頭면 용산리龍山里로 기록되어 있고,《한국아나키즘운동사》(무정부주의운동사편찬위원회 편, 1994, 263쪽)에는 평 안남도 중화군 용산면 해압리로 서술되어 있으나, 이는 잘못이다.

에서 태어났다. 그는 진남포공립상공학교에 진학하였으나, 3학년에서 중
도에 퇴학당하였다. 이홍근은 1924년 11월 11일 오후 3시 반쯤에 수업태
도 불량이라는 이유로 교사가 부당하게 처벌하자 항의하였다. 다음 날 교
장이 앞으로 수업태도가 불량할 때는 처벌한다는 방침을 발표하자, 한원열
韓源烈이 학생들의 인권을 무시하는 처사라며 항의하였다. 이에 진남포공립
상공학교는 11월 14일 이홍근과 한원열을 퇴학 처분하였다. 사태는 확대
되어 11월 20일 십수 명의 학생들이 좌경 사상을 가졌다는 이유로 출학黜學
또는 정학 처분을 받았다.[5]

　진남포공립상공학교에서 퇴학당한 이홍근은 1925년 일본 도쿄로 건너
갔다. 천도교 종리원 동경지부에 체류하였는데, 이곳에서 최갑용, 한원열
등 평안남도 출신 학생들과 동거하였다. 그는 스스로 학비를 벌며 정칙正則
영어학교 중등부에 입학하여 전수과(1년제)까지 마쳤다. 학교에 다니는 동
안 최갑용, 한원열 등과 독서회도 가졌다.[6]

　이홍근이 도쿄로 건너간 명목은 공부를 더 하기 위한 것이었지만, 실제
로는 사회주의운동의 실제적 동향에 비상한 관심을 가지고 있었기 때문이
다. 그는 도쿄로 건너가기 전에 이미 일본에서 발간된 사회주의 관계 서적
을 탐독하였고, 특히 오스기 사카에의《자유의 선구》,《정의를 구하는 마
음》,《일본 탈출기》등과 그가 번역한 크로포트킨의〈청년에게 소召함〉과
《상호부조론》등을 읽고 그의 사상에 매료되어 있었다. 도쿄로 건너간 그

5　"일제 감시대상 인물카드"; "조선공산무정부주의자동맹 사건 판결문";《동아일보》
　　1924년 11월 20일자;〈甲子 1年 總觀(續)〉; 무정부주의운동사편찬위원회 편, 1994,
　　263쪽 등을 종합
6　"조선공산무정부주의자동맹 사건 판결문"; 이홍근, 1983, 9쪽; 무정부주의운동사편찬
　　위원회 편, 1994, 263~264쪽; 최갑용, 1995, 7쪽 등을 종합

는 한국인 학생들이나 일본 사상계 인물들과 교류하며 아나키즘에 대한 이해도를 높여 나갔다.(이홍근, 1983, 9쪽)

그는 흑우회에 가입하였다. 당시 흑우회는 박렬의 소위 '대역사건'으로 거의 붕괴되다시피 하여 최규종의 집에 간판만 내걸고 있는 상태였다. 그는 도시마구豊島區 메지로目白에 있던 흑우회의 건물로 거주를 옮겼으며, 최규종 등과 함께 흑색청년연맹黑色靑年聯盟이 주최하는 강연회에 참석하였다가 과격한 언동으로 검속되기도 하였다. 1926년 2월에는 도쿄인쇄공조합대회東京印刷工組合大會에 참가하여 불온언동을 하다가 검거되었으며, 같은해 5월에는 메이데이 행사에 참가하고자 하였으나 예비검속되는 바람에 그 뜻을 이루지 못하였다. 이외에도 조선무산청년동맹회 창립총회, 치안유지법 제정 반대투쟁 집회 등에 참가하였다. 이홍근은 장상중·김정근·원심창 등과 함께 흑우회 재건작업을 전개해 나가는 과정에서 아나키즘을 자신의 사상으로 정립해 나갔다.[7]

## 2) 민족주의·공산주의 비판

일제강점기 한국인 아나키스트들은 일제의 식민지배로부터의 해방을 추구하는 과정에서 민족주의와 공산주의를 비판하면서 아나키즘을 민족해방운동의 지도이념으로 수용하였다. 민족주의는 기본적으로 정치적으로는 부르주아민주주의체제를, 경제적으로는 자본주의체제를 지향하였는데, 아나키스트들은 부르주아민주주의와 자본주의를 모두 부정하였다. 그

---

**7** 〈新聞紙雜誌輸移入及其の種類數量〉; 〈無政府主義者の行動に關する件〉; 이홍근, 1983, 9~11쪽; 무정부주의운동사편찬위원회 편, 1994, 263~264쪽; 日本アナキズム運動人名事典編纂委員會 編, 2004, 706쪽; 이호룡, 2015, 184쪽 등을 종합

들이 보기에 부르주아민주주의는 권력을 횡탈橫奪하고자 하는 야심가들이
정권을 장악하기 위하여 내세우는 주장에 지나지 않았고, 자본주의사회는
자본가가 노동자를 착취할 수밖에 없는 사회였다.

　민족주의에 대한 비판은 민족주의자와 민족주의운동에 대한 비판으로
이어졌다. 일제강점기 한국인 아나키스트들이 민족해방운동을 전개한 것
은 강권으로써 한국 민족을 억압하고 있는 식민지 권력을 타도하고, 한국
민족을 해방시켜 자유로운 삶을 영위할 수 있도록 하려는 것이었지, 또 하
나의 억압기구일 수밖에 없는 민족국가를 건설하려던 것은 아니었다. 아나
키스트들은, 민족주의자들은 일본 제국주의와 봉건 지배계급을 대신하여
권력을 장악하고자 하는 지극히 불순한 세력에 불과하며, 민족주의운동은
민족주의자들이 식민지 권력에 대한 민중들의 반항을 이용하여 자신들의
권력욕을 채우고자 하는 운동일 뿐 민중해방을 목표로 하지 않는 것으로
보았다. 즉 자본가계급이 자신들의 지배적·착취적 권력을 확립하기 위한
운동에 민중을 동원하기 위해서는 그들의 지배적·착취적 야망을 가릴 필요
가 있기 때문에 독립국가 건설이라는 명분을 내세우는 것이며, 민족주의의
지도로 민족해방이 이루어질 경우, 비록 일제의 지배에서는 벗어난다고 하
더라도 일본 제국주의를 대신하여 신흥 지배계급인 자본가계급이 나타나
민중을 지배한다는 것이다.

　한국인 아나키스트들은 민족주의운동의 계급적 기반인 민족자본가들
의 혁명성도 부정하였다. 그들은 민족자본가계급을 민족해방과 식민지 권
력과의 사이에서 끊임없이 동요하면서 새로운 지배 권력을 꿈꾸는 세력으
로 규정하고, 민족주의자와의 연합에 비판적 입장을 견지하였다.

　한국인 아나키스트들은 공산주의에 대해서도 비판하였다. 아나키즘이
나 공산주의나 자본주의사회 타도와 사유재산제 철폐, 무계급·무착취사회

건설 등 지향하는 바는 동일하지만, 이상사회를 건설하는 방법, 그 사회를 운영하는 원리나 철학적 기초 등은 다르다. 주요 목표를 자유에 대한 관심과 통치기구 폐지를 촉진하는 데 두고(다니엘 게랭, 1993, 52쪽), 개인의 자율성과 자유의지의 자유연합을 강조하는 아나키스트들은 철저한 조직규율과 중앙집권, 프롤레타리아독재를 강조하는 공산주의에 반대할 수밖에 없다. 한국인 아나키스트들도 공산주의의 철학적 기초인 변증법적 유물론과 사적 유물론, 계급투쟁론 등을 모두 부정하였다. 나아가 프롤레타리아독재론도 부정하였다. 프롤레타리아독재도 개인의 자유를 억압하기는 봉건 지배계급의 전제정치나 부르주아 독재와 마찬가지라는 것이다. 아나키스트들이 보기에 프롤레타리아독재론은 권력광들이 자신의 권력 장악을 위해 민중들을 동원할 목적으로 조작한 이론일 뿐이었다. 즉 프롤레타리아독재 정치는 정치체 변혁과 지배자 경질에 지나지 않는다는 것이다.[8]

아나키즘을 수용한 이홍근도 사회혁명을 추구하는 아나키스트운동만이 진정한 민중해방·민족해방을 담보할 수 있다고 하면서, 당시 민족해방운동을 이끌어 가던 민족주의와 공산주의를 비판하였다. 그는 먼저 민족주의의 한계를 지적하였다. 즉 아일랜드나 터키, 중국 국민당을 예로 들면서, 민족주의운동으로는 민중의 완전한 해방을 성취할 수 없음을 다음과 같이 역설하였다.

식민지(혹은 약소민족)에서의 혁명운동이 애국운동에 빠지기 쉬운 민족주의운동으로서는 도저히 민중의 완전한 해방을 성취할 수 없는 것은 단지

---

**8**  한국인 아나키스트들의 민족주의와 공산주의 비판에 대해서는 이호룡, 2001, 204~226쪽을 참조할 것

평계 때문만이 아니고 사실로서, 아일랜드에서, 터어키에서, 중국 국민당 운동에서 증명되었다. 고로 식민지의 민중은 그 완전한 해방을 위해서 단연코 민족주의를 버리지 않으면 안 된다. … 식민지의 민중(노동계급, 농민계급, 백정계급 등등)은 결코 민족이라든가 독립국가라든가 하는 미명美名으로 가려서 부르주아가 자기 계급의 지배적 착취적 야망의 확립을 기도하는 민족주의혁명의 환상으로부터 깨어나지 않으면 안 된다.(李弘根, 〈解放運動と民族運動〉)

위에서와 같이 그는 민족주의운동으로는 한국 민족과 한국 민중을 해방시킬 수 없다고 단정하면서, 이들을 완전히 해방시키려면 민족주의에서 벗어나야 한다고 주장하였다. 즉 민족주의운동은 비록 민족해방이나 독립국가 건설을 앞에 내세우고 있지만, 결국은 부르주아계급이 제국주의 세력을 대신해서 민중을 지배 착취하고자 하는 목적에서 벌이는 운동에 불과하다는 것이다. 나아가 민족주의자와의 연합은 민중 해방에 전혀 도움이 되지 않으며, 오히려 노동자·농민운동의 성장을 가로막을 뿐이라면서,[9] 민족주의자와의 연합에 비판적 입장을 취하였다.

이홍근은 민족주의뿐 아니라 공산주의도 비판하였다. 그는 민족혁명을 사회주의혁명으로 가는 과도기로 보고 민족주의자와 연합전선을 결성하고자 하는 공산주의자들의 논리를 다음과 같이 비판하였다.

민족혁명은 사회혁명에 도달하고자 하는 과도 정책이라고 하는 주장을 우리들은 종종 부르주아 급진분자와 공산당에게서 들었다. … 조선공산당이

---

**9**  李弘根, 〈解放運動と民族運動〉 참조. 한국인 아나키스트들의 반민족주의적이고 반신간회적 입장에 대해서는 이호룡, 2001, 204~227쪽을 참조할 것.

민족 단일정당을 표방하는 신간회를 지지하는 것도 그 일례이다. 그들은 말한다. 식민지 무산계급운동의 현 단계는 민족주의의 강령을 지지하는 바에 있다라고. 이리하여 부르주아의(국민당과 신간회) 군문軍門에 항복한 것이다. … 혁명세력의 대부분이 노동자농민운동으로 넘어가 버리고 민족주의진영을 영락零落으로 이끌었다. 여기에서 사회해방운동으로 심화된 식민지해방운동의 새로운 형식으로서의 식민지 노동자농민운동을 본다. 그러나 공산당은 그것과는 반대로 이 현상을 마비시키기 위해서 부심한다. 현 계급(계단의 오식?-인용자)에 있어서는 민족주의강령을 지지하라 라든지, 사회해방으로 가는 방편으로서 민족해방의 과정을 거쳐라 라고 하는 호령을 하고 있다.(李弘根, 〈解放運動と民族運動〉)

위의 글에서 이홍근이 주장하는 바는, 공산주의자들이 '민족혁명'을 사회주의혁명으로 가는 과정으로 보고 민족주의자들과 연합하여 신간회를 결성하였지만, 그것은 부르주아지들에게 항복한 것에 지나지 않는다는 것이다. 그리고 노동자·농민이 혁명의 주도권을 장악하면서 민족주의 진영이 영락하였음에도, 공산주의자들은 식민지해방운동을 사회해방운동으로 심화시키려고 하기보다는 민족혁명 그 자체에 매달려 있다고 보았다.

이홍근은 서구의 노동당이나 소련의 약소민족에 대한 정책에 대해서도 다음과 같이 비판하였다.

올바른 의미에서의 민족해방이라 하는 점에 있어서 사민당과 공산당이 무력한 것은 영국의 노동당 정부가 인도를 해방시키지 않을 뿐 아니라 오히려 압제의 법률을 제정한 사실과, 러시아 공산당의 지배하에서 그루지아와 몽고 등의 민족이 압제되고 있는 사실을 보는 것만으로 충분하다. 사회당과

공산당은 결코 약소민족을 해방할 의도는 없는 것이다. 고로 식민지해방운동
이 제휴할 수 있는 유일한 아군은 자유연합주의자뿐이다.(李弘根, 〈解放運動と民
族運動〉)

위의 글에서 이홍근은 서구 노동당 정권이나 소련이 약소민족의 민족해
방운동을 지원한다고 천명하지만, 그것은 자기 나라의 이익에 해가 되지
않는 한도 안에서만 적용될 뿐이라고 비판하고 있다. 공산당 정권은 자국
의 이익을 최우선시하며, 자국의 이해와 배치될 경우에는 약소민족이나 소
수 민족의 민족해방운동을 지원하지 않는다는 것이다. 따라서 이홍근은 약
소민족의 진정한 민족해방과 민중해방은 오직 자유합의적인 자유연합주
의를 따르는 아나키스트들의 국제적 연대에 의해서만 달성될 수 있다고 주
장했다.

### 3) 아나르코생디칼리슴

일제강점기 한국인 아나키스트들이 수용한 아나키즘에는 아나코코뮤
니즘, 아나르코생디칼리슴, 허무주의적 아나키즘, 인도주의적 아나키즘,
개인주의적 아나키즘 등 다양한 조류가 있었다. 하지만 점차 아나코코뮤니
즘과 아나르코생디칼리슴이 주류를 형성해 갔다. 이 가운데 아나르코생디
칼리슴은 국내와 재일본 한국인 사이에서만 수용되었고, 재중국 한국인 아
나키스트들 사이에서는 거의 수용되지 않았다. 중국에는 한국인 노동자 사
회가 형성되지 못하였기 때문으로 보인다.

아나르코생디칼리스트들은 모든 생산수단을 '생디카syndicat(조합)',
즉 생산자단체에 귀속시켜 노동자들이 생산의 전 과정을 지배하고 관리하

는 아나키스트사회를 건설하는 것을 목표로 하며, 노동운동제일주의를 내세운다. 그 수단으로는 보이콧(불매동맹)·태업·파업과 그 최고 형태로서의 총파업 등의 경제적 직접행동을 내세운다. 일제강점기 한국인 아나키스트들도 생산기관 사회화를 도모하면서 노동자들을 조직화하거나 파업투쟁을 전개하는 등 노동운동을 펼쳤다. 그들이 전개한 파업투쟁의 주요한 이론적 근거는 경제적 직접행동론이었다. 경제적 직접행동론은 노동현장에서 보이콧·태업·파업 등을 행하고, 나아가 총파업을 단행하여 자본주의 사회를 타도하자는 주장이다.

재일본 한국인 아나키스트와 국내 아나키스트 사이에서 아나르코생디칼리슴이 주류를 형성하기 시작한 것은 1920년대 후반부터이다. 1923년부터 재일본 한국인 노동자 수가 급증하자 재일본 한국인 공산주의자들이 노동자 조직화에 집중하면서 노동운동에 대한 공산주의자들의 영향력이 증대하였다. 이에 자극을 받은 아나키스트들도 노동자 조직화에 관심을 기울이게 되었다. 그 결과 1927년 2월 말에 재일본 한국인 아나키스트들의 대표적 노동단체 가운데 하나인 조선자유노동자조합[10]이 결성되었고, 1927년 9월에는 조선동흥노동동맹[11]이 공산주의의 영향권에서 벗어나 아

---

10  조선자유노동자조합은 강령에서 보는 바와 같이 계급투쟁이나 노동자계급 해방, 경제적 행동 등을 주장하는 등 아나르코생디칼리슴적 요소도 많이 가지고 있었다. 조선자유노동자조합은 창립 이후 수시로 연구회를 개최하고, 재일조선노동조합자유연합회 조직, 한국 방면에 대한 선전방침과 한국 내지의 자유연합주의 단체와의 제휴, 각종 노동쟁의에 대한 응원, 자유노동자의 실업에 대한 항의 등에 대해 협의하는 한편, 조직 확대 작업을 전개하였다. 강동부(대표 강허봉)·산수부(대표 김석金碩) 지부를 두었으며, 임원조선일반노동자조합과 대기조선일반노동조합 결성을 주도하였다.(이호룡, 2015, 206~207쪽) 1928년 이후 아나키스트계가 분화되자, 순정아나키즘적 입장에서 아나르코생디칼리스트들을 비판하였다.

11  조선동흥노동동맹은 재일본 한국인 노동조합 가운데 조합원을 가장 많이 포섭한 노동

나키즘을 표방하게 되었다. 노동자단체임에도 사상단체로서 기능하였던 조선자유노동자조합과는 달리 조선동흥노동동맹은 노동자들의 권익 옹호를 목적으로 하였다. 이홍근이 조선동흥노동동맹에 깊숙이 관계하면서(慶尙北道警察部 編, 1934, 162~163쪽 참조) 조선동흥노동동맹은 점차 아나르코생디칼리슴적 경향을 띠어 갔다.

이홍근은 흑우회에 가입하여 중심 인물로서 적극적으로 활동하면서 아나르코생디칼리슴을 수용하였다. 흑우회는 1926년 1월에 결성된 일본 아나키스트단체 흑색청년연맹12에 가입하였다. 흑색청년연맹은 창립 〈선언〉에서 일체의 강제·지배를 부인하고 정치행동을 거부하며, 오로지 경제적 직접행동을 할 것을 천명하였다.(이호룡, 2015, 183~184쪽) 이후 아나르코생디칼리슴은 재일본 한국인 아나키스트들 사이에서 하나의 커다란 흐름을 형성하기 시작하였다.

1927년 10월에 귀국한 이홍근은 최갑용 등 평양 지역의 아나키스트들과 함께 관서흑우회關西黑友會를 결성하여 노동운동을 전개하였다. 관서흑

---

조합이다. 1926년 결성 당시 공산주의를 그 지도사상으로 하고 있었으나, 아나키스트들의 끈질긴 공작으로 아나키즘을 지도사상으로 채택하였다. 조선동흥노동동맹 중앙집행위원들은 1927년 9월 18일 제3회 정기총회에서 재래의 모든 주의·주장을 폐기하고, 만장일치로 규약·강령을 자유연합주의로 변경하였다.(《自由聯合》第17號)

12　黑色靑年聯盟은 1926년 1월 15일 공산주의단체인 無産靑年同盟에 대항해서 아나키스트 세력을 만회하고자, 黑旗社를 비롯한 아나키스트계 사상단체와 東京인쇄공조합·신문노동동맹 등의 아나키스트계 노동조합 등 21개 단체가 참가하여 조직한 단체이다. 창립 〈선언〉에서는 일체의 강제·지배를 부인하고 정치행동을 거부하며 오로지 경제적 직접행동을 주장하였다. 기관지《흑색청년》발행, 여러 종류의 집회 등을 통하여 아나키즘 선전활동을 하는 외에 노동쟁의 응원 등을 통해 이른바 '사실에 의한 선전'을 실행하면서 일본 아나키스트의 사상단체로 기능하였다.[警保局保安課 編,〈黑色靑年聯盟ニ關スル調〉(小松隆二 編, 1988, 535쪽) ;〈日本無政府共産黨事件第1審及第2審判決〉(《昭和思想統制史資料》1, 12쪽) 등을 종합]

우회는 노동조합을 결성하거나 노동자들의 파업투쟁을 지원하는 한편, 생산조합을 설립하거나 노동조합에 작업부를 설치하여 노동자가 경영하는 회사를 설립하는 등 자주관리체제를 지향하였다.

이홍근은 노동운동과 함께 농민운동도 중시하였다. 농촌에 남아 있는 공동체적인 유제遺制가 아나키스트사회를 실현하는 데 유리한 조건이라고 판단했기 때문이다. 그는 농촌에 자주·자치 자유연합의 정신과 상호부조 정신이 몹시 풍부하게 있다는 것을 강조하였다.(李弘根, 〈朝鮮の農民運動〉) 이는 이홍근이 1927년 무렵까지는 아나르코생디칼리슴 이외에도 아나코코뮤니즘을 같이 수용하였음을 말해준다.

이홍근은 노동자·농민운동이 곧 민족해방운동임을 역설했다. 즉 식민지 노동자·농민의 사회해방운동은 계급적 해방을 추구하는 사회운동인 동시에, 제국주의 지배로부터의 해방을 목표로 하는 민족해방운동이라는 것이다. 한국의 노동자·농민운동도 "사회해방과 동시에 민족해방의 임무도 겸하고 있다"고 주장하였다. 그리고 민중 스스로 펼치는 식민지 노동자·농민운동을 사회해방운동으로 심화된 식민지해방운동의 새로운 형식으로 규정하면서(李弘根, 〈解放運動と民族運動〉), 민족해방운동의 주력이 노동자·농민운동임을 강조했다.

## 2. 일본에서의 아나키스트 활동

일본에서 벌어진 아나·볼 논쟁 과정에서 오스기 사카에의 영향을 받고

있던 이홍근은 아나키즘적 입장을 취하였다. 당시 도쿄에서는 장상중, 김
정근, 원심창 등을 중심으로 흑우회 재건작업이 이루어지고 있었는데, 이
홍근도 거기에 참가하였다. 흑우회 관계자들은 1926년 1월 일본 아나키스
트들의 사상단체 흑색청년연맹이 결성되자 거기에 가입하고, 자아인사自我
人社와 야만인연맹野蠻人連盟 등과도 연락하는 등 일본 아나키스트들과 적극
적으로 교류하였다. 그해 2월 10일에는 흑우회 임시총회를 개최하여, 동지
규합과 아나키즘 선전에 관해 협의하였다. 임시총회는 아나키즘 선전을 위
해 기관지를 발행하기로 결정하였다. 이후 이홍근이 기초한 강령 4개 항목
을 발표하고, 1주일 내지 열흘에 한 번씩 연구회를 열었다. 이와사 사쿠타
로·이시카와 산시로石川三四郎·곤도 겐지近藤憲二와 핫타 슈조八太舟三,[13] 무
쿠모토 운유椋本運雄·다케 료지武良二·히라노 쇼켄平野小劍·모치즈키 가쓰라
望月桂 등이 연사로 초빙되었다. 3월 29일에는 흑색청년연맹의 후원을 받
아 '조선문제강연회'를 개최하였는데, 논지는 한국문제 해결은 정치적·
교육적·종교적으로도 절대 불가능하다는 것이었다. 2월에 개최된 임시총
회의 결정에 따라 7월 1일 흑우사黑友社에서 기관지《흑우》와 팜플렛《소작
운동》이 발행되었는데, 1926년 9월 말 현재《흑우》발간 책임자는 이홍근
이었다. 그는《흑우》등의 출판물을 국내 각지와 만주·중국에까지 배포하
였다.

　흑우회 관계자들은 1926년 7월 가네코 후미코 옥사사건에 얽힌 '괴사
진 사건'이[14] 발생하여 정계에 일대 파문을 야기하고 일반 사회의 주의를

---

**13**　자료에 따라서는 八太田三으로도 기록하고 있으나, 이는 八太舟三의 잘못이다. 八太舟
三은 '八太이즘'을 창시한 자로 흑색청년연맹의 핵심 인물이며 순정아나키스트이다.

**14**　'괴사진사건'이란 소위 '대역사건'으로 옥중에 있던 박렬과 가네코 후미코가 다정하게
안고서 의자에 앉아 있는 모습을 찍은 사진이 유출되어 일본 정계를 뒤흔들어 놓았던

끌게 되자, 운동상 지장이 있을 것을 염려하여 흑우회를 해체하고, 같은 해 11월에 흑색전선연맹을 조직하였다. 1926년 11월 무렵에는 오치섭吳致燮[15]을 흑색전선연맹에 가입시킨 이홍근은 12월 12일 장상중, 원심창, 박망朴芒, 차고동, 김건金鍵, 박희서朴熙書 등과 모여서 토의한 결과, 박렬의 사업을 계승한다는 의미에서 흑색전선연맹의 이름을 불령사로 개칭하였다.[16] 하지만 당국의 극심한 탄압을 받고 1927년 2월에 흑풍회黑風會로 다시 개칭하였다.

그는 《노동운동》(곤도 겐지近藤憲二 주간)을 구독하는 등 노동운동 이론 연구에 열중하는(이홍근, 1983, 12쪽) 한편, 노동자를 대상으로 아나키즘 선

---

사건을 말한다. 이 사건은 내각의 총사퇴로까지 이어졌다.

**15**  오치섭은 1925년 4월에 일본으로 건너가 이홍근의 소개로 아나키스트단체에서 활동하다가 1927년 7월 무렵 가사 관계로 귀국하였다. 1927년 12월 22일 이홍근 등과 함께 관서동우회를 창립하여 활동하다가 1929년 1월 말에 다시 일본으로 건너가 흑우연맹원으로서 활동하였다.(〈無政府主義者ノ行動ニ關スル件〉)

**16**  이상은 《治安狀況-昭和8年》, 209쪽; 內務省警保局保安課 編, 〈大正15年中ニ於ケル在留朝鮮人ノ狀況〉(《資料集成》 1,  210~211쪽); 〈日本無政府共産黨事件第1審及第2審判決〉(《昭和思想統制史資料》 1, 12쪽); 〈無政府主義者の行動に關する件〉; 朴尙僖, 〈東京朝鮮人諸團體歷訪記〉(《在日朝鮮人史硏究》 第5號,  139쪽); 〈新聞紙雜誌輸移入及其の種類數量〉; 이홍근, 1983, 9~12쪽; 무정부주의운동사편찬위원회 편,  1994, 263~264쪽; 日本アナキズム運動人名事典編纂委員會 編, 2004, 706쪽; 이호룡, 2015, 184쪽 등을 종합. 〈在留朝鮮人の運動狀況〉, 《社會運動の狀況(1929年)》(《資料集成》 2, 60쪽)에는 黑友會가 不逞社로 개명하고 기관지 《黑友》를 발행한 것으로 기록되어 있고, 《흑우》 창간일을 7월 2일 또는 1926년 12월로 기록한 자료도 있으나 취하지 않는다. 자료에 따라서는 오치섭의 가입 시기를 1926년 10월로 기록하기도 하였으나, 흑색전선연맹의 창립일이 11월이므로 오치섭의 가입 시기는 11월 이후로 보아야 한다. 10월이 맞다고 한다면 오치섭이 가입한 단체는 흑우회여야 한다. 하지만 당시 흑우회는 해체되었거나 해체 과정을 밟고 있었기 때문에 오치섭이 가입한 단체는 흑우회의 후신인 흑색전선연맹일 가능성이 크다. 〈無政府主義者ノ行動ニ關スル件〉에는 오치섭이 가입한 단체를 흑풍회로 기록하였으나, 이는 잘못이다.

전사업과 조직사업을 펼쳤다. 1927년 2월 말 오우영吳宇泳(吳宇榮)·장상중 등과 조선자유노동자조합을 결성하였으며, 원심창, 장상중 등과 선전대를 편성하여 한국인 노동자들의 합숙소를 순방하면서 흑풍회의 기관지《자유사회》[17]를 배부하였다.[18] 조선동흥노동동맹에도 깊숙이 관계하여(慶尙北道 警察部 編, 1934, 162~163쪽 참조) 조선동흥노동동맹이 공산주의와 결별하고 아나키즘을 지도사상으로 채택하는 데 일조하였다.

## 3. 국내에서의 아나르코생디칼리스트 활동

### 1) 관서흑우회 결성

이홍근은 1927년 10월에 최갑용과 함께 일본에서 귀국하였다. 이홍근이 무슨 사유로 귀국하였는지는 알려져 있지 않다. 하지만 긴박한 국내 사

---

**17**　〈在留朝鮮人の運動狀況〉(朴慶植 編, 1975, 60쪽); 이홍근, 1983, 12쪽; 무정부주의운동 사편찬위원회 편, 1994, 278쪽 등에는《자유사회》는《黑友》를 改題한 것으로 기록되어 있다. 하지만 朴尙僑,〈東京朝鮮人諸團體歷訪記〉(《在日朝鮮人史研究》第5號, 139쪽)에 "(《黑友》 발행을-인용자) 중지하고 단지《자유사회》만을 발행하고 있다. 머지않아《黑友》도 부활할 계획"이라고 기록되어 있는 것으로 보아,《黑友》와《자유사회》는 별개의 잡지인 것으로 사료된다.

**18**　〈無政府主義者ノ行動ニ關スル件〉;《朝鮮人の共産主義運動》; 內務省警保局,〈在留朝鮮人の運動狀況〉(朴慶植 編, 1975, 60쪽); 內務省警保局 編,〈在留朝鮮人の運動〉(朴慶植 編, 1975, 308쪽); 內務省警保局 編,〈在留朝鮮人運動〉(朴慶植 編, 1975, 784쪽); 慶尙北道警察部 編, 1934, 163쪽; 무정부주의운동사편찬위원회 편, 1994, 278쪽 등을 종합

정 때문이 아니었을까 생각된다. 당시 평양 지역에서는 공산주의자들이 1927년 12월 23일에 신간회 평양지부를 결성할 계획을 세우고 그 준비작업을 진행해 나가고 있었다. 평양 지역의 아나키스트들은 신간회가 결성되면 아나키스트운동이 일대 위기에 빠질 것으로 보고, 이에 대한 대책을 수립하고자 했다. 이를 위해 도쿄에서 함께 활동을 한 적이 있던 오치섭 등이 이홍근에게 귀국을 종용했던 것이 아닌가 여겨진다. 민족주의자와의 연합에 부정적이던[19] 이홍근은 평양 지역 아나키스트들과 함께 신간회 평양지부 설치를 저지하고자 했다. 이들은 신간회 설립에 대처하기 위하여 아나키스트들의 역량을 한 곳으로 모으고자 아나키스트 단체를 조직할 것에 대해 논의하였다. 이에 공산주의자들은 아나키스트들의 행동을 지방색이 짙은 분파행동으로 규정하고, 이를 비판하는 내용의 엽서를 천도교 사무소로 발송하는 등 아나키스트 단체 창립을 방해하는 공작을 하였다.(무정부주의운동사편찬위원회 편, 1994, 256쪽 참조)

하지만 평양 지역 아나키스트들은 공산주의자들의 방해 공작을 물리치고, 이홍근과 최갑용을 중심으로 하여 1927년 12월 22일 오후 7시 평양 창전리 천도교 강당에서 오치섭의 사회로 관서흑우회(창립 당시는 관서동우회關西同友會라 칭하였으나 1928년 4월에 개칭하였음)[20] 창립대회를 개최하였

---

19 한국인 아나키스트들의 반민족주의적이고 반신간회적 입장에 대해서는 이호룡, 2001a, 204~227쪽을 참조할 것.

20 崔甲龍은 관서동우회가 1년 뒤 관서흑우회로 개칭되었다고 회고하였으나(박환, 1993, 211쪽), 잘못으로 사료된다. 〈無政府主義者ノ行動ニ關スル件〉의 1928년 봄에 관서흑우회로 개칭하였다는 기록,《조선일보》1928년 4월 23일자의 관서흑우회가 4월 20일 임시대회를 개최하였다는 보도,《小作人》第3卷 第2號(1928. 2. 5)와 朝鮮憲兵隊司令部 編,〈輓近ニ於スル鮮內思想運動ノ情勢〉(1928년 4월 18日 朝第990號)(한국역사연구회 편, 1992a, 75쪽)의 관서동우회에 대한 설명 등으로 보아 1928년 4월 20일에 개최된 임시대회에서 명칭을 개칭한 것으로 보는 것이 타당하다.

**사진 5-1** 관서동우회 창립에 관한 기사

다. 이 대회에서 이홍근과 최갑용이 각각 상무간사와 서기로 선출되었다. 창립회원은 이홍근·최갑용·오치섭·김희붕金熙鵬·이중하李重夏·최복선崔福善·민하閔夏·승도경承道京·홍순성洪淳星·한원일韓元一·유반적劉反赤·곽정모郭正模·이흑운李黑雲·장영택張榮澤·박오금朴五金·장성현張成賢·이효묵李孝黙·이선○李善○·이주성李周聖(李周成)·한명호韓明鎬 등이었다. 채은국蔡殷國·이시헌李時憲·송선택宋善澤·황지엽黃智燁·전창섭全昌涉·김찬혁金贊爀·김병순金炳淳·양제로楊濟櫓·이성근李成根(李聖根) 등이 나중에 가입하였는데, 1928년 4월 현재 회원수는 26명이었다.[21]

　관서흑우회는 창립대회에서 조직 문제, 선전과 교화 문제, 동일 주장 단체와 연락·촉진, 부문 설치, 위원 선거, 회관 문제, 경비 지출, 기관지 발행, 이른바 방향전환 문제, 신간회 대책, 재만백의무산대중在滿白衣無産大衆 옹호 문제 등에 관한 사항을 결의하고(《중외일보》1927년 12월 25일자), 다음

---

**21**　朝鮮憲兵隊司令部 編,〈輓近ニ於スル鮮內思想運動ノ情勢〉(한국역사연구회 편, 1992a, 75쪽); 朝鮮總督府警務局 編,《治安狀況(昭和5年 10月)》, 16～17쪽; 朝鮮總督府警務局 編,《最近における朝鮮治安狀況-昭和8年》, 28쪽;〈無政府主義者ノ行動ニ關スル件〉;《중외일보》1927년 12월 25일자; 崔甲龍의 증언(박환, 1993, 212～213쪽에서 재인용); 무정부주의운동사편찬위원회 편, 1994, 256쪽 등을 종합.《중외일보》1927년 12월 25일자에는 관서흑우회 창립대회에서 선임된 위원 명단에 이홍근이 빠져 있다.

과 같은 강령과 슬로건을 제정하였다.

강 령

1. 우리는 중앙집권주의와 강권주의를 배격하고 자유연합주의를 강조한다
2. 우리는 빈천계급의 완전한 해방을 기한다
3. 우리는 유상무상有像無像의 우상숭배를 배격한다[22]

슬 로 건

1. 우리는 자유연합주의적 기치하에 노동계급의 해방을 기한다
1. 우리는 직업적 운동자와 강권주의자를 적극적으로 배격한다[23]

그리고 다음과 같은 내용의 선언문을 발표하였다.[24]

현하 조선의 노동운동은 일대 위기에 함陷하여 있다. 그것은 소위 단일적 미명하에서 전 무산 대중의 전투의식을 마비하여 노동운동의 근본정신을 말살하려 하는 적색개량주의 일파의 소위 방향전환운동이 그것이다. 이때에 있어서 우리는 더욱 명확한 계급적 기치하에서 피등彼等에게 농락을 당하는 대중을 올바른 길로 구출하지 않으면 아니 될 것을 절실히 느끼는 바이다. 이에서 우리는 최후의 역량을 다하여서 일체 중앙집권적 주의를 배격하는 동시

---

22 무정부주의운동사편찬위원회 편, 1994, 256쪽; 崔甲龍의 증언(박환, 1993, 211~212쪽에서 재인용) 등을 종합. 崔甲龍은 강령을 관서동우회 본부인 자신의 집에 써 붙여 두었기 때문에 분명히 기억한다고 증언하였다. 朝鮮總督府警務局 編,《最近における朝鮮治安狀況-昭和8年》, 28쪽에는 관서흑우회의 강령이 노농 대중의 각성과 조직의 촉진 및 그 자주적 능력의 증진 등인 것으로 기록되어 있으나 취하지 않는다.

23 《小作人》第3卷 第2號.《중외일보》1927년 12월 25일자와 朝鮮憲兵隊司令部 編,〈輓近ニ於スル鮮內思想運動ノ情勢〉(한국역사연구회 편, 1992a, 75쪽)에는 이 슬로건을 관서동우회의 강령으로 소개하고 있다. 하지만《小作人》의 기사가 정확한 것으로 보인다.《小作人》에 게재된 글의 필자인 '조선 평양 최'가 관서동우회 창립 주역인 崔甲龍으로 추정되기 때문이다.

24 《중외일보》1927년 12월 25일자;《小作人》第3卷 第2號(1928. 2. 5) 등을 종합

에, 자유연합적 행동으로 일관하여 전 노동계급의 해방을 기한다.

위의 선언문에서 보는 바와 같이 관서흑우회는 공산주의자들의 방향전환론으로 말미암아 노동운동이 위기에 처한 것으로 진단하였다. 공산주의자들이 정우회 선언을 통해 노동자들의 투쟁을 경제투쟁에서 정치투쟁으로 전환할 것을 주장하였지만, 이는 노동운동의 근본정신을 말살하려는 것이라고 비판하였다. 그리고 정치운동으로는 노동자계급 해방을 담보할 수 없는바, 노동운동이 위기에서 벗어나려면 권력 장악을 위해 민중들을 이용하고자 할 뿐인 중앙집권주의적 공산주의자들로부터 노동자들을 떼내어 자유연합주의적 방향으로 나아가게 해야만 한다고 역설하였다.

관서흑우회는 1928년 2월 4일 최갑용의 집(평양부 기림리箕林里 소재)에서 제1회 정기월례회를 개최하고, 노동운동·농민운동·청년운동·여성운동·정치운동에 관한 건, 기관지《자유사회》발행에 대한 적극적 지지의 건, 도서관 설치의 건, 팜플렛 구독의 건, 회비의 건 등에 관한 사항을 결의하였다.(《동아일보》1928년 2월 8일자) 이 결의에 따라 사회생리학연구회·농촌운동사·자유소년회 등을 조직하는[25] 한편, 대지사大地社·자유예술동맹自由藝術同盟·흑색청년연맹·전국노동조합자유연합회全國勞働組合自由聯合會[26] 등

---

[25]  朝鮮總督府警務局 編,《治安狀況(昭和5年 10月)》, 17쪽; 朝鮮總督府警務局 編,《最近における朝鮮治安狀況-昭和8年》, 28쪽; 무정부주의운동사편찬위원회 편, 1994, 256·263·454쪽 등을 종합. 위의 자료들에는 사회생리학연구회와 평양일반노동조합을 별개의 단체로 병기하였으나 잘못이다.

[26]  전국노동조합자유연합회는 1926년 5월 24일에 결성된 일본의 전국적 아나키스트 노동단체로, 흑색청년연맹(1926년 1월에 결성)의 영향을 받아 도쿄인쇄공조합東京印刷工組合을 중심으로 결성되었다. 전국노동조합자유연합회는 일본 전국의 아나키스트계 노동조합들을 포괄하고 있었다.

일본 아나키스트단체와도 교류하면서[27] 전국노동조합자유연합회의 기관지《자유연합신문自由聯合新聞》의 평양지국을 운영하였다.

또한 아나키스트 청년단체 결성을 지도하기도 하였다. 1927년 11월 13일[28] 함흥 중리 천도교교당 교구당에서 김신원金信遠, 고탑高塔, 고신균高信均, 고순욱高舜旭, 안호필安鎬弼, 주길찬朱吉燦, 한각영韓恪泳, 조영성趙永星, 김경식金慶植, 안증현安增鉉 외 70여 명에 의해서 정진청년회가 결성되었는데, 이홍근은 창립대회의 사회를 맡는 등 정진청년회 결성에 주요한 역할을 맡았다. 정진청년회는 창립대회에서 "대중의 세계적 해방운동과 선구적 중책重責을 자부하고, 피정복자 자신의 사업으로써 자치적 신사회의 생활 획득을 기"할 것을 결의하고, "우리들은 자주·자치의 정신으로써 청년 교양운동에 노력한다"는 것을 강령으로 채택하였다.[29]

이외에도 이홍근은 1927년 원산청년회가 공산주의 계열과 충돌하는 사건이 발생하자, 원산으로 가서 아나키스트들을 후원하는(무정부주의운동사편찬위원회 편, 1994, 257쪽) 등의 활동을 펼쳤다. 1928년 1월 3일에는 낙원동에 있는 수문사에서 조선자유예술연맹 창립준비위원으로서 권구현權九玄, 이향李鄕 등과 함께 조선자유예술연맹 창립발기대회를 개최하였다. 발기대회는 2월 15일에 창립대회를 개최하기로 결정하고, 발기선언과 결의사항을 발표하였다.(《중외일보》1928년 1월 5일자) 그리고 1929년 7월 1

---

**27**　朝鮮憲兵隊司令部 編, 〈輓近ニ於スル鮮內思想運動ノ情勢〉(한국역사연구회 편, 1992a, 75쪽)

**28**　《한국아나키즘운동사》는 정진청년회 결성일을 1925년 7월로 서술하였으나 취하지 않는다.

**29**　朝鮮憲兵隊司令部 編, 〈輓近ニ於スル鮮內思想運動ノ情勢〉(한국역사연구회 편, 1992a, 82·91쪽); 무정부주의운동사편찬위원회 편, 1994, 255쪽 등을 종합

일 무정부주의동방연맹원 신채호·이필현의 제2회 공판(다롄복심법원大連
覆審法院에서 7월 4일 개정)에 관서흑우회 대표로 파견되기도 했다.[30]

## 2) 아나르코생디칼리스트 활동 전개

이홍근이 귀국할 당시 국내에는 이미 아나르코생디칼리슴에 입각한 노
동운동이 전개되고 있었다. 1925년 12월 대구노동친목회는 조합활동의 일
환으로 대구 시장을 중심으로 일하던 운반노동자를 중심으로 하여 운반부
를 설치하였는데,[31] 그 운반부는 생산기관 사회화를 표방하고 있었다(박찬
숙, 1995, 21쪽). 대구노동친목회는 창립할 때부터 우해룡禹海龍과 마명馬鳴,
신재모申宰模 등과 관계를 맺고 있었던 것으로 보아 아나키스트들의 영향을
받고 있었다고 생각된다. 더욱이 운반부가 생산기관 사회화를 표방한 것은
대구노동친목회의 아나키스트들이 아나르코생디칼리슴을 수용하고 있었
음을 말해 준다. 1927년 9월 8일 원산에서 김연창 등이 결성한 노동자자유
동맹[32]도 강령을 통해 "우리들은 정치운동을 배척하고 경제적 행동에 매진
한다"고 천명하는(《自由聯合》第17號) 등 아나르코생디칼리슴적 입장에서 경
제적 직접행동론을 방법론으로 채택하였다.

하지만 아나르코생디칼리스트 노동운동이 활발하게 전개되기 시작한

---

**30** 《東亞日報》1929년 7월 2일자·《조선일보》 1929년 7월 2일자 등을 종합.《동아일보》에
　　는 이필현을 동방무정부주의자연맹원으로 보도하였으나, 이는 무정부주의동방연맹의
　　잘못이다.

**31** 　김경일, 1992, 419쪽; 《동아일보》 1925년 12월 16일자 등을 종합

**32** 이은송은 노동자자유동맹이 김대식金大植의 주재 아래 아나르코생디칼리슴을 표방하
　　였던 것으로 진술하였다.(이은송의 "訊問調書") 이은송은 노동자자유동맹을 자유노동
　　자동맹으로 진술하였으나, 이 책에서 《自由聯合》의 기록을 따른다.

것은 이홍근이 귀국한 이후부터이다. 이홍근은 최갑용 등 평양 지역의 아
나키스트들과 함께 관서흑우회를 결성하여 아나르코생디칼리슴에 입각해
서 노동운동을 지도하였다. 관서흑우회는 선언, 강령, 슬로건 등을 통해 노
동자계급 해방을 강조하면서, 창립 초부터 대중조직에 주력하였다(무정부
주의운동사편찬위원회 편, 1994, 256쪽). 관서흑우회의 영향을 받는 노동조
합들은 경제적 직접행동론에 입각해서 파업투쟁을 전개하였다.

　1928년에 평남 평원군 한천漢川에서 관서흑우회원 전창섭이 박종하朴宗
夏 등과 함께 한천자유노동조합漢川自由勞動組合을 결성하였다.(무정부주의
운동사편찬위원회 편, 1994, 263·454쪽) 관서흑우회는 이홍근을 중심으로 평
양 사회생리학연구회를 노동청년자유연맹과 평양일반노동조합으로 개편
하는 것을 주도하는 등 노동자 조직화 사업을 지도해 나갔다. 사회생리학
연구회는 아나키즘 이론을 연구할 목적으로 결성되었지만, 1928년 7월 16
일 제1회 월례회의를 개최하여 강령 수정의 건, 선언 발표의 건, 규약 제정
의 건, 사무 처리의 건, 회원 정리의 건, 임시총회 개최의 건, 회비에 관한
건, 회관에 관한 건 등을 토의하고, 회會의 명칭을 노동청년자유연맹으로
바꾼 뒤 순정 노동청년으로만 조직하기로 결정하였다. 이어 강령을 "우리
들은 자유연합적 정신으로써 노동운동의 기조로 함"으로 개정하였다. 이
홍근은 최갑용과 함께 선언 작성위원으로 선정되었다.(《중외일보》 1928년
7월 21일자) 노동청년자유연맹은 노동청년을 대상으로 아나키즘 선전과
교양을 해 나가면서 노동조합을 결성하기 위한 활동을 펼쳤다. 그 결과 노
동청년자유연맹은 1929년 5월 21일 다시 평양일반노동조합으로 개편되
었다.[33]

---

[33] 《自由聯合新聞》第36號.《자유연합신문》은 평양일반노동조합을 평양노동자조합으로

관서흑우회는 노동자 조직화에 노력하는 한편, 평양양화직공조합[34]과
평양목공조합 등 기존의 노동조합에 대한 영향력을 확대하는 활동도 전개
하였다. 평양양화직공조합은 아나키즘적 입장을 취하고는 있었지만, 공산
주의자들과도 관계를 맺고 있었다. 이에 최갑용의 주도 아래 평양양화직공
조합 개편작업이 시도되었다. 양화직공조합원이던 이효묵은 최갑용의 지
시에 따라 박내훈朴來訓·김찬오金贊吾·한명암韓明岩 등에게 아나키즘을 선전
하고 그들을 포섭하였다.[35] 이러한 작업의 결과 양화직공조합은 1929년 12
월 26일 총회를 개최하여 신규 사업과 새로운 규약을 제정하고, 공산주의
계 평양노동연맹과의 관계를 청산하고 관서흑우회에 가담할 것을 결의하
였다. 일제 경찰은 양화직공조합이 관서흑우회에 가담하게 된 과정에 수상
한 점이 있다 하여 1929년 12월 27일부터 관서흑우회원들을 검속하였다.
이주성李周聖·승도경·김찬혁(이상 27일), 이성주李成柱(28일), 이홍근·최갑
용(1월 13일) 등이 검거되었다. 별다른 혐의가 없자 이홍근과 이주성은 곧
석방되었으나, 나머지는 무직이라는 이유로 29일 동안의 구류처분을 받았
다. 12월 31일 양화직공조합 집회계를 제출하러 갔다가 체포된 이효묵은
구류 5일의 처분을 받았다.[36]

---

보도하였으나, 평양일반노동조합이 정확한 명칭으로 사료된다.

**34**  평양양화직공조합은 양화공장의 노동자들이 1925년 3월 1일 현재의 고통을 박차고
나가자는 취지로 결성한 단체로서, 장용식張龍植(조합장)·김청리金聽利(이사)·김응
종金應鍾(이사) 등이 간부였다. 복리 증진과 경제적 향상을 도모하고, 상호부조의 정신
과 단결의 힘으로 자유생존의 기초 확립을 도모하며, 품성을 도야하고 지식을 계발하
여 인격 및 지위의 향상을 도모한다는 내용의 강령을 제정하였다.(《조선일보》1925년 3
월 4일자) 《한국아나키즘운동사》에는 李孝黙·韓明岩·朴來訓·金贊五 등이 평양양화직
공조합을, 최복선과 박도성 형제가 평양목공조합을 결성한 것으로 기록되어 있으나,
(무정부주의운동사편찬위원회 편, 1994, 256~257쪽) 이는 잘못으로 보인다.

**35**  최갑용의 증언(박환, 1993, 215쪽에서 재인용)

관서흑우회는 평양목공조합 개편작업도 전개했다. 관서흑우회원으로서 평양목공조합원이던 최복선은 박도성朴道成 형제에게 아나키즘을 전파하고 그들과 함께 평양목공조합을 아나키즘을 지도이념으로 하는 단체로 개조하는 공작을 수행했다.[37]

1929년 11월 아나키스트 진영을 재정비하고자 야심차게 준비했던 전조선흑색사회운동자대회全朝鮮黑色社會運動者大會가 일제의 탄압으로 무산되자, 관서흑우회는 체제 정비를 위하여 1929년 12월 22일 오후 6시부터 평양 동승루에서 회원 15명이 참가한 가운데 동회 창립 2주년 기념 간친회를 개최하였다.(《조선일보》1929년 12월 25일자) 이 회의에서는 지난 대회 총결산과 더불어 앞으로의 운동방향에 대하여 논의하였다.(박환, 1993, 225쪽) 하지만 노동운동의 방향, 방법, 목적 등을 둘러싸고 의견이 나뉘었고, 관서흑우회는 순정아나키스트계와 아나르코생디칼리스트계로 분열되었다(朝鮮總督府警務局 編,《治安狀況(昭和 5年 10月)》, 17쪽).

국내 아나키스트들의 분열에는 일본 아나키스트들의 분열이 상당한 영향을 미쳤다. 일본 아나키스트계는 1928년 3월 17~18일 이틀 동안 개최된 전국노동조합자유연합회의 제2회 속행대회를 계기로 순정아나키스트계와 아나르코생디칼리스트계로 분열되었다. 이홍근·최갑용 등 관서흑우회의 아나르코생디칼리스트들은《자유연합신문》대신 일본 아나르코생디칼리스트들의 잡지《흑전黑戰》지국을 설치하여[38] 일본 아나르코생디칼리스

---

트들과 연락을 취하였으며, 이홍근은 〈침략적 제국주의의 정체〉를《흑전》
5호(1930. 5)(흑색전선사에서 복각)에 기고하기도 했다.

한편, 관서흑우회는 노동자들의 파업투쟁을 적극 지원하였다. 1930년
10월 22일 평양양화직공조합이 임금 인하에 반대하여 파업을 일으키자,
관서흑우회는 이 파업투쟁을 지도하였다. 평양 31개소의 양화점 직공들이
참가한 이 파업투쟁에서 양화직공조합은 일정한 성과를 얻어내기는 했지
만, 10월 24일 양화직공 80여 명이 해고되었다.[39]

1931년 1월 6일에는 평양목공조합원 170여 명이 해고 반대와 임금인하
반대 등을 내세우고 파업을 단행하였다. 관서흑우회는 3월 24일에 개최된

---

등을 종합. 朝鮮總督府警務局 編의《最近における朝鮮治安狀況-昭和8年》과 무정부주의
운동사편찬위원회, 그리고 박환은 관서흑우회가《흑색전선黑色戰線》의 지국을 설치한
것으로 서술하고 있으나(朝鮮總督府警務局,《最近における朝鮮治安狀況-昭和8年》, 28
쪽; 무정부주의운동사편찬위원회 편, 1994, 256쪽; 박환, 1993, 214쪽), 이는 잘못으로 보
인다. 박환은《흑색전선》과《흑전》을 동일한 잡지로 이해하면서, 1928년 3월 하순 일
본 도쿄에서 丁贊鎭·金豪九·吳秉鉉 등이 조직한 흑전사의 기관지로 서술하였다.《自由
聯合新聞》第39號(1929. 9. 1)·第49號(1930. 7. 1)에 따르면,《흑전》이 흑전사의 기관
지인 것은 사실이다. 하지만 관서흑우회가 설치한 것은 흑전사의 기관지《흑전》의 지
국이 아니라, 일본 아나르코생디칼리스트들의 잡지《흑전黑戰》의 지국이다. 일본 아나
키스트들은 1929년 1월《黑色文藝》·《二十世紀》·《黑蜂》의 3개 문예지를 통합하여《黑色
戰線》을 창간하였는데, 이 잡지에 점차 아나르코생디칼리슴적 논조를 띤 글이 발표되
기 시작하였다. 이를 둘러싸고 논쟁이 벌어져《黑色戰線》은 순정아나키스트계와 아나
르코생디칼리스트계로 분열되었다. 순정아나키스트들은 1930년 1월부터《黑旗》를,
《黑色戰線》의 주력이었던 아나르코생디칼리스트들은 1930년 2월부터《黑戰》을 발행
하였다.(星野準二, 1975, 1~2쪽; 塩長五郎, 1975, 3~4쪽 등을 종합) 아나르코생디칼리스
트계의 중심 인물은 丹澤明, 森辰之助, 石川三四郎, (金+遣)田硏一 등이었으며, 순정아나
키스트계의 중심 인물은 鈴木靖之, 岡本潤, 星野準二, 八木あき, 岩佐作太郎 등이었다.
[〈日本無政府共産黨事件第1審及第2審判決〉(奧平康弘 編, 1991, 145쪽)]

**39** 《自由聯合新聞》第56號; 최갑용의 증언(박환, 1993, 215쪽에서 재인용); 한국노동조합
총연맹 편, 1979, 851쪽 등을 종합

임시대회에 최갑용을 파견
하여 열렬한 축사를 하게 하
여 파업단원들을 격려하는
등 목공조합 노동자들의 투
쟁을 적극 지원하였다. 평양
고무공장 노동자들이 총파
업을 전개하였을 때는 파업
을 후원하기 위하여 배반자
들을 응징하였다.[40]

관서흑우회는 노동자들
의 파업투쟁을 지원하는 한
편, 노동조합이 주관하여 생
산조합을 설립하거나 노동

**사진 5-2** 평양목공조합의 파업 관련 기사

조합 내에 작업부를 설치하도록 지도하였다. 평양양화직공조합은 1930년
3월 23일 임시총회를 개최하여 작업부 설치에 관한 의안을 토의한 뒤, "우
리는 노동자 자유생존의 기초 확립을 도圖함", "우리는 노동자의 단결과 훈
련 급&교양을 도圖함", "우리는 노동자의 최고복리를 위하여 적극적으로
투쟁함" 등을 강령으로 채택하였다.(《중외일보》1930년 3월 27일자) 작업부
는 1931년 7월 26일 구주총회口株總會를 개최하여 "이익금 처분에 관한 건",
"자본금 증모增募에 관한 건" 등을 토의하여, 그동안의 이익금을 자본금에
편입하여 작업부를 확장하기로 결정하였다.(《조선일보》1930년 7월 15일·30

---

**40** 《조선일보》1931년 3월 29일자; 최갑용, 1995, 27쪽; 한국노동조합총연맹 편, 1979,
851쪽 등을 종합

일자 등을 종합)

　평양의 고무공장 노동자들도 1930년 8월의 총파업투쟁에서 실질적으로 패배한 이후 9월 초순에 파업 과정에서 희생된 노동자들의 생계와 고용을 위해 생산조합을 설립하여, 자신들의 힘으로 직접 공장을 경영하기로 결의하였다. 이들은 9월 14일 공장설치창립회의를 열어 공장명칭을 공제고무공업조합으로 결정하였으며, 10월 6일에는 대평고무공장을 인수하기 위한 계약을 체결하고 공장 명칭을 평양공제생산조합 고무공업부로 확정하였다. 그리고 "현재 고용주 측이 제정한 모든 제도를 깨뜨려 버"리고, 8시간 노동제와 이익 평균분배를 시행할 것을 표방하였다. 생산기관 사회화, 노동생활 합리화, 이윤분배 균등화 등을 조합의 주지主旨로 삼았다. 그리고 주식 수의 여하를 불문하고 의결권에서는 권리가 동등하다는 원칙도 명시하였다.[41]

　평양목공조합원들은 1931년 1월 6일부터 3개월에 걸쳐 단행한 파업 과정에서 단결을 공고히 하면서 곤경에 처한 조합원들의 생활문제를 해결하기 위하여 작업부를 설치하였다. '우리들의 공장'을 건설한다는 취지에서 설치된 작업부는 소득을 공평하게 분배할 것을 천명하였다. 이들은 "공정한 임금을 표준하고 값싼 물품을 제공"하는 것을 중지로 삼고, 이를 통해 "우리의 생활을 보장토록 하여 자본가 측에 대항하여 끝까지 싸우"기로 하였다.[42]

　1931년 5월 17일에는 평원고무공장 노동자들이 파업투쟁을 전개하였

---

**41** 《동아일보》1930년 10월 8일·19일자;《중외일보》1930년 9월 5일자;《매일신보》1930년 9월 8일자;《조선일보》1930년 10월 16일자; 한국노동조합총연맹 편, 1979, 850쪽 등을 종합

**42** 《조선일보》1931년 1월 16일·3월 29일자; 김경일, 1992, 423~424쪽 등을 종합

는데, 그 과정에서 많은 여성 노동자들이 해고되었다. 이들은 생계 유지를 위해 평화고무공장 설립을 추진하였는데, 그 과정에 관서흑우회 창립회원 승도경이 참가하였다. 노동조합 내에도 작업부 등을 설치하여 노동조합 운영이나 노동자의 복지, 해고노동자의 고용 확보, 파업기금 마련 등을 모색하였다. 이러한 공장이나 작업부 등은 생산기관 사회화, 노동생활 합리화, 이윤분배 균등화를 표방하는 등 생산조합의 성격을 띠고 있었다.[43]

이처럼 관서흑우회가 점차 아나르코생디칼리슴적 경향을 강하게 띠어가자, 안주흑우회[44] 등 순정아나키스트들은 관서흑우회가 생디칼리슴으로 변절하였다면서(《自由聯合新聞》第51號) 아나르코생디칼리스트들을 타협적이고 개량적이라고 비판하였다. 이홍근 등 아나르코생디칼리스트들이 추진하였던 공제고무공장(평양공제생산조합 고무공업부) 설립 과정에 최윤옥(신문기자), 황연·김인수(유지자산가), 김지건(변호사), 우제순(공장경영자) 등 쁘띠부르주아지의 범주에 속하는 자들이 주도적으로 참가하였는데,[45]

---

43　《조선중앙일보》 1931년 12월 16일자; 《조선신문》 1931년 1월 14일·16일자; 《大阪每日新聞 朝鮮版》 1931년 1월 24일자; 김경일, 1992, 424쪽; 한국노동조합총연맹 편, 1979, 852쪽 등을 종합

44　안주흑우회는 安鳳淵·金翰洙·李順昌·朴東葳 등이 노농대중의 진정한 해방운동과 상호부조적 정신을 기조로 하는 자유연합주의적 운동을 고창할 목적으로 1930년 6월 20일 평남 안주군 안주읍에서 결성하였다. 金魯泰·韓明龍·金龍浩 등이 추후에 참여하였으며, 순정아나키스트 李革(李龍大)도 안주흑우회에 관계했다.(《自大正11年至昭和10年內地及朝鮮二於ケル社會運動等ノ槪況對照(3)》, 35쪽; 무정부주의운동사편찬위원회 편, 1994, 253·262쪽; 崔甲龍, 1995, 160쪽; 하기락, 1993, 152쪽 등을 종합) 무정부주의운동사편찬위원회 편, 1994, 253쪽에는 안주흑우회의 창립일이 1929년 4월로 기록되어 있으나 취하지 않는다.

45　김경일, 1992, 424쪽. 禹濟順이 공장 설립을 주도하는 가운데, 김지건(변호사)·최윤옥·곽영수 등이 10월 6일 대평고무공장을 인수하기 위한 계약을 체결하였으며, 김지건이 공장경영 책임자로 선정되었다.(《동아일보》 1930년 10월 8일·19일자)

이는 순정아나키스트들의 비판 대상이 되었다. 순정아나키스트들은 생디칼리스트인 이홍근 일파가 아나키스트 진영에 잠입하여 "관서흑우회의 양두羊頭를 매달고 타협개량주의를 만능으로 하"며 대중 획득에 급급해하고 있다고 신랄하게 비판하면서, 민중의 머리 위에 군림하려고 하기보다 민중의 진정한 의도가 어디에 있는지를 먼저 알아야 한다고 주장하였다.(《自由聯合新聞》第56號)

순정아나키스트들은 아나르코생디칼리스트들이 지도한 노동자들의 파업투쟁 또한 타협개량주의적인 행동의 일환이라고 비판하였다. 평양양화직공조합원들이 관서흑우회의 지도 아래 임금인하 반대 파업투쟁을 전개하여 일정한 성과를 얻었지만, 그것은 '자본가의 총애의 보답'을 받은 것에 지나지 않는다면서, 아나르코생디칼리스트들을 철저히 배격할 것을 주장했다. 이에 대해서 이홍근 등 아나르코생디칼리스트들은 그들의 주장을 맹동적盲動的이고 관념적이라고 반박하였다. 이들은 "우리들은 일본, 구미歐美에서의 아나키즘운동의 번역주의자는 아니다. 조선 독특의 운동체계를 수립한다"고 하면서, 한국 고유의 아나키즘 체계를 수립해야 한다는 것을 강조했다.(《自由聯合新聞》第56號)

## 4. 조선공산무정부주의자동맹 결성

아나키스트들의 노력에도 아나키스트운동은 부진에서 벗어나지 못하였다. 이에 이홍근을 비롯한 관서흑우회 관계자들은 아나키스트운동이 활발히 전개되지 못하고 공산주의운동으로부터 압박당하는 것은 아나키스트 단체들의 활동이 중앙조직에 의해 조직적으로 지도받지 못하기 때문이며, 아나키스트운동을 활성화하려면 전국의 아나키스트 단체들을 통제·운영할 수 있는 중앙조직이 필요하다고 판단하였다. 이 판단에 따라 아나키스트 전국대회를 개최하여 의견을 전국적으로 수렴하고, 이를 바탕으로 전국의 아나키스트운동을 체계적으로 지도할 수 있는 중앙조직을 결성하기로 의견을 모았다.[46]

관서흑우회는 1929년 8월 5일 임시총회를 개최하여 1. 흑색운동(아나키스트운동) 특무기관黑色運動特務機關으로서 사회사정조사반을 조직하고 각종 자료를 수집할 것, 1. 관서흑우회 부속 문고를 설치할 것과 에스페란토 강습을 개시할 것, 1. 오는 11월 10~11일 전조선흑색사회운동자대회全朝鮮黑色社會運動者大會를 개최할 것, 1. 기독교의 융창隆昌은 흑색운동에 커다란 장애를 주고 있으므로 종교비판강습회를 개최하여 종교에 대한 일반의 몽蒙을 계啓할 것 등을 결의하였다. 8월 8일에는 전조선흑색사회운동자대회 준비위원회를 설치하고, 준비위원으로 이홍근, 최갑용, 채은국, 조중복趙重福(趙建) 등을 선임하였다. 그리고 종교비판대강연회를 열어 기세를 높이기로 하였다.[47]

대회준비위는 전조선흑색사회운동자대회의 목표를 한국 민중운동의 목표와 전술에 대한 새로운 면을 개척하는 것으로 설정하였다. 이를 위해 전국 아나키스트들의 의견을 모아서 민중운동의 사상적 기조 문제, 실제전

---

**46**  "조선공산무정부주의자동맹 사건 판결문"(한국역사연구회 편, 1992b, 561~562쪽)

**47**  《동아일보》1929년 8월 8일자; 《조선일보》1929년 8월 9일자; 〈自大正11年至昭和10年內地及朝鮮ニ於ケル社會運動等ノ槪況對照(2)〉, 30~31쪽; 崔甲龍, 1995, 28쪽 등을 종합

술 문제, 투쟁형식 문제(곧 조직 문제), 민족운동 검토, 공산당운동 검토 등 아나키스트운동이 당면한 모든 범위의 문제에 대한 해결책을 토의·결정하기로 하였다.(《自由聯合新聞》第42號 참조) 대회준비위는 전국의 아나키스트들에게 대회 개최를 알리는 통지장을 비밀리에 보내는 한편, 신문을 통하여 전국에 대회 개최를 알렸다. 이러한 대대적인 홍보활동을 벌인 결과, 9월 18일 현재 20여 명이 전국 각지로부터 대회참가 신청을 하였으며, 원산 지역의 경우에는 대회에 참가할 사람들로 도보대를 조직하기도 하였다.

대동경찰서와 평양경찰서는 대회 준비를 방해하기 위해서 관서흑우회관과 《자유연합신문》 평양지국을 습격하여 아나키스트들을 검속하는 한편, 대회 개최를 불허한다고 통보하였다. 평남경찰부 고등과장은 "이번 대회는 공안을 문란케 할 염려가 있으니, 도내에서는 절대로 개최를 허락하지 않는다"고 신문기자단에게 공식적으로 발표하였다. 그럼에도 전국 각지의 아나키스트들이 모여들자, 경찰은 7일부터 대회에 참가하러 오는 아나키스트들을 검속하기 시작하였다. 7일 대동서에서는 차고동(정평),[48] 장재욱張在旭(張子益, 장재환, 예산) 등을, 평양서에서는 신현상(예산), 김형순金炯淳(고원), 유림[49] 등을 검거하였다. 이어 임중학林仲鶴(단천), 조중복(단천) 등이 검속되고, 9일에는 김한金翰(金煥, 양양)이 체포당하는 등 피해가 속출

---

**48** 차고동은 朴?(衡?-인용자)寅·韓洛元 등과 함께 社會生理硏究會(함남 定平郡 廣德面 소재)의 간부를 역임했다. 사회생리연구회는 社會生理와 病理, 과학적 사회기술을 연구하는 것을 그 취지로 하였다.[朝鮮憲兵隊司令部 編, 〈輓近ニ於スル鮮內思想運動ノ情勢〉(한국역사연구회 편, 1992a, 96쪽)]

**49** 유림은 전조선흑색사회운동자대회가 개최되는 것을 기화로 국내 아나키스트운동과의 연계를 모색하기 위하여 귀국하여 김영진金永鎭이라는 이름으로 활동하다가 11월 7일 체포되었다. 평양경찰서에서 조사를 받다가, 9일에 대동경찰서로 비밀리에 이감되었다(《조선일보》 1929년 11월 12일·26일자; "유림의 고등법원 판결문" 등을 종합)

했다.

이에 대회준비위원회는 9일 긴급회의를 열어 준비위원회를 해체한다
는 내용의 성명을 발표하였다. 경찰은 검속한 자들을 차례로 평양 시외로
추방하는 한편, 준비위원들에게도 퇴거령을 내려 그들을 귀향시켰다. 이리
하여 전조선흑색사회운동자대회는 결국 무산되고 말았다.

경찰은 만주에서 온 유림을 취조하는 데 주력하였다. 그 과정에서 11월
15일 관서흑우회관과《자유연합신문》평양지국을 수색하여 서류 수십 건
을 압수하는 동시에 이홍근을 체포하였고, 16일 이후 채은국, 최갑용, 조중
복 등을 검속하였다. 조건은 17일, 최갑용과 채은국은 19일, 이홍근은 20일
에 각각 석방되었다. 관서흑우회원들에게 유림과의 관계를 캐물었지만 아
무런 혐의를 잡지 못하자 모두 석방한 것이다. 유림은 만주로 강제 추방되
었다.[50]

이홍근은 최갑용 등과 함께 전조선흑색사회운동자대회 개최를 준비하
는 한편, 이 기회를 이용하여 앞으로 전국의 아나키스트운동을 체계적으로
지도할 조직으로 조선공산무정부주의자동맹[51]을 결성하기 위한 준비작업
을 해 나갔다. 그들은 1929년 10월 23일 조중복·임중학·유림 등과 함께 기
림리에 있는 소나무 숲에서 모임을 가졌다. 이 모임에서 아나키스트사회

---

**50**  "조선공산무정부주의자동맹 사건 판결문"(한국역사연구회 편, 1992b, 562쪽);《自由聯
合新聞》第41號~第43號;《조선일보》1929년 10월 7일·19일·11월 11일·12일·14
일~16일·18일·20일·21일·23일자;《동아일보》1929년 9월 18일·23일·10월 20일·29
일·11월 7일·9일~13일·17일~19일·21일·22일·12월 11일자;《신한민보》1929년 12
월 12일자; 崔甲龍, 1995, 28쪽 등을 종합

**51**  조선공산무정부주의자동맹은 해방 이후 아나키스트들이 조선공산무정부주의자연맹
으로 고쳐 불렀다.(무정부주의운동사편찬위원회 편, 1994, 260쪽 참조) 이후 통상 조선
공산무정부주의자연맹으로 불리고 있지만, 공식적인 명칭은 조선공산무정부주의자동
맹이다.

건설을 목적으로 하는 결사를 조직하는 문제와 그 조직의 강령과 규약을
기초하는 문제 등 운동의 방침에 대해서 협의를 하였다. 그리고 11월 1일[52]
다시 모임을 가졌는데, 이 모임에서 이홍근은 "조선 무정부주의운동에 통
일적 이론과 조직적 방략을 수립하기 위해 신뢰할 만한 의식분자만을 결속
하여" 아나키스트운동을 지도할 기관을 조직할 것을 발의하였고, 이 발의
에 따라 조선공산무정부주의자동맹이 결성되었다. 그리고 "현재의 국가제
도를 폐절廢絕하고, 콤문을 기초로 하여 그 자유연합에 의한 사회조직으로
변혁할 것", "현재의 사유재산제도를 철폐하고, 지방분산적 산업조직으로
개혁할 것", "현재의 계급적 민족적 차별을 철폐하고, 전 인류의 자유·평
등·우애의 사회 건설을 꾀할 것" 등을 강령으로 채택하고, 규약을 협정하
였다. 나아가 만주를 직접행동훈련장으로 활용하고, 유림이 만주 방면을,
이홍근과 최갑용이 관서(평양) 방면을, 김정희金鼎熙(김대관金大爛)와 차고
동이 함남 방면을, 조중복과 임중학이 함북 방면을 책임지기로 결정했다.
하지만 유림은 만주 방면을 책임지는 것을 거부하였을 뿐 아니라, 조선공
산무정부주의자동맹에 가입하는 것조차 반대하였다.[53]

　　이홍근은 11월 11일 관서흑우회관에서 김정희[54]·최갑용·조중복 등과

---

**52** 《한국아나키즘운동사》에는 조선공산무정부주의자동맹이 1929년 11월 10일에 결성
　　된 것으로 서술되어 있다.(무정부주의운동사편찬위원회 편, 1994, 260쪽)

**53** "조선공산무정부주의자동맹 사건 판결문"(한국역사연구회 편, 1992b, 562~563쪽);
　　"유림의 고등법원 판결문"; 崔甲龍, 1995, 159쪽 등을 종합. 일부 자료와 대다수 연구들
　　은 조선공산무정부주의동맹이 만주부·관서(평양)부·함남부·함북부 혹은 만주부·관
　　서부·일본부 등의 부서를 설치하고 柳林을 만주부의 책임자로 선정하였던 것으로 서술
　　하고 있으나, 이는 잘못으로 사료된다.

**54** 김정희는 본능아연맹 회원으로서, 全朝鮮黑色社會運動者大會에 출석하기 위해 1929년
　　11월 9일 밤 평양에 도착하였으나, 대회가 금지된 관계로 그 목적을 이루지 못하였
　　다.["조선공산무정부주의자동맹 사건 판결문"(한국역사연구회 편, 1992b, 564쪽)]

만난 자리에서 김정희를 설득하여 조선공산무정부주의자동맹에 가입시키고, 이들과 함께 ① 공산주의자와 대립적 항쟁을 하지 말 것 ② 농민 대중에 대한 운동을 진전시킬 것 ③ 다른 민족적 단체에 가입하지 말 것 등을 내용으로 하는 운동방침을 수립하였다. 그리고 1930년 3월 서울에서 개최될 신간회 대회를 이용하여 조선공산무정부주의자동맹의 전국대회를 개최하기로 결정하였다.[55] 이홍근은 박석홍朴錫洪, 서동성, 육홍균 등 각지의 아나키스트들과 통신연락을 주고받는(慶尙北道警察部 編, 1934, 56쪽) 등 조선공산무정부주의자동맹의 영향력을 확대·강화하는 데 주력하였다.

　조선공산무정부주의자동맹원들은 각자의 고향으로 돌아가 아나키스트운동을 재흥하기 위해 많은 노력을 기울였다. 조선공산무정부주의자동맹 함북 방면 책임자로 선정된 임중학과 조중복은 단천으로 돌아가서 자신들이 조직한 단천흑우회[56]를 중심으로 활동을 전개하였다. 단천흑우회는 각지에 흩어진 아나키스트들과 새로운 회원들을 대거 영입하고, 1930년 5월 5일 단천흑우회관에서 임시총회를 개최하였다. 이 총회에서 "전선 공고화"라는 슬로건을 확실히 하면서, 전 민중을 망라·동원하기 위한 준비 작업을 서둘렀다. 특히 사회생리학연구사와 신흥청년연맹 등을 결성하여 아나키즘 연구활동과 청년운동을 전개했다.(《自由聯合新聞》第48號) 조중복과 임중학 등은 1930년 5월 30일[57] 신흥청년연맹이라는 청년단체를 결성하는

---

**55**　"조선공산무정부주의자동맹 사건 판결문"(한국역사연구회 편, 1992b, 563~564쪽); 《조선일보》1931년 8월 7일자; 崔甲龍, 1995, 29쪽 등을 종합

**56**　단천흑우회는 조중복·임중학·김낙구金洛九·강창기姜昌磯 등에 의해 1929년 4월 22일에 결성되었는데, "우리들은 자유연합적 정신을 기조로 하는 빈천계급의 해방운동을 고양한다" 등을 강령으로 채택하였다.(《自由聯合新聞》第36號; 무정부주의운동사편찬위원회 편, 1994, 254·262쪽 등을 종합)

**57**　"조선공산무정부주의자동맹 사건 판결문"에는 신흥청년연맹의 결성일이 1930년 7월

과정에서 공산주의자들과 대립하게 되었다.[58] 공산주의자들과의 대립은
물리적 충돌로까지 나아갔는데, 이러한 충돌은 이후에도 몇 차례 더 일어
났다.

차고동과 함께 함남 방면 책임자로 선정된 김정희는 원산으로 돌아간
뒤, 노호범盧好範, 1930년 펑톈에서 돌아온 남상옥南相沃 등과 함께 지역의
정세와 운동 방향에 대해서 협의한 결과, 원산청년회를 부활시키고 이를
중심으로 청년 대중에게 아나키즘을 교양하기로 계획을 세웠다.[59] 1931년
2월 7일 원산 천도교회당에서 400여 명이 참가한 가운데 김좌진金佐鎭 추도
회 및 강연회를 개최하는 등 원산청년회를 중심으로 반공산주의 선전작업
을 전개했다.(《自由聯合新聞》第56號)

김정희를 비롯한 원산 지역 아나키스트들은 노동운동에도 관계하였다.
함남노동회[60]와 한산閑散 노동자들 사이에 일거리를 둘러싸고 충돌이 발생
하자, 김정희는 노호범·남상옥 등과 협의하여 원산청년회를 부활시키고,
함남노동회의 횡포를 규탄하였다. 1931년 3월 10일 함남노동회 삼영조三
永組가 한산閑散 노동자로 구성된 일반조一般組의 일거리를 빼앗고자 하면서
이들 사이에 충돌이 발생하였다. 3월 11일 원산청년회원 수십 명은 "기아

---

4일로 기록되어 있으나, 1930년 7월 1일자《自由聯合新聞》이 신흥청년연맹의 창립을
알리고 있으므로 이가 옳은 것으로 보고 이를 따른다.

**58** 《동아일보》1931년 1월 9일자; "조선공산무정부주의자동맹 사건 판결문"(한국역사연
구회 편, 1992b, 566쪽);《自由聯合新聞》第48號·第49號 등을 종합

**59** "조선공산무정부주의자동맹 사건 판결문"(한국역사연구회 편, 1992b, 565쪽)

**60** 함남노동회는 1929년 1월 28일 원산총파업 당시 원산노동연합회에 맞서 자본가들이
조직한 어용단체인데, 원산총파업이 끝난 이후 함남노동회에 대한 사회적 여론이 악화
되며 함남노동회 소속 노동자들은 일거리를 얻지 못하여 경제적으로 어려워졌다. 이에
함남노동회 소속 노동자들은 한산 노동자들을 습격하여 일거리를 빼앗고자 했다.

와 궁핍에 우는 대중을 해방"한다는 취지 아래 원산일반노동조합을 결성하여 여기에 개입하였다. 이 사건으로 말미암아 50~60명이 검속되어 29일간의 구류에 처해졌으며, 남상옥·김정희·노호범 외 1명은 치안유지법 위반으로 구속되어 45여 일 동안 취조를 받았다. 이 사건 이후 국내에서의 아나키스트운동은 급격히 쇠퇴하였다.

김정희에 대한 취조 과정에서 조선공산무정부주의자동맹에 관한 단서가 포착되었다. 김정희가 중심이 되어 동 단위로 조직한 협동단이란 자치조직이 선전을 강화하고 조직을 확대하였는데, 이 사실이 단서가 되어 조선공산무정부주의자동맹 조직이 탄로난 것이다. 이후 평양, 단천, 신의주, 청진 등지에서 아나키스트들에 대한 대대적인 검거선풍이 불었다. 1931년 4월 9일 최갑용과 조중복이 체포되어 원산경찰서로 압송되었고, 이홍근은 4월 11일 평북 의주군 대녕면大寧面 동고동東古洞 광산에서 체포되어 원산으로 압송되었다.[61]

7월 26일에 취조를 마친 이홍근, 최갑용, 김정희, 조중복, 임중학, 강창기, 노호범, 남상옥 등 8명은 27일 오전에 원산 검사국으로 이송되었다. 남상옥과 노호범은 1931년 8월 4일 불기소로 석방되었지만, 나머지는 예심에 회부되었다.[62] 1933년 3월 24일 함흥지방법원에서 이홍근은 징역 6년,

---

**61** 이지휘, 〈거세去歲 개적槪跡과 금년의 추세〉;《동아일보》1931년 3월 12일·4월 13일·7월 31일자;《조선일보》1931년 4월 11일~14일·7월 30일·8월 7일자;《自由聯合新聞》第57號·第76號; 崔甲龍, 1995, 34쪽; 최갑용, 1995, 34쪽; 무정부주의운동사편찬위원회 편, 1994, 260~262쪽 등을 종합. 자료에 따라서는 원산경찰서가 50~60명을 검거하였다가 2~3일 뒤에 대부분 석방한 것으로 기록하기도 하였으나,《自由聯合新聞》은 원산경찰서가 원산청년회원과 일반노동조합원 수십 명을 검속하여 29일 동안 구류하였던 것으로 보도하였다.

**62** 《동아일보》1931년 4월 13일·7월 31일·8월 8일자;《조선일보》1931년 7월 30일·8월 7일자 등을 종합.《自由聯合新聞》第76號는 조선공산무정부주의자동맹 관계자들이 체

유림·최갑용·조중복·임중학은 각 징역 5년, 김정희는 징역 4년, 강창기는 징역 3년, 한용기(光烈, 崔眞)는 징역 2년에 처해졌다.[63]

　이홍근은 감옥생활 중 중일전쟁을 계기로 '종족결합운동'으로 사상적 전향을 하였던 것으로 보인다. 그는 중일전쟁 이후 한국 민족의 민족의식이 점차 쇠퇴하여 가는 가운데 다음과 같은 감상담을 발표했다.

> 일지日支사변(중일전쟁 – 인용자)은 조선민족 사조 전환의 동기가 되었다. … 지나사변(중일전쟁 – 인용자)을 계기로 … 조선민족에게 불가사의할 정도로 애국적 의식이 고조되었다. 그것은 민족자결운동에서 다시 나아가 종족결합운동에로의 사상전환이고 변혁기이다.(〈特殊事項〉)

　위의 감상담에서 보는 바와 같이, 이홍근은 중일전쟁 이후 대규모로 이루어진 한국인들의 사상적 전향을 애국의식의 고조이자, 민족자결운동에서 종족결합운동으로 나아간 사상전환으로 이해하였다. 종족결합운동이란 내선일체를 강조하며 한국인을 일제의 제국주의침략전쟁에 동원하기 위해 내세운 슬로건으로 보인다. 이는 그가 중일전쟁 이후 대규모로 벌어진 사상적 전향을 긍정적으로 인식하면서 일제의 식민지정책에 동조하고 있었음을 나타내준다. 그럼에도 그는 1938년 5월 25일 형기를 다 채우고서야 대전형무소에서 출옥할 수 있었다.("일제 감시대상 인물카드")

　해방 이후 이홍근의 행적을 나타내 주는 자료는 단편적인 것을 제외하고는 거의 없다. 현전하는 단편적인 자료로 그의 행적을 정리하면 다음과

---

포된 지 1년이 훨씬 지난 1932년 12월 20일 무렵에 치안유지법 위반이라는 죄목으로 함흥지방법원 합의부 공판에 회부된 것으로 보도하였다.

**63**　"조선공산무정부주의자동맹 사건 판결문"(한국역사연구회 편, 1992b, 557~561쪽)

같다. 해방이 된 이후 아나키스트들이 비교적 활발하게 움직였음에도 이홍
근은 아나키스트들 사이에 모습을 잘 드러내지 않았다. 그는 자유사회건설
자연맹 중심의 자유사회건설운동과 독립노농당 중심의 정당 활동 어디에
도 참가하지 않았다. 그것은 감옥에 있을 때 사상적 전환을 한 것과도 관련
된 것으로 보인다.《동아일보》,《조선일보》,《중앙신문》등의 기자를 역임
하다가, 인쇄출판업을 자영하기도 했다. 1948년 대한민국 정부가 수립된
이후 이북5도청에 관계했다. 평안남도 세무과장, 평양세무서장, 평안남도
재정부차장, 평안남도 총무처 비서관 등을 역임했으며, 1954년 11월 30일
현재 이북5도 평안남도 사무국장으로 재직했다.[64] 이후 민주사회주의를
연구하던(정화암, 1982, 309쪽) 이홍근은 민주혁신당에 참가하여 중앙정책
심의회 부회장을 맡았으며, 1958년 2월 6일에는 상무위원회의 결정으로
선전국장까지 겸임하였다(《마산일보》1958년 2월 8일자). 4월혁명 공간에서
도 뚜렷한 행보를 보이지 않던 그는 제3공화국 때 야당에 참가하였다.
1965년 8월 한일협정이 민주공화당 의원만으로 비준처리되자, 민중당 내
강경파들이 이에 항의하여 탈당하여 1966년 3월에 신한당을 창립하였다.
이홍근은 신한당[65]에 참가하여 당무위원黨務委員을 역임하였으며, 1967년
현재에는 중앙훈련원장中央訓練院長에 재직하였다.(靑雲出版社編輯部 編, 1967,
194쪽) 그리고 독립운동사 저술에도 참가하여 1976년 독립운동사편찬위
원회가 편찬한《독립운동사》7의 일부 〈박열의 일황 저격〉 집필을 담당하
였다.(이홍근, 1983, 12쪽)

---

**64**  대한민국건국십년지간행회 편, 1956, 1,084쪽; 대한연감사 편, 1955, 717쪽 등을 종합
**65**  신한당은 1967년 2월에 민중당과 합당하여 신민당으로 발전적 해체를 하였다.

## 맺음말

지금까지 이홍근의 아나르코생디칼리스트 활동에 대해 살펴보았다. 이를 통해 이홍근이 일제강점기 한국인 아나키스트운동의 커다란 흐름 가운데 하나인 아나르코생디칼리스트운동을 이끌었던 인물로서, 한국 아나키스트운동사에서 상당한 비중을 차지하고 있음을 확인할 수 있었다. 이홍근은 1924년 11월 진남포공립상공학교에서 퇴학당한 이후 일본으로 건너가 아나키즘을 수용하고, 흑우회와 그 후신인 흑풍회 등에서 아나키즘 선전활동을 전개했다. 그러다가 1927년 10월 귀국하여 관서흑우회를 조직하고 아나르코생디칼리스트운동을 전개했다. 한편, 아나키스트운동이 부진한 상태에서 벗어나지 못하는 것은 전국의 아나키스트운동을 체계적으로 지도하는 조직이 없기 때문이라고 판단하고, 조선공산무정부주의자동맹을 결성하였다. 하지만 조선공산무정부주의자동맹의 영향력을 확대·강화하기 위해 노력하다가 그 결성 사실이 탄로나서 6년에 걸친 영어생활을 해야 했다.

이 글에서는 자료상의 한계로 해방 이후 이홍근의 행적에 대해서는 거의 다루지 못하였다. 해방 이후 이홍근의 행적을 알려주는 자료는 단편적인 것들 말고는 거의 없다. 이홍근은 회고록조차 남기지 않았으며, 다른 아나키스트들의 회고록에서조차 그는 거의 언급되지 않는다. 이는 이홍근이 감옥생활 중 전향하였던 관계로 해방 이후 아나키스트계에서 떠나 있었기 때문이 아닌가 여겨진다. 이홍근에 대한 정확한 평가를 위해서는 주변 인물을 통한 자료 발굴이 절실하다 할 것이다.

# 참고문헌

## 1. 자료

《동아일보》《신한민보》《조선일보》《조선중앙일보》《중외일보》

《大阪每日新聞 朝鮮版》1931년 1월 24일자

《마산일보》1958년 2월 8일자(http://dbhistory.go.kr)

《小作人》第3卷 第2號(1928.2.5.)

《自由聯合》第17號(1927.10.5.)(第27號부터 《自由聯合新聞》으로 改題)

《自由聯合新聞》第36號(1929.6.1.)·第39號(1929.9.1.)·第40號(1929.10.1.)·第41號(1929. 11.1.)·第42號(1929.12.1.)·第43號(1930.1.1.)·第45號(1930.3.1.)·第49號(1930.7.1 .)·第51號(1930.9.1.)·第56號(1931.2.10.)·第57號(1931.4.10.)·第63號(1931.10.10.)· 第68號(1932.2.24.)·第76號(1933.1.10.)

《조선신문》1931년 1월 14일·16일자

〈甲子 1年 總觀(續)〉,《개벽》제55호(1925. 1. 1)(http://db.history.go.kr)

《대한민국 건국 10년지》(http://db.history.go.kr)

〈無政府主義者の行動に關する件〉(京本警高秘 第11562號, 1932. 10. 24)(《思想에 關한 情報》5에 편철 ; 국사편찬위원회 소장)(http://db.history.go.kr)

〈新聞紙雜誌輪移入及其の種類數量〉(《新聞紙要覽》에    편철 ; 국사편찬위원회    소장) (http://db.history.go.kr)

"유림의 고등법원 판결문"(《刑事裁判書原本(自昭和八年七月至昭和八年十二月)》, 고등 법원에 수록)

이은송의 "訊問調書"

〈日本無政府共産黨事件第1審及第2審判決〉(娛平康弘 編, 1991 《昭和思想統制史資料》1, 高麗書林에 수록)

"일제 감시대상 인물카드"(국사편찬위원회 소장)(http://db.history.go.kr)

〈自大正11年至昭和10年內地及朝鮮ニ於ケル社會運動等ノ槪況對照(2)〉,《思想彙報》 第9 號(1936. 12), 朝鮮總督府高等法院檢事局思想部

〈自大正11年至昭和10年內地及朝鮮ニ於ケル社會運動等ノ槪況對照(3)〉,《思想彙報》 第9 號(1936. 12), 朝鮮總督府高等法院檢事局思想部

"조선공산무정부주의자동맹 사건 판결문"(1933年 刑控 第146號·147號·148號)(한국
　　역사연구회 편, 1992b《일제하 사회운동사 자료총서》12, 고려서림에 수록)

《朝鮮人の共産主義運動》(吉浦大藏의 報告書)(《일본 한인의 역사(자료집)》에 수록 ; 국
　　사편찬위원회 소장)(http://dbhistory.go.kr)

〈特殊事項〉(《治安狀況(昭和 12年) 第26報~第43報》에 편철 ; 국사편찬위원회 소장)
　　(http://dbhistory.go.kr)

警保局保安課 編,〈黑色靑年聯盟ニ關スル調〉(小松隆二 編, 1988《アナキズム》, みすず
　　書房에 수록)

慶尙北道警察部 編, 1934《高等警察要史》(1970년 張基弘씨가《폭도사편집자료》와 합
　　본해서 영인)

內務省警保局 編,〈在留朝鮮人の運動狀況〉,《社會運動の狀況(1929年)》(朴慶植 編, 1975
　　《在日朝鮮人關係資料集成》2, 三一書房에 수록)

內務省警保局 編,〈在留朝鮮人の運動〉,《社會運動の狀況(1931년)》(朴慶植 編, 1975《在
　　日朝鮮人關係資料集成》2, 三一書房에 수록)

內務省警保局 編,〈在留朝鮮人ノ運動〉,《社會運動の狀況(1933年)》(朴慶植 編, 1975《在日
　　朝鮮人關係資料集成》2, 三一書房에 수록)

朴慶植 編, 1975《在日朝鮮人關係資料集成》2, 三一書房

朴尙僖,〈東京朝鮮人諸團體歷訪記〉(《在日朝鮮人史硏究》第5號(1979. 12), 在日朝鮮人運
　　動史硏究會에 수록)

娛平康弘 編, 1991《昭和思想統制史資料》1, 高麗書林

이지휘,〈거세去歲 개적槪跡과 금년의 추세〉,《동아일보》1930년 1월 3일자

李弘根,〈朝鮮の農民運動〉,《小作人》第2卷 第10號(1927. 11. 1), 小作人社

李弘根,〈解放運動と民族運動〉,《自由聯合新聞》第40號(1929. 10. 1)

李弘根, 1930〈侵略的帝國主義の正體〉,《黑戰》第5號(1930. 5)(黑色戰線社에서 복각)

이홍근, 1983〈역사적 진군에의 동참-이런 일들이 있었다-其一〉,《국민문화회보》11
　　호(1983. 4), 국민문화연구소

朝鮮總督府警務局 編,《治安狀況(昭和5年 10月)》(1984년 靑丘文庫에서《朝鮮の治安狀況
　　(昭和 5年版)》이라는 제목으로 復刻)

朝鮮總督府警務局 編,《最近における朝鮮治安狀況-昭和8年》(1966년 巖南堂書店에서 昭
　　和 13년分과 함께 묶어서 復刊)

朝鮮憲兵隊司令部 編,〈輓近ニ於スル鮮內思想運動ノ情勢〉(1928年 4月 18日 朝第990號)
　　(한국역사연구회 편, 1992a《일제하 사회운동사 자료총서》7, 고려서림에 수록)

최갑용, 1995《어느 혁명가의 일생》, 이문출판사

한국역사연구회 편, 1992a《일제하 사회운동사 자료총서》7, 고려서림

한국역사연구회 편, 1992b《일제하 사회운동사 자료총서》12, 고려서림


## 2. 연구성과

김경일, 1992《일제하 노동운동사》, 창작과비평사

다니엘 게랭(하기락 역), 1993《현대 아나키즘》, 신명

대한민국건국십년지간행회 編, 1956《大韓民國建國十年誌》, 建國十年誌刊行會
    (http://db.history.go.kr)

大韓年鑑社 편, 1955《대한연감》1955년판(http://db.history.go.kr)

무정부주의운동사편찬위원회 편, 1994(2쇄)《한국아나키즘운동사》, 형설출판사

박찬숙, 1995〈일제하 무정부주의 단체 진우연맹 연구〉, 국민대 석사논문

박환, 1993〈조선공산무정부주의자연맹의 결성: 崔甲龍의 사례를 중심으로〉,《국사
    관논총》41집, 국사편찬위원회

星野準二, 1975〈《黑色戰線》解說資料 黑色戰線の頃〉,《黑色戰線》, 黑色戰線社

塩長伍郎, 1975〈《黑色戰線》について〉,《黑色戰線》, 黑色戰線社

이호룡, 2001《한국의 아나키즘-사상편》, 지식산업사

이호룡, 2015《한국의 아나키즘-운동편》, 지식산업사

日本アナキズム運動人名事典編纂委員會 編, 2004《日本アナキズム運動人名事典》, ぱる
    出版

정인식, 2001〈해방공간에서의 단주 유림의 정치활동과 독립노농당〉,《단주 유림선
    생 제40주기 추모 공훈 선양 대학술강연회 발표논문집》

靑雲出版社編輯部 編, 1967《대한민국인물연감》, 靑雲出版社(http://db.history.go.kr)

하기락, 1993《자기를 해방하려는 백성들의 의지》, 신명

한국노동조합총연맹 편, 1979《한국노동조합운동사》

# 제 6 장

민족전선론자

## 류자명

재중국 한국인 아나키스트들은 일제강점기 동안 선전·테러활동, 혁명근거지 건설운동, 민족전선운동 등으로 민족해방운동을 전개하였다. 류자명은 신채호·류기석 등과 함께 재중국 한국인 아나키스트운동의 두 흐름 가운데 하나인 테러활동과 민족전선운동을 이끌었던 주요한 인물이다. 그럼에도 류자명에 대한 연구는 충분하게 이루어져 있지는 못하다.

　　류자명에 대한 연구로는 김성국(〈유자명柳子明과 한국 아나키즘의 형성〉, 2003), 한상도(〈유자명의 아나키즘 이해와 한·중 연대론〉, 2008) 등의 논문과 단행본《류자명의 독립운동과 한·중 연대》(류자명연구회 편, 2015, 경인문화사)와 《류자명평전》(류연산, 2004, 예성문화연구회) 등이 있다. 《류자명의 독립운동과 한·중 연대》는 한국과 중국 연구자들의 류자명에 대한 연구성과들을 모아 놓은 책인데, 류자명을 다각도로 분석하고 있다. 2003년에는 그의 민족해방운동을 주제로 한 국제학술세미나가 한 차례 개최되기도 하였다.[1]

　　류자명에 대한 기존의 연구성과들은 아나키스트들의 회고록에 많이 의

※　이 글은《역사와 현실》53호(2004.9.30.)에 발표한 〈류자명의 아나키스트 활동〉을 수정·보완한 것임.

1　예성문화연구회의 주최로 2003년 6월 청주에서 개최된 '류자명선생 조명을 위한 국제학술세미나'에서는 류자명의 민족해방운동과 사상을 집중적으로 분석하였다. 이 세미나에서 〈류자명의 생애와 의식세계〉(김병민), 〈류자명의 중국관과 협동전선론〉(한상도), 〈류자명과 재중국 한국인 아나키스트 운동〉(이호룡) 등이 발표되었다.

존하다 보니 객관적 사실조차 잘못 서술한 경우가 꽤 있다. 류자명의 생애와 사상을 알려주는 자료가 매우 부족하여 상당 부분을 아나키스트들의 회고록과 일제의 정보보고서류에 의존할 수밖에 없는 실정이지만, 이들 자료에 대한 엄정한 자료비판이 요구된다.

이 연구에서는 1차 사료와 회고록 등을 비판적으로 검토하여 류자명이 일제강점기에 아나키스트로서 어떠한 활동을 하였는지에 대해서 살펴봄으로써, 재중국 한국인 아나키스트운동을 더욱 풍부하게 이해하는 데 이바지하고자 한다. 류자명에 대한 연구는 해방 이후 한국 아나키스트운동을 올바로 이해하는 데에도 많은 시사점을 던져 줄 것이다.

## 1. 아나키즘 수용

류자명은 1894년 음력 1월 13일 충청북도 충주군 이안면利安面 삼주리三洲里(현재 충주시 이류면 영평리)에서 태어났다. 호는 우근友槿, 어릴 때의 이름은 흥갑興甲, 학생 때 이름은 흥식興湜이며, 흥준興俊, 흥근興根, 이청李淸 등의 가명을 쓰기도 했다. 일곱 살 때부터 부친에게서 《천자문》·《동몽선습》·《소학》·《대학》·《논어》·《맹자》·《통감》 등을 배웠다. 부모님과 형님의 가르침 속에서 조국에 대한 사랑과 일제에 대한 증오심을 키워 갔다. 1911년에 충주공립보통학교를 졸업한 그는 이명칠李命七이 운영하던 서울의 연정학원研精學院을 거쳐 1912년 수원농림학교에 입학하였다. 1916년에 수원농림학교를 졸업하고, 그해 봄 충주간이농업학교에 교원으로 취직하여 보통학교 4학년 농업과 담임을 맡았다.

3·1운동이 일어나자 학교에서 만세운동을 전개하기로 계획하였다. 하지만 그 계획이 충주경찰서에 사전에 탐지되는 바람에 시도조차 하지 못했다. 보통학교 동창 황인성黃仁性의 도움으로 서울로 피신하였다.

류자명은 1919년 6월 조용주趙鏞周의 제안에 따라 이병철·김태규·조용주 등과 함께 서울에서 대한민국청년외교단을 조직하여 활동하였다. 청년외교단은 파리에 파견된 대한민국임시정부의 외교대표단을 지원하고자 조직되었는데, 그 목적은 상해임시정부에 국내의 상황을 통보하고 독립운동 자금을 모집·전달하며, 선전활동을 전개하여 독립의식을 고취하는 것이었다.

1919년 6월 초 한성정부의 충청북도 대의원으로 보선된[2] 그는 1919년 6월 조용주와 함께 신의주를 거쳐 상하이로 갔다.[3] 1919년 8월 18일에 개원된 제6차 임시의정원 회의에서 임시의정원 의원(충청도)으로 보선되었으며(국사편찬위원회 편, 2005), 여운형의 소개로 신한청년당에 가입하였다. 그는 신한청년당에서 비서로 반년 동안 활동하였다. 그즈음 신채호의 "임진왜란과 이순신 장군에 관한 역사"라는 제목의 강연을 듣고 깊은 감명을 받아 이후 그와 친밀한 관계를 유지하였다.

한편, 일본 공산주의자들과 아나키스트들의 글을 읽으면서 사회주의도 접하였다. 수원농림학교 동창 강석린姜錫麟의 형 강태동姜泰東으로부터 소

---

2  〈한성정부회의록〉(류연산, 2004, 82쪽에서 재인용·)
3  류연산은 아무런 전거도 밝히지 않은 채 류자명이 한성정부 책임자 가운데 한 명이었던 홍진(洪震?: 인용자)으로부터 상해임시정부의 조직체와 활동상황을 알아오라는 지령을 받고서 상해로 갔다고 서술하고 있으나(류연산, 2004, 83쪽) 취하지 않는다. 홍진을 비롯한 한성정부 조직을 주도한 세력이 1919년 4월에 이미 중국으로 간 상태임을 고려하면 류연산의 주장은 이치에 맞지 않는다.

**사진 6-1** 1919년 상하이. 제6회 임시의정원 의원들과 함께 찍은 사진. 셋째 줄 왼쪽 첫째 가 류자명이다.

개밥은 김한金翰과 함께 당시 상하이 베이시추안로北四川路에 있던 일본 서점 내산內山서점에서 일본 공산주의자와 아나키스트들이 발행하던 《개조改造》·《해방解放》·《비평批評》 등을 구독하면서 사회주의를 연구하였던 것이다. 그리고 김한이 한국 혁명의 방향에 관해 일본어로 저술하고 있던 〈우리는 무엇을 할 것인가?〉라는 제목의 글을 한국어로 번역하기도 했다.

　류자명은 1919년 12월 서울로 귀국하였다. 그것은 상하이에서는 더이상의 실천활동을 할 수 없으며, 서울이나 만주로 가서 적극적인 활동을 모색해야 한다는 김한·강태동·이원훈 등의 주장에 동조하였기 때문이다. 그는 만주를 거치느라 늦게 귀국한 김한과 함께 김태규의 집에 기거하면서, 사회주의 관련 일본 잡지를 읽고 그 내용에 대한 토론을 계속하였다. 그 잡지들은 당시 서울에 있던 일본 서점에서 구입하였다. 한편, 김한·강태동·

강석린·김응룡金應龍·신정균申貞均·백신영白信永·김달현金達顯·원정룡元貞龍·김성환金誠煥·이종욱李鍾郁·이재성李載誠·홍명희·정낙윤鄭樂潤·이을규·이정규·최숙자崔淑子·류인욱柳寅旭 등 여러 계통의 인물들과 모임을 가지면서 민족해방을 둘러싼 문제에 대해 토론하였다.

류자명은 김한과 같이 활동하면서 조선노동공제회의 기관지《공제》,《동아일보》,《조선일보》등에 사회주의와 관련된 글들을 발표하였다.《동아일보》1921년 4월 28일~30일자에 게재된 〈내적內的 개조론의 검토〉라는 제목의 글에서 정신개조를 통한 사회개조론의 허구성을 지적하고, 사회를 개조하려면 먼저 사회제도를 개조해야 한다고 주장하였다. 그는 이 글에서 사회개조론을 정신개조(인심개조人心改造 또는 내적 개조)를 통한 사회개조론과 제도개조를 통한 사회개조론(사회주의)으로 나누었다. 그리고 전자를 다시 제도 개조를 위한 선결문제로서 인심을 개조해야 한다는 주장과, 인심개조를 사회개조의 목적으로 규정하는 주장으로 분류하며 비판하였다. 즉 사상으로써 현 사회를 개조한다는 것은 사리에 맞지 않으며, 사회제도를 개조하기 위한 선결 문제로 인심을 개조하고자 한다고 하더라도 그러한 노력은 결국 헛고생일 뿐이며 오히려 민중에게 적지 않은 피해를 입힌다는 것이다. 이와 함께 종교, 철학, 도덕, 과학, 예술 등 모든 문화는 자본주의를 조장한다면서, 이에 대한 부정적 입장을 보였다. 이러한 사실은 류자명이 사회주의를 수용하였음을 나타내 준다.

류자명이 수용한 사회주의는 아나키즘이었다. 당시 공산주의자였던 김한과 같이 생활하였음에도 류자명은 공산주의보다는 아나키즘에 더 많은 관심을 보였다. 그가 아나키즘에 깊은 관심을 가지게 된 동기는 1920년 1월 10일에 발생한 모리토森戸 사건[4]이다. 모리토가 아나키스트 경제학설에 관한 논문을 발표하여 구속된 사건이 언론의 조명을 받아 상세하게 보도되었는데, 이를 계기로 그는 오스기 사카에와 크로포트킨 등이 저술한 아나키즘 관련 서적들을 읽기 시작하였으며, 점차 아나키즘을 수용해 갔다.

류자명은 자신이 공산주의가 아닌 아나키즘을 수용한 것은 민족모순을 한국사회의 주요한 모순으로 파악하였기 때문이라 하였다. 그는 마르크스와 엥겔스가 〈공산당선언〉에서 내건 노동자계급의 국제주의에는 동조하지 않았으며, 아나키즘에서 주장하는 국가권력 반대를 일제 식민지권력에 대한 반대와 동일시하고, 아나키스트들이 즐겨 사용하는 테러의 수단으로 일제의 우두머리들을 암살하고 일제의 통치기관을 폭파하는 것을 반일애국행동으로 여겼다. 그는 당시 제국주의 국가들이 자신들의 식민지 침략전쟁을 변호하는 데 이용하던 생존경쟁론을 극복할 수 있는 논리는 러시아 아나키스트 크로포트킨의 상호부조론이라고 인식하고 있었는데, 이러한 인식은 그로 하여금 아나키즘에 더욱 많은 관심을 가지게 했다.[5]


## 2. 테러적 직접행동론에 입각한 테러활동

1910년대 말 1920년대 초 중국에서는 한국인 아나키스트들이 의열단

---

4    도쿄대東京大 경제학부 조교수 모리토 다쓰오森戸辰男는 같은 학부學部 기관지《경제학연구經濟學研究》창간호(1920. 1)에 〈크로포트킨의 사회사상 연구クロポトキンの社會思想の研究〉를 발표하였는데, 이 때문에 당국에 의해 금고 3개월과 벌금 70엔円에 처해졌다.
5    이상에서 서술된 류자명의 행적 가운데 인용 표시를 하지 않은 것은 주로 류자명의《한 혁명자의 회억록》을 따랐다.

을 중심으로 테러활동을 활발하게 전개하였다. 의열단에 앞서 1919년 무렵 상하이, 광둥, 홍콩, 베이징 등지에서 김성도·안근생·김염金炎·김치평金治平 등이 중심이 되어 테러활동을 전개하였고, 1921년에는 중한협회中韓協會를 기반으로 하여 조직된 암살대가 후베이湖北, 바오딩保定, 베이징, 톈진 등에서 테러활동을 전개하였다.[6] 의열단은 1919년 11월 10일 지린吉林에서 김원봉·윤세주尹世胄·이성우李成宇·곽경郭敬·강세우姜世宇·이종암·한봉근韓鳳根·한봉인韓鳳仁·김상윤金相潤·신철휴申喆休·배동선裵東宣·서상락徐相洛 외 1인 등에 의해 결성된[7] 이후, 1920년 3월 곽재기郭在驥 등 16명이 조선총독부 파괴를 기도한 밀양폭탄사건, 1920년 9월 박재혁朴載赫의 부산경찰서 투탄投彈 사건, 1920년 11월 최수봉崔壽鳳의 밀양경찰서 투탄 사건, 1921년 9월 김익상의 조선총독부 투탄 사건, 1922년 3월 김익상·오성륜·이종암 등의 일본군 대장 다나카 기이치田中義一 암살미수사건 등을 연이어 전개하였다. 이러한 테러활동에는 재중국 한국인 아나키스트들이 관계하고 있었다. 그 결과 1921년과 1922년은 한국인 아나키스트운동의 전성기라 불렸다.(김산·님웨일즈, 1999, 103쪽)

류자명도 의열단에 가입하여 테러활동에 참가하였다. 그의 의열단 가입은 1921년 톈진에서 김원봉과의 만남이 계기가 되었다.[8] 1921년 4월 다

---

**6**   이들의 활동에 대해서는 이호룡, 2003a, 250~251쪽을 참고할 것.

**7**   박태원, 1948, 26쪽. 류자명에 따르면, 의열단 창립회원은 황상규黃尙奎·곽경郭敬·김약산金若山·윤석주尹石胄·한봉근韓逢根·박재혁朴在爀 등 모두 12명이다.(류자명, 1983, 64쪽)

**8**   박태원, 1948, 205쪽. 류자명은 1924년 봄 자신이 톈진에 있을 때 김원봉과 양근호梁根浩를 만나 의열단에 가입한 것으로 회고하였으나(《회억록》, 81~82·101~105쪽), 1924년은 1921년의 잘못으로 보인다. 류자명이 〈조선혁명선언〉 작성에 관계한 것으로 보아 그는 늦어도 1922년 말 이전에 의열단에 가입하였다.

시 베이징으로 간 류자명은 조성환·이완식李完植·이광李光·김창숙·박숭병朴崇秉·이해산李海山·한진산·성준용·고광인高光寅·김상훈金上勛·김병옥金炳玉·임유동林有棟 등과 교류하는 한편, 신채호·이회영 등과 접촉하면서 실천활동을 모색하였다.(《회억록》, 82쪽 참조) 그러한 과정에서 테러를 민족해방운동의 주요한 수단으로 채택하고 의열단에 가입한 것이다. 류자명은 의열단에서 통신연락과 선전작업 등을 맡았으며(《회억록》, 104~105쪽), 김지섭의 테러에도 관계하였다.

　류자명이 의열단에 가입하면서 의열단의 아나키즘적 성격은 더욱 강해진 것으로 보인다. 의열단은 창립 초기부터 어느 정도 아나키즘의 영향을 받고 있었다 할 수 있다. 즉 의열단은 독립이라는 목적을 달성하려면 직접행동을 취하지 않으면 안 된다고 판단하고 테러를 민족해방운동의 주요한 수단으로 채택하고 있었다. 그들은 테러로써 동포들의 애국심을 환기하고 배일사상을 고취하여 민중적 폭력을 일으킬 수 있으며, 이러한 폭력이 끊임없이 일어나야만 일제 식민지권력을 타도하고 조국의 독립을 가져올 수 있다고 보았다.(박태원, 1948, 23~24쪽 참조) 이러한 논리는 아나키스트들의 주장과 비슷한 측면이 많다.

　아나키스트들은 정치혁명을 부정하고 사회혁명만이 진정한 혁명임을 강조한다. 그리고 사회혁명은 각성된 민중이 스스로 봉기·폭동·총파업 등의 직접행동에 떨쳐 일어나야만 가능하다고 주장한다. 즉 전위조직이나 지식인 등의 지도를 받는 민중이 아니라, 선각자들이 행하는 테러 등의 '사실에 의한 선전'으로 각성된 민중에 의해 완수되는 사회혁명을 통해서만 권력 교체에 지나지 않는 정치혁명에서 나아가 강제적 권력에 의한 억압과 지배가 없는, 모든 사람이 절대적 자유를 누리는 진정한 무계급 사회를 건설할 수 있다는 것이다. 류자명을 비롯한 아나키스트들이 의열단의 테러투쟁에 관계하면서, 의열단의 테러투쟁은 의열투쟁에서 나아가 아나키즘의 '사실에 의한 선전'론에 입각한 민족해방운동으로 발전해 갔다.

그러나 아나키즘이 의열단을 지도한 이념 가운데 하나이고 많은 아나키스트들이 의열단에 참가하였다고 해서 의열단이 아나키스트 단체였던 것은 아니다. 의열단은 인민에게 절대자유권을 부여할 것, 지방자치제를 실시할 것 등을 주장하는 등 아나키즘적 요소도 가지고 있지만, 진정한 민주국가를 수립할 것, 교육을 국가의 경비로 실시할 것, 대규모의 생산기관과 독점 성질의 기업을 국가에서 경영할 것 등을 주장하여(박태원, 1948, 29~31쪽 참조) 국가의 존재를 인정하는 등 비아나키즘적 요소도 상당 부분 지니고 있었다.

1920년대 초 의열단에 의해 테러활동이 활발하게 전개되자, 공산주의자들은 테러에 반대하는 코민테른의 방침에 따라 이를 비판하고 나섰다. 이에 의열단은 공산주의자들의 주장에 맞서 테러활동을 주요한 수단으로 하는 민족해방운동 방법론을 정립할 필요성을 느꼈다.[9] 의열단은 신채호에게 공산주의자들의 주장에 이론적으로 대응할 수 있는 글을 작성해 줄 것을 요청하였다. 류자명은 신채호와 합숙하면서 그가 〈조선혁명선언〉을 작성하는 것을 도왔다.

〈조선혁명선언〉은 내정독립, 자치, 참정권 등을 주장하는 자들과 문화운동자 등을 일본 제국주의와 함께 민족의 적으로 규정하고, 민족해방운동 방략으로 외교론과 준비론을 주장하는 임시정부를 비판하면서, 민족해방운동 방법론으로 테러적 직접행동론을 제기하였다. 이로써 테러는 단지 복

---

9  류자명은 공산주의자들의 반박에 맞서 의열단도 자기의 주장을 발표할 필요를 느껴 신채호로 하여금 이른바 의열단선언인 〈조선혁명선언〉을 작성케 하였다고 회고하였다. (《회억록》, 130~131쪽)

수적 감정에서 매국노나 일본 제국주의자들을 처단하던 차원에서 벗어나 민족해방운동의 주요한 수단으로 자리잡았다.(이호룡, 2003, 87쪽)

류자명은 테러활동을 진작시키기 위해 의열단 이외의 테러단체 결성에도 관계하였다. 즉 1923년 무렵 이규준李圭駿, 이규학, 이성춘李性春 등이 다물단을 결성할 때 많은 도움을 주었다. 다물단은 1925년 의열단과 합작하여 베이징에서 소문난 일제의 밀정 김달하와 박용만을 처단하는 등의 활동을 하였다.(이규창, 1992, 74~81쪽 참조)

류자명은 의열단에 가입하여 테러활동에 관계하는 한편, 반역사反逆社를 조직하여 선전활동도 전개했다. 그는 1924년 봄 베이징에서 김봉환, 김대정金大庭, 김성숙, 김규하金奎河, 차응준車應俊, 김정완金鼎完 등의 학생들과 함께 반역사反逆社를 조직하였다. 반역사는 현재의 사회제도에 대한 반역을 표방하면서 1924년의 메이데이에 하나의 선전서를 배포하였다.(《北京天津附近在住朝鮮人ノ狀況報告書進達ノ件》)

신채호가 〈조선혁명선언〉을 발표하였음에도 공산주의자들은 아나키즘을 더욱 거세게 비판하였다. 재중국 한국인 아나키스트들은 점차 그 세력을 확장해 가는 공산주의 세력에 대항하기 위하여 아나키스트들의 힘을 하나로 모을 수 있는 조직의 필요성을 절감하였다.[10] 1924년 정화암까지 베이징으로 합류하면서 베이징에는 일련의 아나키스트들이 집결하게 되었다. 류자명은 이회영, 이을규, 이정규, 정화암 등과 함께 1924년 4월 말에

---

**10** 재중국 한국인 아나키스트들이 아나키스트 단체를 결성한 데는 다른 요인도 있었던 것으로 보인다. 정화암은 1923~1924년 무렵 미국에서 지명대를 중심으로 한 몇몇 사람들이《흑선풍》이라는 한국어 잡지를 발행하는 등 다소 아나키스트적 운동을 전개하고 있었는데, 이에 자극을 받은 재중국 한국인 아나키스트들이 조직을 만들고 소책자 기관지를 발간하기로 협의하였다고 회고하였다.(김학준 편집해설·이정식 면담, 1988, 274쪽)

재중국조선무정부주의자연맹을 결성하였다.[11] 정화암과 이정규는 백정기를 재중국조선무정부주의자연맹 창립원으로 거론하고 있으나, 이는 잘못으로 보인다. 백정기가 베이징으로 간 시기가 1924년 여름이기 때문이다.[12] 따라서 백정기는 재중국조선무정부주의자연맹이 창립되고 난 뒤 가입한 것으로 보아야 한다.[13] 류자명의 재중국조선무정부주의자연맹 참가 여부에 대해서도 이론의 여지가 있다. 하지만 그가 1924년 봄에 베이징에 있었던 것으로 보아 재중국조선무정부주의자연맹 창립에 관계한 것으로 보는 것이 타당하다.[14]

1924년 5월 이후 상하이로 떠난 류자명은 의열단 안에서 공산주의자들을 견제하는 데 주력했다. 의열단은 테러투쟁을 줄기차게 전개하였지만, 그 성과는 미미하였고 오히려 인적 손실만 초래하였다. 이에 의열단 내 공산주의자들은 1924년 4월 윤자영·조덕진[15]·현정건·김상덕 등을 중심으로 청년동맹회를 결성하고, 테러활동을 모험주의로 규정하면서 조직적으로 비판하기 시작하였다. 청년동맹회는 1924년 10월 4일 총회를 개최하여 새

---

**11**  정화암, 1982, 61~62쪽; 이정규·이관직, 1985, 80쪽 등을 종합

**12**  〈有吉公使暗殺陰謀事件, 黑色恐怖團事件, 南華韓人靑年聯盟事件, 天津日本總領事官邸爆彈投擲事件〉; 〈有吉公使暗殺陰謀不逞鮮人一味檢擧に關する件〉(亞細亞局機密第340號, 1933. 3. 27, 上海總領事 石射猪太郎—外務大臣);《외무경찰사》제5권, 210쪽(국민문화연구소 편, 2004, 180쪽에서 재인용) 등을 종합

**13**  〈구파 백정기 열사 행장〉에도 백정기가 1924년 6월에 재중국조선무정부주의자연맹에 가입한 것으로 되어 있다.(국민문화연구소 편, 2004, 485쪽) 〈구파 백정기 열사 행장〉은 이정규가 저술한 것으로 알려져 있다.

**14**  류자명의 재중국조선무정부주의자연맹 창립 참여 여부와 관련해서는 이호룡, 2015, 243~245쪽을 참조할 것.

**15**  자료에 따라서는 趙德律로 표기하기도 하나, 류자명에 의하면 趙德津이 맞다.[심극추, 《나의 회고》(심여추·심극추, 2002, 166쪽)] 심극추는《世界史研究動態》에 게재된 류자명의 〈조선애국사학가 신채호〉 전문을 자신의 회고록에 실었다.

로이 규장規章을 제정하고, 대중에 근거를 둔 투쟁의 필요성을 제기하고 테러활동의 비대중성·무모성을 지적하는 내용의 선언서를 발표하였다.[16] 의열단에서는 즉각 이에 반대하는 성명을 발표하였으나,[17] 의열단 안에서도 공산주의자들의 주장에 동조하는 자들이 점차 커다란 세력을 형성해 나갔다. 결국 의열단은 공산주의를 지도이념으로 채택하고 공산주의에 입각한 민족해방운동을 전개하기 시작하였다.

의열단이 공산주의 조직으로 개조된 이후 단원 대부분이 광저우로 갔지만, 류자명은 계속 상하이에 남아 있으면서 통신연락 업무를 맡았다. (《회억록》, 144쪽) 그리고 공산주의자들의 주장에 맞서서 테러활동의 정당성을 고집하면서 나석주의 동양척식주식회사 폭탄투척사건(1926. 7. 21)에 신채호·이지영·김창숙·이승춘·한봉근·정세호·박관해·박승철·황의춘 등과 함께 관계하는[18] 등 의열단과는 상관없이 독자적으로 테러활동에 계속 종사하였다.

그는 1927년 이후 우한武漢으로 가서 북벌전쟁에 참가하였다. 그해 4월에는 광둥에 있으면서 장제스의 반공쿠데타를 목격하고 〈적색赤色의 비통悲痛-4월 15일 이후 사실〉이라는 제목의 글을 《조선일보》에 게재하기도 했다. 그는 이 글에서 장제스 일파의 행동을 혁명을 좌절시키는 행동이라 비판하였다.(《조선일보》 1927년 5월 13일~15일자)

류자명은 피압박민족 간의 연대활동 또한 중시하였다. 류자명은 대만

---

**16**  《회억록》, 130쪽; 在上海領事館, 《朝鮮民族運動(未定稿)》三(《外務特殊文書》25, 499~500·624쪽); 〈선언〉(독립운동사편찬위원회 편, 1975, 700·723~725쪽) 등을 종합

**17**  在上海領事館 編, 《朝鮮民族運動(未定稿)》三(《外務特殊文書》25, 499~500쪽)

**18**  김창숙, 1973, 344~346쪽; 《회억록》, 143~147쪽; 慶尙北道警察部 編, 1934, 243~244쪽 등을 종합

인 아나키스트 린빙원·판번량 등과 교류하는 한편, 동방피압박민족연합회 결성에도 참가하였다. 동방피압박민족연합회는 1926년 한커우漢口에서 결성되었으나, 창립 이후 아무런 활동을 전개하지 못하였다. 그러다가 1927년 4월 조직을 재정비하여 우한에서 중국, 인도, 몽고, 안남, 대만, 미얀마緬甸, 한국 등 각 민족의 대표가 참가한 가운데 동방피압박민족연합회가 결성되었다. 류자명은 김규식·이검운과 함께 한국 대표로 참가하였다. 집행위원으로 루첸이魯乾一, 스광뤼時光綠,[19] 셰위안딩謝遠定, 왕디천王滌塵(이상 중국), 신더만, 랜신, 사두신沙渡辛, 미리신(이상 인도), 왕시순王希舜(몽고), 라오웨이신饒維新 외 1인(대만), 쓰시시광思實史光(미얀마緬甸), 권준權晙, 백덕림白德林, 마천목馬天穆, 조덕진(이상 한국) 등이 선임되었다.[20]

류자명은 1928년 2월 말 한커우에서 3·1운동기념행사를 준비하다가 일본 밀정 나란신(인도인)의 밀고로 중국 경찰에게 체포되어 6개월 동안 옥살이를 하였다. 우한경비사령부에서 풀려난 류자명은 안동만과 함께 난징으로 가서 당시 거기로 옮겨가 있던 동방피압박민족연합회에 합류하였다. 이후 류자명은 박남파의 소개로 1928년 겨울부터《쑨원학설孫文學說》을 한국어로 번역하였는데, 이를 통해 삼민주의를 좀 더 깊게 이해하게 되었다. 그는 삼민주의를 '중국의 실지조건을 기초로 하고, 계속적으로 투쟁해서 사회주의사회와 공산주의국가를 이룩하자'는 것으로 이해했다.[21]

---

**19** 류자명은 畦光錄, 盧貫一로 표기하였다.(《회억록》, 166쪽)

**20** 《동아일보》1927년 5월 27일자 ;《회억록》, 166쪽 등을 종합

**21** 《회억록》, 164~185·192~194쪽 참조. 정화암은 류자명이 1928년 5월 말 난징에서 동방무정부주의자연맹 창립을 주도하였던 것으로 회고하였으나(정화암, 1982, 93쪽), 이는 사실에 부합되지 않는다. 1928년 6월 상하이에서 동방무정부주의자연맹이 창립될 당시 류자명은 감옥에 있었기 때문이다. 난징에 있었던 것은 동방무정부주의자연맹이 아니라 동방피압박민족연합회였던 것으로 사료된다.

1929년 봄부터 류자명은 한푸얀韓復炎기념농장(난징 중산문외中山門外 효
릉위孝陵圍 남쪽 소재)에서 근무하였다. 이 농장은 위안사오샨袁紹先이 신해
혁명에서 희생된 한푸얀 열사의 기념사업을 위하여 설립한 것이다. 류자명
은 난징에 있을 때 위안사오샨·예정슈葉正叔·장징치우章警秋·천광구오陳光
國 등 중국인들과 교류하였는데, 위안사오샨이 농업학교를 졸업한 류자명
을 농업기술자로 특별 초청한 것이다.(《회억록》, 195~196쪽 참조)

류자명의 농장생활은 반년으로 끝났다. 그것은 1929년 여름이 끝날 무
렵 천판유陳范子가 자신을 대신해서 여명黎明중학교(취안저우 소재)에서 생
물학을 가르쳐 줄 것을 부탁하였기 때문이다. 그는 학생들에게 생물학을
가르치는 한편, 취안저우 지방의 열대식물을 연구하였다. 그는 여명중학교
에서 한 학기 수업을 마치고 1930년 1월부터 상하이 장완江灣에 있던 입달
立達학원(원장 쾅후성匡互生)으로 다시 옮겼는데, 위안지이袁志伊의 소개에
의한 것이었다.(《회억록》, 198~201쪽 참조) 농촌교육과(난샹진南翔鎭 부근 차
이탕柴塘 소재)에서 농업과 일본어를 가르쳤다. 농촌교육과에서는 교육과
생산노동을 결합하는 방법으로 학생들을 교육했다.(《회억록》, 205쪽)

1930년 3~4월 무렵 류기석이 입달학원으로 류자명을 찾아왔다. 테러
활동을 담당할 조직을 꾸리는 문제에 대해서 논의하기 위해서였다. 곧 남
화한인청년연맹이 결성되었다. 남화한인청년연맹은 상해연맹·북경연맹
과 함께 1930년대 테러활동을 주도하였는데, 그 결성은 신현상과 최석영
이 국내 호서은행으로부터 5만 8,000원을 대출받아 베이징으로 간 데서 비
롯되었다. 1930년 3월 22일 베이징으로 간 신현상은 류기석과 협의하여 그
돈을 테러활동자금으로 사용하기로 하였다. 류기석은 톈진 일본영사관을
파괴할 계획을 세우고 무기를 구입하게 하는 한편, 동지들을 규합하기 위
해 상하이로 갔다. 그리하여 1930년 4월 20일 상하이에서 남화한인청년연

맹이 결성되었던 것이다. 베이징으로 돌아간 류기석·신현상 등은 대파괴공
작을 일으킬 계획을 세우기 위해 베이징에서 무정부주의자동양대회를 개
최하였다. 그러나 1930년 5월 6일 반동 군벌 옌시산이 숙소를 습격하는 바
람에 회합 중이던 아나키스트들은 체포당하였으며 자금 역시 강탈당하였
다. 류기석의 활약으로 신현상과 최석영을 제외한 모든 아나키스트들은 석
방되었지만 자금은 회수하지 못하였으며, 남화한인청년연맹의 활동도 잠
시 주춤하였다.(이호룡, 2003a, 266~269쪽 참조)

이후 류자명은 입달학원에 근무하면서 중국 아나키스트 바진·루오스
미羅世彌 등과 교류하는(《회억록》, 264~270쪽 참조) 한편, 침체된 남화한인
청년연맹을 재흥하기 위한 작업을 개시하였다. 우선 남화한인청년연맹의
명의로 1931년 3월 1일 〈3·1절기념선언〉을 살포하였으며, 5월 1일에는 〈5
월 1일-해방을 위해서 투사의 힘을 발휘하자〉라는 제목의 일반 노동계급
에 대한 격문을 발행하여 국내, 일본, 대만, 상하이, 베이징, 톈진 등 각지에
발송하였다.(在上海日本總領事館警察部第2課 編,《朝鮮民族運動年鑑》, 360·364쪽) 이
처럼 남화한인청년연맹은 연구·토론 등 각종 회의를 개최하고 정보 수집
과 이론 구명에 주력하는 한편, 일반청소년을 대상으로 한 계몽운동도 전
개하였다.(《흑색신문》 제29호)

이러한 활동을 기반으로 류자명은 남화한인청년연맹의 조직 확대를 도
모하였다. 우선 이회영·정해리 등과 함께 1931년 5월 15일 무렵 이용준과
원심창을 설득하여 남화한인청년연맹에 가입시켰다. 1931년 9월 일제가
만주를 침공하는 등 대륙침략 야욕을 노골화하자 남화한인청년연맹을 강
화할 필요성은 더욱 커졌다. 이에 만주에서 철수하여 상하이로 간 아나키
스트들을 끌어들여 조직정비작업에 착수하였다. 류자명·이회영·이달·원
심창·김야봉·백정기·정화암·이용준·박기성·정해리·김광주·유산방·나

월환·양여주·김지강·김동우·이규창·창얼캉常爾康 등이 한자리에 모여 각
지역의 변화된 사정과 앞으로의 독립운동의 방향에 대해 논의하고, 남화한
인청년연맹 개편작업을 벌여 산하에 남화구락부를 설치하여 선전작업을
담당케 하였다. 류자명은 남화한인청년연맹의 의장 겸 대외책임자로 선출
되었다.(이호룡, 2003a, 269~270쪽 참조)

그리고 아나키스트 몇 명과 함께 불멸구락부를 결성하여 아나키즘에
대한 연구활동을 전개하였다. 이 구락부에는 류기석·정치화鄭致和·최동철
등이 가입하여 활동하였다.[22]

류자명은 남화한인청년연맹에서 선전활동을 하는 한편, 중국 아나키스
트와 연합전선을 형성하여 공동 활동을 전개했다. 1931년 11월 중순 동방
무정부주의자연맹 간부 왕야차오와 고문 격인 화쥔스의 제안으로 항일구
국연맹이 결성되자, 류자명도 이에 참가하였다. 항일구국연맹 선전부가 프
랑스조계 싱먼로騈門路에 공도公道인쇄소를 설립한 뒤, 1931년 11월부터 기
관지《자유》를 주간으로 발행하여 아나키즘 이론투쟁과 동지 규합 사업을
전개하였다. 류자명은 정해리·백정기·오면직·정화암·왕야차오·화쥔스·
바진 등과 함께 이 인쇄소를 경영하면서 잡지《자유》의 주필을 맡는 등 아
나키즘 선전활동에 주력했다. 바진이 류자명을 도왔으며, 양여주·정해리
가《자유》 발행을 맡았다. 항일구국연맹은 왕야차오가 선전사업에 개인 재
산 2만 달러를 지출하는 등 선전사업을 적극적으로 전개하고자 하였으나
당국의 탄압으로 활발한 활동은 하지 못하였다. 결국 1932년 4월《자유》는
상하이 프랑스조계 당국에 의해 발행 정지당하고, 정해리는 체포되어 6개
월 동안 옥살이를 하였다.(이호룡, 2003a, 291~294쪽 참조)

---

22   在上海領事館 編,《朝鮮民族運動(未定稿)》四(《外務特殊文書》26, 336쪽)

항일구국연맹의 선전사업이 침체된 상황에서 1932년 10월 북경연맹의 류기석이 입달학원의 류자명을 찾았다. 그는 재베이핑동북의용군후원회와 푸젠 방면의 항일회 등으로부터 지원받은 자금 7,000원으로 테러활동을 전개할 계획을 세우고, 테러에 가담할 동지를 물색하러 상하이로 갔던 것이다. 류자명은 류기석에게 원심창, 이용준 등을 소개해 주었다. 류기석은 이들 외에 동생 류기문과 함께 톈진으로 가서 일본총영사관저, 일본 기선 등에 폭탄을 투척하였다.(이호룡, 2015, 282쪽 참조)

왕야차오가 국민당 정부의 탄압으로 피신하면서 항일구국연맹의 활동은 한국인 아나키스트들을 중심으로 이루어졌다. 항일구국연맹원들은 공동자취하면서 러허 문제로 중국과 일본 간의 관계가 극도로 긴장된 상황을 이용하여 일본이나 한국 내지로 들어가 파괴공작을 벌이고자 하였다. 그때 마침 원심창이 중요한 정보를 입수했다. 즉 1933년 3월 5일 원심창이 야타베 유지와 함께 친구들을 만나서 잡담을 하던 중 주중 일본공사 아리요시 아키라가 아라키荒木 육상陸相의 밀명으로 2월 중순쯤 국민당 정부 군사위원장 장제스와의 타협을 성사시키고 곧 귀국할 예정이라는 소식을 접한 것이다. 원심창은 이날 저녁 백정기, 이강훈, 이달, 박기성, 김지강, 엄형순, 이용준, 오면직 등의 항일구국연맹 맹원들, 그리고 정화암, 정해리 등과 함께 회합을 개최한 뒤, 이들에게 이 소식을 전하였다. 이들은 이에 대한 대책에 대해 논의하였다. 원심창은 아리요시 아키라가 장제스에게 수천만 엔을 지급하고 남의사의 세력 확대를 원조하는 대신, 장제스는 그 교환조건으로 만주를 방기하고 일본이 러허를 점령하더라도 무저항주의를 취한다는 내용의 협상을 성사시켰는데, 아리요시 공사가 귀국하여 밀약이 성립되면 아나키스트들이 설 땅을 상실하게 될 것인바, 이를 방지하기 위해서 아리요시를 암살할 것을 제안하였다. 이들은 아리요시 아키라 암살을 결행함과 함께 성명서를 발표하여, 일본과 장제스 간의 밀약을 사회에 폭로하고, 전 세계 민중 특히 중국과 일본 민중의 제국주의 군벌에 대한 반감을 앙양시 켜 사회혁명 기일을 단축시키기로 협의하였다. 협의 결과 이들은 아리요시 아키라가 3월 17일 육삼정에서 열리는 연회를 마치고 귀가할 때를 노려 암 살하기로 하였으며, 제비뽑기 결과 백정기와 이강훈이 암살을 맡았다. 1933년 3월 17일 오후 9시 즈음 백정기, 이강훈, 원심창이 육삼정 근처의 송강춘松江春에서 아리요시 아키라가 나오길 기다리며 기회를 살피던 중, 암살 음모에 관한 정보를 입수하고 기다리고 있던 일본총영사관 경찰과 공 동조계 공부국工部局 경찰에 의해 체포되었다.(이호룡, 2003a, 296쪽; 이호룡, 2015, 313~317쪽 등을 참조)

육삼정 사건은 일본 순사 야마다 가쿠베에山田角兵衛와 그의 밀정 오키沖 의 조작된 정보와 역공작에서 비롯되었다. 재중국 한국인 민족해방운동가 들의 동정을 감시하고 있던 야마다는 오키에게 아리요시와 장제스 사이에 밀약이 성사되었다는 거짓된 정보를 한국인 아나키스트에게 제공케 하고, 그들을 일망타진할 계획을 세웠다. 당시 《상하이일일신문上海日日新聞》 기 자였던 오키는 자신의 신분을 이용하여 원심창에게 접근했고, 원심창 등은 일본 경찰의 역공작에 말려 암살계획을 실행에 옮기지도 못하고 체포되고 말았다.[23] 암살은 실패했지만 다음 날 아침에 상하이, 베이징, 난징, 톈진 등지의 각 신문들이 아리요시 공사 암살미수사건을 일제히 대서특필하여 보도하였다.(《흑색신문》 제23호)

류자명도 아리요시 암살계획 수립과 거사 준비에 참가하였다. 류자명

---

**23**  일본 경찰의 역공작에 대해서는 박찬승의 〈1933년 상해 '有吉明공사 암살미수 사건' 의 전말〉,《한국독립운동사 연구》 제60집을 참조할 것.

**사진 6-2** 육삼정사건으로 나가사키 재판소에서 재판을 받고 있는 원심창, 백정기, 이강훈

은 거사 준비를 위해 류기석으로부터 받은 자금 200불을 정화암에게 지급
하였으며, 거사 직후에 각 신문사에 보낼 선언문을 작성하였다. 백정기, 오
면직, 정화암, 이강훈 등과 함께 모인 자리에서 선언문을 흑색공포단[24]의

---

24 이강훈은 흑색공포단은 실제로는 존재하지 않는 유령단체일 뿐이며 단지 한 번만 흑
색공포단이라는 이름을 사용했다고 밝히고 있으며(이강훈, 1974, 228~229쪽), 정화암
은 흑색공포단을 항일구국연맹 행동대의 별칭이라 하였다(정화암, 1982, 134쪽). 하지
만 일제의 정보보고서들은 흑색공포단을 항일구국연맹과 동일시하거나 별도의 단체
였던 것처럼 기술하였다. 이강훈과 정화암의 진술을 종합하면, 흑색공포단은 실체가
있는 조직이 아니라 아리요시 아키라 공사 암살을 계획하였을 때 일시적으로 사용한
이름에 불과한 것이라 할 수 있다.

명의로 발표할 것을 제의하였다. 류자명이 흑색공포단이란 명칭을 제안한 것은 일제로 하여금 공포를 느끼도록 하기 위한 것이었다. 그리고 3월 17일 오후 정화암·양여주·원심창 등과 함께 백정기와 이강훈의 송별연을 가진 뒤, 오후 8시 반 정화암·양여주·야타베 유지 등과 함께 백정기와 이강훈을 암살 장소로 정한 육삼정 부근까지 배웅하였다.[25]

1933년에 중국인 여성 류쩌중劉則忠과 중혼한(류연산, 2004, 284~285쪽) 류자명은 육삼정 사건 이후 계속 입달학원에서 근무하면서 농업기술 연구에 몰두하였다. 그는 1935년 5월까지 입달학원에서 근무하는 동안 유럽과 동남아시아에서 각종 귀중한 화초를 수입하는 한편, 각종 복숭아·살구·사과·포도 등을 접종하여 새로운 품종을 개발하였다.(류연산, 2004, 299쪽) 그는 1935년 5월 장징치우의 소개로 난징건설위원회 농촌부흥과 소속 동류東流실험농장으로 옮겼다. 거기서 원예기술을 지도하는 한편, 온실을 짓고 일본으로부터 화훼와 관상식물을 수입하여 원예생산을 확대하였다.(《회억록》, 215~217쪽 참조) 그는 1937년 12월 일본군의 난징 점령으로 말미암아 한커우로 철수할(《회억록》, 221쪽) 때까지 이 농장에서 근무하였다. 입달학원과 동류실험농장에서의 농업기술에 대한 연구 활동은 해방 이후 그가 공산주의국가 중국에 남아서 농학자로서 활동할 수 있는 기반이 되었다.

---

**25** 《外務省警察史-支那ノ部(未定稿)》(《外務特殊文書》28, 848·850·869쪽);《흑색신문》제 23호; 이강훈, 1974, 229쪽 등을 종합

## 3. 민족전선론 제창

1930년대 전반기에 재중국 한국인 아나키스트들이 테러를 적극적으로 단행했지만, 테러에 뒤이어 많은 활동가들이 체포당하면서 아나키스트운동은 점차 침체상태에 빠졌다. 남화한인청년연맹도 유명무실한 단체로 전락하여 선전사업을 행하는 것으로 그 명맥을 이어 갔다. 그러한 상태에서 1935년 코민테른 제7차 대회에서 서기장 G. M. 디미트로프가, 여러 계층과 당파들이 반파쇼 인민전선을 형성하여 반파쇼투쟁을 전개하는 것을 자본주의 제국諸國에서의 국제공산주의운동의 기본전략으로 삼을 것을 제안하였고, 1936년 2월 스페인에서는 1934년 이후 인민전선 세력이 성장하여 정부가 수립되었다. 프랑스에서도 1936년 4월과 5월에 치러진 두 차례의 총선에서 크게 승리하여 6월에 인민전선정부가 수립되었다. 침체된 아나키스트운동을 재흥시키고자 고심하던 재중국 한국인 아나키스트들은 스페인과 프랑스에서 인민전선이 승리하자 이에 상당히 고무되었다.

재중국 한국인 아나키스트들은 스페인과 프랑스의 경험을 우리 민족의 상황에 적용하고자 했다. 그들은 반파시스트 전선으로 결성된 인민전선의 승리를 거울삼아 민족해방을 최우선 과제로 설정하였다. 그동안 민족주의자들의 혁명성을 부정하면서 그들과 연합을 추구하던 공산주의자들을 개량주의자로 비판하는 등 민족주의와 공산주의를 배격하던 입장을 버렸다. 신간회를 타도하자면서 민족통일전선 결성에 강력하게 반대하던 종전의 태도도 바꾸었다.

민족통일전선 결성에서 아나키스트운동 위기의 돌파구를 찾은 재중국 한국인 아나키스트들은 1936년 초부터 민족전선을 결성할 것을 주장하기 시작하였다. 신채호는 유시遺詩 〈민족전선을 위하여〉를 남겼다.[26] 이는 신

채호가 사망하는 1936년 2월 21일 이전에 재중국 한국인 아나키스트들이
민족전선론을 제기하였음을 알려준다.《한민韓民》제14호(1937. 6. 30)에 게
재된〈민족진선民族陣線의 제1 계단〉에는 "과거에《남화통신》에서 민족진
선 문제를 주장하였고, 최근에는《민족혁명》에서 이 문제를 논"하였던 것
으로 서술되어 있다.(《思想情勢視察報告集》其の三, 40쪽) 이는《남화통신》이 제
일 먼저 민족전선 결성문제를 제기하였음을 알려준다. 하지만《남화통신》
1936년 1월호에는 민족전선에 관한 기사가 게재되어 있지 않다. 그리고 류
자명에 따르면, 민족전선론이 제기되기 시작한 것은 1936년 여름부터다.
(류자명,〈조선민족전선연맹 결성 경과〉) 이를 종합하면, 아나키스트들이
1935년 말 내지 1936년 초에 민족전선론을 제기하였고, 여름부터 본격적
으로 민족전선 결성에 대해 논의하기 시작했다고 추론할 수 있다.

　　남화한인청년연맹은《남화통신》을 통하여 민족전선의 필요성과 결성
방법 등을 집중적으로 선전하였다.《남화통신》은 1935년 말부터 그 발행
이 논의되어 1936년 1월 상하이에서 창간호가 발행되었다. 월간 등사판이
었으며, 이하유와 심극추가 발행·발송을 담당하였다. 주요 투고자는 류자
명이었고, 류기석도 투고했다. 원고의 양이 모자라면 이하유가 일본에서
출판된 아나키즘 관련 글들을 번역하여 게재하였다.[27]

　　남화한인청년연맹은 "조선민족의 독립운동을 하는 데에서도 정치적·
경제적·사회적 자유평등을 탈환하고, 만인공영의 이상적 사회를 건설하는
데에 있어서도 먼저 최대의 적 일본 제국주의를 타도하지 않고서는 어떠한

---

**26**　신채호의 유시遺詩〈민족전선을 위하여〉는《남화통신南華通訊》1936년 11월호(제1권
　　제10기)에 게재되었다.(《思想情勢視察報告集》其の二, 482쪽)
**27**　심극추,《나의 회고》(심여추·심극추, 2002, 182~183쪽)

운동도 전개할 수 없"음을 강조하면서,[28] 일제가 지배하고 있는 현실을 타파하는 데 가장 적합한 투쟁방식이 바로 민족전선이라고 단정하였다. 각 당, 각 파, 각 계급을 단결시켜 광범한 대중적 기초 위에 결성된 민족전선만이 민족해방운동의 진로를 타개할 수 있다는 것이다.

류자명도 《남화통신》 1936년 11월호에 발표한 〈민족전선문제에 대해서 냉심冷心 군의 의문에 답한다〉에서 냉심이 한국국민당을 대표하여 민족전선 결성에 반대한 것을 격렬하게 비판하였다. 즉 "인민전선운동이 제3국제의 책동에 의해 진전되고 있는 것처럼 단정하는 것은, 마치 3·1운동이 월슨의 민족자결의 주장에 의해 일어난 것이라고 하는 것과 똑같이 피상론"일 뿐이라고 단정하면서, 민족전선 결성에 반대하는 한국국민당의 태도를 객관적·이지적이지 않고 감정적·시의적猜疑的인 것이라고 규탄한 것이다. (《思想情勢視察報告集》其の二, 487~488쪽) 이외에 류자명은 〈농민문제 편담片談〉을 《남화통신》에 5회에 걸쳐 게재하였다.

민족전선을 결성하자는 아나키스트들의 주장에 조선민족혁명당이 적극적으로 동조하고 나섰다. 조선민족혁명당은 1936년 여름 이후 대일전선 통일과 혁명역량 총집중을 당의 행동강령으로 내걸고, 조선민족전선 결성 이론을 제창하였다.(《思想情勢視察報告集》其の七, 152쪽) 이리하여 민족전선 결성을 둘러싸고 재중국 한국인 아나키스트들과 조선민족혁명당 사이에 논의가 활발하게 이루어졌다.[29]

---

**28**　〈민족전선 결성을 촉구한다〉(《思想情勢視察報告集》其の二, 491쪽)

**29**　냉심冷心은 재중국 한국인 아나키스트들의 민족전선 결성 주장에 반대하면서 "우리에게는 한편에서 이미 인민전선이 성립해 있지 않은가? 성립한 것으로서 그 분자는 조선민족혁명당과 무정부당無政府黨이지 않은가?"라고 하였는데[瑾, 〈민족전선문제에 대해서 冷心君의 의문에 답한다〉(《思想情勢視察報告集》其の二, 485~486쪽)], 그의 이러한 말

　　그는 류기석 등과 함께 변화된 정세에 대응하고자 1937년 난징에서 남화한인청년연맹을 조선혁명자연맹으로 개조하였다. 조선혁명자연맹은 류자명을 위원장으로 하였으며, 주요 인물은 류기석, 정화암, 나월환, 이하유, 박기성, 이승래 등이었다. 맹원 수는 20여 명이었다.[30]

　　조선혁명자연맹은 민족전선 결성에 적극적으로 나섰다. 재중국 한국인 아나키스트들은 조선혁명자연맹을 중심으로 하여 민족전선론을 제기하면서, 일차적으로 조선민족혁명당과의 연합을 추진하였다. 조선혁명자연맹과 조선민족혁명당 사이에 민족전선 결성에 관한 논의가 진행되는 가운데, 1937년 7월 일제의 도발로 중일전쟁이 터졌다. 이에 일제에 대한 전면전의 필요성이 제기되었고, 민족전선 결성에 대한 요구는 더욱 강해졌다. 중국 국민당정부도 한국인의 민족전선 결성을 촉구했다. 1937년 7월 10일 김구·김원봉·류자명 등을 루산盧山에 초청하여 중한합작에 의한 항일연합전선을 전개할 필요성을 설명하고 풍부한 자금을 제공하였다.[31]

　　이후 민족전선을 결성하기 위한 공작은 급속하게 추진되었다. 난징 동류농장에 근무하던 류자명은 조선혁명자연맹의 대표 자격으로 조선민족혁명당의 김원봉, 조선민족해방동맹의 김성숙 등과 난징 시내에서 매주 만나 민족전선을 어떻게 결성할 것인가 하는 문제에 대해 논의하였다. 1937년 7월 말 무렵 손건孫建(손두환孫斗煥)·김철남金鐵男(김병두金炳斗)·이연호李

---

　　은 곧 조선민족혁명당과 재중국 한국인 아나키스트들 사이에 연합을 둘러싼 논의가 충분히 이루어졌음을 알려준다.

**30**　〈韓國各政黨現況〉(추헌수 편, 1972, 77~78쪽); 朝鮮總督府警務局 編, 1940, 117쪽(楊昭全 等編, 1987, 271쪽);《思想情勢視察報告集》其の七, 152쪽 등을 종합

**31**　〈在支朝鮮義勇隊ノ情勢〉(《思想彙報》第22號, 158쪽); 警保局保安課 編, 〈支那事變ニ伴フ不逞鮮人ノ策動狀況〉(《外務特殊文書》30, 579쪽) 등을 종합

然浩(이상정李相定)는 세 단체의 동의를 얻어 통일문제에 관한 간담회를 소
집하였는데, 각 방면의 대표 15인이 모여 토론하였다. 그 결과 먼저 조선민
족전선통일촉성회를 성립시키고 통일운동에 진력한다는 내용의 선언을
발표하였다. 며칠 뒤 남경한족회南京韓族會 전체대회에서 재중국조선민족
항일동맹이 발기·조직되자, 이 동맹과 통일촉성회를 합동해서 조선독립운
동자동맹을 조직하였다. 이어 한국국민당·조선혁명당·한국독립당 등 세
단체가 미주에 있는 한국 혁명단체 등을 망라하여 결성한 한국광복운동단
체연합회와 결합을 추진했지만, 한국광복운동단체연합회 측의 거부로 통
합은 이루어지지 못하였다. 이에 1937년 11월 12일 조선혁명자연맹·조선
민족혁명당·조선민족해방동맹 세 단체의 대표대회를 정식으로 소집하였
다. 네댓 차례의 회의를 거친 뒤, 조선민족전선연맹을 결성하고 명칭·규
약·강령 및 선언 등을 통과시켰다. 조선민족전선연맹은 12월 초에 이르러
우한에서 창립선언을 발표하였으며, 주요 공작방침으로 "조선 국내와 국
외의 민족통일전선을 촉진할 것", "광범한 통일적 중한中韓민족연합전선을
건립할 것", "전 민족을 발동하여 직접 또는 간접으로 중국의 항일전선에
참가할 것" 등을 정하였다.[32] 김원봉이 자금 지도를 맡고, 선전부(약 50명)
와 정치부(약 40명) 및 경제부(약 10명)를 두었다. 류자명은 선전부를 맡았
으며, 정치부와 경제부는 왕지연王志延과 이춘암李春菴이 각각 맡았다.[33]

　　조선혁명자연맹의 대표로 조선민족전선연맹 창립대회에 참가하여 이
사로 선출된[34] 류자명은《조선민족전선》(조선민족전선연맹의 기관지)의 주

---

**32**　류자명,〈조선민족전선연맹 결성 경과〉;《在上海總領事館二於ケル特高警察事務狀況》
　　《外務特殊文書》27, 772~774쪽);《회억록》, 218쪽 등을 종합

**33**　內務省警保局 編,〈1938年の在支不逞鮮人の不穩策動狀況〉(金正明 編, 1967, 615쪽)

**34**　朝鮮總督府警務局 編, 1940, 117쪽(楊昭全 等編, 1987, 316쪽)

필 겸 편집인으로 활동하면서, 민족전선 및 중국과의 연합전선의 필요성을
역설하는 등 선전활동에 주력하였다.《조선민족전선》창간사에서 그는 다
음과 같이 말하였다.

　　　조선민족의 노력 여하는 중국민족의 최후 승리에 영향을 준다. 과거
　　중국과 조선 양 민족이 받은 치욕과 손실은 우리들의 공동책임이다. 곧
　　공동의 적을 타도하고 동아평화를 지키는 이것이 중국·조선 양 민족의
　　공동사명이다. … 조선인 혁명분자 중 중국의 항전을 자신의 생사관두로
　　여기지 않는 자는 없다. 그리하여 그들은 중국의 항일전선에 직접 참가
　　하고, 전 민족의 반일총동원을 적극적으로 준비하고자 한다.
　　　조선의 혁명은 일본 제국주의의 정치압박과 경제착취의 쌍중고통雙
　　重苦痛으로부터 해방을 요구하는 혁명이다. 그래서 조선의 혁명진영은
　　계급을 나누지 않고 당파를 나누지 않는 전 민족의 단결을 필요로 한다.
　　이 중국과의 항일민족통일전선도 이와 같은 성질을 갖추고 있다. 그리고
　　이론체계상으로도 일종의 공동성을 갖추고 있다. …
　　　이로써 양 민족의 연합전선을 완성해야 한다. 이것이 본 간행물을 발
　　행하는 의의이다.(子明,〈창간사〉)

　위의 글에 나타난 류자명 주장의 요점은 중국이 일제와의 싸움에서 승
리하는 데 한국인도 상당한 역할을 한다는 것, 일제를 패망시키는 것은 한
국인과 중국인의 공동 사명이라는 것, 한국이 일제의 식민 지배로부터 벗
어나는 데 중국의 항일전이 결정적 역할을 한다는 것, 따라서 한국 혁명을
달성하려면 중국과 연합전선을 형성해야 한다는 것 등이다.《조선민족전
선》을 간행하는 목적도 한국과 중국의 항일 민족통일전선을 결성하기 위
한 것이라 하였다.

민족전선 결성을 추진하는 과정에서 류자명을 비롯한 재중국 한국인 아나키스트들의 정부·국가관이 바뀌었다. 즉 지금까지 최고의 강권조직으로 규정하고 타도 대상으로 삼았던 국가와 정부의 존재를 어느 정도 인정하기 시작한 것이다. 아나키스트들이 제안한 〈민족전선의 행동강령 초안〉은 "민족진선은 그것을 구성하는 각 단체의 해체를 요구하지 않지만, 혁명 공작에서 보취步驟의 일치와 국호의 통일을 요구한다"고 하여,[35] 국가 건설을 기정사실로 받아들였다. 당시 재중국 한국인 아나키스트들이 해방 이후의 국가의 존재를 부분적으로 인정하기는 하였지만, 독립국가 건설을 목표로 내세운 것은 아니었으므로 그들이 아나키즘 본령에서 일탈하였다고는 할 수 없다. 하지만 이러한 그들의 정부·국가관의 변화는 점차 아나키즘 본령에서의 일탈로 이어져 갔다.

조선민족전선연맹은 중국 군사위원회 정치부와 협의하여 일본과의 전쟁을 담당할 무장력으로 조선의용대를 창설하였다. 중국 군사위원회 정치부원들과 조선민족전선연맹 이사 김원봉(조선민족혁명당)·최창익[36](조선청년전위동맹)·김성숙(김규광, 조선민족해방동맹)·류자명(조선혁명자연맹) 등은 여러 차례의 회의를 통해 조선의용대의 규약·강령 기초, 경비문제, 조직방법 등을 협의하였으며, 만반의 준비를 완료한 뒤 1938년 10월 10일 한커우에서 조선의용대성립대회를 거행하였다.[37] 조선의용대는 궈모뤄郭沫若가 영도하는 중국 군사위원회 정치부 제3청에 소속되었다.[38]

---

**35** 《남화통신》 12월호(《思想情勢視察報告集》 其の二, 494쪽)

**36** 〈在支朝鮮義勇隊の情勢〉에는 최창석으로 기록되어 있으나, 이는 최창익의 잘못이다.

**37** 高公, 〈關于朝鮮義勇隊〉(楊昭全 等編, 1987a, 834쪽); 〈在支朝鮮義勇隊の情勢〉(《思想彙報》 第22號, 162쪽) 등을 종합

**38** 程星玲, 〈서문〉(류자명, 1983, 3쪽)

조선혁명자연맹원들은 조선의용대에 적극적으로 참가하였다.**39** 류자명은 이달(조선혁명자연맹 중앙위원)과 함께 편집조 중문간中文刊 위원을 맡았다.**40** 그리고 허賀 비서장·저우샨탕周咸堂·판원즈潘文治·자오한즈矯漢治·젠보이춘簡伯邨(이상 중국 측)·김원봉**41**·김성숙·김학무(이상 한국 측) 등과 함께 조선의용대 지도위원회의 지도위원으로 선출되었다.**42**

류자명은 1938년 10월 일본군이 우한을 점령하기 직전에 조선의용대 제1분대를 따라 창사長沙를 거쳐 형산衡山으로 가서 한동안 머물렀다. 이후 형양衡陽으로 갔다가 링링零陵과 렁수이탄冷水灘을 거쳐 구이린桂林에 도착하여 민가를 빌어 항일선전사업을 수행하다가 1939년 3월 김원봉·박정애와 함께 구이린을 떠나 구이양貴陽을 거쳐 충칭重慶으로 갔다.(《회억록》, 226~233쪽)

류자명은 조선민족전선연맹을 출발점으로 삼아서 민족통일전선 결성을 도모하였다. 그는 민족통일전선은 "일본 제국주의와의 투쟁과정 중에서도 가장 큰 지지를 필요로 할 뿐 아니라, 장래 독립·자유·행복의 국가를 건설할 경우에 각당 각파의 대동적 노력을 필요로 하"기(《思想情勢視察報告集》其の七, 155쪽) 때문에 모든 민족세력이 하나로 통합되어야 한다고 주장하면서, 조선민족전선연맹과 임시정부를 통합하는 작업을 추진하였다.

조선민족전선연맹과 한국임시정부 통합을 둘러싸고 논의가 진행되자,

**39** 〈韓國各政黨現況〉(추헌수 편, 1982, 78쪽). 조선혁명자연맹의 일부는 한국청년전지공작대에 참가하거나 上海·平津 일대로 가서 특무공작을 맡기도 하였다.

**40** 朝鮮總督府警務局 編, 1940, 145쪽(楊昭全 等編, 1987a, 862쪽)

**41** 자료에는 陳國斌으로 기록되어 있으나,《조선의용대통신》제8기에 따르면 陳國斌은 약산若山 김원봉이다.

**42** "조선의용대지도위원회 위원 周咸堂 등이 제출한 조선의용군조직 성립의 경과 보고 原案"(楊昭全 等編, 1987a, 915쪽)

류자명은 석정(윤세주)과 함께 조선민족전선연맹의 대표로 논의에 참가하
였다. 하지만 통합 방식을 둘러싼 양 진영의 의견 차이는 현격하였다. 즉 임
시정부 측은 임시정부의 영도 밑에 각 단체가 통일되어야 한다고 주장하였
고, 조선민족전선연맹 측은 각 단체의 연맹이라는 형식으로 통일할 것을
주장했던 것이다. 결국 통일회의는 중단되었다.(《회억록》, 234~235쪽 참조)
1939년 1월 중순에 이르러 조선민족전선연맹은 이사 왕준시王君實와 손건
을 창사長沙로 파견하였다. 이들은 한국광복운동단체연합회 영수 김구·이
동녕·이청천·조소앙·현익철 등을 방문하여 민족통일전선을 결성할 것을
피력하였다. 구체적 결과는 얻지 못했지만 통합해야 한다는 주장이 임시정
부 안에서 점차 세를 형성해 나갔다.(《思想情勢視察報告集》其の七, 155쪽) 결국
1942년에 이르러 조선민족전선연맹은 한국임시정부에 통합되었다. 1942
년 9월에 개최된 통일회의에 참가하였던 류자명은 1942년 10월 유림과 함

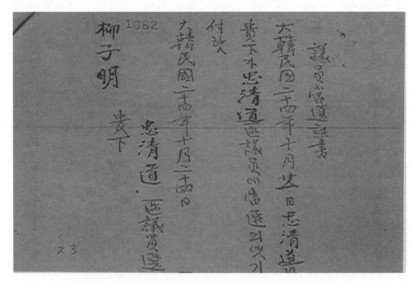

**사진 6-3** 류자명의 임시의정원 의원당선증서(독립기념관 소장)

께 임시정부 임시의정원 의원으로 선출되었다. 그는 충청도, 유림은 경상도를 대표하고 있었다.[43]

여기까지 살펴본 바와 같이 류자명은 1936년 이후 민족전선론에 입각하여 모든 민족세력을 통합하는 데 앞장섰으며 임시정부에까지 참가하였다. 하지만 류자명이 조선의용대와 임시정부에서 어떠한 활동을 하였는지에 대해서는 알려진 바가 거의 없다. 류자명은 조선의용대에서 선전작업을 담당하고 있었음에도 《조선의용대통신》에 글을 거의 투고하지 않았다. 단지 제23기(1939. 9. 1)와 제29기(1939. 11. 15)에 〈조선정세 일반〉이라는 제목의 글을 투고하였을 뿐이다. 그리고 1942년 조선민족전선연맹과 임시정부의 통합이 이루어진 뒤 임시의정원 제34회 회의에서 유림과 함께 의원으로 선출되었지만,[44] 유림과는 달리 임시정부의 사업에 적극적으로 참가하지 않았다. 그것은 류자명이 추구한 것은 임시정부로의 통합이 아니기 때문이었던 것으로 사료된다. 즉 그는 "조선민족전선연맹을 기초로 하여 조선 전 민족의 각당 각파를 포함하는 하나의 통일된 조선혁명의 민족당을 만들고, 이 민족당에 한국민족 해방운동의 영도를 맡"기자고 하여,[45] 민족통일전선체로서 하나의 민족당, 즉 민족해방운동단체를 결성할 것을 주장하였던 것이다. 그는 조선민족혁명당·조선민족해방동맹 등과 연합하는 과정에서 그들의 주장 일부를 수용하면서 해방 이후 국가의 존재를 어느 정도 인정하였지만, 민족해방운동을 총괄하는 조직체로서의 정부의 존재는

---

**43** 閔石麟, 1944(추헌수 편, 1971, 315·319쪽); 旦洲 柳林先生 記念事業會, 1991, 85쪽; 《회억록》 300~302쪽 등을 종합. 류자명은 1944년 9월에 통일회의가 개최된 것으로 회고하였으나, 이는 1942년의 잘못으로 보인다.

**44** 《제34회 의회 속기록》(국사편찬위원회 편, 1970)

**45** 柳湜, 〈爲朝鮮革命力量統一而鬪爭〉. 柳湜은 류자명의 필명으로 사료된다.

인정하지 않았다.

그는 임시정부에 참가하기보다는 푸젠·구이린에서의 농업기술 발전과 융안永安에서의 전쟁고아 구호사업에 주력하였다. 그는 임시정부와의 연합이 제대로 추진되지 않자, 1940년 3월 같이 일하자는 천판유와 쑤퉁栗同의 제의를 받아들여 충칭에 들린 푸젠군구福建軍區 사장師長 리량룽을 따라 가족을 데리고 충칭을 떠나 푸젠으로 갔다. 푸젠성 농업개진처農業改進處의 농업시험장 원예학부 주임으로 일하였는데, 처장 쑹쩡취宋增渠는 원예학부를 원예시험장으로 확대하는 등 류자명의 사업을 적극적으로 지원하였다. 류자명은 원예시험장(융안永安 소재)의 책임자가 되어 시험장의 설비를 보충하고 시험항목을 늘이는 중국 원예 농업의 발전을 위해 노력하였다.(류자명, 1983, 141~143쪽 참조)

1941년 12월에 류자명에게 충칭에 있던 마쭝룽馬宗融으로부터 편지가 왔다. 구이린으로 가서 회교구국협회가 건설한 영조농장에서 농업생산 기술을 지도해 달라는 것이었다. 마쭝룽은 입달학원에서 류자명과 함께 근무한 적이 있는 아나키스트였다. 류자명은 원예시험장의 일을 장화이위蔣懷玉에게 맡기고, 12월 하순에 구이린으로 갔다. 영조농장의 토대를 어느 정도 구축한 류자명은 1943년 여름 충칭으로 가서 회교구국협회에 사업경과를 보고하였다. 구이린으로 돌아간 류자명은 감귤 묘목을 기르는 자생농장 분장自生農場分場으로 옮겨서 기술을 지도하였다.(《회억록》, 258~275쪽 참조)

1944년 9월 무렵 일본이 구이린을 침공하자 류자명은 푸젠성정부 비서장 청싱링程星玲의 배려를 받아 구이린을 탈출하였다. 융안에 도착한 류자명은 청싱링의 주선으로 전쟁고아를 수용하는 사업에 참가했다. 그는 강락신촌康樂新村 제2촌 주비처 주임이 되어 푸젠성 푸안현福安縣으로 가서 각 현과 향촌에 흩어져 있는 전쟁고아들을 수용하여 교양하는 한편, 강락신촌

제2촌에 있던 과수원과 목장까지 맡아 관리하였다. 일본의 항복으로 제2차
세계대전이 끝나게 되어 대만으로 떠날 때까지 강락신촌에 머물렀다.(《회
억록》, 296~298·305~323쪽 참조)

류자명은 1946년 3월 강락신촌의 사업을 위안지예袁繼業에게 맡기고,
가족과 함께 푸저우를 거쳐 대만으로 갔다. 농림처 기술실, 합작농장관리
소 등지에서 근무하였다. 중국 대륙이 공산화되면서 대만의 정세가 급박하
게 돌아가자, 그는 귀국을 서둘렀다. 홍콩을 거쳐 한국으로 가기로 결정하
고, 1950년 6월 24일 정화암 일가와 함께 홍콩으로 떠났다. 그러나 6·25전
쟁이 발발하는 바람에 한국으로 갈 수 있는 길이 막혔다. 막막한 상태에서
1950년 8월 초 후난성 정부 부성장副省長이 된 청싱링으로부터 후난대학 농
학원 교수로 초빙한다는 편지가 도착하였다. 이에 그는 가족과 상의하기 위
해 광저우로 갔는데, 거기서 천훙유陳洪友·예페이잉葉非英·류기석 등 아나
키스트 동지들을 만났다. 이들로부터 중국공산당의 영도 아래 중화인민공
화국의 번영과 발전을 위하여 분투할 것을 제의받았다. 이 제의를 수용한
류자명은 1950년 9월 후난 창사에 있는 후난대학으로 가서 농예학부의 주
임을 맡았다.(《회억록》, 325~373쪽 참조) 이리하여 그는 그동안의 아나키스
트로서의 삶을 끝내고 공산주의사회에서 새로운 삶의 여정을 시작하였다.


# 맺음말


류자명은 1920년대 초 아나키즘을 민족해방운동의 지도이념으로 수용

한 뒤 테러적 직접행동론을 민족해방운동의 방법론으로 채택하였으며, 이
에 입각하여 의열단과 남화한인청년연맹을 이끌면서 선전·테러활동을 주
도하였다. 1936년 무렵부터는 민족전선론을 제기하면서 민족통일전선을
결성하는 데 주력하였다. 그리하여 조선혁명자연맹·조선민족혁명당·조선
민족해방동맹의 연합을 이끌어 내어 조선민족전선연맹을 창립시켰으며,
조선민족전선연맹을 기초로 모든 민족세력을 하나로 결집한 민족전선체
조직을 결성하여 민족해방운동을 총체적으로 이끌어 나가게끔 하고자 하
였다.

민족통일전선체 결성은 류자명의 뜻과는 달리 조선민족전선연맹이 임
시정부에 통합되는 형식으로 이루어졌다. 이후 재중국 한국인 아나키스트
들은 임시정부에 참가하거나 임시정부와의 관계 속에서 활동하였다. 그들
이 임시정부에 참가한 것은 정부·국가관의 변화에 따른 것이었다. 재중국
한국인 아나키스트들은 조선민족혁명당·조선민족해방동맹 등과 연합하
면서 국가의 존재를 일정 수준 인정하게 되었는데, 그 변화된 국가관은 아
나키즘 본령에서의 일탈로 이어져 그들로 하여금 정부의 존재를 인정하고
임시정부에 참가하도록 만들었다.

하지만 류자명은 조선민족전선 결성과정에서 국가의 존재를 일부 인정
하였지만, 다른 아나키스트들과는 달리 아나키즘 본령에서의 일탈로는 나
아가지 않았다. 그는 조선민족전선연맹과 임시정부 통합작업을 추진하였
지만, 임시정부가 민족해방운동을 총괄해야 한다고는 생각하지 않았다. 오
히려 임시정부를 포함한 기존의 민족해방운동단체들을 통일한 새로운 형
태의 민족해방운동 조직을 결성하고, 그 조직으로 하여금 민족해방운동을
영도케 한다는 복안을 가지고 있었다. 그 때문에 류자명은 민족통일전선
형성을 위한 노력이 조선민족전선연맹의 임시정부에의 통합으로 귀결되

자 임시정부에서 거의 활동을 하지 않았다. 그가 아나키즘 본령에서 일탈하지 않을 수 있었던 것은 아나키즘을 실천에 옮길 수 있는 농장이라는 구체적인 활동의 장을 가지고 있었기 때문인 것으로 사료된다. 당시 대다수 한국인 아나키스트들은 중국에서 운동 기반을 확보하지 못하였던 관계로 아나키즘 본령에서 일탈하면서까지 임시정부에서 활동하였다.

류자명은 원예농업 방면에서 개척한 독보적인 기술을 바탕으로 해방 이후 귀국하지 않고 중국에 남아서 새로운 중국 건설에 기여하였다. 류자명의 중국 잔류는 중국 농업기술의 발전에는 도움이 되었을지 모르지만, 한국 아나키스트운동에는 상당한 부정적 영향을 미쳤다. 1930년대 후반 이후 아나키즘에 비교적 충실했던 류자명과 류기석 등이 귀국하지 않으면서 이상촌 건설·민족해방기지 건설 등 혁명근거지 건설운동을 전개하였거나 임시정부에 참가하였던 아나키스트들이 해방 이후 아나키스트운동을 주도하게 된 것이다. 그들은 아나키즘 본령에서 일탈하여 정부와 국가의 존재를 인정하고 임시정부와 행동의 궤를 같이하였다. 아나키스트 세력은 독자적인 목소리를 내지 못하고 우익에 편입되었으며, 아나키즘은 제3의 사상의 지위를 상실하고 말았다. 그것은 결국 아나키스트운동의 소멸로 이어졌다.

# 참고문헌

## 1. 자료

《동아일보》

《님화통신》 12일호(《思想情勢視察報告集》 其の二에 수록)

《思想彙報》 第22號(1940. 3), 朝鮮總督府高等法院檢査局思想部

《조선민족전선》 창간호(1938. 4. 10), 조선민족전선사(한국독립운동사연구소에서
    한국독립운동사자료총서 제2집으로 영인)

《조선의용대통신》 제8기(1939. 4. 1)

《흑색신문》 제23호(1933. 12. 31)·제29호(1934. 6. 30), 흑색신문사

〈민족전선 결성을 촉구한다〉,《남화통신》 12일호(《思想情勢視察報告集》 其の二 수록)

《北京天津附近在住朝鮮人ノ狀況報告書進達ノ件》(機密第123號, 在支那特命全權公使 芳澤
    謙吉一外務大臣男爵 幣原喜重郞, 1925. 3. 20)[국사편찬위원회 편,《국외 항일운동
    자료》(http://db.history.go.kr/)에 편철]

《思想情勢視察報告集》 其の一~其の九(社會問題資料研究會에서  재편집하여  1972
    년~1977년에 東洋文化社에서 출판)

〈선언〉(청년동맹회, 1924. 10)(독립운동사편찬위원회 편, 1975《독립운동사자료집》
    9, 독립유공자사업기금운용위원회에 수록)

《外務省警察史-支那ノ部(未定稿)》, 在上海總領事館(고려서림편집부 편, 1989《日本外
    務省特殊調査文書》 28, 高麗書林에 수록)

《外務特殊文書》 1~62(고려서림편집부 편, 1989《日本外務省特殊調査文書》 1~62, 高麗
    書林)

〈義烈團新聞發行の件〉(關機高收 第10665號, 1924. 6. 2)

《在上海總領事館ニ於ケル特高警察事務狀況》(1937年 12月末 調査)(고려서림편집부 편,
    1989《日本外務省特殊調査文書》 27, 高麗書林에 수록)

〈在支朝鮮義勇隊の情勢〉,《高等外事月報》 第5號(《思想彙報》 第22號(1940. 3), 朝鮮總督
    府高等法院檢査局思想部에 수록)

《제34회 의회 속기록》(국사편찬위원회 편, 1970《한국독립운동사 자료》 1, 국사편찬
    위원회에 수록)

"조선의용대지도위원회 위원 周咸堂 등이 제출한 조선의용군조직 성립의 경과 보고

原案"(楊昭全 等編, 1987a《關內地區朝鮮人反日獨立運動資料彙編》下冊, 遼寧人民出版社에 수록)

〈韓國各政黨現況〉(1944. 4. 22. 嶋鐵城에게 보내는 보고서)(추헌수 편, 1972《資料 韓國 獨立運動》2, 연세대학교출판부에 수록)

《회억록》(류자명,《한 혁명자의 회억록》)(원고본으로서 독립기념관 한국독립운동사연구소에서 1999년에 영인)

警保局保安課 編,〈支那事變二伴フ不逞鮮人ノ策動狀況〉(1937年 9月)(고려서림편집부 편, 1989《日本外務省特殊調查文書》30, 高麗書林에 수록)

慶尙北道警察部 編, 1934《高等警察要史》(1970년 張基弘씨가《폭도사편집자료》와 합본해서 영인)

高公,〈關于朝鮮義勇隊〉,《大公報》(1939. 1. 24)(楊昭全 等編, 1987a《關內地區朝鮮人反日獨立運動資料彙編》下冊, 遼寧人民出版社에 수록)

국민문화연구소 편, 2004《항일혁명가 구파 백정기 의사》, 국민문화연구소출판부

국사편찬위원회 편, 1970《한국독립운동사 자료》1, 국사편찬위원회

국사편찬위원회 편, 2005《대한민국임시정부자료집》2, 국사편찬위원회

瑾,〈민족전선문제에 대해서 冷心君의 의문에 답한다〉,《남화통신》1936년 11월호(《思想情勢視察報告集》其의二에 수록)

김산·님웨일즈(조우화 역), 1999(개정2판)《아리랑》, 동녘

金正明 編, 1967《朝鮮獨立運動》2, 原書房

김창숙, 1973《心山遺稿》, 국사편찬위원회

김학준 편집해설·이정식 면담, 1988《혁명가들의 항일 회상》, 민음사

內務省警保局 編,〈1938年の在支不逞鮮人の不穩策動狀況〉,《社會運動ノ狀況》(1938年)(金正明 編, 1967《朝鮮獨立運動》2, 原書房에 수록)

旦洲 柳林先生 記念事業會 편, 1991《旦洲 柳林資料集》1

독립운동사편찬위원회 편, 1975《독립운동사자료집》9, 독립유공자사업기금운용위원회

柳湜,〈爲朝鮮革命力量統一而鬪爭〉,《조선민족전선》제4기

류자명,〈赤色의 悲痛-4월 15일 이후 사실〉,《조선일보》1927년 5월 13일~15일자

류자명,〈조선민족전선연맹 결성경과〉,《조선민족전선》창간호(1938. 4. 10), 조선민족전선사

류자명, 1983《나의 회억》, 료녕인민출판사

閔石麟, 1944《臨政·議政院·各黨派 名單》(추헌수 편, 1971《資料 韓國 獨立運動》1, 연세대학교출판부에 수록)

박태원, 1948(재판)《약산과 의열단》, 백양당

심극추,《나의 회고》(심여추·심극추, 2002《20세기 중국 조선족 역사 자료집》, 중국

조선민족문화예술출판사에 수록)

심여추·심극추, 2002《20세기 중국 조선족 역사 자료집》, 중국조선민족문화예술출
판사

楊昭全 等編, 1987《關內地區朝鮮人反日獨立運動資料彙編》上冊, 遼寧人民出版社

楊昭全 等編, 1987a《關內地區朝鮮人反日獨立運動資料彙編》下冊, 遼寧人民出版社

이규창, 1992《운명의 여신》, 보련각

子明,〈창간사〉,《조선민족전선》창간호(1938. 4. 10)

在上海領事館 編,《朝鮮民族運動(未定稿)》三(1923. 3~1926. 12)(고려서림편집부 편,
1989《日本外務省特殊調查文書》25, 高麗書林에 수록)

在上海領事館 編,《朝鮮民族運動(未定稿)》四(1927. 12~1932. 12)(고려서림편집부 편,
1989《日本外務省特殊調查文書》26, 高麗書林에 수록)

在上海日本總領事館警察部第2課 編,《朝鮮民族運動年鑑》

程星玲,〈서문〉(류자명, 1983《나의 회억》, 료녕인민출판사에 수록)

정화암, 1982《이 조국 어디로 갈 것인가》, 자유문고

朝鮮總督府警務局 編, 1940《華中·華南·北中美洲朝鮮人槪況》(楊昭全 等編, 1987《關內地
區朝鮮人反日獨立運動資料彙編》上冊, 遼寧人民出版社에 수록)

추헌수 편, 1971《資料 韓國 獨立運動》1, 연세대학교출판부

추헌수 편, 1972《資料 韓國 獨立運動》2, 연세대학교출판부


## 2. 연구성과

김성국, 2003〈유자명柳子明과 한국 아나키즘의 형성〉,《한국사회사상사연구》(화양
신용하교수정년기념논총간행위원회 편), 나남

류연산, 2004《류자명평전》, 예성문화연구회

이강훈, 1974《항일독립운동사》, 정음사

이정규,〈우당 이회영 선생 약전〉(이정규, 1974《우관문존》, 삼화인쇄소에 수록)

이정규·이관직, 1985《우당 이회영 약전》, 을유문화사

이호룡, 2003a〈일제강점기 재중국 한국인 아나키스트들의 민족해방운동-테러활동
을 중심으로〉,《한국민족운동사연구》35, 한국민족운동사학회

이호룡, 2003b〈신채호의 아나키즘〉,《역사학보》177, 역사학회

이호룡, 2015《한국의 아나키즘-운동편》, 지식산업사

최영주, 1983〈한국 아나키스트 군상〉,《정경문화》1983년 9월호

# 제7장

자유사회건설론자

## 이 정 규

아나키즘은 민족주의, 공산주의와 함께 제3의 사상으로서 일제강점기 민족해방운동 지도이념의 역할을 수행했다. 하지만 아나키스트운동에 대한 연구는 민족주의운동이나 공산주의운동과 달리 상당히 미진하다. 아나키스트운동에 대한 연구는 1970년대에 가서야 이루어지기 시작하였고, 1980년대 후반 신채호의 아나키즘과 재중국 한국인 아나키스트 단체의 결성과 활동에 대한 개별적 분석이 이루어지면서 비교적 활기를 띠어 갔다. 한국 아나키즘에 대한 연구는 1990년대에 들어오면서 점차 확산되어 지금은 어느 정도 체계를 갖추었다고 볼 수 있다.

아나키스트에 대한 인물 연구는 신채호, 이회영, 박렬 등 특정 인물에 집중되어 있다. 이정규는 한국 아나키스트계를 이끌어 온 사람 가운데 한 명임에도, 그에 대한 연구는 매우 부족하다. 오장환吳章煥의 〈李丁奎(1897~1984)의 無政府主義運動〉(《史學硏究》 49호, 한국사학회, 1995)과 황동연의 〈이정규, 초국가주의적 한국 아나키즘의 실현을 위하여〉(《역사비평》 93, 역사비평사, 2010)가 있을 뿐이다. 그에 대한 충분한 이해 없이는 한국 아나키즘에 대한 체계적 이해는 불가능하다.

오장환은 아나키스트로서의 이정규의 활동을 일제강점기와 해방 이후로 나누어 서술하고 있다. 하지만 이정규의 사상에 대한 분석은 거의 하지 않고 있다. 그리고 아나키스트운동에 대한 자료 부족으로 상당 부분 회고록에 의존하다 보니 역사적 사실을 잘못 서술하는 오류를 범하는 경우도 있다. 황동연은 이정규의 아나키스트 활동을 재구성하기보다는 그의 아나키즘을 초국가주의적 관점에서 분석하며, 그의 민주사회주의로의 사상적 전환을 아나키즘의 한국화로 규정하고 있다. 한국화된 아나키즘이라 할지라도 아나키즘 본령에는 충실해야 할 것이다. 그의 한국적 아나키즘이 아나키즘 본령에서 일탈하였는지의 여부는 면밀히 검토해 보아야 할 것이다.

이 연구는 기존의 자료들을 적극 활용하는 한편, 새로운 1차 사료를 발굴하여 적극 활용하고자 한다. 하지만 한국 아나키스트운동에 관한 1차 사료가 부족한 상황에서 이 점을 메꾸기 위해서 회고록이나 일제 경찰의 정보보고서 등을 인용할 것이다. 그러한 경우 각 자료들을 비교분석하고, 그 기록의 객관성과 정확성을 엄밀히 따지는 등 철저한 사료비판을 거칠 것이다. 이 연구를 통해 한국 아나키즘이 본령에서 일탈하게 되는 내적 기원을 규명해 보고자 한다.

## 1. 아나키즘 수용

이정규는 1897년 10월 7일에 경기도 부천에서 태어나 1901년 부친에게서 한문을 배우기 시작하였다. 그는 1904년에 이미 《자치통감》과 《소학》을 읽었으며(이정규, 1974, 1쪽), 1905년에는 구국의 길은 오직 교육뿐이라는 이동휘의 강연을 듣고 감명을 받았다. 1914년에 강화 출신의 석학 오연悟然 박승태朴承台에게 한문을 수학하였으며, 인천공립상업학교를 졸업한 뒤 한호농공은행漢湖農工銀行 공주지점에 취직하였다. 하지만 외국으로 유학을 가기로 결심하고 재직 3개월 만에 사임하였다. 1915년 3월 하순에 일본 도쿄東京로 건너가 정칙正則영어학교에서 입학시험을 준비하였다. 1916년에 경응의숙慶應義塾 예과豫科에 입학한 뒤, 1917년 분열되어 있던 재일본 유학생 단체들을 통합하는 데 일익을 담당하는 등의 활동을 하였다.[1]

1919년 국내에서 3·1운동이 전개되자 독립운동에 뛰어들었다. 도쿄에서 독립선언문과 일본 조야朝野에 보내는 통고문 등을 인쇄·배포하였으며, 독립운동에 관한 선전 자료를 수집하여 파리강화회의에 한국 대표로 가 있던 김규식에게 보내는 일을 하였다. 그러다가 경응의숙慶應義塾 이재과理財科 3년을 중퇴하고(〈蔡殷國·李丁奎ヲ中心トスル無政府主義運動檢擧ニ關スル件〉) 중국으로 건너갔다.

그는 1919년 3월 말에 귀국하였다가, 중국에서 임시정부를 조직하려는 움직임이 있다는 소문을 듣고 4월 중순 무렵에 중국 상하이로 갔다. 6월 말에 임시정부 임시의정원 의원(충청도 대표)으로 뽑혀 제5회 의정원회의(7월 19일)와 제6회 의정원회의(8월 18일)에 참가하였다.[2] 9월 말 강태동과 함께 안동安東(지금의 단둥丹東)을 경유하여 국내로 잠입하였다. 이때 안동현安東縣 교통국交通局에 있던 홍성익洪盛益·김준기金濬基 등과 협의하여 교통망을 설치할 계획을 수립하였다. 10월부터는 강태동, 김춘기金春箕(의친왕 이강李剛의 처남), 이을규李乙奎 등과 더불어 의친왕 망명 계획을 추진하였다. 그 과정에서 의친왕을 망명시킬 계획을 별도로 세우고 있던 전협全協 등의 대동단과 결합했다. 11월 9일 정남용, 이을규, 한기동韓基東, 송세호宋世浩

---

1 이정규, 1974, 1~2쪽; 무정부주의운동사편찬위원회 편, 1994, 290쪽 등을 종합
2 이정규는 1920년 2월 23일에서 3월 30일까지 개최된 제7회 임시의정원 회의에서 임시의정원 의원 자격을 상실하였다.(국사편찬위원회 편, 《대한민국임시정부자료집》 45) 그것은 이정규가 1919년 9월 말에 귀국하였기 때문인 것으로 보인다.

등이 의친왕과 함께 수색역을 출발하여 11월 12일 만주 안동安東역에 도착하였으나, 이 사실을 사전에 탐지한 일본 경찰에게 전협, 정남용, 이을규 등이 체포되었다.

이후 이정규는 1920년 1월 강태동姜泰東·이기만李起晚·양기탁·이종욱(승려 대표)·김진원金鎭源(경의선여객 전무) 등으로 진용陣容을 재정비하고, 상하이-안동安東-서울을 연결하는 교통망을 완성하였다. 1920년 8월에 미국의원단환영사건[3]으로 예비검속되어 10여 일 동안 구금을 당하였던 이정규는 1921년 4월 말 이종락李鍾洛, 최익수崔益秀, 정화암, 이우승李愚升, 진수린陳壽麟, 이을규 등과 망명을 결의한 후, 펑톈·베이징·한커우 등지를 거쳐 5월 중순 상하이에 도착했다.[4]

이후 재상해유일학생회在上海留日學生會에 가입하여 활동하던[5] 이정규는 이을규·정화암과 함께 러시아 치타의 원동대학遠東大學에 입학하기로 하고, 여운형에게 주선을 부탁하였다. 하지만 여운형은 이들의 공산주의사상이 불확실하다는 이유로 거절하였다. 이에 안병찬의 소개로 김만겸을 만나, 그의 주선으로 이르쿠츠크 극동혁명자대회에 참석하기로 하였다.

---

**3** 김상옥, 김동순金東淳, 윤익중尹益重, 신화수申華秀, 서대순徐大淳 등이 미국 의원단이 동양 각국을 시찰하는 길에 한국에도 들른다는 소식을 듣고, 미국 의원단이 남대문에 도착할 때 일본 고관을 암살하기로 5월부터 계획을 세웠으나, 사전에 발각되어 1920년 8월 24일 관련자들이 대거 체포되었다.(《동아일보》1920년 8월 26일자)

**4** 이정규, 1974, 3~4쪽; 무정부주의운동사편찬위원회 편, 1994, 290~291쪽; 〈대한민국임시의정원 기사록 제5회〉(국사편찬위원회 편, 1971a, 399쪽); 국사편찬위원회 편, 《대한민국임시정부자료집》45; 在上海日本總領事館警察部第2課 編, 《朝鮮民族運動年鑑》, 29쪽; 在上海領事館 編, 《朝鮮民族運動(未定稿)》第一(《外務調査文書》23, 236쪽) 등을 종합. 이정규가 중국으로 건너간 시기를 1921년 여름(〈東方無政府主義聯盟李丁奎ニ對スル判決〉) 혹은 1921년 9월(《동아일보》1929년 2월 16일자)로 기록한 자료도 있으나, 이는 잘못으로 보인다.

**5** 〈上海居留民團役員改選の件〉(金正明 編, 1967, 472쪽)

1921년 10월 이을규·정화암과 함께 상하이를 출발하여 베이징北京에 도착하였다. 여기서 류자명을 만났는데, 류자명은 러시아행을 만류하였다. 이에 정세를 살펴본 뒤 대회 참석을 포기하였다. 베이징에 체류하면서 이회영, 조성환, 이광, 조남신, 이천민 등을 만나 교유하였다.[6]

이정규는 베이징에서 이회영과 교유하며 그가 추진하던 융딩하 개간사업에 참가하였다. 이회영은 융딩하 가에 있는 하천부지를 개간하여 거기서 나오는 수익금으로 민족해방운동에 필요한 자금과 민족해방운동가들의 생활비를 조달하고자 하였다. 이정규는 1921년 이을규·정화암 등과 함께 이회영의 융딩하 개간 사업에 참가하였다. 사업 자금을 마련하기 위하여 정화암이 1921년 12월 무렵 국내로 잠입하였으나 자금 마련에 실패하면서[7] 융딩하 개간사업은 결국 흐지부지되고 말았다.

중국으로 건너간 이후 톈진, 샤먼, 베이징 등지를 전전하는 동안 아나키즘 또는 공산주의에 관한 서적을 탐독한[8] 이정규는 1922년 리스청(베이징대 교수)·차이위안페이(베이징대 총장) 등의 알선으로 베이징대 경제학부에 2학년으로 편입학하였다. 그리고 신채호·루쉰 형제(저우수런, 저우줘런周作人, 저우젠런周建人)·러시아 맹인 시인 바실리 예로셴코·대만 아나키스트 판번량 등과 교유하였다. 아나키즘을 연구하면서 점차 이를 수용해 갔다. 특히 예로셴코는 이정규의 아나키즘 수용에 커다란 영향을 미쳤다.

1922년 6월 초 세계어학회[9] 내에서 중국 아나키스트들이 일본에서 중국

---

6  이정규, 1974, 4쪽; 무정부주의운동사편찬위원회 편, 1994, 291쪽; 정화암, 1982, 32~33쪽 등을 종합

7  정화암, 1982, 34~35·52~53쪽 참조

8  〈東方無政府主義聯盟李丁奎二對スル判決〉(《外務特殊文書》28, 332쪽)

9  세계어학회는 아나키스트 천성수·천쿵싼·펑창憑戀 등이 1922년 5월 무렵에 설립하였

으로 건너간 공산주의자 곤도 히카루近藤光와 이정규·이을규 등을 환영하기 위하여 개최한 다과회에 참석하였다. 여기에는 러시아인 1명, 아나키스트 주첸즈朱謙之·천유친陳友琴·류궈항劉果航·뤼푸저우呂傅周·천성수陳聲樹·관이즈關益之·천더룽陳德榮·펑성싼馮省三·천쿵싼陳空三(베이징대 학생)·궈쩡카이郭憎愷 등 10여 명이 참석하였는데, 중국인의 환영사에 이정규가 답사를 하였다. 그는 답사에서 모든 한국인들은 국토와 주권을 회복하고자 하는 마음을 가지고 있으며 희생을 아끼지 않고 해방을 도모한다면서, 한·중·일 청년들이 대동단결하여 진행하기를 가장 바란다고 하였다.(葛懋春·蔣俊·李興芝 編, 1984, 1058쪽)  1922년 12월에는 이회영, 이을규, 루쉰(베이징사범대 교수), 바실리 예로센코, 판번량 등과 사상문제를 연구하였으며, 1923년에는 중국 아나키스트 천쿵싼10 등과 함께 베이징세계어전문학교北京世界語專門學校 설립에 협조하였다. 베이징세계어전문학교는 당시 신사조의 요람으로서 루쉰·예로센코 등이 활동하고 있었다. 이정규 외에도 많은 한국인들이 이곳에서 그들과 교유하며 아나키즘을 받아들였다.11

---

다.(葛懋春·蔣俊·李興芝 編, 1984, 1057쪽)

**10**  이정규는 천쿵산陳空山으로 기록하였지만, 세계어학회 설립에 참가했던 천쿵싼陳空三과 동일 인물로 보인다.

**11**  이정규, 1974, 4쪽;〈蔡殷國李丁奎ヲ中心トスル無政府主義運動檢擧ニ關スル件〉;《동아일보》1929년 2월 16일자; 이정규·이관직, 1985, 209쪽 등을 종합. 이정규는 루쉰의 집에서 예로센코를 알게 되었고, 그의 영향을 받아 아나키즘을 연구하기 시작하였다. (류기석, 2010, 155~156쪽)

## 2. 일제강점기의 아나키스트운동

### 1) 이상농촌 건설사업 구상과 재중국조선무정부주의자연맹 결성

아나키즘을 수용한 이정규는 혁명근거지 건설론[12]에 입각하여 이상농촌 건설사업에 참가하였다. 이정규의 이상농촌 건설사업 참가는 1923년 9월 베이징대 동창인 중국 아나키스트 천웨이치가 이정규를 찾아와 그에게 이상농촌 건설사업에 동참할 것을 제의한 데서 비롯되었다.(이정규·이관직, 1985, 77~78쪽)

천웨이치가 제의한 이상농촌 건설사업은 5·4운동을 전후한 시기에 활발하게 전개되었던 '신촌운동新村運動'의 연장선상에서 수립된 것이었다. 당시 중국 청년들은 새로운 이상사회를 건설하거나 사회적 이상을 실현한다는 목적하에 공독호조단工讀互助團 등의 단체를 조직하였는데, 이 단체들은 농촌을 기반으로 한 이상사회를 건설하고자 하는 '신촌운동'을 전개하였다. 저우쥐런은 1919년 3월《신청년新靑年》에 일본의 '신촌新村' 실험[13]을 소개하는 글을 발표하였다.(李澤厚, 1992, 31~35쪽) '신촌운동'은 5·4운동 이후 "민중 속으로"를 표방하는 브나르드운동과 결합되면서 확산되어 갔으나, 1920년대 초반에 쇠퇴하였다. 하지만 중국 아나키스트들에게 일정

---

12 혁명근거지 건설론은 테러적 직접행동론, 경제적 직접행동론과 함께 한국인 아나키스트운동의 3대 방법론 가운데 하나였다. 재중국 한국인 아나키스트들의 혁명근거지건설론과 혁명근거지건설운동에 대해서는 이호룡, 2001, 276~282쪽과 이호룡, 2015, 319~360쪽을 참조할 것.

13 무샤노코지 사네아쓰武者小路實篤 등은 톨스토이의 인도주의에 촉발되어 1918년에 미야자키현宮崎縣에 신촌新村을 건설하여, 농업을 중심으로 한 조화된 이상사회 건설을 시도하였다.

한 영향을 미치고 있었다.(이호룡, 2015, 320~321쪽)

천웨이치는 양타오촌洋濤村을 중심으로 대규모의 토지를 소유하고 있던 중국 아나키스트 저우 모周某와 상의하여, 이상농촌을 건설하기로 계획을 세우고 있었는데, 그 주요 내용은 첫째, 후난성 한수이현漢水縣 둥팅호洞庭湖 주변에 있는 양타오촌을 중심으로 한 저우 씨周氏 소유의 토지(연수확량 5,000땀擔14 이상)를 소작인들에게 경작 능력에 따라 분배하고, 둘째, 소작 인들을 조합원으로 하여 하나의 자유합작기구인 이상농촌건설조합을 만 들며, 셋째, 교육을 비롯하여 문화시설 및 농지 개량 등의 비용을 공동 부담 으로 하고, 넷째, 농지는 조합의 공동 소유로 한다는 것 등이었다. 고가의 환금작물을 재배하기로 한 천웨이치는 이정규를 찾아가 이상농촌 건설계 획을 설명하고, 한국으로부터 인삼 재배자를 대거 이주시킬 방도에 대해 문의하였다. 이에 이정규는 이회영을 방문하여 농지 개척에 대한 체험담과 이 계획에 대한 의견을 묻고 지도를 요청하였다. 한국 농민 50호 가량을 개 성·개풍 등지에서 이주시킨다는 계획 아래 다음 해 봄을 기하여 출발시키 도록 일정을 잡는 등 양타오촌의 이상농촌 건설사업은 상당 부분 진척되었 다. 하지만 후난성에 내분이 일어나 저우 씨 일족이 쫓겨 흩어지게 되면서 이 사업은 중단되고 말았다.[15]

이상농촌 건설사업은 상호부조의 자위자치적 농촌공동체인 자주적 콤 뮨 건설을 목표로 전개된 아나키스트운동으로서(함용주, 1993, 18쪽), 한 지 역에 아나키스트사회를 건설하고 그 자유공동체를 근거지로 하여 아나키

---

**14**  1擔은 大斗 7斗이다.
**15**  《중앙일보》1932년 11월 24일자; 이정규·이관직, 1985, 77~79쪽;《동아일보》1929년 2월 16일자; 무정부주의운동사편찬위원회 편, 1994, 288~289쪽 등을 종합

스트혁명을 전 중국으로 확산시키는 것을 목표로 하고 있었다. 이러한 점에서 이상농촌 건설사업을 민족해방운동으로 규정하기에는 어려운 점이 있기는 하지만, 아나키스트사회 건설이 일본 제국주의 타도를 전제로 한다는 점에서 한국인의 민족해방운동의 성격을 띠고 있었다고 할 수 있다. 하지만 이 사업은 물적 기반을 전적으로 중국인에게 의존함으로써, 중국 상황의 변화에 따라 그 성공 여부가 결정된다는 문제를 안고 있었다. 그러한 문제점으로 말미암아 이상농촌 건설사업은 하나의 허망한 꿈으로 끝나고 말았다.

이상농촌 건설사업이 실패한 가운데 공산주의자들의 아나키즘 비판은 거세어져 갔다. 이에 재중국 한국인 아나키스트들은 점차 그 영향력을 넓혀 나가는 공산주의 세력에 대항하기 위하여 아나키스트들의 힘을 하나로 모을 수 있는 조직의 필요성을 느끼고 아나키스트 단체 결성에 나섰다. 1924년 정화암이 베이징으로 가서 이회영·이을규·이정규·류자명 등과 합류하였고, 이들은 1924년 4월 말에 재중국조선무정부주의자연맹을 결성하였다.

재중국조선무정부주의자연맹은《정의공보正義公報》를 통해 아나키즘을 선전하였다.《정의공보》는 1924년 5월 1일[16] 한진산, 장건상, 김국빈 등에 의해 창간되었으며, 미농지 석판인쇄 4쪽 분량으로 매월 1일, 11일, 21일에 발행되었다. 그리고 펑톈에 있는 한국인들에게 보내졌는데, 주로 한진산에 의해 배포되었으며, 7호까지 발행되었다.《정의공보》창간호에는 〈창간선언〉과 〈문화운동과 조선혁명〉이라는 제목의 글 등이 게재되었는데,《정의

---

16 〈義烈團新聞發行の件〉에는《정의공보》창간호가 1924년 6월 11일자로 발행된 것으로 기록되어 있다.

공보》에 실린 글들은 주로 제국주의·자본주의를 배척하고 현 사회제도를 파괴할 것을 주장하며 민중의 폭력적 혁명을 고취하는 내용이었다. 그리고 민족주의 진영 내의 파벌주의적 경향을 지양할 것을 요구하면서 자유연합의 조직원리에 따라 모든 민족해방운동단체들의 총력을 결집할 것을 호소하고, 프롤레타리아독재를 표방하는 공산주의의 볼셰비키 혁명이론과 당시 해외운동에 커다란 파문을 일으킨 흥사단의 무실역행론[17] 및 국민대표회의를 비판하였다.(이호룡, 2015, 242~246쪽)

　이정규는 재중국조선무정부주의자연맹 활동을 하면서 김창숙이 추진하던 테러활동에도 참가하였다. 김창숙은 일제의 밀정 김달하를 처단하고자 하였고, 이정규·이을규·정화암·백정기 등과 그 자금을 마련할 방도를 논의한 끝에 마오얼호동帽兒胡同에 사는 친일파의 집을 습격하기로 결정하였다. 이 마오얼호동사건은 정화암이 융딩하 개간사업을 위한 자금 마련 공작의 일환으로서 국내에서 고명복 모녀를 데려온 것에서 비롯되었다. 고명복 모녀는 원래 계획과는 달리 정화암과 헤어져 마오얼호동帽兒胡同에 있는 그의 이모 집에 거주하였다. 고명복 모녀가 친일파의 집에서 호의호식하면서 살자, 이 집을 습격하기로 한 것이다. 이정규는 1924년 7월 12일 이을규·백정기·김창숙 등과 함께 마오얼호동帽兒胡同의 고명복 모녀 집에 잠입하여 값진 물건들을 가지고 나왔다. 하지만 이 사건이 세상을 떠들썩하게 만들었으므로, 당장 이 물건들을 처분하여 김달하를 처단하는 데 사용하기는 어려웠다.[18]

---

**17**　이정규에 따르면, 흥사단은 1921년 이래 독립전선에서 이탈·투항하는 자가 속출하고 있는 상황에서 무실역행운동을 전개함으로써, 그들에게 구실과 기회를 주는 부작용을 일으켰다.[이정규, 〈우당 이회영 선생 약전〉(이정규, 1974, 50쪽)]

**18**　〈北京天津附近在住朝鮮人ノ狀況報告書進達ノ件〉; 정화암, 1982, 57~61쪽; 무정부주의

1924년 9월을 전후하여 재중국조선무정부주의자연맹은 극심한 자금
난에 빠졌고, 맹원들은 생활고에 시달렸다. 결국 연맹원들은 각지로 흩어
지게 되었다. 베이징에 남아 국내와의 연락을 맡기로 하고, 이정규와 이을
규 등은 상하이로 떠났으며, 백정기·정화암 등은 푸젠성으로 갔다. 백정기
는 1925년 봄 무렵에 다시 상하이로 갔다.[19]

## 2) 상하이 노동대학 설립 주비 참가와 농민자위운동 참가

이정규와 이을규는 푸젠성으로 갔던 백정기, 정화암 등과 상하이에서
다시 합류하였는데, 이후 중국 아나키스트 루젠보盧劍波·천웨이치, 대만인
아나키스트 판번량·쫭훙수莊洪殊(莊弘秀) 등의 화남華南아나키스트연맹과
손잡고 노동자들의 사상계몽과 조직화에 노력하였다.(정화암, 1982, 66~67
쪽) 이정규는 영국인이 경영하던 주물공장鑄物工場에 견습공으로 취직하는
한편, 노공강습소勞工講習所를 차려 노동조합 조직활동을 하다가 해고당하
였다. 1925년 3월에는 상하이 전차공사電車公司에 취직하여 상하이교통공
회上海交通工會를 조직하였다. 상하이에서 5·30총파업이 일어나자 상하이
대 학생인 대만인 웡쩌성翁澤生·쫭훙수莊洪殊, 상하이 출판노조인 공단연합

---

운동사편찬위원회 편, 1994, 293쪽 등을 종합. 정화암은 마오얼호동사건의 발생일을
1923년 늦겨울로 회고하였으나, 기억상의 착오로 보인다. 당시에 작성된 일제 정보기
관의 기록이 옳은 것으로 보인다. 그리고 백정기가 마오얼호동사건에 주도적으로 참가
하였을 뿐 아니라, 훔친 물건을 다른 곳으로 직접 옮겼다는 정화암의 기억이 옳은 것이
라면, 마오얼호동사건 발생일은 백정기가 베이징에 간 1924년 여름 이후라야 한다. 그
러므로 마오얼호동사건으로 획득한 자금을 재중국조선무정부주의자연맹 결성 비용으
로 사용하였다는 정화암의 기억 또한 잘못이다.

**19** 이정규, 〈우당 이회영 선생 약전〉(이정규, 1974, 50쪽); 〈有吉公使暗殺陰謀不逞鮮人一味
檢擧に關する件〉 등을 종합

회工團聯合會의 마오이보 등과 합동하여 활동하였다.

1925년 10월 무렵 이정규는 이회영의 요청으로 이을규·정화암·백정기 등과 함께 톈진으로 갔다. 그곳에 집결한 한국인 아나키스트들은 이광이 제공한 자금으로 폭탄, 권총 등 무기를 구입하였으나, 뚜렷이 할 일이 없어 다시 헤어졌다. 이정규는 1926년 이회영의 격려를 받으며 영국 런던 프리 덤 프레스사freedom press가 간행한 크로포트킨의《법률과 강권Law and Authority》,《무정부주의자의 도덕Anarchist Morality》(1892) 등 10편의 소책 자를 번역하는 등 아나키즘 선전작업을 전개하였으며, 11월에는 형 이을규 와 함께 톈진을 떠나 상하이로 갔다.(이정규, 1974, 4쪽)

1927년 4월 말 이정규와 이을규는 상하이 입달학원 우커강, 선중조우沈 仲九 등의 요청으로 중국 상하이 노동대학 설립 준비에 객원客員으로 참가하 였다. 그해 4월 12일 장제스의 난징 정부는 상하이에서 반공쿠데타를 일으 켜 공산주의자들을 학살하고, 상하이에 노동대학을 설립할 계획을 세웠다. 노동대학은 난징 정부가 공산주의자들을 숙청하는 과정에서 상하이총공 회上海總工會 산하 각급 노동조직과 친공산주의계 각 기관을 봉쇄하여 총검 거를 단행한 뒤, 노동조직을 이끌어 나갈 노동단체 간부를 양성하는 것이 었다.[20] 당시 국민당 정부에 참여하고 있던 원로 아나키스트 우즈후이·리 스청·장징장張靜江·차이위안페이·우커강·선중조우 등이 노동대학 설립에 주도적으로 참여하고 있었다.[21] 중국 아나키스트 내부에서 노동대학 설립 에 참가하는 것에 반대하는[22] 의견이 제기되는 가운데, 이정규 등은 일본

---

**20**  이정규,〈중국 福建省 농민자위운동과 한국 동지들의 활동〉(이정규, 1974, 129쪽) 참조

**21**  이정규, 1974, 4쪽; 이정규,〈중국 福建省 농민자위운동과 한국 동지들의 활동〉(이정규, 1974, 130~132쪽) 등을 종합

**22**  루젠보盧劍波·마오이보 등 장년층 아나키스트들이 노동대학 설립 참가에 가장 강경하

아나키스트 이와사 사쿠타로를 설득하여 노동대학 설립 준비에 함께 참가
하였다. 이정규가 노동대학 설립에 참가한 이유는 중국 형편상 국민당 정
부와의 합작을 인정할 수 있으며, 노동대학 설립은 여러 동지를 모아 조직
을 강화할 수 있는 좋은 기회라고 생각하였기 때문이다.[23]

하지만 노동대학은 난징 정부가 노동계를 장악할 목적으로 추진한 것으
로서, 그러한 노동대학에 참가한다는 것은 곧 정치권력과 타협하는 것을
의미하며, 정치와 정치운동을 부정하는 아나키즘의 본령에 어긋나는 것이
었다. 아나키스트들의 결속 또한 노동대학을 통하지 않고 독자적인 조직
결성으로도 충분히 가능하였다. 그럼에도 굳이 정치권력과 타협해 가면서
까지 노동대학 설립에 참가한 것은 국민당 정부의 지원 아래 공산주의 세
력에 대항하기 위한 것이었던 것으로 사료된다.(이호룡, 2015, 325쪽)

1927년 6월 하순 노동대학 설립 준비작업이 끝나고 개교를 앞두고 있던
시점에 중국 아나키스트 친왕산이 량룽광(1925년 상하이 5·30총파업 당시
이정규와 함께 1개월여 투쟁)과 함께 이정규를 방문하였다. 친왕산과 량룽
광은 이정규에게 학생들을 어떻게 교육할 것인지, 농촌운동을 어떻게 이끌
어 나갈 것인지 등의 문제에 대해 상의하면서 농민자위운동에 동참할 것을

---

게 반대하였는데, 그 이유는 다음과 같다. 첫째, 노동대학 설립을 추진하는 인물에 대한
불만이다. 아나키즘적 입장에서 볼 때 차이위안페이·리스청·우즈후이 등은 이미 아나
키즘을 청산한 타락분자·노폐분자들이요 국민당의 충복이라는 것이다. 둘째, 아나키
스트가 가장 경계해야 할 점이 정치와의 타협이라는 것이다. 아무리 아나키스트들이
전권을 잡고 이론에 맞는 올바른 교육과 지도를 한다고 하더라도 그 기관 자체가 국민
당 정부의 직접적인 지휘를 받는 기관임을 지적했다. 더욱이 공산주의자들과 투쟁하고
자 중국 국민당의 투사를 기르는 곳이므로, 결과적으로 반동분자를 양성하다는 모순을
범한다는 것이다. 셋째, 머지않아 국공 분열과 같은 결과가 올 것인바, 노동대학 설립에
참가하는 것은 정치적 타협이요 자기 묘혈을 파는 일이라는 것이다.

**23** 이정규, 〈중국 福建省 농민자위운동과 한국 동지들의 활동〉(이정규, 1974, 130~132쪽)

제의하였다.[24]

친왕산은 1926년 겨울 북벌군이 푸젠으로 들어간 뒤 국민당 진장현당부晉江縣黨部 준비위원에 위임된 인물이다. 그는 취안저우에서 군사정치 간부 양성을 목적으로 량룽광과 함께 선전원양성소를 설립하여 군사훈련을 시키는 한편, 각 현에 농민협회를 조직하고 농민을 발동시켜 공산당에 우호적 입장을 취하고 있던 삼점회三點會[25]와 투쟁하였다. 하지만 '청당淸黨' 사건을 기해 공산당을 비호하였다는 이유로 국민당 정부로부터 친왕산 체포령이 떨어졌다. 쉬저란 등은 다시 활개를 치기 시작한 삼점회 및 지방 토호와 결탁한 해군 육전대의 횡포를 피해 선전원양성소를 1927년 5월 초 샤먼의 후터우산虎頭山으로 옮겼고, 친왕산은 체포령을 피해 상하이로 왔다.

친왕산의 제의에 대해 이정규·이을규·우커강·이와사 사쿠타로 등이 토의한 결과, 노동대학은 노동운동의 이론과 훈련을 맡아서 도시 노동자 조직화의 책임을 맡고, 푸젠에서는 마흐노식 무장자위조직으로 농민들을 조직화하는 책임을 맡는 것으로 결정되었다. 이정규와 량룽광이 농민자위조직의 총책임을 맡고, 천춘페이(이기환으로 교체)가 훈련을, 그리고 마오이보(류기석으로 교체)[26]가 학과를 담당하기로 하였다. 이정규는 6월 말에 량룽광·친왕산 등과 함께 학생들이 모여 있던 샤먼으로 먼저 출발하였으며, 류기석, 이기환, 이을규, 류지청(이상 한국인 아나키스트),[27] 아카가와 게

---

**24**  이정규, 〈중국 福建省 농민자위운동과 한국 동지들의 활동〉(이정규, 1974, 133쪽)

**25**  삼점회는 푸젠 지방에 있었던 비밀결사다. 1927년 9월 이후 공산당과 일정한 관계를 맺었고, 공산주의 조직이라고 할 수는 없지만 공산당에 호의적이었다.(福本勝淸, 1998, 144~145쪽 참조)

**26**  류기석은 1927년 8월에 샤먼에 도착하여 선전양성소에서 강의하였다.(최기영, 2010, 148쪽) 應起鸞은 류기석이 1927년 9월 상하이에서 이정규를 만나 농민자위운동에 참가하였다고 회고하였으나(應起鸞, 1991, 2쪽), 잘못으로 보인다.

이라이, 이와사 사쿠타로28(이상 일본 아나키스트), 판텐준, 천준렁陳君冷, 리량룽(이상 중국 아나키스트) 등이 차례로 합류하였다.

농민자위운동이 취안저우에서 일어날 수 있었던 것은, 장제스의 반공 쿠데타 이후 취안저우 지역이 국민당 좌익 쉬저란·친왕산의 수중에 있었기 때문이다. 쓰촨泗川·후난·광둥 등지의 아나키스트들이 취안저우로 피난하여 비호를 받는 등, 상당히 오랫동안 아나키스트들의 '세외도원世外桃源'으로 불릴29 정도로 취안저우 지역에는 아나키스트운동을 전개하기에 좋은 여건이 마련되어 있었다.

이정규는 7월 1일부터 강의를 시작하였다. 9월 말까지 학과를 마치고 10월에는 농촌에서의 실지 활동을 하기로 하고 교과목을 변경하였는데, 그는 서양사회운동사·공산주의 비판·신정치론·농촌사회조직론을 맡았다. 수료기가 끝나가면서 취안저우로 돌아가는 문제가 제기되었다. 당시는 장제스의 반공쿠데타가 일어난 직후라 매우 혼란스러운 상황이어서 친왕산이 9월 하순 푸저우와 난징의 정국을 시찰하러 쉬줘란·다이진후아 등과 함께 푸저우와 난징의 정국을 시찰하러 떠났다. 그런데 난징에서 국민당 중앙당부가 친왕산에게 푸젠성 당화교육훈련소黨化敎育訓練所를 맡아달라는

---

**27** 여러 자료에는 우관宇關을 우관又觀(이정규)과 구별하여 별도의 인물로 기술하고 있으나, 이정규에 따르면 동일 인물이다. 즉 우관宇關은 이정규가 푸젠성福建省에서 활동할 당시 사용하였던 이름이다.[이정규, 〈중국 福建省 농민자위운동과 한국 동지들의 활동〉(이정규, 1974, 140쪽)]

**28** 이와사 사쿠타로는 民團編練處運動에 참여하면서 취안저우에서 지반을 구축하고 취안저우를 근거지로 삼아 동아무정부주의자대동맹을 조직하고자 계획하였다.[〈訪問范天均先生的紀錄〉(葛懋春·蔣俊·李興芝 編, 1984, 1041쪽)]

**29** 秦望山, 〈安那其主義者在福建的一些活動〉, 181쪽; 秦望山, 〈朝鮮和日本安那其主義者在泉避難引起的事件〉, 203쪽 등을 종합

제의를 해 왔다. 이에 대해서 토의한 결과, 국민당의 앞잡이가 되는 것이 아니냐는 의견이 있었으나, 결국 훈련소를 맡기로 결정하였다. 소장에 친왕산, 정치주임에 이정규, 훈련주임에 리량룽, 교수부주임에 류기석, 그리고 학생대장에 이기환 등을 배치하였다.

이후 공산군을 추격하던 천밍수의 제11군이 푸젠성으로 진입하면서 사정이 급변하였다. 즉 선봉대였던 제5 사단의 사단장 차이팅카이가 친왕산에게 자신들이 공산군을 추격하면서 토비들까지 소탕할 터이니, 뒤에서 정지작업을 해줄 것을 청하였던 것이다. 이에 민난25현민단편련처縣民團編練處라는 기치를 내걸고 차이팅카이의 군대를 따라 취안저우에 입성하였다.

민단편련처는 11월에 개청식을 거행하였다. 관할 지역은 푸젠성 정부의 요청에 의해 취안저우·융춘 중심의 11현으로 축소되고, 명칭도 천영이속민단편련처30로 개칭되었다.31

친왕산·량룽광·이정규·류기석 등은 취안저우에 있는 토비·토호 등 난동분자 숙청 문제에 대해 차이팅카이와 토의하는 한편, 중국 농촌의 장점

---

**30**  민단편련처의 명칭, 결성 시기, 관할 지역 등은 자료에 따라 약간씩 다르게 나타난다. 이정규는 관할지역을 8현으로, 결성시기를 10월 말, 명칭을 천영이속민단편련처泉永二屬民團編練處로 기록하고 있다.(이정규, 〈중국 福建省 농민자위운동과 한국 동지들의 활동〉) 하지만 판텐쥔范天均은 천융(州)영永(春)이속二屬(共管十一縣)민단무장편련처民團武裝編練處라 하여 명칭과 관할지역을 이정규와 달리 회고하고 있다.[〈訪問范天均先生的紀錄〉(葛懋春·蔣俊·李興芝 編, 1984, 1040쪽)] 그리고 장강蔣剛은 친왕산이 11월에 민단 특파원으로 파견되었다면서 민단편련처의 결성 시기를 11월로 보고 있다.(蔣剛, 1997, 317쪽)

**31**  류기석은 천영이속민단편련처 구성원의 배치를 다음과 같이 회고하였다.(류기석, 2010, 144쪽) 비서실장 이정규, 비서 장뤼첸張履謙, 문서계장 정수쿼, 과장 량룽광·정진르·리량룽, 훈련대장 이기환, 조직총대장 천쿼링陳君岭, 류기석

**사진 7-1** 천영이속민단편련처 대원들과 함께. 앞줄 오른쪽에서 두 번째가 이정규.

을 최대한 살려 농민의 자주, 자치, 협동노작協同勞作, 협동자위를 실시하기로 방침을 세웠다. 그를 위해 우선 각 부락의 중견 청년으로 향토조직을 만들고 아울러 무장자위 조직을 겸하게 하며, 그 향토조직이 경제적 문화적 임무를 띠고 활동하기로 하였다. 이 방침 아래 1,500~3,000명을 모집하여 기본대오로 삼고, 이들에 대해 군사훈련을 실시하여 아나키스트 활동의 주력군으로 만들며, 선전원양성소에서 훈련받은 청년들을 지역 곳곳에 파견하여 중견 청장년들의 훈련을 맡도록 하며, 농민을 조직할 것을 선전하여 민단을 조직한다는 계획을 세웠다.

이러한 방침에 따라 민단편련처는 자유자치의 생활, 협동노작의 생활, 협동방위協同防衛의 생활이라는 3대 목표를 내걸고, 각 지역을 조직하는 한편, 마흐노전법 훈련을 시작하는 등 무장투쟁 본거지를 건설하기 위한 활동을 전개하였다. 하지만 제11군의 남하 이후 개시된 토비의 공격과 극심한 자금난으로 1928년 2월 중순 이후 거의 모든 활동이 중지되고 말았다.

이리하여 농민자위운동에 참여하였던 자들은 흩어졌으며, 이기환은 일본 경찰에 체포되어 샤먼 일본영사관에 구금되었다. 이기환을 구출하기 위해 이정규는 반일회(대표 이정규)를 조직하여 모든 노력을 기울였지만 결국 실패하였으며, 천영이속민단편련처에 대한 화교로부터의 자금 지원마저 불가능해졌다. 이에 천영이속민단편련처는 그 깃발을 내릴 수밖에 없었다. 1928년 2월 류기석이 먼저 상하이로 가고(〈有吉公使暗殺陰謀不逞鮮人一味檢擧に 關する件〉), 이정규·이을규·이와사 사쿠타로·아카가와 게이라이·정화암[32] 등은 민단편련처를 수습한 다음 1928년 5월 초 상하이로 갔다. 결국 취안 저우와 융춘에 농민자위대를 조직하여 이를 기반으로 혁명근거지를 구축 하고자 했던 농민자위운동은 실패로 끝나고 말았다.[33]

### 3) 동방무정부주의자연맹 결성과 재중국조선무정부공산주의자연맹 참가

농민자위운동이 실패로 돌아간 이후 1928년 5월에 상하이로 귀환한(이 정규, 1974, 5쪽) 이정규는 동방 아나키스트들의 국제연대조직인 동방무정 부주의자연맹 결성에 관계하였다. 동아시아 아나키스트들의 국제적 연대 는 일본 아나키스트 오스기 사카에에 의해 1921년부터 모색되었다. 오스

---

**32** 정화암은 농민자위운동이 거의 중지될 무렵에 합류하였다.[이정규, 〈중국 福建省 농민 자위운동과 한국 동지들의 활동〉(이정규, 1974, 152쪽); 무정부주의운동사편찬위원회 편, 1994, 307쪽 등을 종합]

**33** 농민자위운동의 구체적 전개과정은 이정규, 〈중국 福建省 농민자위운동과 한국 동지 들의 활동〉(이정규, 1974, 128~154쪽); 〈訪問范天均先生的紀錄〉(葛懋春·蔣俊·李興芝 編, 1984, 1040~1041쪽); 蔣剛, 1997, 315~319쪽 등을 종합. 장강蔣剛의 연구에서 민단편 련처운동에 관한 부분은 주로 친왕산의 〈安那其主義者在福建的一些活動〉에 근거하고 있는 것 같다.

기 사카에의 주도하에 중국·인도·일본·한국의 아나키스트들이 협의하여 동아무정부주의자동맹東方無政府主義者同盟이 결성되었지만, 1923년 관동대지진 당시 오스기 사카에가 살해되면서 동방무정부주의자동맹은 유명무실한 존재가 된 것으로 사료된다.

이후 중국 아나키스트들을 중심으로 국제적 연대조직을 결성하기 위한 노력이 계속되었고, 이러한 준비과정을 거쳐 동아시아 아나키스트들의 국제적 연대조직이 결성되었다. 1927년 10월 하순 무렵 중국 수젠의 발의로 한국·일본·중국·대만·안남·인도 등 6국 대표자 120여 명이 톈진 프랑스 조계 모처에서 회합하여 무정부주의동방연맹 창립대회를 개최하였다. 이 창립대회는 각각 자국으로 돌아가 서로 연락을 취하면서 목적을 달성할 것과 본부를 상하이에 설치할 것 등을 결정하였다. 하지만 신채호·린빙원 등이 활동자금을 마련하기 위하여 외국환을 위조하였다가 체포되면서 무정부주의동방연맹의 활동은 위축되었다.

연맹조직준비회가 다시 꾸려져 1928년 6월 14일 상하이 리메이로 화광의원에서 한국인 류기석·이정규, 일본인 아카가와 게이라이, 중국인 마오이보·덩멍시안·이지치·우커강 외 수명이 회합하여, 당일 중국·안남·인도·필리핀·한국 등과 그 외 5개국 지역의 유지 대표를 소집하였다. 그 자리에서 동방아나키스트대회를 개최한 뒤, 동방무정부주의자연맹을 정식으로 결성하였다. 이 연맹의 목적은 일본 제국의 국체 변혁이었다.

이정규는 동방아나키스트대회 선언문을 기초하였으며, 류기석, 아카가와 게이라이, 마오이보·우커강·덩멍시안(이상 중국인), 하워드(미국인) 등과 함께 동방무정부주의자연맹의 서기부 위원으로 선출되었다. 기타 연맹원으로는 일본인 다케 료지武良二·시라야마 히데오白山秀雄, 중국인 천춘페이·장중귀姜種國·탕반안唐頒女·장산린張禪林·루젠보·친왕산, 한국인 이

**사진 7-2** 동방무정부주의자연맹 공판 기사

을규·류자명·백정기·정화암·이석규 등이 있었다.

　동방무정부주의자연맹 서기국에서는 1928년 8월 20일 기관지《동방》
을 창간하였으며, 9월에 제2호를 발행하였다. 이정규는《동방》창간호에
〈동방 무정부주의자 여러분에게 고한다〉라는 제목의 글을 게재하여 동방
제국 동지의 규합·단결을 강조하였다.[34]

　그는 동방무정부주의자연맹에 관계하는 한편, 재중국조선무정부공산
주의자연맹의 활동에도 참가하였다. 재중국조선무정부공산주의자연맹은
1927년 2월 국내에서 민족주의자와 공산주의자의 연합으로 결성된 신간
회에 대응하여 결성되었다. 재중국 한국인 아나키스트들은 재중국조선무

---

**34**　동방무정부주의자연맹의 결성 과정과 활동에 대해서는 이호룡, 2015, 299~304쪽을
　　참조할 것.

정부공산주의자연맹주비회를 구성하고 1927년 10월 각 지역에 발기문을 송부하는 등의 준비를 거쳐 1927년 10월에서 1928년 사이에 베이징에서 재중국조성무정부공산주의자연맹을 결성하였다. 이 연맹 결성을 주도한 이는 베이징에 있던 류기석 계열의 인물들인 것으로 보인다.

재중국조선무정부공산주의자연맹은 1928년 3월 각 지역 대표와 서면으로 온 모든 의견을 토의·종합하여 강령[35]을 약정하였는데, 강령을 통해 우선 정치운동을 부정하였다. 정치운동을 부르주아지들이나 공산주의자들이 정권을 장악하기 위해 벌이는 놀음에 다름없는 것으로 이해하였기 때문이다. 그리고 일체의 중앙집권적 조직을 부정하고 자유연합의 원칙에 따라 운영되는 조직을 주장했다. 그들이 건설하고자 한 사회는 사유재산제와 종교 및 가족제도가 폐지되고 농업과 공업이 함께 발전하여 모든 인민이 풍요로운 삶을 누릴 수 있는, '능력에 따라 일하고 필요에 따라 분배받는' 〔各盡所能 各取所需〕 아나코코뮤니스트사회였다.[36]

---

**35**  재중국조선무정부공산주의자연맹의 강령 초안은 다음과 같다.(〈재중국조선무정부공산주의자연맹 강령 초안〉)
一. 일체 조직은 자유연합조직원리에 기본할 것
二. 일체 정치운동을 반대할 것
三. 운동은 오직 직접방법으로 할 것
  1. 직접선전
  2. 폭력적 직안행동(직접행동-인용자)
四. 정치적 당과 이외의 각 독립운동단체 및 혁명운동단체와 전우적 관계를 지속 존중할 것. 미래사회는 사회 만반萬般이 다 자유연합의 원칙에 근거할 것이므로
五. 국가 폐지
六. 일체 집단적 조직을 소멸할 것
七. 사유재산을 철폐하고 공산주의를 실행하되 산업적 집중을 폐하고 공업과 농업의 병합 즉 산업의 지방적 분산을 실행할 것
八. 종교를 폐지하며 결혼제도를 폐지-가족제도 폐지
**36**  재중국조선무정부공산주의자연맹의 결성에 대해서는 이호룡, 2015, 249~254쪽을

재중국조선무정부공산주의자연맹은 지부를 설치하였다. 먼저 1928년 3월 류기석·한일원·윤호연 등에 의해 재중국조선무정부공산주의자연맹 상해지부(통칭 상해연맹)가 설립되었다. 상해연맹은 베이징의 재중국조선 무정부공산주의자연맹을 대신해 본부 역할을 하였던 것으로 보인다. 재중 국조선무정부공산주의자연맹의 기관지인《탈환》이 상하이에서 류기석의 주도 아래 간행된 것이 이를 반증한다.(이호룡, 2015, 256~257쪽)

이정규를 재중국조선무정부공산주의자연맹의 창립 인물로 기록한 자료도 있으나, 이는 잘못으로 사료된다. 이정규가 상하이로 간 시기는 재중 국조선무정부공산주의자연맹이 결성되고 난 이후인 1928년 5월이기 때문이다. 하지만 류기석은 이정규가 심문과정에서 주요한 죄상을 모두 류기석 본인에게 미루고 자신은 마치 부차적인 지위에 있었던 것처럼 진술하였다고 회고하였는데(류기석, 2010, 157쪽), 이는 이정규가 재중국조선무정부공산주의자연맹 결성에는 참가하지 않았을지라도《탈환》발간 등 재중국조선무정부공산주의자연맹이나 상해연맹의 활동에 주도적으로 참여하였다는 것을 시사해 준다. 재중국조선무정부공산주의자연맹의 기관지《탈환》의 창간호 증간이 발행된 것도 이정규가 재중국조선무정부공산주의연맹에 가입 혹은 활동에 가담한 데서 비롯된 것으로 보인다. 이 밖에 특별히 창간호 증간을 발행해야 할 이유는 보이지 않는다. 그는《탈환》창간호 증간에 우관又觀과 관즙의 명의로〈탈환의 제일성〉과〈혁명원리와 탈환〉이라는 제목의 글을 각각 발표하였는데,[37]《탈환》의 입장을 천명하는〈탈환의 제일성〉은 창간호에 게재되어야 할 성격의 글이라 할 수 있다.

---

참조할 것.

**37** 〈東方無政府主義聯盟李丁奎ニ對スル判決〉(《外務特殊文書》28, 332~333쪽)

이정규는 〈탈환의 제일성〉에서 일제의 식민지배 아래 온갖 철쇄鐵鎖에 목을 매여 갖은 고통, 혹사, 학대를 당하며 사멸의 구렁으로 빠져 들어가는, 사멸死滅의 관두關頭에 선 한국인이 살 수 있는 길은 일본인과 일부 한국인에게 빼앗긴 것을 찾는 것인데, 그 방법은 아첨이 아니라 되빼앗아 오는 것, 즉 탈환이라고 주장하였다. 미국의 독립, 프랑스혁명, 러시아혁명 등은 민중적 되빼앗기운동으로 되빼앗기만 했을 뿐 민중들이 되빼앗은 것의 주인이 되지 못하였다면서,《탈환》은 한국 민중의 탈환운동 곧 혁명운동을 이론적으로 실제적으로 고취하는 동시에, 탈환한 뒤 '민중이 다같이 한국의 주인공이 되어 이인치인以人治人의 강권적 조직이 없이 경제, 사회 등 만반에 자유와 평등과 우애가 유지되어 가는' 신한국 건설의 원리와 방략을 연구하고, 이로써 신한국 실현을 촉진·완성하고자 한다고 밝혔다. 탈환 뒤의 사회는 자유의 무정부공산사회임을 강조하였다.

〈혁명원리와 탈환〉에서는 혁명은 부자유한 사회제도, 생활 조건을 위협하는 사회조직 밑에서는 어느 시대, 어떠한 사회를 막론하고 일어나는바, 그것은 구차하고 고통스러운(窮迫苦痛) 절망 중에 일어나는 것이 아니라 희망이 있는 곳에서 일어난다면서, 행동으로 목숨을 내어놓고 그 희망을 실현하여야 한다고 주장하였다. 즉 혁명이란 고통과 간난艱難을 없애고, 이후 어떻게 하면 잘살 수 있겠다는 희망에 고무되어 목숨을 걸고 행동하는 것을 말한다는 것이다. 프랑스혁명, 러시아혁명, 3·1운동이 바로 그러한 혁명에 속하지만, 희망을 올바로 실현할 구체적 안이 민중에게 결핍되었기 때문에 결국 퇴보되고 침체되며 부패되고 말았다면서, 혁명은 그 원리에 근거한 정당한 조직과 방략이 없으면 안 되는바, 여기에 탈환의 의의가 있다고 강조하였다. 그리고 "권력계급이 자기 수중에 장악된 권력을 가지고 높은 자리(高座)에 앉아서, 손가락 하나(一指)도 꼼짝 안하고 우리를 부쳐

먹으며, 갖은 사기적 수단과 위협적 방법으로 우리를 강제 농락"하고, 자본
가들이 "우리들이 피땀으로 뭉치어 된 자본을 가지고 우리에게 근근僅僅한
생활, 호구비糊口費를 주어가며 우리를 일 시"켜서 생산한 모든 이익을 독점
하기 때문에, "우리가 자유스러운 생활, 부족 없는 생활을 못" 한다면서,
"우리가 잘 살려면, 자유를 누리려면 반드시 이 두 가지 원인 때문에 빼앗
긴 그 모든 것을 되빼앗아 오고, 다시 그런 후환을 영원히 없애기 위해 이러
한 두 개의 원인을 우리 사회에서 뿌리 뽑아내야" 한다고 역설하였다. 마지
막으로 "경제사회 각 방면에 대한 자유를 되빼앗아 오는 것이 혁명의 이상
이며 정신"이니, 이러한 이상을 실현하는 조직과 방략은 피탈당한 피압박
계급이 자유연합의 조직으로 단결하여 "권력계급으로부터 우리의 빼앗긴
권리를, 자본가로부터 우리의 빼앗긴 경제조건을 되빼앗아 오는 탈환을 실
행하는" 것밖에는 없다고 결론 내렸다. 그리고 피탈被奪당한 모든 대중이
자유로 자발적으로 단결하여 탈환을 시작하는 것이 되빼앗아 올 수 있는
방법이고, 이러한 탈환은 집권적 조직으로는 도저히 불가능하며, 혹 가능
하다고 하더라도 그 탈환은 참 탈환이 되지 못하고 옛 착취자, 옛 압박자를
대신할 뿐이라면서, 민중의 직접행동에 의한 사회혁명을 주장하였다.

　동방무정부주의자연맹, 재중국조선무정부공산주의자연맹과 상해연맹
에 관계하던 이정규는 1928년 9월부터 상하이 노동대학에 출강하였다. 그
무렵 아카가와 게이라이와 시라야마 히데오 등의 공갈사건[38]이 벌어졌다.
이 사건이 발단이 되어 이정규는 1928년 10월 말에 이석규·다케 료지武良

---

**38**　공갈사건은 시라야마 히데오, 다케 료지, 아카가와 게이라이, 이석규 등이 야타矢田 총
　　영사와 시모츠清水 영사가 왕저위안王澤源과 무기 밀수를 한 사실을 포착하고, 이를 빌
　　미로 야타矢田 총영사에게 3만 달러를 주지 않으면 이 사실을 세상에 공포하겠다고 협
　　박하였다가 체포된 사건이다.(《自由聯合新聞》第31號)

二 등과 함께 상하이 일본영사관에 검거되었으며, 12월 말에 경성지방법원
검사국으로 이송되어 징역 3년[39]을 언도받았다.[40] 이로써 이정규의 중국에
서의 아나키스트 활동은 막을 내렸다.

### 4) 제일루사건

1932년 3월 서대문형무소에서 출옥한 이정규는 9월에 김형윤金亨潤·조
중복 등과 함께 자유출판사 설립을 기도했다. 자금은 조중복이 조달하기로
하였으나, 그가 위독해지면서 무위로 끝나고 말았다.(김형윤, 1996, 351쪽)

이정규는 새로운 운동방침을 모색하였다. 그는 자본주의 사회제도의
결과 도시 공장은 현저히 발전하였으나, 농촌은 극도로 피폐하여 문맹이
많아져 현 제도에 불평불만을 가지지 못하는 상태가 되었는바, 한국 민중
의 대부분을 차지하는 농민들에 대한 계몽과 주의 선전이 필요한 것으로
보았다. 그리고 이를 통해 자급자족 운동을 일으켜 자본주의적 생산품을
가급적 배척하고, 농민 강화와 주의 철저를 꾀하여 민중으로 하여금 스스
로 무장봉기에 이르도록 해야 한다면서, 그를 실행하는 방도로서 우선 합
법적으로 잡지를 발행하여 아나키즘 선전과 동지 규합을 도모하고자 했다.

---

**39**　〈蔡殷國·李丁奎ヲ中心トスル無政府主義運動檢擧ニ關スル件〉에는 이정규가 1929년 3
월 경성지방법원에서 징역 2년의 확정판결을 받은 것으로 기록되어 있으나, 이는 잘못
이다. 이 자료의 다른 부분에서는 징역 3년으로 기록하기도 했다. 판결문에 따르면 징
역 3년이 맞다.[〈東方無政府主義聯盟李丁奎ニ對スル判決〉(《外務特殊文書》28, 331쪽)]

**40**　《自由聯合新聞》第32號;《조선일보》1929년 2월 12일자;《동아일보》1929년 2월 16
일·3월 19일자;〈東方無政府主義聯盟李丁奎ニ對スル判決〉(《外務特殊文書》28, 334쪽);
〈無政府主義者李容俊 取調의 건〉(《思想에 關한 情報綴(4)》, 12쪽); 이정규·이관직, 1985,
96쪽; 오남기,〈제일루사건과 우관〉(이정규, 1974, 432쪽); 이정규, 1974, 5쪽; 류기석,
2010, 153~155쪽 등을 종합

1933년 11월 2일 이을규가 출옥하자 자동차 영업과 어류상매魚類商賣를 하면서 실천운동을 하기로 협의하였다. 그를 준비하면서 한남수韓南洙를 만나 아나키스트 잡지 발행자금을 요청하였다. 하지만 거절당하였다.

　1934년[41] 3월 무렵 김현국 소개로 채은국과 교류하게 되었고, 이후 오남기, 최학주 등과 만나 농촌운동을 전개하고, 잡지를 중심으로 동지들을 결집하며, 아나키즘을 선전하는 것에 대해 협의하였다. 이정규는 채은국과 한국 운동의 발전책을 협의하였는데, 그 결과 지금까지 운동이 부진했던 원인은 희생자 구제가 불충분했던 것에 있다는 데 인식을 같이 하고, 현재의 동지를 감동시키고 장래의 운동을 발전시키려면 희생자의 유족을 구제할 필요가 있다고 결론지었다. 채은국은 이정규와 협의하여 민충식으로부터 받은 5,200원(액면가 8,000원의 어음을 할인한 금액) 가운데 일부를 이정규의 중개로 이회영의 처 이은숙, 김종진의 처 홍종표洪宗杓, 이홍근의 처 등에게 지불하고, 또 일부는 이정규, 김현국金顯國, 이영진李英珍, 최학주 등에게 생활비 혹은 여비로 내어 주었다.

　1934년 8월 중순[42]쯤에는 중국요리집 제일루에서 이정규, 채은국, 이을규, 오남기, 최학주 5명이 회합하여 아나키스트 조직 재건과 아나키스트운동 실행계획에 대해 협의하였다. 이들은 농촌운동, 잡지 발간, 소비조합 결성 등 앞으로 각자가 할 일을 발표한 뒤, 서울의 운동자와 농촌 운동자는 잡지를 중심으로 서로 연락하면서 운동 통일을 도모할 것, 채은국으로부터 받은 돈으로 마련한 이정규의 주거를 중심으로 동지 간의 연락을 도모하고

---

**41** 〈蔡殷國·李丁奎ヲ中心トスル無政府主義運動檢擧ニ關スル件〉의 이정규 항목에는 1933년으로 적혀 있으나 잘못이다. 이 자료의 채은국 항목에는 1934년으로 기록되어 있다.

**42** 오남기는 1934년 10월 초순에 제일루에서 회합이 있었던 것으로 회고하였다.[오남기, 〈제일루사건과 우관〉(이정규, 1974, 431쪽)]

그는 그 편의를 제공할 것 등을 결정하였다.

　이정규는 제일루의 회합을 전후하여 채은국과 만나서 좌익 민족주의자들과 합작하여 아나키스트운동을 확대·강화하기로 협의하고, 1934년 9월 상순 평양으로 가서 채은국·김자강金子剛(김용金鏞) 등과 함께 김산을 만나 좌익 민족주의운동과 아나키스트운동의 제휴를 제의하였다. 하지만 김산은 신간회의 실패를 예로 들면서 이를 거절하였다.

　1932년 이후 테러사건이 빈발하고 일본 아나키스트 단체의 기관지가 국내로 많이 들어오자, 이를 수상히 여긴 종로경찰서가 사찰을 강화하던 중 제일루 회합에 대한 단서를 잡고 1934년 9월 27일 장완국을 검거하였다. 취조 과정에서 제일루사건 관계자들이 드러났다. 10월 8일에 이용길李龍吉, 10월 9일에 이정규와 김현국이 체포된 것을 시작으로, 10월 15일에는 이영진李英珍, 오남기, 이을규(고양) 등이 검거되었다. 검거는 전국으로 확대되어 경남 지역과 평양에서 최학주(10. 15, 통영)와 김자강(10. 25, 평양서로부터 신병 인도) 등이 검거되었다. 채은국은 11월 27일 평양에서 자진 출두하였으며 이외에도 다수가 체포되었다. 12월 6일 이정규, 채은국, 이을규, 오남기, 최학주 등 5명은 아나키즘을 연구하고 비밀결사를 조직했다는 혐의로 구속, 김자강과 민형식은 불구속기소유예 처분 의견으로 검찰에 송치되었다. 이용길, 김현국, 장완국은 11월 6일에, 이영진은 12월 6일에 무죄방면되었다. 이을규, 오남기, 최학주는 이정규와 채은국이 모든 죄를 뒤집어쓰는 바람에 증거불충분으로 기소유예되었다. 이정규와 채은국은 치안유지법 위반으로 기소되어 징역 3년형을 선고받았지만, 이정규는 1938년 5월에 출옥하였다. 출옥한 그는 운동에서 손을 뗀 채 광산 등을 경영하다가 해방을 맞이하였다.[43]

## 3. 해방 직후 자주적 민주국가 건설운동 전개

### 1) 사회구상

　　1945년 8월 15일 일제가 무조건 항복을 선언하자, 이정규는 일제의 식민지권력이 붕괴된 해방공간이 아나키스트사회 건설에 좋은 조건을 제공해줄 것으로 보고, 아나키스트 결집에 나섰다. 해방 직후 서울에서 67명의 아나키스트들이 참가한 구수회의鳩首會議가 개최되었다. 이 모임에는 해외 인사와 최갑용·이홍근 등 북한에 있던 인사들을 제외한 전국의 아나키스트들이 참가하였는데, 앞으로의 행동방향에 대해 토론하였다.[44] 이들은 이정규·이을규 등의 주도하에 전국적 아나키스트 단체를 결성하기 위한 준비 작업을 진행했다. 1945년 9월 말 한 달여의 준비 끝에 서울시 종로2가 소재 장안빌딩 연맹결성준비위원회 사무실에서 자유사회건설자연맹 창립총회를 개최하였다.[45] 자유사회건설자연맹은 강령[46]을 통해 독재정치

---

**43**　〈蔡殷國·李丁奎ヲ中心トスル無政府主義運動檢擧二關スル件〉; 京畿道警察部 編,《治安情況》(한국역사연구회 편, 1992, 216~218쪽); 오남기, 〈제일루사건과 우관〉(이정규, 1974, 431~434쪽);《동아일보》1934년 10월 23일·12월 7·19일자;《조선일보》1934년 10월 23일·11월 16일자; 이정규, 1974, 5쪽; 무정부주의운동사편찬위원회 편, 1994, 233~234쪽 등을 종합

**44**　〈자유사회건설자연맹 선언 및 강령〉(이정규, 1974, 173쪽)

**45**　이문창, 2008, 45쪽; 하기락, 1993, 263쪽 등을 종합. 자유사회건설자연맹의 창립일자는 자료마다 약간씩 다르게 나타난다. 이정규는 9월 말에 자유사회건설자연맹의 강령과 선언을 발표하였다고(이정규, 1974, 173쪽) 창립일을 9월 말로 기록하였으나, 하기락은 1945년 9월 29일과 1945년 9월 27일로 달리 기록하고 있다(하기락, 1993, 263·273쪽). 또 최갑용은 1946년 3월 10일로 기록하였으며(최갑용, 1995, 55쪽), 방한상은 1945년 12월 25일에 창립되었다고 기록하였다(방한상, 〈해방건국투쟁 약기〉). 그러나 최갑용과 방한상의 기록은 잘못이다. 그것은 자유사회건설자연맹의 실천조직인 조선농촌자치연맹의 창립일이 1945년 10월 하순이기 때문이다.[〈조선농촌자치연맹 선언강

와 집산주의적 경제제도를 배격하고, 상호부조의 원리가 관철되며 자유롭고 지방자치가 실현되는 아나코코뮤니스트사회 건설을 천명하였다.

자유사회건설자연맹의 실천조직으로 결성된 조선농촌자치연맹47도 강령48에서 "우리들(吾等)은 농경의 합리적 경영을 위하여 공동경작·생산수단 및 시설의 공동화를 기함"이라고 밝히는 등 공동생산과 생산수단 공유화를 추구하였다. 그리고 "우리나라가 잘되고 우리 조선 사람이 잘살자면 … 우리 농촌이 중심이 되어 가지고 이 농촌에다가 도회지를 붙이어서 놓

---

령 해설〉(이정규, 1974, 176쪽)〕

**46** 사유사회건실자연맹의 강령은 다음과 같다.〔〈자유시회건설자연맹 선언 및 강령〉(이정규, 1974, 174~175쪽); 〈선언〉(자유사회건설자연맹, 1945. 9);《자유신문》1945년 12월 15일자 등을 종합〕

  一. 우리들은 독재정치를 배격하고 완전한 자유의 조선 건설을 기한다

  一. 우리들은 집산주의경제제도를 거부하고 지방분산주의의 실현을 기한다

  一. 우리들은 상호부조에 의한 인류일가사상人類一家思想의 구현을 기한다

**47** 조선농촌자치연맹(대표 장연송張連松)은 "농민들의 지식을 넓히며 그 생활을 개혁하여서, 농민 자신이 자유로운 나라의 사람이 될 만한 자격을 기르자"는 취지에서 1945년 10월 하순에 결성되었으며, '자치회(리里)-농촌자치연맹(면)-농촌자치연맹군연합회-농촌자치연맹도연합회-농촌자치연맹중앙연합회'의 조직계통을 가지고 있었다.〔〈조선농촌자치연맹선언강령해설〉(이정규,《우관문존》, 176·207쪽)〕

**48** 조선농촌자치연맹의 강령은 다음과 같다.〔〈조선농촌자치연맹 선언강령 해설〉(이정규, 1974, 190쪽)〕

  1. 우리들吾等은 자주자치적 생활의 실천으로 농촌의 조직화를 기함

  2. 우리들吾等은 농경의 합리적 경영을 위하여 공동경작, 생산수단 및及 시설의 공동화를 기함

  3. 우리들吾等은 농공발전의 균형을 위하여 농촌실정에 적합한 공업시설의 완비를 기함

  4. 우리들吾等은 농촌의 공동이익을 위하여 협동조합적 기관의 철저 보급을 기함

  5. 우리들吾等은 비경제적 제 생활양식을 개선하여 생활의 과학화를 기함

  6. 우리들吾等은 교육 급 문화기관의 완비를 기함

  7. 우리들吾等은 우리들吾等의 보건을 위하여 후생시설의 충실을 기함

  8. 우리들吾等은 상호부조적 윤리관의 실천에 의하여 국민도덕의 앙양을 기함

아야 하겠습니다. 농촌에다가 도회를 합치어 놓아야 하겠습니다. 도회지가 가지고 있는 그 모든 학교라든지 공장이라든지 모든 문명한 설비를 우리 농촌으로 나누어 놓아야" 한다면서 농공병진책을 실시할 것을 주장하였다.[49] 즉 한국인들이 잘살려면 농촌을 중심으로 하고 여기에 도시를 결합시켜야 하며, 산업시설이나 문화시설을 지방으로 분산시켜야 한다는 것이다.

1946년 4월 21~23일[50] 경상남도 안의에서 전국아나키스트대표자대회[51]가 개최되었는데, 자유사회건설자연맹의 이정규와 이을규 외 다수 맹원과 조선무정부주의자총연맹의 유림·박석홍 외 다수 맹원 등 97명이 참가하였다. 전국아나키스트대표자대회는 생산수단 공유화를 기본원칙[52]으로 결정했다. 즉 기본원칙 가운데 하나가 바로 '경자유전耕者有田, 공인유기工人有機의 원칙'으로서 "모든 생산수단은 생산활동자에 의하여 공동으로 소유하고 관리한다"는 것이었다.[53] 이러한 사실들은 해방 이후 한국 아나키스트들이 생산수단 사유화와 국유화를 부정하고 모든 생산과정을 생산자

---

**49**  〈조선농촌자치연맹 선언강령 해설〉(이정규, 1974, 186쪽)

**50**  《조선일보》 1946년 4월 17일자는 대회가 1946년 4월 20~22일 3일 동안, 1946년 5월 1일자는 4월 23일과 24일 양일에 걸쳐 개최된 것으로 보도하였다. 하지만 《자유연합》 창간호에 광고된 대회 개최일은 4월 21~23일이다.

**51**  대회 명칭은 자료에 따라 아나키스트전국대표대회, 전국아나키스트대표자회의, 전국아나키스트대회, 무정부주의자전국대표자대회 등으로 기록되기도 하나, 이 책에서는 당시 대회장에 걸렸던 현수막의 표기에 따라 전국아나키스트대표자대회라 칭한다.

**52**  전국아나키스트대표자대회에서 결정된 기본원칙은 다음과 같다.(《자유연합》 제4호)
一. 자유의 원칙. 각인이 만인의 자유를 존중하고 만인이 각인의 자유를 보장한다.
一. 평화의 원칙. 국민의 자유를 지키기 위한 이외의 일체의 침략적 군비를 배격한다
一. 경자유전耕者有田·공인유기工人有機의 원칙. 모든 생산수단은 생산활동자에 의하여 공동으로 소유하고 관리한다.

**53**  《조선일보》 1946년 4월 17일·5월 1일자; 《자유연합》 창간호; 하기락, 1993, 289~301쪽; 이문창, 2008, 132쪽 등을 종합

또는 생산자단체가 주관하는 자주관리체제를 근간으로 하는 아나코코뮤니스트 사회를 지향하고 있었음을 말해 준다.

이정규가 지향한 아나코뮤니스트사회도 자주관리체제를 근간으로 하고 있다. 이정규는 경제건설의 기본이념은 만인의 행복을 수립하는 데 있다고 하면서, 근로대중, 즉 노동자와 농민의 생활이 경제 건설의 근본적인 2대 명제가 되어야 한다고 주장하였다. 그리고 토지개혁과 적산 운용을 경제건설의 2대 근본문제로 설정하였다. 이 문제의 해결책으로는 자주관리체제를 제시하였다. 그는 무상몰수 무상분배의 방식으로 토지개혁을 단행하여, 국가가 아니라 면이나 군에 설치된 지방 거주민으로 조직된 농지관리조절기관에서 토지를 관리해야 하고, 생필물자 생산에 관한 산업, 지방적 교통운수기관, 후생물자 생산공업 등은 지방자치체들이 합영合營해야 한다고 주장하였다.(이정규, 1947, 16~20쪽)

그리고 자신이 기초한 한국노동자자치연맹[54]의 조직대강에서 사유 자체를 부정하지는 않았지만, 모든 산업시설을 노동자의 공유로 하는 것을 원칙으로 하였고, 노동자들에게 공장 운영과 이익 배분에 참가할 수 있는 권리를 주어야 한다고 강조하였다. 그리고 모든 맹원, 모든 단위의 조직들에게 균등한 권리를 주어 중앙집권을 부정하고, 자유연합주의 원칙에 의해 조직을 운영하고자 하였다. 의사 결정은 만장일치를 원칙으로 하였고 소수

---

[54] 한국노동자자치연맹은 조시원·차고동·조한응·윤홍구尹洪九·이종연 등의 주도 아래 자유사회건설자연맹의 실천조직으로 결성되었다. 1945년 12월 20일 이전에 용산공작소(교통부노동조합)·인천 대성목재·경전 등 각 공장과 지역에서 먼저 결성되었으며, 1946년 8월 25일 각 지방 대표와 서울시내 각 공장연맹 대표들 및 각계 내빈이 모여, "공장은 노동자에게", "능률에 따라 노동하고, 필요에 응하여 소비하자"라는 구호를 들고 이들의 연합체인 한국노동자자치연맹전국연합회(위원장 조시원, 부위원장 임기림)가 결성되었다.(이호룡, 2015, 405~408쪽)

자의 권리도 보장하였다. 그는 조직대강을 기초하면서 '공장은 공인工人에게'라는 원칙을 한국에 맞게 적용시키고자 하였는데, ① 노동조합은 직업별조합이 아니라 산업별조합이어야 한다는 것, ② 직공은 반드시 그 공장의 주인의 자격과 지위를 가져야 한다는 것, ③ 공장의 소유권이 국가에게 있건 개인에게 있건 그 공장의 운영에 노동조합 대표로서 참획할 권리를 가져야 한다는 것, ④ 동시에 이익의 분배를 받아야 한다는 것 등에 유의하였다.[55]

하지만 해방 이후 한국 아나키스트들은 단계혁명론적 입장에서 아나키스트사회를 건설하기 앞서 자주적 민주국가를 먼저 건설할 것을 주장했다. 미·소의 점령하에 있는 상황에서 먼저 민족혁명으로 민족국가를 수립하고, 이를 기반으로 아나키스트사회를 건설해야 한다는 것이다. 그리하여 자주적 민주국가 수립을 제1차 목표로 설정하였다. 전국아나키스트대표자대회는 민족해방을 사회혁명보다 시급한 과제로 규정하였다.(旦洲柳林先生記念事業會 편, 1991, 87쪽)

해방 이후 한국 아나키스트들이 민족혁명의 필요성을 인정한 것은 8·15해방을 불완전한 것으로 인식한 데에서 비롯하였다. 그들은 한국 민족의 해방은 연합국의 승리로 주어진 것이며, 한국 민족의 민족해방운동은 일제의 식민 지배로부터 해방을 쟁취하지 못하고, 다만 연합국이 승리하는 데 도움을 주었을 뿐인 것으로 인식하였다.[56] 연합국에 의해 한국 민족이 해방됨에 따라 미군과 소련군이 한반도에 주둔하게 되었고, 일본군을 대신하여 한반도를 점령하게 된 것으로 여겼다. 전국아나키스트대표자대회는 "현재

---

**55**  이정규, 〈한국노동자자치연맹 회고〉(이정규, 1974, 216~221쪽) 참조
**56**  〈조선농촌자치연맹 선언강령 해설〉(이정규, 1974, 181~182쪽)

의 긴급한 정세하에 조선 민족은 자주적 정부를 수립함으로써, 조속히 미·
소 양 군정에서 해방되어야 한다"는 조항이 포함된 "당면의 행동방침"을
결정하였다.(《自由聯合》 제4호)

8·15해방을 불완전한 해방으로 인식한 한국 아나키스트들은 한국의 자
주독립을 위한 투쟁의 필요성을 제기하였다. 자유사회건설자연맹은 한국
이 비록 일제의 지배로부터 벗어나기는 하였지만, 신탁통치를 받을 것에
대한 우려가 가시지 않았고, 일제와 야합한 반봉건 세력이 여전히 건재하
여 기세를 부리고 있다면서, 한국이 완전히 해방되기 위해서는 전 민족이
굳게 단결하여 외세 및 반봉건 세력과 수많은 혈투를 거쳐야 한다고 주장
하였다.(〈선언〉) 그리고 미국과 소련의 통치계급도 결코 한국 해방을 위하
여 노력하지 않으며, 그렇게 믿는 것은 중대 과오라고 하면서, "지금은 조
선 사람 자신이 본격적으로 투쟁하여 우리의 해방, 우리의 자주독립을 가
져오지 않으면 안 될 시기"임을 강조하였다.(〈개회사〉) 한국 민족이 해결해
야 할 제1차 과제는 민족혁명으로 외국의 지배로부터 벗어나 자주권을 회
복하고, 한국 민족 스스로의 힘으로 자주적 민족국가를 수립하는 것이라는
것이다.

단계혁명론적 입장에서는 비록 과도기에 한하기는 하지만 정부와 국가
의 존재를 인정할 수밖에 없다. 일부 한국인 아나키스트들은 1936년 이후
민족전선론이 대두하면서부터 정부와 국가의 존재를 인정하기 시작하였
고, 그러한 사고는 해방이 되면서 확대되었다. 자주적 민주국가 건설은 자
연스러운 것으로 받아들여졌고, 정부와 국가는 더 이상 타도의 대상으로
간주되지 않았다. 자유사회건설자연맹은 1945년 12월 20~21일 이틀 동안
서울 연무관硏武館에서 89개 지역의 대표 186명이 참가한 가운데 전국대표
대회를 개최하여 시국수습대책에 대해 논의하면서, 대한민국임시정부에

대한 절대 지지를 선언하였다.[57] 한국노동자자치연맹은 "우리는 공장의 소
유권의 존재를 인정함으로 국가 혹 개인이 그 소유권을 가졌다고 그들을
투쟁의 대상으로 보지 않고, 이해 상관된 동업자로 운명공동체로 본다"
고[58] 하였다. 그들은 정부나 국가의 존재에 대해 더 이상 의문을 제기하거
나 부정하지 않고, 독립국가 건설을 당연한 것으로 여기고 공론화하였다.

정부와 국가의 존재를 수긍한 한국 아나키스트들은 국가의 역할마저 인
정하였다. 즉 생산수단 국유화와 사유재산제를 부정하였지만, 과도기적으
로 국유화를 일부 인정하고, 당장 모든 생산수단을 공유화 내지 사회화하
고자 하지는 않았다. 이정규는 자주관리체제를 지향하면서도, 비록 과도기
에 한해서이기는 하지만 토지와 국내 생산기관의 거의 대부분을 차지하고
있던 적산을 국유화하는 것을 인정하였을 뿐 아니라 철도·해운·특수공업
등은 국가가 직접 관리해야 한다고 주장하였다.(이정규, 1947, 18~20쪽) 한
국노동자자치연맹도 조직대강에서 국가가 공장의 소유권을 가지는 것을
인정하고, 소유권자에게 이익의 1/3을 분배해야 한다고 주장함으로써,[59]
과도기 사회에서이기는 하지만 중요 산업시설과 공공시설을 국가가 소유
하는 것을 인정하였다.

### 2) 생활혁신운동 전개

해방 이후 한국 아나키스트들은 변화된 국가관 아래 자주적 민주국가

---

**57** 《조선일보》 1945년 12월 18일자;《동아일보》 1945년 12월 17일·21일자;《자유신문》
1945년 12월 27일자 등을 참조

**58** 이정규, 〈한국노동자자치연맹 회고〉(이정규, 1974, 218쪽)

**59** 이정규, 〈한국노동자자치연맹 회고〉(이정규, 1974, 218쪽)

건설을 위해 노력하였다. 하지만 그 방법론을 둘러싸고 두 흐름으로 나뉘었다. 하나는 생활혁신으로 자유사회를 건설해야 한다는 주장이고, 다른 하나는 정당활동으로 자주적 민주국가를 건설해야 한다는 주장이다.[60] 이 정규 중심의 자유사회건설자연맹이 전자의 흐름을 주도하였다.

자유사회건설자연맹은 자유연합주의에 근거해서 조직사업을 전개하여 공동체 사회를 건설하고자 하였다. 그리고 그 사회를 기반으로 아나키스트사회로 나아가고자 하였다. 자유사회건설자연맹은 자유평등의 아나키스트사회를 건설하려면 우선 민중들의 생활부터 혁신해야 한다는 인식 아래 '생활혁신운동'을 전개해 나갔다. 이들은 생활혁신이 민중들에 대한 선전계몽과 교육활동으로 이루어질 수 있다고 보았다.

자유사회건설자연맹은 정당활동에는 참여하지 않고, 농민들과 노동자들 속에서 그들에 대한 계몽사업을 전개하여 민중들의 생활을 개혁하기 위해, 그 실천조직으로서 조선농촌자치연맹과 한국노동자자치연맹을 결성하였다. 이정규는 조선농촌자치연맹의 선언과 강령을 해설하고 한국노동자자치연맹의 조직대강을 기초하는 등 그들 단체를 사상적으로 지도하였다. 조선농촌자치연맹은 약관을 통해 "자유 조선의 건설을 위하여 농촌의 자주자치 사상을 보급하며, 생활혁신운동의 추진"을 도모할 것을 역설하였다.[61]

자유사회건설자연맹, 조선농촌자치연맹, 한국노동자자치연맹 등은 노동자·농민들의 생활을 혁신하고 그를 통해 아나키스트사회를 건설하고자

---

60 생활혁신을 통한 '자유사회 건설론'과 정당활동을 통한 자주적 민주국가 건설론에 대해서는 이호룡, 2001, 340~353쪽을 참조할 것.

61 〈조선농촌자치연맹선언강령해설〉(이정규, 1974, 207·210쪽)

하였으나, 그들의 활동은 별다른 성과를 거두지 못하였다. 한국노동자자치연맹은 조시원[62]을 매개로 대한독립촉성노동총연맹에 흡수되어 버리고 말았으며, 조선농촌자치연맹의 활동도 지지부진하여 침체상태를 벗어나지 못하였다. 그 원인은 생활혁신운동이 지니고 있는 사회개량주의적 성격에 있었던 것으로 보인다. 생활혁신운동의 사회개량주의적 성격은 당시 민중들로부터 외면을 당하였다.

생활혁신운동의 사회개량운동적인 성격은 조선농촌자치연맹의 강령[63]과 당면실천요항[64]에서 잘 드러난다. 강령 가운데 생활혁신의 내용을 담고 있는 것은 비경제적 제 생활양식을 개선하여 생활과학화를 꾀한다든지, 교육과 문화기관을 완비한다든지, 후생시설을 충실히 한다든지, 상호부조적 윤리관을 실천하여 국민도덕을 앙양한다든지 하는 4개 항이다. 이 항목들은 농촌사회의 구조를 개혁하여 농민의 생활을 안정시키고자 하기보다는 점진적으로 개량하여 농촌을 개혁하겠다는 의지를 나타내고 있다. 당면 실천요항 역시 농사 연구와 계획을 세우기 위하여 연구회와 좌담회를 자주 연다든지, 가정부업을 장려한다든지, 조림造林하는 데 애를 쓰며 무리한 벌목을 금한다든지, 공동구매·판매조합을 조직한다든지, 야학을 세운다든지, 순회문고를 설치하고 라디오를 구입한다든지, 위생사업을 전개한다든지, 도덕심과 정신을 고양한다든지 하는 것들을 내세워, 사회개량운동의 성격을 드러내고 있다. 한국노동자자치연맹도 조직 자체를 공동생활의 터

---

**62**  조소앙의 동생 조시원(趙時元, 1904~1982)과는 동명이인이다.

**63**  조선농촌자치연맹의 강령은 〈조선농촌자치연맹선언강령해설〉(이정규, 1974, 190쪽)에 수록되어 있다.

**64**  조선농촌자치연맹의 당면 실천요항은 〈조선농촌자치연맹선언강령해설〉(이정규, 1974, 200~207쪽)에 수록되어 있다.

전이요 생활교육교양의 도량道場으로 간주하고 있어서, 생활혁신운동의 계몽적이고 개량주의적인 성격을 잘 드러내고 있다.

그러나 자주적 민족국가를 건설하기 위해 급박하게 돌아가는 상황에서 민중들의 주요 관심사는 어떤 정부를 수립하여 자신들의 현실적 요구를 관철시켜 낼 것인가 하는 문제였다. 조선농촌자치연맹이나 한국노동자자치연맹은 현실적인 경제적 요구 등을 비롯한 노동자·농민들의 광범한 요구들을 수용하지 못하였으며, 그 결과 민중들의 지지를 끌어내는 데 실패하였고, 민중운동에 대한 지도력을 확보하지 못하였던 것으로 보인다.(이호룡, 2001, 341~342쪽)

### 3) 국민문화연구소 발기와 신생활운동 전개

일반적으로 아나키스트들은 정치와 정치운동을 부정한다. 이정규가 결성을 주도한 자유사회건설자연맹은 실천조직으로 조선농촌자치연맹과 한국노동자자치연맹을 조직하였는데, 이 두 조직도 정치와 정치운동을 부정하였다. 조선농촌자치연맹은 〈선언〉에서 "파쟁·당쟁으로 우리의 장래를 그르치며 우리의 생활을 파멸시키려는 야심적 정치군政治君도, 우리를 이용해서 정쟁政爭의 도구로 쓰려는 독재적 정치군政治君도 한가지로 우리는 거부하기를 주저하지 않는다"라고 하여,[65] 정치운동에 대한 부정적 입장을 나타냈다. 한국노동자자치연맹도 정관을 통해 "공동의 생활훈련의 터전이며 생활교육교양의 도량道場"이라는 이유로 연맹 차원의 정치운동을 일체 부정하였다.[66]

---

**65** 〈조선농촌자치연맹선언강령해설〉(이정규, 1974, 178쪽)

하지만 정권 장악을 목표로 하지 않고 아나키스트사회를 건설하는 데 좀 더 나은 조건을 제공할 수 있는 정치활동에는 참가했다. 해방 직후 아나키스트들은 단계혁명론적 입장에서 자주적 민주국가 수립을 제1차 목표로 설정하고, 공산주의에 반대하면서 우익 세력과 연대하여 정치활동을 전개했다.

자유사회건설자연맹은 대한민국임시정부 세력이나 독립촉성중앙협의회[67]와 긴밀한 관계를 가지고 정치활동에 참가했다. 이승만의 요청으로 독립촉성중앙협의회의 선전총본부를 맡아서 지방의 민정을 파악할 목적으로 지방 유세대를 편성했다. 지방 유세대에는 이정규, 원심창, 남상옥, 승흑룡, 유정렬劉正烈, 이을규, 하종진, 우한룡禹漢龍, 이규석, 신현상, 이석규, 차고동, 이동순, 한하연韓何然, 박영환, 김재현, 김연창, 이규창 등 아나키스트들이 대거 참가했다. 지방 유세대는 1945년 12월 중순부터 다음 해 1월에 걸쳐 20~30여 곳에서 반공산주의 등의 선전·조직활동을 전개했다.[68]

자유사회건설자연맹은 대한민국임시정부 측과 연대하면서 신탁통치반대투쟁에 앞장서기도 하였다. 자유사회건설자연맹은 1945년 12월 29일에 개최된 신탁관리배격각정당각계층대표자대회에 참여하였으며, 이 대회에서 박현朴玄이 상무집행위원으로 선출되었다.[69] 1946년 4월 6일에 개최된 미소공동위원회대책국민총연맹 결성대회에는 조선농촌자치연맹과

---

**66**　이정규, 〈한국노동자자치연맹 회고〉(이정규, 1974, 219쪽)

**67**　독립촉성중앙협의회는 1945년 10월 23일 좌·우익을 망라한 민족통일기관으로 결성되었으나, 친일파 청산 문제를 둘러싸고 좌익들이 결성식장에서 퇴장하면서 친이승만 세력만의 단체로 전락하였다.

**68**　《동아일보》1945년 12월 17일자; 이문창, 2008, 37·106·162~163쪽; 이문창의 증언 등을 종합

**69**　《동아일보》1945년 12월 30일자(국사편찬위원회 편, 1968, 692~693쪽)

함께 참가하였다.[70]

자유사회건설자연맹은 혁명적 좌익민족주의자들을 우군友軍으로 규정하고 그들과의 공동전선을 결성할 것을 주장하는〈〈선언〉〉 한편, 1945년 12월 20~21일에 개최된 전국대표대회에서 대한민국임시정부가 "3·1운동 이후 조선혁명운동의 가장 옳은 길을 걸어 온 정통파"이고, "현재에 있어 사상적으로만 아니라 사실상으로 혁명적 사상의 3세력의 합동"이라는 것을 근거로 한국임시정부를 절대 지지한다는 입장을 표명하였다.[71] 자유사회건설자연맹은 전국대표대회에 이어 1945년 12월 22일 서울 수송동壽松洞 태고사太古寺(현 조계사)에서 조선농촌자치연맹중앙연합회·민우회民友會(대표 이석규)와 공동으로 이회영·신채호·백정기·김종진 외 19동지[72]의 추도회를 개최하였다. 이 추도회에서 이정규는 개회사에 이어 자유사회건설자연맹 대표로 추도문을 낭독하였다.[73]

1946년 4월 21~23일 경상남도 안의에서 개최된 전국아나키스트대표자대회에서는 아나키스트 정당을 건설하는 문제까지 제기되었다. 자유사회건설자연맹의 이을규·이정규 외 다수 맹원과 조선무정부주의자총연맹

**70** 《조선일보》1946년 4월 7일자(국사편찬위원회 편, 1969, 348쪽)

**71** 《동아일보》1945년 12월 21일자(국사편찬위원회 편, 1968, 636~637쪽);《자유신문》1945년 12월 27일자 등을 종합.《자유신문》1945년 12월 27일자는 1945년 12월 21~23일에 자유사회건설연맹 전국대표대회가 개최된 것으로 보도하였다.

**72** 추도회 개최를 알리는 전단의 제목에는 7동지로 기록되어 있으나 잘못 인쇄된 것으로 보인다.《동아일보》1945년 12월 23일자는 43인으로,《조선일보》1945년 12월 23일자는 30여 명으로 보도하였으나, 이 또한 잘못이다. 19동지의 명단은 다음과 같다. 엄순봉, 오면직, 김택, 오치섭, 정해리, 이향, 이달, 가네코후미코, 김정근, 김좌진, 안봉연, 이철李哲, 김야운, 곽윤모, 김야봉, 곽정모, 심용해, 김학원, 이창식

**73** 추도회 개최를 알리는 전단;《자유신문》1945년 12월 15일자;《동아일보》1945년 12월 23일자;《조선일보》1945년 12월 23일자 등을 종합

의 유림·박석홍 외 다수 맹원 등 600명 이상이 참가한 이 대회에서 이정규
는 국내정세를 보고하였다. 22일에 "정부수립에 대한 우리의 태도와 원칙"
을 의제로 하여 토의한 데 이어, 23일에는 "우리 진영의 전열정비 문제"를
의제로 하여 토의하였는데, 그 과정에서 정당건설 문제가 제기되었다. 이
정규가 중심이던 자유사회건설자연맹은 아나키스트 정당 건설에 회의적
이었지만, 대회는 정당 결성을 허용하기로 결정하였다.[74]

생활혁신을 통한 자유사회 건설이 침체 상태에 빠지자, 자유사회건설
자연맹 관계자들은 정치운동에 더욱 적극적으로 참가하였다. 그들은 대한
민국임시정부가 정부 수립의 중심이 되어야 한다는 임정법통론臨政法統論
의 입장에서 임정봉대운동臨政奉戴運動을 전개하였다. 이 운동을 주도한 것
은 한국혁명위원회이다. 한국혁명위원회는 이정규·이을규·유정렬 등 아
나키스트들이 조성환·정인보鄭寅普·유창준俞昌濬·안호영安鎬瀯 등과 함께
발족한 단체인데, 조성환이 위원장, 유정렬이 총서기에 선임되었으며, 이
정규는 문서 작성을 맡았다. 한국혁명위원회가 중심이 되어 1947년 3월 1
일 독립선언기념대회 식장에서 임시정부 봉대奉戴를 결의하고 정부 수립을
선포하는 계획을 세웠다. 자유사회건설자연맹의 양희석梁熙錫·양일동梁一
東[75]·이규창·조한응趙漢應, 김형윤, 김지강, 신현상 등도 이 계획에 동참하
였다.[76] 이어 이을규는 1947년 3월 3일 국민의회[77] 긴급대의원대회에서 임

**74**　《조선일보》1946년 4월 17일·5월 1일자;《자유연합》창간호; 하기락, 1993, 289~
　　301쪽; 이문창, 2008, 132쪽 등을 종합

**75**　양일동 본인이 작성한 기록(1935년 5월 大原社會問題硏究所에서 각 단체의 실정을 조
　　사)에는 梁一童으로 기록되어 있다. 다른 자료에는 梁一龍 등으로 표기되기도 하였으
　　나, 묘지의 비석에 梁一東으로 표기되어 있어 이 책에서는 이를 따른다.

**76**　劉正烈, 1977(국민문화연구소50년사간행위원회 편, 1998, 50~52쪽)

**77**　국민의회는 1947년 1월 19일 이후의 비상국민회의·민족통일총본부·독립촉성국민회

정臨政을 강화하기 위한 조치로 국무위원에 선임되었다.[78] 하지만 임정봉대
운동은 결국 실패로 끝났고, 이을규는 이 사태에 책임을 지고 국무위원직
을 사임하였다.[79]

이처럼 자유사회건설자연맹을 비롯하여 많은 아나키스트들이 해방공
간에서 정치활동에 참여하였다. 이정규도 한국민주당 발기회에 참가하여
한국민주당 총무부원이 되거나,[80] 독립촉성중앙협의회 선전총본부원이
되기도 하고,[81] 한국혁명위원회 발족에도 동참하는 등 적극적이지는 않지
만 정치활동에 종사하였다. 하지만 대한민국임시정부를 봉대하고자 했던
한국혁명위원회의 거사가 실패하면서, 이정규와 유정렬 등은 정인보 등 민
족주의계 중진 인사나 학자들 10여 명과 함께 1947년 4월 일체의 망상을
버리고 제 분수대로 제힘껏 이 나라를 위해 일해 보자는 각오로 국민문화
연구소 설립을 발기하였다.

국민문화연구소 관계자들은 "우리 민족이 가지고 있는 민족 본질과 또
민족이 가지고 있는 모든 역량, 즉 넓은 의미에서 종합적인 우리의 문화 역
량을 알아보"는 것이 신생 한국의 가장 기본적이고 긴급한 과제라고 생각
하고, 이를 달성할 목적으로 국민문화연구소를 설립하고자 하였다. 이들은

---

세 단체 통합 움직임이 좌절되면서, 1947년 2월 14일 비상국민회의 제2차 전국대의원
대회에서 비상국민회의를 국민의회로 개칭함에 따라 발족된 단체이다. 국민의회에는
한독당 내 해외파·독립노농당·독립촉성국민회 내 임정 지지세력 등이 결집되었다.(이
용기, 1996, 37~38쪽 참조)

**78** 《동아일보》 1947년 3월 5일자(국사편찬위원회 편, 1971b, 364쪽)

**79** 《동아일보》 1947년 3월 28일자(국사편찬위원회 편, 1971b, 481쪽); 劉正烈, 1977(국민
문화연구소50년사간행위원회 편, 1998, 53쪽) 등을 종합

**80** 〈성명서〉(한국민주당);《매일신보》 1945년 9월 9일자(이상은 국사편찬위원회 편, 1968,
54·62쪽)

**81** 《조선일보》 1946년 2월 8일자(국사편찬위원회 편, 1969, 41쪽)

**사진 7-3** 형 이을규(왼쪽)과 함께 한 이정규의 모습

민중 속으로 들어가 민중을 계몽시키고 교육시키는 것이 1차적 과제라는 인식 아래 '신생활운동'을 전개해 나갔다.[82] 이정규는 폐허 재건에 앞서 정신적 폐허를 재건해야 한다고 하면서, "국민 도덕을 지축地軸으로 하는 새로운 생활 체계를 수립"하고자 하는 신생활운동으로 "우리의 구속舊俗과 생활 의식의 착오된 점을 시정"해 나갈 것을 역설하였다.[83] 즉 의식개혁을 통해 사회를 개혁하고자 한 것이다.

　이정규는 신생활운동을 전개하는 한편, 국학대와 성균관대 교수로 재직하면서 교육사업에도 참여하였다. 그는 1946년 9월에 국학대에 출강하여 경제학을 강의하였으며, 1947년에는 성균관대 출강을 위촉받았다.

---

**82**　이정규, 1966(국민문화연구소50년사간행위원회 편, 1998, 57쪽); 이문창, 1998, 6~7쪽; 이문창의 증언 등을 종합

**83**　이정규, 1954(이정규, 1974, 282쪽)

10월 4일에는 성균관대 승격 일주년을 기념하기 위하여 종로 기청회관基
靑會館 대강당에서 "문예의 밤"이 개최되었는데, 이정규는 이날 밤 "학원
의 신성론"이란 제목으로 강연을 하였다. 1948년 3월에 성균관대 교수로
취임하였으며, 9월에 부학장, 1953년에 성균관대 부총장으로 임명되었
다가 1955년 2월에 해임되었다. 그러다가 1958년에 청주대 학장에 취임
하였다.

　1960년 4월민주항쟁이 일어나자 이정규는 시위 학생들을 격려하였으
며, 청주대신문사 편집국장의 취재를 적극 격려하여 그로 하여금 시위 전
과정을 취재할 수 있도록 했다. 4월 25일 대학교수단 데모에도 참여하였으
며, 27일의 청주대 교수단의 시국성명서 발표를 주도하였다. 이 성명서는
부정선거 책임자 엄정 처단, 부정축재자 숙청, 재야 인사 등용, 어용학자 추
방, 학생의 학원 복귀 등을 핵심적 내용으로 하였다. 이정규는 4월민주항쟁
으로 수립된 제2공화국을 매우 부정적으로 바라보았다. 이승만 정권이나
제2공화국이나 별반 차이가 없다는 것이다. 그는 공公을 위하여 사私를 바
치며 전체를 위하여 부분을 희생할 수 있는 혁명정신의 소유자들이 새 세
력으로서 사회 중심에 진출하지 않고서는 한국 사회를 부패 쇠멸에서 구출
할 수 없을 것이라며, 학생들의 단결과 궐기를 촉구하였다. 이후 1961년 청
주대 학장에서 정년퇴임하였지만, 1963년 6월에 성균관대 총장에 취임하
여 1966년 3월까지 교육사업에 종사하였다.[84]

---

84　이정규, 1960(국민문화연구소50년사간행위원회 편, 1998, 66~67쪽); 이정규, 1974,
　　6~7쪽;《조선일보》1947년 10월 4일자; 충북민주화운동사편찬위원회 편, 2011, 59·
　　63·85쪽 등을 종합

### 4) 민주사회주의로의 전향과 국민수산授産운동 전개

1951년 3월 윤재남, 이동준, 김기남, 유정렬, 이을규와 더불어 세계반소토공연맹世界反蘇討共聯盟을 발기하는 등 반공산주의운동에 앞장섰던(이정규, 1974, 6쪽) 이정규는 1950년대 중반 무렵부터 점차 민주사회주의로 전향해 갔다. 당시 한국 아나키스트들은 민주사회주의 연구에서 아나키즘 재건의 길을 찾았다. 1954년 6월 하순에는 정화암이 민주사회주의에 관한 문헌을 가지고 영구 귀국하였고,[85] 이정규, 이홍근, 최해청 등이 민주사회주의에 대해 연구를 하였다(정화암, 1982, 309쪽).

이정규를 비롯한 한국 아나키스트들이 민주사회주의로 전향한 것은 한국적 상황에서 민주사회주의가 아나키즘에 가장 근접하다고 생각하였기 때문이다. 이정규는 "아나키즘은 인간 생활 전반에 걸친 자유와 평등의 원칙을 주장"하는바, "데모크라시에다 사회주의의 경제평등 원칙을 가加하면 무정부주의가 주장하는 것과 같은 이론"이 되며, 따라서 "아나키즘의 한국적인 실현 형태는 민주사회주의적인 형태로 건설되어야 한다"고 주장하였다.[86]

민주사회주의 연구는 민주사회당 창당작업으로 이어졌다. 이정규는 최해청·오남기·한하연·김성수 등과 함께 민주사회당 창당 작업에 동참하였다.(정화암, 1982, 315쪽) 이정규는 1956년 10월 〈민주사회당의 조직원리〉

---

**85**  최갑용, 1995, 63·73~74쪽; 정화암, 1982, 304쪽을 종합. 정화암은 홍콩에 있을 때 정조우〔丁舟〕란 사람의 영향으로 민주사회주의에 대해 관심을 가지고 연구를 하기 시작했다.(정화암, 1982, 309쪽) 그는 1954년 영구 귀국에 앞서 1948년 9월 19일에 조선학전관 이전 문제 등을 협의하기 위해 한 차례 귀국하였는데, 정화암은 6월에 귀국한 것으로 회고하였다.(《동아일보》 1948년 9월 26일자; 정화암, 1982, 255쪽 등을 종합)

**86**  이정규, 1957(이정규, 1974, 269~270쪽)

와 〈민주사회당의 노선〉을 작성하여 민주사회당 결성에 이론적 뒷받침하였다. 그는 〈민주사회당의 조직원리〉에서 민주사회주의를 정치이념으로 하는 민주사회당은 그 조직의 이론을 다른 정당들과 달리할 수밖에 없다면서, 각 집단이 통일적으로 지니고 있는 기본조직인 자유합의조직이어야 한다고 주장하였다.[87]

하지만 이정규는 민주사회당 결성에 직접적으로는 관여하지 않았던 것으로 보인다. 1956년 11월 15일에 이을규, 정화암, 김지강, 오남기, 이동순, 한하연, 이종연, 김신원, 고성희, 김진식, 손 노인 등에 의해 민주사회당이 발기되었는데,[88] 이정규는 여기에 참가하지 않았다. 민주사회당발기준비회는 자금부족으로 창당 작업에 난항을 겪다가, 4월민주항쟁을 맞이하여

**사진 7-4** 민주사회당발기준비회가 발간한 〈민주사회당의 노선〉의 표지와 목차

---

**87** 이정규, 1956(이정규, 1974, 226~230쪽) 참조
**88** 이을규 편, 1960, 32~35쪽; 최갑용, 1995, 68쪽; 정화암, 1982, 314~315쪽; 〈한하연

"혁신 대중정당으로서 한국의 민주 건설을 위하여 그 맡은 바 사명을 다하고자 본당(민주사회당-인용자)의 결성을 적극 추진"한다는 내용의 성명서를 발표하였다.(《성명서》) 하지만 민주사회당은 결국 창당되지 못하였다.

이정규는 민주사회주의를 연구하는 한편, 국민문화연구소를 설립하기 위해 노력하였다. 1959년 6월 이정규는 설형회 관계자 등과 함께 '국민문화연구소' 창립준비위를 설치하기로 결의하고, 국민문화연구소를 창립하기 위한 준비작업에 들어갔다. 이후 1960년 4월민주항쟁이 일어났고, 항쟁을 이끌었던 학생들의 일부는 4월 26일 이승만이 하야한 이후 방학을 이용하여 농촌에서 문맹퇴치와 계몽 강좌 등 농촌계몽운동을 펼쳤다. 국민문화연구소에 드나들던 대학생들도 농촌활동을 전개했다. 이상현(서울대 사범대), 조영효(서울대 사범대), 김종일(서울대 문리대 국문과), 고효성(서울대 농과대), 김만규(연세대) 등은 앞으로 어떻게 할 것인가에 대해 이정규와 협의를 한 뒤, 자기와 연고가 있는 농촌지역으로 들어가 활동하기로 하였다. 이들은 농촌활동의 방향을 정립하고 참가 대원을 모집할 목적으로 1960년 6월 25일과 7월 2일 두 차례에 걸쳐 '농촌문화 강연회'를 개최하고, 행동지침과 "문화반 조직요강"을 마련했다. 강사로는 이정규, 홍병선, 손우성, 김기석 등이 초빙되었다. 농촌으로 들어간 이들은 마을과 친화관계를 맺고 농촌 청소년들과 집중적으로 대화를 나누었으며, 그 대화 결과를 가지고 문화반을 조직하였다.[89]

국민문화연구소의 농촌활동은 1회에 7일 동안 일정으로 이루어졌는데,[90] 1961년 2월 현재 경기도 양주군(2개), 파주군(2개), 안성군(1개), 평택

---

투쟁공적기〉 등을 종합

**89**　국민문화연구소50년사간행위원회 편, 1998, 67쪽; 이문창의 증언 등을 종합

군(1개), 이천군(1개), 양평군(1개), 김포군(1개), 용인군(1개), 충남 당진군
(2개), 예산군(2개), 천안군(1개), 연기군(1개), 충북 진천군(1개), 음성군(1
개), 청원군(1개), 중원군(1개), 전북 옥구군(1개), 고창군(1개), 경북 문경군
(1개), 경남 동래군(1개) 등지에 총 24개의 문화반을 조직하는 성과를 거두
었다. 문화반은 기금 적립, 동리 실태 조사, 의주衣住생활 개선·합리화와 공
동환경 정돈 방도 모색, 문고 조성, 청소년 지도, 수산授産훈련운동, 연수회
개최, 협동조합운동, 풍속 질서와 여론 지도, 인근 부락과의 유대 및 대외활
동 등의 활동을 전개했다.(국민문화연구소50년사간행위원회 편, 1998, 75~7
6·83쪽)

이러한 활동을 기반으로 국민문화연구소는 1962년 4월 21일 21명이 모
인 가운데 창립총회를 개최하였다. 회장에 이정규, 이사에 손우성, 홍병선,
유정렬, 박의양, 최윤석, 이문창 등을 선임하고, 최문환, 최은상 등을 지도
위원으로 위촉하였다. 서울시 중구 저동에 임시사무실을 설치한 국민문화
연구소는 1964년 3월 11일자로 문교부로부터 사회단체 제1호로 등록증을
교부받았다.[91]

국민문화연구소는 4月민주항쟁 시기에 전개된 문화반 활동 경험을 그
기반으로 하여 국민수산운동을 전개하였다. 그 구체적 실험사업으로서
1965년 경기도 양주군 진건면에 '진건수산센터'를 조성하였다. 이후 인근
지역을 중심으로 각지에서 수산센터가 자발적으로 설립되어 나갔다. 국민
문화연구소는 각지의 수산센터를 묶어 '국민수산운동본부' 설립을 추진하

---

**90**　"제1회 농촌문제 연구대원 행동지침"(국민문화연구소50년사간행위원회 편, 1998,
67~70쪽)

**91**　이문창의 증언; 국민문화연구소 50년사 간행위원회 편, 1998, 460쪽 등을 종합

였다.[92]

　국민수산운동본부 관계자들은 이 운동이 문화인의 취미의 소일거리 같
은 계몽운동이 아니라, 굶어 죽어가는 국민이 자기 살길을 찾아 나가는 악
전고투의 현실과의 투쟁임을 강조하고,[93] ① 자주자치의 원칙 ② 민주협동
의 원칙 ③ 공공성의 원칙 ④ 노자유급勞者有給의 원칙 ⑤ 이익귀전利益歸全
의 원칙 등을 실행기관인 수산센터의 운영원칙으로 삼는[94] 등 아나키즘적
원리를 적용하였다. 하지만 기술훈련으로 가내공업을 일으켜 농민들의 소
득을 증진시키는 것을 그 목적으로 하는[95] 데에서 볼 수 있듯이, 국민수산
운동은 기본적으로는 농촌계몽운동의 성격에서 크게 벗어나지 못하였다.

　이정규는 1966년 3월 성균관대 총장을 사임한 뒤 국민문화연구소를 중
심으로 대학생 농촌활동을 지도하면서 국민수산운동에 진력하였다.(이정
규, 1974, 7쪽) 국민문화연구소는 학생 농촌활동의 새로운 방향을 모색하기
위하여 1967년 6월 19일 "학생 농촌운동의 방향"이라는 주제로 간담회를
개최하였으며, 9월 9일에는 "주체 형성면에서 본 활동의 성과"라는 주제로
각 대학 농촌활동단체들이 참석한 가운데 좌담회를 개최하였다.[96] 이정규
는 이 회의들에 참가하여 대학생들의 농촌활동을 지도하였다. 나아가 그는
국민문화연구소를 중심으로 일선 농촌운동 지도자들과 각 대학 학생농촌

**92** 《국민수산운동 설립요강》(국민문화연구소50년사간행위원회 편, 1998, 90~92쪽); 이정
　　규, 1968(국민문화연구소50년사간행위원회 편, 1998, 104쪽) 등을 종합

**93** 손우성, 〈국민수산운동의 의의〉(국민문화연구소50년사간행위원회 편, 1998, 89쪽)

**94** 《국민수산운동 설립요강》(국민문화연구소50년사간행위원회 편, 1998, 95~96쪽)

**95** 손우성, 〈국민수산운동의 의의〉(국민문화연구소50년사간행위원회 편, 1998, 88쪽); 이
　　정규, 1968(이정규, 1974, 374쪽) 등을 종합

**96** 《국민문화회보》제3호(1967. 7)・제4호(1967. 10)(국민문화연구소50년사간행위원회
　　편, 1998, 139・144쪽)

봉사활동단체 대표 등 63명이 참석한 가운데 1971년 11월 17~18일 YMCA 다락원에서 1박2일 일정으로 간담회를 개최하였다. 이 간담회에서 이정규는 "농촌자주화의 문제점"이라는 제목의 주제강연에서 앞으로 다가올 경제적 위기를 극복하기 위해서는 농촌의 자주화와 협동화가 필수적임을 강조하였다. 간담회에서는 전국농촌운동지도자협의회를 창립할 것을 발의하였다. 이 발의에 따라 이정규는 1972년 3월 10일에 전국농촌운동자협의회(가칭) 창립 준비회의를 개최하는 등 전국농촌운동자협의회 창립의 산파역을 담당하였다.[97]

1973년 3월 16일 전국농촌운동자협의회가 창립되자 이정규는 고문으로 참가하였다. 이와 함께 이정규는 1977년까지 국민문화연구소 회장으로서 국민수산운동을 이끌었으며, 그 이후에는 명예회장으로서 국민문화연구소에 관계하다가 1984년 12월 10일 향년 88세로 별세하였다.(국민문화연구소50년사간행위원회 편, 1998, 462·464~465쪽)

### 맺음말

지금까지 살펴본 것처럼, 이정규는 아나키즘 수용의 선구자로서 한국 아나키스트계를 이끌어 온 사람 중의 한 명이다. 그는 일제강점기에는 재

---

**97** 〈농촌운동지도자간담회 개요 보고〉, 《통신》 1호(1971. 11)(국민문화연구소50년사간행위원회 편, 1998, 184~203쪽); 《통신》 2호(1972. 3)(국민문화연구소50년사간행위원회 편, 1998, 204~206쪽) 등을 종합

중국 한국인 아나키스트운동의 두 흐름 가운데 하나인 혁명근거지 건설운동을 이끌었으며, 해방 이후에는 생활 혁신을 통한 자유사회 건설운동을 이끌었다.

한국 아나키즘은 외국 학자들의 지적처럼 민족주의적 색채가 상당히 짙다. 피터 마셜은 한국 아나키스트운동을 "아직은 … 약간 민족주의자적 및 개혁주의자적"이라고 묘사하였으며, 그 원인을 존 크럼프는 한국이 일제의 식민지배를 당한 것에서 찾는다. 즉 한국이 "철저한 식민지를 경험했고, 이것이 한국 아나키스트들로 하여금 민족주의의 수용과 인습적 정치에 의존하기 쉽게 만"들었다는 것이다. 이러한 한국 아나키즘에 대해 송세하는 "한국 아나키스트운동은 민족주의에서 도출되었고, 민족주의 때문에 타락"하였다면서 한국 아나키스트운동의 민족주의적 측면을 비판하였다.(존 크럼프, 〈동아시아에 있어서의 아나키즘과 민족주의〉, 85·105·107쪽) 한국 아나키즘이 민족주의적 속성을 강하게 띤 것은 아나키즘 본령에서의 일탈이라 할 수 있다.

이정규는 공산주의에 대항하는 과정에서 민족주의자들과 손을 잡았다. 중국 국민당 정부에 의해 추진되던 상하이 노동대학 설립 준비에 참가하였으며, 푸젠성에서 전개된 농민자위운동 과정에서 중국 국민당 정부와 협력하여 천영이속민단편련처를 설립하였다. 민족주의자들과의 협력은 해방 이후 정부와 국가의 존재를 인정하는 것으로 이어졌다. 이정규는 단계혁명론적 입장에서 아나키스트사회를 건설하기 앞서 자주적 민주국가를 먼저 건설할 것을 주장하고, 이를 위한 활동에 참가하였다. 정부와 국가의 존재를 인정한 이정규는 국가의 역할마저 인정하였다. 그가 주도한 생활혁신을 통한 자유사회 건설운동과 국민문화연구소를 중심으로 전개한 국민수산운동은 체제변혁을 전제로 하지 않는, 자본주의체제 안에서의 농촌계몽운동으로서 사회개량운동의 범주에서 벗어난 것으로 보기는 어려울 것이다.

이정규는 이론적으로는 자주관리체제를 주장하는 등 아나키즘적 원리를 적용하였지만, 그것을 현실화할 수 있는 방도를 마련하지 못하고 그 해결책으로 민주사회주의를 제창하였다. 이는 곧 사상적 전향을 뜻한다. 이정규의 전향은 한국 아나키즘이 본령에서 일탈해 가는 데 상당한 영향을 미쳤다.

# 참고문헌

## 1. 자료

《동아일보》《자유신문》《自由聯合新聞》《조선일보》《중앙일보》

《自由聯合》 창간호(1946. 4. 1), 자유연합사

《自由聯合》 제4호(1988. 3. 21), 한국자주인연맹

〈개회사〉(자유사회건설자연맹 결성대회, 1945년 9월 하순; 하기락 소장)

《국민수산운동 설립요강》(1966. 7)(국민문화연구소50년사간행위원회 편, 1998《국
　　민문화연구소50년사—자유공동체운동의 발자취》, 국민문화연구소에 수록)

〈농촌자치연맹○○군연합회 약관〉(이정규, 1974《우관문존》, 삼화인쇄에 수록)

〈대한민국 임시의정원 기사록 제5회집〉(국사편찬위원회 편, 1971《한국독립운동사
　　자료》2(임정편 Ⅱ)에 수록)

〈東方無政府主義聯盟李丁奎ニ對スル判決〉(1929年5月1日附朝鮮總督府警務局長-〉外務省
　　亞細亞局長)《外務省警察史-支那ノ部(未定稿)》, 在上海總領事館(고려서림편집부 편,
　　1989《日本外務省特殊調査文書》28, 高麗書林에 수록)

〈無政府主義者 李容俊 取調의 건〉(京高特秘 第1120號, 京畿道知事→警務局長 等, 1939.
　　4. 27)(《思想에 關한 情報綴(4)》에 편철; 국사편찬위원회 소장)

〈訪問范天均先生의紀錄〉(葛懋春·蔣俊·李興芝 編, 1984《無政府主義思想資料選》下, 北京
　　大學出版社에 수록)

〈北京天津附近在住朝鮮人の狀況報告書進達の件〉(支那特命全權公使芳澤謙吉→外務大臣幣
　　原喜重郎, 1925. 3. 20)(《朝鮮人에 대한 施政關係雜件 一般의 部(3)》에 편철; 국사
　　편찬위원회 소장)

〈上海居留民團役員改選の件〉(1921年 10月 19日 高警第2873號)(金正明 編, 1967《朝鮮
　　獨立運動》2, 原書房에 수록)

〈선언〉(자유사회건설자연맹, 1945. 9; 하기락 소장)

〈성명서〉(1960. 4. 민주사회당발기준비회)

《外務特殊文書》1~62(고려서림 편집부 편, 1989《日本外務省特殊調査文書》1~62, 고
　　려서림)

〈有吉公使暗殺陰謀不逞鮮人一味檢擧に關する件〉(亞細亞局機密第340號, 1933. 3. 27, 上
　　海總領事 石射猪太郎→外務大臣)

〈義烈團新聞發行の件〉〈關機高收第10665號, 1924. 6. 2)
이문창의 증언(이호룡, 민주화운동기념사업회 1층 회의실, 2011. 1. 22, 2011. 3. 20)
〈자유사회건설자연맹 선언 및 강령〉(이정규, 1974《우관문존》, 삼화인쇄에 수록)
〈재중국조선무정부공산주의자연맹 강령 초안〉,《奪還》창간호증간(1928. 6. 15)
〈재중국조선무정부공산주의자연맹 발기문〉,《탈환》창간호증간(1928. 6. 15)
〈조선농촌자치연맹 선언강령　해설〉(이정규, 1974《우관문존》, 삼화인쇄에 수록)
〈蔡殷國·李丁奎ヲ中心トスル無政府主義運動檢擧ニ關スル件〉(京鍾警高秘第5791號ノ1)
　　(국사편찬위원회 편,《국내 항일운동 자료》(http://db.history.go.kr/)에 편철)
〈헌하연투쟁공적기〉
葛懋春蔣俊李興芝 編, 1984《無政府主義思想資料選》下, 北京大學出版社
京畿道警察部 編,《治安情況》(1935年3月)(한국역사연구회 편, 1992《일제하사회운동
　　사자료총서》1, 고려서림에 수록)
管,〈혁명원리와 탈환〉,《탈환》창간호증간(1928. 6. 15)
국사편찬위원회 편, 1968《자료 대한민국사》1, 탐구당
국사편찬위원회 편, 1969《자료 대한민국사》2, 탐구당
국사편찬위원회 편, 1971a《한국독립운동사 자료》2(임정편 Ⅱ)
국사편찬위원회 편, 1971b《자료 대한민국사》4, 탐구당
국사편찬위원회 편, 2011《대한민국임시정부자료집》45(http://db.history.go.kr)
金正明 編, 1967《朝鮮獨立運動》2, 原書房
김형윤, 1996《마산야화》, 도서출판 경남
旦洲柳林先生記念事業會 편, 1991《단주유림 자료집(1)》
류기석(임원빈 역), 2010《삼십년 방랑기》, 국가보훈처
방한상,〈해방건국투쟁 약기〉
손우성,〈국민수산운동의 의의〉,《국민문화회보》제1호(1966. 5)(국민문화연구소50
　　년사간행위원회 편, 1998《국민문화연구소50년사—자유공동체운동의 발자취》,
　　국민문화연구소에 수록)
오남기,〈제일루사건과 우관〉(이정규, 1974《우관문존》, 삼화인쇄에 수록)
우관,〈탈환의 제일성〉,《탈환》창간호증간(1928. 6. 15)
劉正烈, 1977〈'上海 임시정부' 봉대운동의 경위—초창기 시대를 회고한다〉(1977.
　　10. 29 제88회 국민문화교양강좌 강연)(국민문화연구소50년사간행위원회 편,
　　1998《국민문화연구소50년사—자유공동체운동의 발자취》, 국민문화연구소에 수록)
應起鸞, 1991〈柳樹人生平〉(미간, 독립기념관 소장)
이용기, 1996〈1945~48년 臨政勢力의 '法統政府' 수립운동〉, 서울대 석사학위논문
이을규 편, 1960(재판)《민주사회당의 노선》, 민주사회당발기준비회

이정규, 〈우당 이회영 선생 약전〉(이정규, 1974《우관문존》, 삼화인쇄에 수록)

이정규, 〈중국 福建省 농민자위운동과 한국 동지들의 활동〉(이정규, 1974《우관문존》, 삼화인쇄에 수록)

이정규, 〈한국노동자자치연맹 회고〉(이정규, 1974《우관문존》, 삼화인쇄에 수록)

이정규, 1947〈경제건설의 2대 근본문제-토지개혁과 적산운용〉,《국학》제3호(1947. 12. 25), 국하대하 국하편집부

이정규, 1954〈폐허 재건과 신생활운동〉,《시사강연時事講演 요지要旨》, 공보처(이정규, 1974《우관문존》, 삼화인쇄에 수록)

이정규, 1956〈민주사회당의 조직원리〉(이정규, 1974《우관문존》, 삼화인쇄에 수록)

이정규, 1957〈한국사회주의운동의 전망〉,《마산일보》5~6월(이정규, 1974《우관문존》, 삼화인쇄에 수록)

이정규, 1960〈청년들에게 격한다〉,《새얼》창간호(국민문화연구소50년사간행위원회 편, 1998《국민문화연구소50년사—자유공동체운동의 발자취》, 국민문화연구소에 수록)

이정규, 1966〈창간사〉,《국민문화회보》창간호(국민문화연구소50년사간행위원회 편, 1998《국민문화연구소50년사—자유공동체운동의 발자취》, 국민문화연구소에 수록)

이정규, 1968〈국민수산운동 추진에 관한 개황〉,《국민문화회보》제5호(이정규, 1974《우관문존》, 삼화인쇄에 수록)

이정규, 1974《우관문존》, 삼화인쇄

이정규, 1985〈추모 우당이회영선생〉,《友堂 李會榮先生 追悼》(육영회 편)

이정규·이관직, 1985《우당 이회영 약전》, 을유문화사

在上海領事館 編,《朝鮮民族運動(未定稿)》第一(1910. 9~1922. 8)(고려서림 편집부 편, 1989《日本外務省特殊調査文書》23, 高麗書林에 수록)

在上海日本總領事館警察部第2課 編,《朝鮮民族運動年鑑》

정화암, 1982《이 조국 어디로 갈 것인가》, 자유문고

秦望山,〈安那其主義者在福建的一些活動〉,《福建文史資料》第24期

秦望山,〈朝鮮和日本安那其主義者在泉避難引起的事件〉,《福建文史資料》第24期

최갑용, 1995《어느 혁명가의 일생》, 이문출판사

한국역사연구회 편, 1992《일제하사회운동사자료총서》1, 고려서림

## 2. 연구성과

공기택, 1990 〈남화한인청년연맹의 무정부주의운동〉, 국민대 석사논문
국민문화연구소50년사간행위원회 편, 1998 《국민문화연구소50년사─자유공동체운
　동의 발자취》, 국민문화연구소
무정부주의운동사편찬위원회 편, 1994(2쇄) 《한국아나키즘운동사》, 형설출판사
福本勝淸, 1998 《中國革命を驅け拔けたアウトロ-たち-土匪と流氓の世界》, 中央公論社
오장환, 1995 〈이정규(1897~1984)의 무정부주의운동〉, 《사학연구》 제49호
이문창 편, 〈네스톨 마푸노의 생애 및 그 운동〉(이정규, 1974 《우관문존》, 삼화인쇄
　에 수록)
이문창, 1998 〈자유공동체운동의 어제와 오늘-국민문화연구소50년사를 중심으로〉,
　《국민문화연구소50년사》(국민문화연구소 50년사 간행위원회 편), 국민문화연구소
이문창, 2008 《해방 공간의 아나키스트》, 이학사
李澤厚(김형종 역), 1992 《중국현대사상사의 굴절》, 지식산업사
이호룡, 2001 《한국의 아나키즘-사상편》, 지식산업사
이호룡, 2009 〈이회영의 아나키스트 활동〉, 《한국독립운동사연구》 제33집, 독립기념
　관 한국독립운동사연구소
이호룡, 2015 《한국의 아나키즘-운동편》, 지식산업사
蔣剛, 1997 〈泉州 무정부주의운동에 대한 초보적 연구-조선혁명가와 중국무정부주의
　운동의 관계를 중심으로-〉, 《한국민족운동사연구》 16, 한국민족운동사학회
존 크럼프(이문창 역), 〈동아시아에 있어서의 아나키즘과 민족주의〉, 《아나키즘 연
　구》 창간호(1995. 7), 자유사회운동연구회
최기영, 2010 〈1920~30년대 柳基石의 재중독립운동과 아나키즘〉, 《한국근현대사연
　구》 55, 한국근현대사학회
하기락, 1993 《자기를 해방하려는 백성들의 의지》, 신명
황동연, 2010 〈이정규, 초국가주의적 한국 아나키즘의 실현을 위하여〉, 《역사비평》
　93, 역사비평사

# 제8장

## 아나키스트정당론자

# 유 림

한국인 아나키스트들은 일제강점기와 해방공간에서 제3의 세력으로서 민족해방운동과 자주적 민주국가 건설에 앞장섰다. 하지만 지금 아나키즘을 제3의 사상으로 기억하고 있는 사람은 거의 없다. 아나키즘이 해방공간에서 자신의 위상을 상실하였기 때문이다. 그 주원인은 극단적인 좌우 이념 대립이었지만, 해방 이후 아나키스트들이 견지하였던 국가·정부관도 하나의 요인이 되었다. 그때 한국 아나키스트들의 정부·국가관은 아나키즘의 본령에서 일탈해 있었고, 그것은 아나키스트들로 하여금 사상적 독자성을 확보하는 데 실패하게 만들었다.

　아나키즘 본령에서의 일탈을 이론화한 사람 중 한 명이 바로 유림柳林이다. 그는 해방 이후 한국 아나키스트운동의 두 흐름 가운데 하나의 흐름을 이끌어 왔다. 해방 이후 한국 아나키스트운동을 제대로 이해하기 위해서는 그에 관한 연구는 필수적이다. 하지만 유림에 관한 연구는 상당히 불충분하다. 김성국의 〈단주 유림과 한국아나키즘의 독자성〉(《사회조사연구》16, 부산대 사회조사연구소, 2001), 김희곤의 〈단주 유림의 독립운동〉(《한국근현대사연구》18, 한국근현대사학회, 2001), 김영천의 〈단주旦洲 유림柳林의 아나키즘과 독립운동〉(《동양정치사상사》 Vol.7 No.1, 한국동양정치사상사학회, 2008) 등이 있을 뿐이다.

　　※ 이 글은《역사문화연구》특별호(2005. 2. 28)에 발표한 〈유림의 아나키스트 사상과
　　　활동〉을 수정·보완한 것임.

　김희곤의 연구는 일제강점기의 활동에 한정되어 있으며, 그것도 아나키스트운동에 초점을 맞추고 있지 않다. 김성국의 연구 또한 유럽의 아나키즘에 대한 현재적 해석이 주를 이루며, 그의 아나키스트운동은 부분적으로 다루었을 뿐이다. 또 사실 관계에서 자의적으로 해석하거나 틀리게 서술한 부분도 상당수 있으며, 아나키즘의 본령에 대해서도 상당 부분 자의적으로 해석하고 있다.[1]

　일제강점기 한국인 아나키스트들은 반제국주의투쟁을 전개하면서 민족주의와 공산주의를 모두 비판하였다. 하지만 1936년 이후, 특히 해방 이후 한국인 아나키스트들은 단계혁명론적 입장에서 국가와 정부의 존재를 인정하게 되었고, 심지어는 정당까지 건설하였다. 그것은 한국 아나키즘이 그 본령에서 점차 일탈해 가는 과정이기도 하였다. 따라서 그 일탈 과정을 이론화했던 유럽에 대한 객관적이고 냉정한 연구는 해방 이후의 한국 아나키즘을 제대로 이해하기 위한 필수적 과정이라 할 수 있다. 즉 유럽의 아나키즘과 아나키스트운동을 심층적으로 이해해야만, 해방 이후 한국 아나키즘이 왜 소멸의 길을 걸을 수밖에 없었던가를 해명할 수 있을 것이다.

---

1　김성국은 〈유자명柳子明과 한국 아나키즘의 형성〉(화양신용하교수정년기념논총간행위원회 편,《한국사회사상사연구》, 나남, 2003)에서 아나키즘을 민족주의가 도달할 수 있는 최고의 혹은 최종적 성숙 단계로 규정하면서, 일제강점기 대부분의 아나키스트는 민족주의자였으며, 민족주의적 목표를 더욱 열정적으로 실천하였다고 주장하였다.

## 1. 성장과정과 아나키즘 수용

유림의 어릴 때의 이름은 화종花宗이었으나 1919년 3월 6일에 화영華永으로 개명하였다.[2] 호는 월파越坡(혹은 月波), 단주旦洲 등이며,[3] 별명으로 고상진高尙眞, 고자성高自性, 고삼현高三賢 등이 있다. 일부 일제 경찰의 정보보고서와 연구서들이 고자성高自性을 고백성高自性으로 기록하기도 했으나 잘못이다. 방한상이 작성한 〈개인 및 단체 경력서〉(1966. 10)에 따르면 고삼현高三賢은 곧 유림이며 고자성高自性이다.《동아일보》1927년 6월 15일자도 진우연맹이 상하이에 있던 고자성高自性과 연결되어 있다고 보도하였으며, 정화암도 유림의 별명을 고자성高自性으로 회고하였다(김학준 편집해설·이정식 면담, 1988, 307쪽). 고백성高自性이 고자성高自性의 잘못이고, 고자성高自性이 유림의 별명이라면《고등경찰요사高等警察要史》(慶尙北道警察部 編, 1934)가 고삼현高三賢의 출신지를 함안군으로 기록한 것 또한 잘못이다.

유림은 1894년 경북 안동에서 아버지 이흠頤欽과 어머니 김성옥金性玉 사이에서 삼남으로 태어났다. 두 이복 형이 다른 친척의 양자로 가는 바람에 아버지가 사망한 다음 해인 1900년에 호주를 승계하였다.[4] 그는 류인식의 지도 아래 협동학교에 다니면서 신식교육을 받았다.[5]

13세에 이난이李蘭伊(고성이씨)와 혼인한(김재명, 1986, 388쪽) 그는 학자가 되고자 했으나, 당시 민족의 현실은 그로 하여금 학문의 길에 매진하

---

**2** 〈제적등본〉(김희곤, 2001, 70쪽에서 재인용)

**3** 정인식에 따르면, 柳華永의 호는 月波가 아닌 越坡이며, 旦洲는 1952년 부산정치파동 이후 사용되었다.(정인식, 2001, 81쪽) 그러나 어느 자료에도 越坡라는 표현은 보이지 않는다.

**4** 〈제적등본〉(김희곤, 2001, 69~70쪽에서 재인용)

**5** 류원식, 1971, 244쪽; 대한민국독립운동공훈사발간위원회 편, 1984, 745쪽 등을 종합

도록 내버려 두지 않았다. 17세가 되던 1910년 결국 나라가 망하였다. 이에 그는 충군애국忠君愛國이라는 네 글자를 혈서로 쓰고 조국 광복을 위해 생애를 바칠 것을 맹세하였다.(류원식, 1971, 244쪽) 이후 안동에서 정진탁鄭振鐸(澤)을 비롯한 청년들과 더불어 부흥회復興會를 조직했고, 대구에서도 김용하金容河 등과 더불어 자강회自彊會의 조직을 확대시키는 등 활발한 활동을 전개하다가 1915년에 일경에 체포되었다.[6]

석방된 이후 다시 광복회를 조직하여 지하 독립운동을 계속했으며, 3·1운동이 일어나자 안동 지방에서 시위를 주도하였다. 하지만 강화되는 일제의 감시를 피해 중국 펑톈성 랴오중현遼中縣으로 망명차 이민을 갔다. 얼마 뒤 가족을 남겨둔 채 홀로 펑톈성을 떠나 지린성 류허현의 싼위안포로 갔다.[7] 거기서 그는 이상룡·김동삼 등이 중심이 되어 조직한 서로군정서西路軍政署에 합류하여 군자금 모집과 관련된 일을 하면서, 비밀특파원 격으로 두 번에 걸쳐 국내를 다녀갔다. 그러다가 베이징으로 갔다.[8] 그는 베이징에 머물면서 신채호와 교류하였는데, 그때 신채호를 통해 아나키즘을 접했던 것으로 보인다. 하지만 1920년 6월 무렵 신채호가 박용만·문창범·유동열·김영학·고창일 등과 함께 노령露領 수이펀허綏芬河로 떠나자[9] 1920년 여름 유학차 상하이로 갔다.[10] 그는 상하이에 거주하는 동안 신한청년당에 가입

---

**6**  무정부주의운동사편찬위원회 편, 1994, 265쪽; 김재명, 1986, 389쪽 등을 종합

**7**  류원식, 1971, 245~246쪽; 김재명, 1986, 389쪽 등을 종합

**8**  무정부주의운동사편찬위원회 편, 1994, 265쪽; 김재명, 1986, 389쪽 등을 종합

**9**  大韓民國國會圖書館 編, 1979, 667~668쪽; 〈有力不逞鮮人の動靜〉(姜德相 편, 1977, 179쪽) 등을 종합

**10**  "김창숙이 류인식에게 보낸 편지(1921. 2. 25)"(김희곤, 2001, 74쪽에서 재인용). 김재명은 유림이 베이징으로 간 시기를 서로군정서가 일제의 독립군 토벌에 밀려 의용·대를 안투현安圖縣으로 보내면서 각 기관을 어무현額穆縣으로 이동시키고 비무장 청년들을

하여 활동하는(무정부주의운동사편찬위원회 편, 1994, 265쪽) 한편, 김두봉이 《깁더조선말본》(1922년)을 간행하는 것을 도왔다.[11]

　그는 상하이에서도 아나키즘을 접했던 것으로 보인다. 당시 상하이에 있던 한국인들 사이에는 아나키즘이 상당히 보급되어 많은 한국인들이 아나키즘에 바탕을 둔 민족해방운동을 전개하고 있었다. 그들은 주로 테러활동에 가담하였는데, 당시를 일러 아나키즘의 전성기라 하였다.(김산·님 웨일즈, 1999, 104쪽)

　유림이 1921년 베이징에서 신채호·김창숙·김정묵·남형우 등이 순한문지 《천고》를 발간하는 것을 거들었다는 주장도 있으나,[12] 이는 전후 사정에 맞지 않다. 그의 행보는 만주에서 베이징을 거쳐 상하이로, 거기서 다시 청두成都로 가는 것이었다. 베이징을 거쳐 1920년 여름 상하이로 갔다가 1920년 말 혹은 1921년에 다시 베이징으로 간 이후 다시 상하이로 가서 청두로 간다는 것은 선뜻 수긍하기 어렵다. 그가 1920년 여름에 상하이로 가서 1922년까지 상하이에 있었다고 하면, 그가 《천고》 발행에 관계한다는 것은 불가능한 일이다. 일제의 정보보고서도 《천고》는 베이징에서 신채호,

---

각지로 분산시켰을 때라고 서술하고 있으나(김재명, 1986, 389쪽), 이는 잘못이다. 서로군정서가 이동한 시기는 1920년 10월 무렵인데, 이때 유림은 이미 상하이에 있었기 때문이다.

**11**　무정부주의운동사편찬위원회 편, 1994, 266쪽; 김재명, 1986, 390쪽; 旦洲柳林先生記念事業會 편, 1991, 263쪽 등에는 유림이 1926년 무렵 상하이에서 김두봉, 신채호 등을 도와 《한글말본》·《깁더조선말본》 또는 《조선말본》을 저술하였다고 하나, 이는 잘못이다. 《조선말본》과 《깁더조선말본》은 김두봉이 각각 1916년과 1922년에 상하이에서 간행한 책이다.

**12**　김재명, 1986, 389쪽; 旦洲柳林先生記念事業會 편, 1991, 262쪽; 무정부주의운동사편찬위원회 편, 1994, 265쪽; 김희곤, 2001, 76쪽. 유림이 《천고》 발행에 관계했다고 하는 기록은 위의 글들에만 보일 뿐, 일제의 정보보고서류나 김창숙의 〈자서전〉에는 보이지 않는다.

김창숙, 한영복, 박숭병, 이회영 등에 의해 창간된 것으로 기록하고 있다.
(《北京天津附近在住朝鮮人 / 狀況報告書進達 / 件》)

　각지로부터 쇄도하던 임시정부에 대한 지원이 3·1운동의 열기가 식어
가면서 점차 줄어들자, 유림은 독립이 하루아침에 이루어질 수 없다고 판
단하고 우선 자신의 사상을 정립하기로 결심했다. 그리하여 1922년 쓰촨
성으로 가서 청두사범학교成都師範學校[13] 영문과에 입학하였다.(무정부주의
운동사편찬위원회 편, 1994, 266쪽) 그가 중국 내륙지방에 있는 청두사범학
교에 입학한 것은 관비官費로 대학과정을 마칠 수 있었기 때문인 것으로 생
각된다. 그는 관비생官費生으로 중국 학교에 입학하기 위하여 이름까지 고
상진高尙鎭으로 바꾸었다.("柳華永에 대한 고등법원 형사부의 판결문" 참조)

　그는 청두사범학교에서 인문학에 대한 교양을 쌓는 한편, 국내외에서
독립운동에 종사하는 과정에서 접하였던 민족주의, 아나키즘, 공산주의 등
여러 조류의 사상을 연구하였다. 특히 아나키즘에 많은 관심을 기울이면서
에스페란토어를 배워 능란하게 구사하였다.(《조선일보》 1960년 4월 5일자)

　유림이 아나키즘을 수용하게 된 데는 여러 가지 계기가 작용하였던 것
으로 보인다. 우선 베이징에서 이루어진 신채호와의 교류, 상하이 체류 등
과 함께 청두사범학교에서의 학습이 그가 아나키즘을 수용하는 중요한 계
기가 되었다. 러시아 아나키스트들의 영향도 상당히 컸다. 그는 러시아의
허무주의자 스토파니로부터 상당한 영향을 받았으며, 톨스토이의 《참회

---

[13]　학교이름은 成都大學, 成都大學 師範部 혹은 成都師範大學 등으로 전해지고 있으나 명확
　　하지 않다. "柳華永에 대한 고등법원 형사부의 판결문"에는 師範大學 영문과로 기록되
　　어 있다. https://baike.baidu.com/item/成都大学师范学院에 따르면, 100여 년의 역
　　사를 가진 현재의 成都大学 師範學院은 2007년에 成都教育学院, 成都师范学校, 新都师范
　　学校가 成都大学에 병합되면서 건립되었는데, 이 가운데 成都師範學校가 유림이 다닌
　　학교가 아닌가 여겨진다.

록》으로부터 자신의 사상을 정립하는 데 많은 시사를 받았다. 불교의 철학
과 노장老莊의 도덕도 그의 아나키즘적 인생관 형성에 커다란 영향을 주었
다. 그의 아나키즘 수용은 자아 주관의 철학적 인생관의 결과로서 인류의
고민에 대한 도덕적 감정의 충동에 기인하였다.("柳華永에 대한 고등법원 형
사부의 판결문")

## 2. 자유연합주의 사상과 자주적 민주국가 건설 구상

아나키즘의 사상적 조류는 매우 다양하지만, 기본적으로 개인의 자유
를 속박하는 강제적 권력을 부정하고, 중앙집권적 조직과 지휘 명령을 거
부하며, 단체의 규율과 다수의 횡포에 반대한다. 유림도 개인의 자유를 중
요시하면서, 중앙집권을 반대하고 개인의 자유의지에 따른 자유연합을 강
조하였다. 유림의 자유연합주의적 사상은 그가 서기부 총무위원으로 있던
조선무정부주의자총연맹의 경상북도연맹과 대구시연맹의 강령에 잘 나타
난다. 이들 단체의 강령은 다음과 같다.

1. 조선의 신탁통치를 절대 반대하고 자주독립을 기함
1. 중앙집권적 독재정치를 부인하고 지방자치체의 확립으로써 자유연합한
   순정민주주의를 주장함
1. 집산주의 경제제도를 부인하고 지방분산주의 경제조직을 주장함
1. 생존경쟁을 토대로 한 우승열패의 사회윤리를 부인하고 상호부조를 기조

로 한 자유·평등·우애로써 사회윤리의 기간으로 함(〈선언〉)

유림은 강자의 약자 지배를 당연시하는 사회진화론을 부정하고 상호부조론을 견지하였다. 그는 "자유와 평등과 상호부조를 기조로 하는 민주주의" 실현을 통해 "현대의 모든 모순을 해결하고 영원한 평화와 무궁한 번영을 약속"하는 사회를 건설할 것을 주장하였다.[14] 그가 이상향으로 설정한 사회는 "강권을 절대 배격하고, 전 민족이, 전 인류가 최대의 민주 밑에서 다 같이 밥 먹고, 다 같이 생각하고, 다 같이 일하는" 사회였다.(《조선일보》 1945년 12월 7일자)

아나키스트들은 모든 사람이 상호부조하면서 평화롭게 사는 사회를 건설할 것을 주장하면서 프롤레타리아독재를 부정하였다. 그것은 "개인이나 집단을 물론하고 여하한 이유에서든지 他他를 압박함은 천도인심天道人心이 용인 못할 정의의 반역"이라고[15] 인식하였기 때문이다. 유림 또한 모든 계급지배를 부정하였다. 봉건지배계급의 전제정치는 물론이고, 부르주아독재와 프롤레타리아독재도 개인의 자유를 억압하기는 마찬가지라는 것이다. 그에 따르면, 자본가계급의 전제정치인 부르주아민주주의와 프롤레타리아독재의 공산주의는 "다같이 전체주의적 권력구조를 가지고 국민 대중을 조종하"는[16] 것에 불과하다.

프롤레타리아독재에 대한 부정은 계급투쟁에 대한 부정으로 이어졌다. 유림은 "강자 약자 모두 동일한 사회제도에 속박되어 동일한 역사의 와중

---

14  〈취지서〉(旦洲柳林先生記念事業會 편, 1991, 120~124쪽)

15  〈결당선언〉(旦洲柳林先生記念事業會 편, 1991, 89쪽)

16  〈취지서〉(旦洲柳林先生記念事業會 편, 1991, 120~124쪽)

에 부침하는 이상, 어느 한쪽은 반드시 완전한 자유와 행복을 누리고, 다른 한쪽은 반드시 부자유 불행복을 누린다고 단언하는 것은 지난至難한 것이며, 따라서 사회불안의 책임을 어느 하나의 계급에 전부 돌릴 수는 없고, 특히 양 계급 간에 명확한 경계선을 긋는 것은 사실상 불가능한 것으로, 추상적 관념에 의해 양 계급을 분립 적대시키는 것은 인류를 위해 위험천만한 오류"라고 주장하였다. 그에 따르면, 계급투쟁은 잘못된 계급적 편견으로부터 생겨난, "스스로 화난禍難을 부르는 비인도적 패리悖理행위"일 뿐이다.("柳華永에 대한 고등법원 형사부의 판결문" 참조)

계급투쟁을 부정한 유림은 파괴·폭동·비밀결사 등과 같은 강제적 방법으로 혁명을 달성하는 것에 반대하고, 선전과 교육을 통한 대중운동을 아나키스트사회 건설방법론으로 제기하였다. 그는 "진리의 선각자가 가장 평화온당한 도덕적 수단에 의해, 한편으로는 인류의 각성을 촉진시키고, 다른 한편으로는 모범적 생활을 실천궁행"하는 것을 가장 올바른 방법론으로 인식하였다. 선각자가 모범을 보이면 점차 "개인(선각자-인용자)의 의견은 점차 사회적 여론으로 되고, 따라서 평화리에 구사회는 개혁"된다는 것이다.("柳華永에 대한 고등법원 형사부의 판결문" 참조)

아나키스트들은 자유·평등·박애의 아나키스트사회를 건설하기 위해서는, 강권을 동반하는 중앙집권주의를 타파하고, 자유연합을 기본원칙으로 하는 민주적 제도를 실시해야 한다고 주장하였다. 그 방법론으로 정치에서는 지방자치제 시행을 통한 권력분산을, 경제에서는 농공병진과 산업의 지방분산을 내세웠다. 독립노농당(중앙집행위원장 유림)도 당략[17]과 정책[18]을 통해 중앙집권주의에 반대하고, 지방분권과 지방자치제·직업자치

---

17 독립노농당의 당략은 旦洲柳林先生記念事業會 편, 1991, 91쪽에 수록

제 등을 실시할 것과, "신 행정구역을 제정하고 도제道制를 폐지"하여 행정 단위를 최소화함으로써, 직접민주주의를 시행할 수 있는 기반을 마련할 것을 주장하였다. 또한 성장을 위한 경제 건설이 아니라, 경공업 중시, 산업 지방분산, 인민의 생활 편의 도모 등을 위한 경제 건설을 주장하였다.

유림은 조직운영에서도 개인의 자유의사가 보장되지 않는 중앙집권주의를 부정하였다. 그는 이홍근 등이 중심이 되어 한국 아나키스트운동을 전국적으로 지도할 조직으로 조선공산무정부주의자동맹을 결성하는 것에 대해 반대하면서, "조선 무정부주의운동을 통일적으로 지도한다"는 것은 "조선 무정부주의자 중에서 일개의 특수 계급을 구성하여 조선 무정부주의운동에 대한 지배권을 장악하는 것"이라 하여 중앙집권적 조직을 부정하였다.("柳華永에 대한 고등법원 형사부의 판결문")

강권을 부정하는 아나키스트들은 일반적으로 국가와 정부를 최대의 강권조직으로 규정하고 그 존재를 부정한다. 하지만 유림은 국가 폐지는 불가능하다면서 국가의 존재를 부정하지 않았다. 즉 "장래의 국가와 민족은 인류의 평화와 자유를 파괴하지 않을 것이며, 현재도 각 나라의 정치와 국제정세는 이미 개인의 자유와 행복을 보장·증진하기 위해 크게 노력하"고 있는 것에서 알 수 있듯, 모든 국가가 반드시 아나키즘의 이상에 저촉되는 것은 아니라는 것이다.("柳華永에 대한 고등법원 형사부의 판결문" 참조) 그는 이러한 인식에 근거하여 해방 이후 자주적 민주국가 건설운동을 전개하였으며, 노농근로대중을 자주적 민주국가 건설의 주체로 규정하였다.[19]

나아가 유림은 아나키즘의 정의까지 바꾸었다. 즉 아나키스트는 모든

---

**18**  독립노농당의 정책은 중앙선거관리위원회 편, 1965, 110~114쪽에 수록

**19**  〈결당선언〉(旦洲柳林先生記念事業會 편, 1991, 90쪽) 참조

정부를 부정하지는 않는다면서, 아나키즘을 무정부주의로 번역하는 것에 반대하였다.(《조선일보》1945년 12월 7일자 참조) 그에 따르면, 모든 정부가 강권적 조직인 것은 아니다. 그는 정부가 자율적 조직인 경우 그 정부에 참가할 수 있다고 인식하였으며, 이러한 인식에 따라 대한민국임시정부에 참가하였다. 그의 판단에 따르면, 임시정부는 어느 특정 세력에 의해 수립된 강권조직이 아니라, 전 민족의 총의總意에 의해 수립된 자유연합 조직이었다.[20] 유림은 자신의 국가·정부관을 정당화하기 위하여 당시 세계 아나키스트계의 조류를 인용하였다. 즉 아나키스트들은 처음에는 정부와 국가를 최고의 강권 조직으로 규정하고 이를 부정하였지만, "제1차 세계대전 이후부터는 현실적 조직에 관심을 가지게 되"었다는 것이다.(《조선일보》1945년 12월 7일자)

이러한 정부·국가관에 입각하여 유림은 정부와 국가를 인정하고 정당 활동을 전개하였다. 이에 대해 김성국은 "한국적 특수성에 입각하여 아나키즘을 '한국화' 즉 '고유화' 혹은 '주체화'하였을 뿐 아니라, 아나키즘의 실천적 지평을 확장함으로써, 세계 아나키스트운동을 한 단계 고양시킨 선구자적 업적을 이룩"하였다고 평가하였다(김성국, 2001, 58쪽). 즉 서구적 의미에서 아나키즘을 이해하면 해방 이후 유림 등 한국 아나키스트들이 전개한 정당 건설 등의 정치활동은 아나키즘의 원칙을 위배한 것으로 볼 수도 있지만, 탈근대적-동양적 관점에서 접근한다면, 아나키스트의 정치 참여는 결코 원론적으로 부정될 성질의 것이 아니라는 것이다.(김성국, 2003,

---

**20**  유림은 1945년 4월 11일 제38차 의정원의회가 연 임시정부 수립 26주년 기념식에서 행한 축사에서 임시정부는 통치권을 행사하는 정부가 아니라 혁명정부가 되어야 하며, 임시정부 구성원들은 3·1운동 당시처럼 눈앞의 임무를 위해 특권을 요구하지 말고 자유연합해야 한다고 강조하였다.(대한민국국회도서관 편, 1974, 404쪽)

312쪽)

하지만 그의 국가·정부관이 아나키즘의 본령에서 일탈한 것은 어쩔 수 없는 사실이다. 국가와 정부는 비록 지배계급으로부터 독립하여 어느 정도 자율성을 가진다고 하더라도 기본적으로는 지배계급의 이해관계를 대변한다. 인류 역사에서 강권조직으로서 피지배계급을 억압하지 않은 정부나 국가는 존재하지 않는다. 아나키즘의 관점에서는 근본적으로 강권 조직일 수밖에 없는 국가와 정부의 존재를 인정할 수 없다.

해방 이후 한국인들 사이에서는 누구를 중심으로, 어떠한 방향으로 독립국가를 건설할 것인지가 논의의 중심이 되었다. 유림을 비롯한 아나키스트들은 대한민국임시정부가 중심이 되어 독립국가를 건설해야 한다는 임정법통론을 견지하였다. 유림은 일제강점기부터 임시정부가 독립운동의 중심이 되어야 함을 강조하였는데(대한민국국회도서관 편, 1974, 404쪽 참조), 그러한 인식이 해방 이후 임정법통론으로 이어진 것이다. 그의 임정법통론의 근거는 임시정부가 3·1운동 당시 민족의 총의로 출발하였다는(《동아일보》1945년 12월 12일자) 점이다. 즉 3·1운동의 결실로 수립된 이후 민족해방운동을 주도해 온 임시정부야말로 자주적이고 민주적이며 통일된 민족국가를 건설할 수 있다는 것이다. 조선무정부주의자총연맹 경상북도연맹과 대구시연맹은 임정법통론에 근거하여, 민족해방을 위하여 정당한 노선을 밟아 투쟁하여 온 임시정부를 절대 지지하는 것이 자주독립의 지름길임을 천명하였다.(〈선언〉)

아나키스트들의 자주적 민주국가 건설운동은 아나키즘 본령에서 일탈한 국가·정부관에 따른 것이고, 아나키즘 본령에서의 일탈은 단계혁명론적 사고에서 기인하였다. 해방 직후 대부분의 아나키스트들은 단계혁명론적 입장에서 한국 혁명의 성격을 '민족주의적 민주혁명'으로 규정하였

다.(《성명서》) 유림 역시 단계혁명론에 입각하여 독립국가, 즉 자주적 민주
국가 건설을 주장하였다. 그가 의장으로 주요한 역할을 하였던 전국아나키
스트대표자대회는 진정한 민족해방을 사회혁명보다 시급한 과제로 규정
하였다.(旦洲柳林先生記念事業會 편, 1991, 87쪽) 사회혁명 완수보다 진정한 민
족해방을 우리 민족에게 주어진 당면과제로 규정한 것은 한국혁명을 단계
적으로 바라보았음을 의미한다. 우선 1차적으로 자주적 민주국가를 건설
하고, 그것을 기반으로 제2차 혁명인 사회혁명을 완수하여 아나키스트사
회를 건설한다는 것이다.

유림은 제1차 혁명의 목표인 자주적 민주국가 건설을 이루는 데 정치운
동과 정당이 필요하다고 역설하였다. 일반적으로 아나키스트들은 정치혁
명은 권력의 교체에 불과할 뿐이라면서, 정치와 정치운동을 부정하고 사회
혁명을 완수할 것을 주장한다. 하지만 단계혁명론적 입장에서는 정치활동
이 정당화된다. 그는 전국아나키스트대표자대회에 참가하여, 아나키스트
들도 비록 정치적 개입이라 할지라도 새 나라 건설을 위한 기초 작업에 적
극 참여하며, 아나키스트들 자신의 목적을 효과적으로 달성하기 위해서 정
당을 조직하고 운영한다는 결정사항을 이끌어 냈다.(旦洲柳林先生記念事業會
편, 1991, 87쪽) 즉 아나키스트들도 아나키스트사회 건설을 위한 좋은 조건
을 마련하기 위한 것이라면, 정치활동이라 할지라도 자주적 민주국가 건설
을 위한 기초 작업에 적극적으로 참여할 수 있다는 것이다.

전국아나키스트대표자대회의 결정은 아나키스트들 정치활동의 중심
체로 정당을 건설할 필요가 있다는 점을 인정하였다. 그러한 결정에 근거
하여 독립노농당이 결성되었다. 국가의 완전한 자주권 회복과 삼천만 국민
의 자유와 행복 보장이라는 거대한 임무는 기존의 정당과 정치지도자들에
게 맡겨 놓을 수 없으므로, 노동자·농민 대중이 직접 나서서 부담한다는 것

이 독립노농당 결성의 취지였다.[21] 하지만 정당을 통한 정치활동은 결국 한국 아나키즘으로부터 혁명성을 거세하였으며, 한국 아나키스트운동을 체제 내의 개량주의운동으로 전락시키고 말았다.

## 3. 일제강점기의 아나키스트 활동

유림은 청두사범학교에 다니면서 프랑스로 유학할 계획을 세웠다. 그리하여 재학하는 동안 프랑스어를 선수選修하고, 근공검학회勤工儉學會의 알선으로 도불渡佛 입학수속을 하는 등 그 준비를 차곡차곡 진척시켜 나갔다. 유학 학자금은 중국인 천명쉬안陳夢軒·후쑤민胡素民의 도움과 중국 정부의 보조로 조달하기로 하였다.("柳華永에 대한 고등법원 형사부의 판결문") 1926년 초[22] 사범학교를 졸업한 그는 유학 준비를 서둘렀다. 그는 병을 이유로 휴직 수속을 취하고, 가족의 생활보장책을 마련하고 가사를 정리할 목적으로, 펑톈으로 돌아갔다.

유림은 부인이 운영하는 여관에서 잠시 쉰 뒤 김동삼을 만나 앞으로의 진로에 대해서 상의한 다음[23] 프랑스 유학을 뒤로 미루었다. 우선 중국을

---

**21**　〈발기취지서〉(旦洲柳林先生記念事業會 편, 1991, 88쪽)

**22**　자료에 따라 졸업 시기를 1925년 혹은 1926년으로 기록하기도 하나, 1926년 초에 졸업하였던 것으로 사료된다.

**23**　"柳華永에 대한 고등법원 형사부의 판결문"; 김재명, 1986, 390쪽; 류원식, 1971, 248쪽; 권오돈, 〈단주의 생애와 사상〉(旦洲柳林先生記念事業會 편, 1991, 148쪽) 등을 참조.

돌아다니면서 사람들을 두루 만나 독립운동에 관해 폭넓게 논의하고, 그것을 통해 바람직한 독립운동 방략을 세우기로 결정한 것이다. 그는 중국 국민당 정부 교무원 자격으로 교육 시찰을 한다는 명분 아래 남중국으로 여행을 떠났다.(《동아일보》1929년 11월 22일자) 유림은 먼저 상하이로 갔다.[24] 그는 상하이에서 민중사民衆社[25]에 참가하여 활동하면서, 진우연맹(1925년 9월 결성)의 방한상에게 아나키스트 단체를 증설할 것을 선동하고, 상하이에서 계획 중인 원동무정부주의자총연맹遠東無政府主義者總聯盟이 결성되면 가맹할 것을 권유하는 내용의 편지를 보내기도 했다.[26]

상하이에서 활동하던 유림은 다시 광저우로 가서 중국 아나키스트 단체인 광둥무정부공산주의자연맹廣東無政府共産主義者聯盟에 가입하여 활동하였다.(《동아일보》1929년 11월 22일자) 그리고 광둥기계공인총동맹廣東機械工人總同盟에 관계하면서, 광둥 노동자들의 광저우·홍콩 파업에도 참가하였다.[27] 1926년 10월 이 파업이 종료되자 우한으로 갔다.[28] 그 시기는 1926년

---

김희곤은 유림의 성격과 이을규, 정화암, 권오돈 등의 기록을 들어 유림이 졸업한 뒤 곧바로 지린으로 갔다는 류원식과 김재명의 기록을 부정하고 있으나(김희곤, 2001, 79쪽), 이을규, 정화암, 권오돈 등의 기록은 유림이 졸업하고 곧바로 지린으로 갔다는 것을 부정하는 결정적 근거가 되지 못한다. 오히려 1926년 겨울 평톈에서 유림을 만났다는[권오돈, 〈단주의 생애와 사상〉(旦洲柳林先生記念事業會 편, 1991, 148쪽)] 권오돈의 기록은 유림이 1926년 2월 무렵에 평톈에 있었다는 사실을 입증해준다. 그리고 유림의 아들 류원식도 유림이 1926년에 집에 돌아왔던 것으로 회고하였다.(《조선일보》1929년 11월 27일자)

**24** 유림이 상하이로 간 시기는 늦어도 1926년 5월 이전이다. 그것은 국내에서 진우연맹 결성 사실이 탄로나 방한상을 비롯한 13인이 체포된 시기가 1926년 5월이기 때문이다.

**25** 민중사民衆社는 1926년 말까지도 활동을 계속하고 있었음이 확인되고 있으나, 유림이 민중사를 조직하였다는 기록은 믿기 어렵다.

**26** 慶尙北道警察部 編, 1934, 241쪽. 이 편지는 방한상의 가택 수색 당시 발견되었다.

**27** 유림이 1926년에 광둥에서 10만 중국 노동자를 포용한 기계공인총동맹機械工人總同盟

12월 이전이었던 것으로 사료된다. 김종진이 우한에서 그를 만나 상종하였던 시기가 1926년 11~12월이기 때문이다.(이을규, 1963, 34~35·83쪽) 우한에서 그는 한커우영조계漢口英租界회수투쟁에 참가했다.(旦洲柳林先生記念事業會 편, 1991, 263쪽)

유림은 상하이·광둥·우한 등지를 돌아다니면서, 중국 국민당 좌파의 여러 지도적 인물과 천두슈陳獨秀·천중밍陳炯明 등을 찾아가 당면한 문제에 대해 의견을 교환하였다. 특히 중국 원로 아나키스트인 베이징대 총장 차이위안페이를 만나 약소민족의 독립운동 방략에 대해 많은 이야기를 나누었다.[29]

중국 여행을 끝내고 지린으로 돌아간 유림은 정의부에 합류하였다. 그는 교육위원장으로 활동하면서 재만한인교육회를 조직하고, 교과서 편찬과 교원 양성에 힘을 기울이는 한편, 지린성 우창현五常縣에서 한국교포의 권익을 위하여 중국 관헌들과 항쟁하다가 중국 경찰에 구금되기도 했다. 1928년에는 한족노동당 중앙집행위원에 피선되었다.[30]

---

에서 활약하였다는 기사가《동아일보》1929년 11월 27일·12월 3일·11일자에 게재된 것으로 보아 유림이 광둥에서 활동하였던 것은 사실로 보인다. 하지만 그를 아나르코 생디칼리스트로 보기는 어려울 것으로 사료된다. 그는 집산주의와 계급투쟁에 대해 반대하는 입장을 가지고 있었다. 유림이 광둥에서 한인청년연맹을 조직하여 인재 육성에 힘썼다는 기록도 있으나(류원식, 1971, 247쪽), 광둥에 잠시 들린 유림이 단체를 조직하였다는 것은 믿기 어렵다.

**28**  류원식은 유림이 우한을 거쳐 광둥으로 간 것으로 기록하고 있으나(류원식, 1971, 248쪽), 상하이에서 광둥을 거쳐 우한으로, 거기서 다시 만주로 간 것으로 이해하는 것이 시간상으로나 여정상으로 타당할 것이다.

**29**  무정부주의운동사편찬위원회 편, 1994, 266쪽; 旦洲柳林先生記念事業會 편, 1991, 263쪽; 김재명, 1986, 390쪽 등을 종합

**30**  旦洲柳林先生記念事業會 편,《柳林先生略傳》(김재명, 1986, 392쪽에서 재인용); 류원식, 1971, 247~248쪽; 旦洲柳林先生記念事業會 편, 1991, 263쪽 등을 종합

1929년 1월 유림은 이을규를 마중하러 지린으로 간 김종진을 우연히 만났다. 의기투합한 그들은 앞으로의 운동방향에 대해 논의하였고, 그 결과 중동선中東線을 활동 중심지로 설정하기로 결정하였다. 이을규가 도착하자, 그는 그들과 함께 중동선 하이린海林으로 떠났다. 1929년 3월 하순 하이린역에 도착한 그들은 김좌진과 함께 신민부와 아나키스트들의 합작에 대해서 논의하였고, 그 과정에서 만주에 강력히 대두하는 공산주의자들에 대한 사상적 방위책이 의제로 제기되었다. 이 자리에서 유림은 "사상은 사상으로라야 막을 수 있는 것이니까, 공산주의에 대항하려면 그 사상보다 한 걸음 더 나아간 무정부주의로라야 막을 수 있다"고 주장하면서, 아나키즘으로 한정하는 것에 반대하던 김좌진과 격렬한 논쟁을 벌였다.(이을규, 1963, 83~86쪽)

김좌진과 합의를 보지 못한 유림은 지린으로 돌아가서 민립 중학을 설립하는 데 많은 노력을 기울였다.(《동아일보》1929년 11월 22일자) 그러던 가운데 국내에서 전조선흑색사회운동자대회가 1929년 11월에 개최된다는 소식이 들려왔다. 이에 그는 국내 아나키스트운동과의 연계를 모색하기 위하여 1929년 9월에 조선박람회가 개최되는 것을 기화로 하여 귀국하였다.("柳華永에 대한 고등법원 형사부의 판결문" 참조)

입국 청년들에 대한 감시가 엄중하여 유림은 농민으로 변장하고 압록강을 건넜다.(김재명, 1986, 393쪽) 평양에 도착한 그는 평원여관에 투숙한 뒤 평양 명승을 관광하고, 각지의 사회 상태를 시찰하였다. 국내 아나키스트의 이론과 인물을 살펴보기 위해 곧 서울로 떠나고자 하였으나, 여비가 모자라서 서울의 친지와 우인友人에게 송금을 부탁하였다. 경비가 도착하기를 기다리던 중 이홍근을 만났고, 이홍근은 박람회 개회 중 정체를 드러낸 채 여행하는 것은 위험하다고 권고하였다. 이에 그는 경계가 해제될 때까지 김영진金永鎭이라는 가명을 사용하기로 하였다.[31] 이후 최갑용과 채은국 등의 도움으로 일본 경찰의 감시를 피해 가며 평양 시내 모처에 은신하였다.(김재명, 1986, 393쪽)

유림은 평양에 체류하면서 이홍근 등 관서흑우회원들과 교류하였다. 당시 관서흑우회는 1929년 8월 5일에 개최된 임시총회의 결의에 따라 8월 8일 전조선흑색사회운동자대회 준비위원회를 설치하고, 준비위원으로 최갑용, 이홍근, 채은국, 조중복 등을 선임하여 대회를 준비하고 있었다.[32] 하지만 전국 아나키스트들의 깊은 관심에도 전조선흑색사회운동자대회는 일제의 탄압으로 말미암아 개최되지 못하였다.

하지만 대회를 준비하는 과정에서 전국의 아나키스트운동을 체계적으로 지도할 목적으로 조선공산무정부주의자동맹을 결성하기 위한 모임이 개최되었다. 유림도 이홍근의 권유로 이 모임에 참가하였다. 조선공산무정부주의자동맹 결성을 위한 첫 번째 모임은 1929년 10월 23일 유림, 이홍근, 최갑용, 조중복, 임중학 등이 참가한 가운데 평양부 기림리箕林里 소재의 소나무숲에서 개최되었다. 이날 회합에서는 아나키스트사회 건설을 목적으로 하는 결사를 조직할 것과, 그 강령·규약의 기초 등 운동 방침에 대해서 협의를 하였다.[33] 11월 1일[34]에는 두 번째 회합이 개최되었는데, 이 회합

---

31  "柳華永에 대한 고등법원 형사부의 판결문";《동아일보》1929년 11월 18일자 등을 종합

32  《동아일보》1929년 8월 8일자;〈自大正11年至昭和10年內地及朝鮮ニ於ケル社會運動等 ノ槪況對照(2)〉, 30~31쪽; 崔甲龍, 1995, 28쪽;《조선일보》1929년 8월 9일자 등을 종합

33  "조선공산무정부주의자동맹 사건에 대한 판결문"(한국역사연구회 편, 1992, 562~563 쪽); "柳華永에 대한 고등법원 형사부의 판결문" 등을 종합

34  무정부주의운동사편찬위원회 편, 1994, 260쪽에는 조선공산무정부주의자동맹이 1929년 11월 10일에 결성된 것으로 서술되어 있다.

에서 조선공산무정부주의자동맹이 결성되었다.[35] 조선공산무정부주의자
동맹 결성은 "조선 무정부주의운동에 통일적 이론과 조직적 방략을 수립
하기 위해 신뢰할 만한 의식분자만을 결속하여" 아나키스트운동 지도기관
을 조직할 필요가 있다는 이홍근의 발의로 이루어졌다. 하지만 유림은, 조
선공산무정부주의자동맹은 "먼저 그 명칭이 공산주의단체에 무정부라는
형용사를 부가한 것에 불과하다. 다음에는 그 내용을 보면 소위 의식분자
만을 결속하여 조선 무정부주의운동을 통일적으로 지도한다고 하는 것은
… 조선 무정부주의운동에 대한 지배권을 장악하는 것으로서, 이러한 정당
적 방식은 명실공히 공산당의 권력행사와 서로 다를 바가 없는 것으로 무
정부주의의 원리를 위반하고 … 그 결과는 필히 동지 중에서 의견 충돌과
당파 지위 등의 분쟁을 만들어 운동에 치명적 위해를 초래할 것은 의심할
여지가 없다"면서, 아나키스트운동을 전국적으로 지도하는 조직으로서 조
선공산무정부주의자동맹을 결성하는 것에 대해 부정적인 입장을 밝혔다.
그리고 장래 필요에 따라 만주에 연락기관을 둘 때는 그 책임을 맡아 달라
는 이홍근의 요구도 자신으로서는 불가능하다며 거절하였다.("柳華永에 대
한 고등법원 형사부의 판결문")

　일부 자료와 대다수의 연구들은 조선공산무정부주의동맹이 만주부·관
서(평양)부·함남부·함북부 또는 만주부·관서부·일본부 등의 부서를 설치
하고 유림을 만주부의 책임자로 선정하였으며, 만주를 직접행동훈련장으
로 하기로 결의하였던 것으로 기록하고 있으나,[36] 이러한 결정은 유림의 승

---

**35** "조선공산무정부주의자동맹 사건에 대한 판결문"(한국역사연구회 편, 1992, 562~
　　563쪽)

**36** "조선공산무정부주의자동맹 사건에 대한 판결문"(한국역사연구회 편, 1992); 崔甲龍,
　　1995; 무정부주의운동사편찬위원회 편, 1994; 박환, 1993; 오장환, 1998; 김희곤,

낙을 얻지 못하였던 것으로 사료된다.

그것은, 우선 1929년 3월 김좌진과의 논쟁에서 공산주의에 대한 아나키즘의 우월성을 강조하였던 유림이 중앙집권을 강조하는 공산주의의 조직운영 원리를 차용하는 것을 인정하였을 리가 없다고 판단되기 때문이다. 그리고 그가 이홍근의 발의에 따라 자신이 만주부의 책임자로 선정되었다는 검찰의 논지를 반박하면서 경찰서와 예심 등에서 이홍근과의 대질을 요구하였던 사실이나, 제1심과 제2심 법정에서 이홍근, 조중복 등이 그가 회합 현장에서 반대 의견을 개진하였으며, 펑톈으로 돌아간 뒤 서면으로 결사 조직을 고려해야 한다는 뜻의 권고를 하였다고 진술한("柳華永에 대한 고등법원 형사부의 판결문" 참조) 사실 등은 그가 조선공산무정부주의자동맹에 참가하지 않았다는 것을 증명해 준다.

결국 국내 아나키스트들과의 연계를 목적으로 한 유림의 귀국행은 아무런 성과를 내지 못하였다. 전조선흑색사회운동자대회가 무산되어 국내 아나키스트들을 두루 만나보지 못했고, 잠깐 교류하였던 관서흑우회원들과는 현격한 의견 차이만을 확인하였을 뿐이다. 설상가상으로 그는 11월 7일[37] 평양 시내 남문정南門町 정전상회井田商會에서 김영진이라는 이름으로 체포되어 평양경찰서에서 조사를 받다가, 9일에 대동경찰서로 비밀리에 이감되어 1개월여 동안 재만조선무정부주의자연맹과의 관계에 대해 취조를 받았다.[38] 아무런 혐의 없이 풀려나기는 했지만, 그는 대동경찰서원의

---

2001

**37**  최갑용은 유림의 검거일을 11월 11일로 기록하고 있으나(崔甲龍, 1995, 30쪽) 취하지 않는다.

**38**  "柳華永에 대한 고등법원 형사부의 판결문";《동아일보》1929년 11월 18일·22일자;《조선일보》1929년 11월 12일·16일자 등을 종합

엄중한 경계 속에 펑톈으로 송환되었다.("柳華永에 대한 고등법원 형사부의 판결문")

펑톈으로 돌아간 유림은 계속해서 교육사업에 종사하였다. 그는 중국통의 교육자로서 중국 교육계에 많은 지우를 가지고 있었던 관계로, 의성숙義誠塾에서 영어를 가르치면서 한국인 학생들의 중국 학교 입학을 주선하였다. 의성숙은 펑톈에 거류하는 한국인 유지들이 설립한 학교로, 광주학생운동 이후 만주로 몰려드는 한국인 학생들을 수용하였다. 이후 약 1년 동안 유지되다가 중국 국민당 좌파에서 경영하던 대학 예과 수준의 평단고급중학平旦高級中學에 병합되었다.[39]

연구자에 따라서는 의성숙에서의 유림의 교육활동을 조선공산무정부주의자동맹 조직사업의 일환으로 보기도 한다.(김희곤, 2001, 87쪽) 그 근거는 "1929년 10월 초순경 평양에서 회합한 결과 류화영은 펑톈에 있으면서 조선 내의 주의자와 연락하면서, 재만 주의자와 합류하여 가지고 조선공산무정부주의동맹 조직을 책동"하였다는 《동아일보》 1931년 10월 28일자의 기사이다. 하지만 《동아일보》의 보도 내용은 그를 조선공산무정부주의자동맹과 연결시키려는 일본 경찰의 주장을 옮긴 것에 지나지 않는다. 그의 의성숙에서의 교육활동은 그 이전 교육활동의 연장선상에서 이루어진 것으로 보는 것이 타당할 것이다.

유림이 펑톈에서 교육사업에 전념하고 있을 때인 1931년 7월, 조선공산무정부주의자동맹의 단서가 발각되어 국내 아나키스트들에 대한 검거선풍이 일었다.(朝鮮總督府警務局 編, 《最近における朝鮮治安狀況-昭和 8年》, 29쪽) 유림 역시 조선공산무정부주의자동맹 사건에 연루되어 1931년 9월 29일

---

**39**   "柳華永에 대한 고등법원 형사부의 판결문"; 류원식, 1971, 246쪽 등을 종합

펑톈경찰서로부터 가택수색을 당하고 구류처분을 받은(《自由聯合新聞》第63號) 뒤, 10월 7일 고노高野 고등계 형사에 의하여 원산으로 압송되었다(《동아일보》1931년 10월 7일자). 조선공산무정부주의자동맹 관계자들은 체포된 지 1년이 훨씬 지난 1932년 12월 20일 무렵에 치안유지법 위반이라는 죄목으로 함흥지방법원 예심에 회부되었다.(《自由聯合新聞》第76號) 징역 5년형을 선고받은 유림은 조선공산무정부주의자동맹과 관련이 없음을 주장하며 상고하였으나, 7월 6일에 열린 경성고등법원 상고심에서 원심대로 형이 확정되었다.("柳華永에 대한 고등법원 형사부의 판결문") 그는 서대문형무소에서 옥고를 치른 뒤, 1937년 10월 8일 만기 출옥하였다.[40]

출옥 후 유림은 남북 만주 각지에서 5년에 걸쳐 독립운동 세력을 재편성하고자 노력하였으며, 베이징·톈진 등지에서 한·중 항일연합군을 조직하는 데 진력하였다. 그러다가 황하黃河를 건너 서남으로 만 리 길을 걸어 임시정부가 있던 충칭重慶으로 향하였다.[41] 그 과정에서 옌안延安에 며칠 동안 머물면서 마오쩌둥毛澤東을 만나 토론을 하기도 했다. 그는 농촌 중심의 해방구를 통해 혁명을 완수한다는 중국 공산당이 취한 방법론의 많은 부분에 공감을 표하기도 했다.[42]

유림이 충칭에 도착하였던 1942년 10월 무렵의 임시정부는 좌우합작 형태를 취하고 있었다. 즉 1941년에 공산주의단체인 조선민족해방동맹과 아나키스트 단체인 조선혁명자연맹이 먼저 임시정부에 참여하였고, 1942년 10월에는 조선민족혁명당이 임시의정원에 참여하였던 것이다.(김희곤,

---

**40**  서대문형무소 신원카드(김희곤, 2001, 89쪽에서 재인용)

**41**  旦洲柳林先生記念事業會 편, 1991, 264쪽. 柳林이 韓中抗日軍 조직을 위해 노력하였던 시기를 1932년으로 기록한 자료도 있으나(류원식, 1971, 246쪽) 취하지 않는다.

**42**  최문호, "편집후기"(旦洲柳林先生記念事業會 편, 1991, 269쪽)

2001, 94쪽) 유림도 "1개 민족, 1개 정부, 1개 이념, 1개 집단"과 당파는 합동
연이合同聯異, 정부는 공대균담共戴均擔이라는 구호를 내세우고, 해외 각지에
있는 모든 혁명세력은 임시정부를 중심으로 총단결할 것을 호소하였다.(旦
洲柳林先生記念事業會 편, 1991, 264쪽)

유림은 자연스럽게 임시정부에 참가하였다. 재중국 한국인 아나키스트
들은 1936년 초 민족전선론을 제기하면서부터 해방 이후의 독립국가 수립
을 당연한 것으로 받아들였다. 그러한 분위기 속에서 그 또한 정부의 존재
를 인정하고 임시정부에 참가하였다.

그는 1942년 10월 조선혁명자연맹원 류자명과 함께 임시의정원 경상
도 의원으로 선출되어,**43** 10월 24일에 김원봉, 이연호, 김상덕, 이정호李貞浩,
한지성 등과 함께 경상도구의원선거회慶尚道區議員選擧會로부터 의원 당선증
을 부여받았다(대한민국국회도서관 편, 1974, 700~701쪽). 임정에 참가한 그
가 처음으로 한 일은 임시정부가 중국 정부에 한국청년전지공작대원들을
사형시켜 줄 것을 요구한 소위 '서안 사건'의 진상을 밝히는 것이었다.

서안 사건의 개요는 다음과 같다. 한국인 아나키스트 청년들을 중심으
로 조직된 한국청년전지공작대에 대한 임시정부의 유치공작**44**이 전개되
자, 이에 반발한 박동운朴東雲이 대장이었던 나월환을 살해하였다. 나월환
이 소속되어 있던 후쫑난胡宗南 부대가 수색한 결과 나월환의 시체가 발견
되었고, 이에 공작대 간부 전원이 체포되어 군법회의에서 사형을 선고받았
다. 하지만 아나키스트로서 후쫑난胡宗南의 스승이었던 후바오이의 노력으

---

**43**  대한민국국회도서관 편, 1974, 275쪽; 국사편찬위원회 편, 1970, 617~618쪽 등을
종합
**44**  임시정부는 청년공작대를 그의 산하에 포섭하려고 나월환을 충칭重慶으로 불러 귀빈
관에 투숙시켜 놓고 그를 회유하였다.(정화암, 1982, 217쪽)

**사진 8-1** 제34회 의정원 의원들과 함께. 제일 뒷줄 왼쪽에서 다섯 번째가 유림.

로 1명만 처단되고 나머지는 무죄 석방되었다. 이때 임시정부 측에서는 한국청년전지공작대 간부 전원을 가차 없이 처단해 달라고 요구하였다.[45]

유림은 의정원에서 서안 사건의 진상을 밝혀줄 것을 요구하였다. 즉 광복군 사령부가 서안 나 대장羅隊長 사건의 주범 8인을 사형에 처하여 달라고 중국 당국에 요구한 사실이 있는지를 물었다. 이에 대하여 군무부장軍務部長이던 조성환은 범인들을 엄중히 처벌해 줄 것을 요구한 적은 있지만, 8인을 사형 집행하라고 요구한 일은 없다고 답변하였다.[46] 하지만 이 문제는 임시정부를 발칵 뒤집어 놓았다.

---

**45** "화암 정현섭의 증언"(旦洲柳林先生記念事業會 편, 1991, 61~63쪽)
**46** 대한민국국회도서관 편, 1974, 289~300쪽;《우리통신》제6호(국사편찬위원회 편, 1998, 28쪽) 등을 종합

유림은 1943년 2월 16일 박찬익, 최동오崔東旿, 김성숙 등과 함께 대한민
국임시정부 외무부 산하 외교위원회[47]의 연구위원으로 선임되었다. 이어
그는 1943년 4월 10일에 개최된 대한민국임시정부 국무회의에서 조소앙,
신익희, 엄항섭, 김상덕, 손두환孫斗煥, 김성숙, 신기언申基彦, 한지성韓志成,
이정호, 박건웅朴建雄, 김인철金仁哲, 안우생, 김재호金在浩, 김문金文 등 14명
과 함께 임시정부의 선전계획 수립·선전진행방침에 관한 사항을 의결하
는 선전위원회의 선전위원으로 선임되어 임시정부의 선전활동에 참여하였
다.[48] 그리고 1944년 4월 조선무정부주의자총연맹을 대표하여 대한민국
임시정부 국무위원으로 선출되었으며, 1945년 4월 의정원의 8개 분과를
5개 분과로 통합할 때 안훈安勳, 김상덕과 함께 제1분과(법제) 위원에 당선
되었다.[49]

1943년 5월 10일 충칭重慶에서 재중국자유한인대회가 개최되었다. 유
림은 이 대회에 조선무정부주의자총연맹의 대표로 참가하여, 홍진(한국독
립당), 김충원(조선민족혁명당), 김성숙(조선민족해방동맹), 김순애金淳愛(한
국애국부인회), 한지성(한국청년회) 등과 함께 주석단의 일원으로 활동하였
다. 이 대회는 미국과 영국이 워싱턴회담에서 전후 한국을 국제 감시보호

---

**47**　외교위원회는 외교에 관한 일반 원칙과 정책 및 방침을 연구·제공할 목적으로 외교위
　　원회규정(1942년 6월 24일 제정·공포)에 의해 1942년 8월 외무부 산하에 설치되었다.
　　처음 조직될 당시에는 장건상, 신익희, 이현수, 이연호가 연구위원으로 참여하였다.(독
　　립운동사편찬위원회 편, 1972, 858쪽; 김재명, 1986, 397쪽 등을 종합)
**48**　《대한민국임시정부 공보》제77호(국사편찬위원회 편, 1978에서 재인용); 독립운동사
　　편찬위원회 편, 1972, 859·876쪽 등을 종합
**49**　《앞길》42기; 대한민국국회도서관 편, 1974, 399·408쪽; 국사편찬위원회 편, 1970,
　　435~436쪽; 旦洲柳林先生記念事業會 편, 1991, 85쪽; 김재명, 1986, 396~397쪽; 독
　　립운동사편찬위원회 편, 1972, 1,009쪽 등을 종합

아래 두기로 결정하였다는 기사가 보도되어 물의를 일으키자, 이에 반대하여 개최되었다. 동포 300여 명이 참가한 가운데 "한국은 완전 독립하여야 한다. 외국의 어떠한 간섭이라도 반대한다"는 요지의 강연과 토론을 한 뒤, 한국독립당등당파연합선언을 발표하였다. 이 선언은 한국에 대한 연합국의 신탁통치 결정에 반대하면서 전후 한국문제에 관한 입장과 태도를 표명하였는데, 그 요지는 첫째, 한국 민족의 일치되고 확고한 요구는 완전한 독립과 자유라는 것, 둘째, 한국은 전후 동맹국가의 호혜평등한 상호부조 원칙의 협력 아래 강력한 민주국가를 조속히 건설할 수 있다는 것, 셋째, 동맹국은 전후 한국의 완전한 독립을 선포하여 한민족의 투쟁 정신과 전투 의욕을 고무해야 함에도 '신탁통치'를 전함으로써 한민족을 실망시키고 있다는 것, 넷째, 한국의 완전한 독립은 극동 및 태평양 지역의 평화를 보장한다는 것, 다섯째, 국제신탁통치문제를 부인하는 성명을 발표해 줄 것 등이었다.[50]

유림은 건국강령 수정에도 관여하여, 1943년 10월 14일 안훈 등 5명의 의원과 함께 건국강령建國綱領을 수개修改할 것을 제안하였다. 이에 5명의 수개위원修改委員이 선정되었고, 이들은 수개안修改案을 마련하여 제35차 의정원 회의에서 논의에 부쳤다. 하지만 보류되는 바람에 1944년 4월 20일 36차 회의에서 김원봉 등 17인과 함께 약헌수개안約憲修改案을 토론할 것을 다시 제안하여 통과시켰다.(대한민국국회도서관 편, 1974, 383~386·593쪽) 그리고 1944년 4월 24일 한국독립당, 조선민족혁명당, 조선민족해방동맹과 함께 한국각혁명당옹호제36계의회선언韓國各革命黨擁護第36屆議會宣言을

---

**50** 《독립신문》1944년 6월 1일자(독립운동사편찬위원회 편, 1972, 1032~1035쪽에서 재인용); 旦洲柳林先生記念事業會 편, 1991, 48~50쪽 등을 종합

발표하여, 제36차 의정원 회의에서 수정한 임시약헌臨時約憲과 인선人選에 대한 찬성을 선포하였다. 이 선언은 임시헌장을 준수한다는 것, 신임 주석 김구 선생과 전 국무위원이 우리 민족의 최고 지도자라는 것, 임시정부의 기치 아래 전 민족을 단결시키고 동원한다는 것, 임시정부에 대한 국제 승인과 국제 원조를 얻도록 적극 노력한다는 것 등을 4개 정당의 공동의견으로 제시하였다.[51]

이상에서 살펴본 바와 같이 유림은 일제강점기에 임시정부에 참가하여 활동하였다. 그것은 그의 국가·정부관에 따른 것으로서 아나키즘의 본령에서 일정 부분 일탈해 있었다. 더욱이 그를 포함한 재중국 아나키스트들은 사상적 독자성을 유지하는 데도 소홀하였다. 그리하여 아나키스트들과 다른 세력과의 차별성은 점차 사라져 갔고, 아나키즘은 제3의 민족해방운동이념으로서 지위를 상실해 갔다.

## 4. 해방 이후의 아나키스트 활동

### 1) 자주적 민주국가 건설운동

1945년 8월 15일 일본이 무조건 항복을 선언함에 따라 우리 민족은 일제의 식민지배로부터 해방되었다. 비록 우리 민족의 힘으로 쟁취한 해방은

---

**51**  楊昭全 等編, 1987, 605~606쪽; 〈韓國各革命黨擁護第36屆議會宣言〉(추헌수 편, 1971, 354쪽) 등을 종합

아니었지만 민족해방운동가들은 새로운 독립국가를 수립할 꿈에 부풀었다. 하지만 그들은 어떠한 독립국가를, 어떠한 방식으로 건설할 것인지에 대해 통일된 구상을 마련하지 못하였다. 일제강점기 민족해방운동 세력이 분열되어 있었기 때문이다.

민족해방운동에서 어느 한 세력이 압도적 우위를 차지하지 못한 상황에서 임시정부는 독립국가 건설의 주체로 나서고자 했고, 그 작업의 하나로 독자적인 독립국가 건설구상을 마련해 나갔다. 1945년 8월 17일에 개최된 제39차 의정원 회의에서 독립국가 건설이라는 당면 과제를 어떻게 해결할 것인가에 대해 논의하였는데, 유림은 이 회의에서 김붕준·성주식·조소앙 등과 함께 정부위원으로 선정되었다.(대한민국국회도서관 편, 1974, 548~549쪽)

하지만 한반도는 미국과 소련에 의해 38선을 경계로 남북으로 분할점령되었다. 남한을 점령한 미국은 군정을 실시하였고, 한국인이 수립한 모든 정부를 부정하였다. 이에 따라 중국에 있던 대한민국임시정부도 정부로 대우를 받지 못하였다.

임시정부 요인들은 정부 자격으로 귀국하지 못하고 개인 자격으로 귀국할 수밖에 없었고, 귀국 일정도 계속 지연되다가 11월 23일에 가서야 겨우 이루어졌다. 유림은 12월 1일 홍진, 조성환, 황학수, 장건상, 김붕준, 성주식, 김성숙, 조경한趙擎韓, 조완구, 조소앙, 김원봉, 최동오, 신익희 등 정부 요인 13명과 수행원 안우생, 이계현, 노능서, 서상렬, 윤재현 등 9명과 함께 임시정부의 제2진으로서 귀국하였다.[52]

---

**52**  독립운동사편찬위원회 편, 1972, 1051~1052쪽.《조선일보》1945년 12월 7일자는 유림의 귀국일을 12월 2일로 보도하였다.

귀국 이후 유림은 자율적 정부는 인정한다는 그의 정부·국가관에 따라 독립국가 건설에 뛰어들었다. 경남 아나키스트들이 중심이 되어 1946년 2월 21~22일 양일에 걸쳐 부산 시내 금강사金剛寺에서 무정부주의자경남북대회(대회 중 경남무정부주의자대회에서 개칭)가 개최되었는데, 이 대회는 정부 수립의 3원칙으로 "정부 수립은 외력外力의존적 방법을 일체 배격하고, 자율자조적 방법에 의할 것", "정부는 통일된 민족적 기반 위에 구성되어야 할 것", "수립된 정부는 읍면시邑面市 자치체 확립을 시책施策할 것"을 제시하였다.(《성명서》) 유림 역시 자주·민주·통일의 원칙에 의거하여 자주민주국가 건설을 추진하였다.

유림은 임시정부를 중심으로 민족 통합을 추구하는 가운데, 조선무정부주의자총연맹을 기반으로 하여 아나키스트들을 결집하고 이를 정치세력화해 나갔다. 조선무정부주의자총연맹은 귀국 이후 지부를 설치하는[53] 등 조직을 확대해 나가는 한편, 각종 아나키스트들의 회합에 참가하여 자신의 입장을 널리 선전하였다. 유림을 비롯한 조선무정부주의자총연맹원들은 1945년 12월 22일 자유사회건설자연맹과 조선농촌자치연맹중앙연합회 및 민우회가 공동으로 개최한 이회영·신채호·백정기·김종진 외 19동지의 추도회에 참가하였다.[54] 그리고 무정부주의자경남북대회와 전국아나키스트대표자대회(1946. 4. 20~22. 경남 안의)에도 참가하였다. 특히 전국아나키스트대표자대회에서는 유림이 이을규·신재모 등과 함께 대회의 의장으로 선출되었다.[55]

---

53  조선무정부주의자총연맹의 지부로는 경상북도연맹, 대구시연맹 등이 확인된다.

54  이회영·신채호·백정기·김종진 외 19동지의 추도회에 대해서는 이호룡, 2003, 180~ 181쪽을 참조할 것.

55  《자유연합》 창간호;《조선일보》 1946년 4월 17일자; 하기락, 1993, 289~290쪽 등을

유림은 전국아나키스트대표자대회에서 정치활동과 정당의 필요성을 역설하였고, 그 결과 전국아나키스트대표자대회는 다음과 같은 사항을 결정하였다. 첫째, 사회혁명보다는 진정한 민족해방이 더욱 시급한 과제이며, 자주적 정부를 수립하는 것이 전체 인민의 절실한 요망이다. 둘째, 아나키스트들도 비록 정치적 개입이라 할지라도 새 나라의 기본이 될 틀을 만들어 나가는 일에 처음부터 동참해야 한다. 셋째, 아나키스트들이 자신의 목적을 효과적으로 달성하려면 정당을 조직하고 운영해야 한다. 넷째, 정당 참여는 각자의 자유의사에 따른다.(旦洲柳林先生記念事業會 편, 1991, 87쪽)

전국아나키스트대표자대회의 결정에 따라 아나키스트 정당을 건설하기 위한 작업이 전개되었다. 유림은 1946년 5월 10일 청년, 노동자, 농민들로써 독립노농당을 결성한다는 취지서와 강령을 발표하는(《서울신문》1946년 5월 10일자) 등 정당을 건설하기 위한 준비 작업을 적극적으로 추진하였다. 6월 6일 100여 명의 발기인이 참가한 가운데 개최된 발기인총회를 거쳐(《조선일보》1946년 6월 7일자), 7월 7일 서울 시내 장곡천정長谷川町 조선연무관朝鮮研武館에서 1,000여 명의 당원이 참가한 가운데 독립노농당 창립대회가 개최되었다(《동아일보》1946년 7월 8일자). 대회는 유림(위원장)·류우석柳愚錫(상무부장)·한하연(기획부장)·차고동(조직부장)·양일동(선전부장)·이진언李珍彦(문교부장)·박영희朴英熙(경리부장)·류인철柳寅徹(정보부차장)·이종하李鍾河(농민부장)·우한룡(청년부장)·김말봉金末峰(부인부장)·김영춘金永春(노농부장)·김남해金南海(후생부장)·류진걸柳震杰(상공부장) 등을 임원으로 선출하였으며, "본당은 국가의 완전 자주독립을 위하여 투쟁함", "본당은 노동자 농민 일반 근로대중의 최대 복리를 위하여 투쟁함", "본당

종합

은 일체 독재를 배격하고 진정한 민주주의의 국내외 세력과 평등호조의 원
칙에 의하여 합작함" 등을 강령으로 내걸었다. 그리고 선언과 기본정책도
발표하였다.[56] 독립노농당은 1946년 8월 3일《노농신문》을 순간으로 발행
하여[57] 자신의 정치적 입장을 널리 알렸다. 이후 유림의 자주적 민주국가
건설운동은 독립노농당을 중심으로 해서 전개되었다.

유림은 민족을 통합한 위에서 자주적 민주국가를 건설하고자 하였으
며, 민족 통합을 위해 좌우합작을 도모했다. 임시정부가 귀국할 당시 국내
정치상황은 여운형과 조선공산당 세력의 주도 아래 수립된 조선인민공화
국이 미군정에 의해 부정되고, 독립촉성중앙협의회를 결성하여 전 민족의
힘을 하나로 모아 자주적 민족국가를 수립하고자 했던 시도가 실패한 상태
였다. 이에 임시정부는 귀국한 이후 민족통일전선 결성을 시도하였다. 유
림도《동아일보》기자와의 대담에서 공산주의와 임시정부의 합작은 가능
하다면서, "나는 정치 행동으로 제3자의 입장에서 합작의 접착제의 역할을
하려고 생각한다"고 하여(《동아일보》1945년 12월 12일자) 좌우합작에 앞장
설 것을 천명하였다. 1945년 12월 25일 임시정부가 민족통일의 최고기관
으로 특별정치위원회를 만들기로 하자, 그는 조소앙, 김붕준, 김성숙, 최동

---

**56** 《동아일보》1946년 7월 8일자; 旦洲柳林先生記念事業會 편, 1991, 99쪽 등을 종합. 독
립노농당의 강령은 자료에 따라 표현이 약간씩 다르나, 이 책에서는 독립노농당이 직
접 제출한 자료에 의거한《정당·사회단체 등록철》과《동아일보》의 기록에 따른다. 旦洲
柳林先生記念事業會 편, 1991에는 金泰民이 정치부 차장에 선출된 것으로 기록하였으
나 이는 잘못이다. 김태민은 柳葉·李東俊·朴世煥 등 126명과 함께 한국민주당을 탈당하
여 1946년 8월 5일에 독립노농당에 가입하였다.(《조선일보》1946년 8월 6일자) 하기락
은 독립노농당 창립대회에서 柳林(위원장)·李乙奎·李時雨·梁一童·申宰模·方漢相 등이
집행위원으로 선출되었다고 서술하였다.(하기락, 1993, 303쪽)
**57** 旦洲柳林先生記念事業會 편, 1991, 212쪽. 하기락은《노농신문》이 2주 계간으로 간행
되었던 것으로 서술하였다.(하기락, 1993, 305쪽)

오, 장건상, 김원봉 등과 함께 중앙위원을 맡아(《서울신문》1945년 12월 25일
자) 조선인민공화국 세력과의 합작을 위해 노력하였다. 하지만 임시정부
가 시도한 좌우합작은 임시정부가 중심이 되어 독립국가를 건설해야 한다
는 임정법통론을 전제로 한 것이었던 탓에 기대한 만큼의 성과를 내기 어
려웠다.

　유림은 좌우합작을 주장하면서도 정작 좌우협작에 어긋나는 입장을 취
하기도 했다.《동아일보》가 모스크바삼상회의 결정을 왜곡 보도한 이후,
이 결정에 대한 찬반을 둘러싸고 좌익과 우익이 극단적인 대립으로 치달아
가자 이에 대한 반성이 일어났다. 그러한 흐름 속에서 여운형과 안재홍 등
을 중심으로 좌우합작운동이 전개되었고, 미군정의 표면적인 지원 속에 좌
우합작위원회가 구성되었다. 좌우합작위원회는 1946년 10월 4일 민주주
의민족전선의 5원칙과 우익 측의 8대 기본대책을 절충하여 좌우합작 7원
칙을 결정하였다. 그리고 이를 7일에 발표하고(《동아일보》1946년 10월 8일
자), 이 원칙에 입각해서 좌우합작을 추진해 나갈 것을 천명하였다.

　한독당은 좌우합작 7원칙에 찬성하는 입장을 발표하였지만(《서울신문》
1946년 10월 9일자), 유림은 10월 5일 개최된 비상국민회의 임시상임위원회
가 좌우합작 7원칙을 거부하기로 결정하는 데 조소앙과 함께 주도적 역할
을 하였다. 독립노농당도 10월 9일 담화를 발표하여 자신들은 좌우합작위
원회에 대표를 파견한 적도 없고 비상국민회의를 지지하는바, 비상국민회
의의 결정에 따라 좌우합작 7원칙에 대해 반대한다는 입장을 밝혔다.
(《조선일보》1946년 10월 10일자)

　나아가 유림은 공산주의를 비판하고 나섰다. 조선무정부주의자총연맹
경상북도연맹과 대구시연맹은 1946년 1월 23일에 공동으로 발표한 〈선
언〉에서 공산주의자들은 소련을 조국으로 삼고 있는 자들로서, 사회의 질

서를 파괴하고 민중을 혼란에 빠뜨린 뒤, 한국을 소련의 속국으로 만들어 삼천만 민족에 영원한 굴레를 씌우려고 갖은 모략을 다 하는 제5열이라고 비난하였다. 그리고 유림은 8월 4일 좌익 삼당 합당에 부정적 입장을 나타낸 담화에서 공산주의자들은 과거에 범한 갖은 과오와 죄상으로 말미암아 대중으로부터 고립되었다고 비판하였다.(《조선일보》1946년 8월 4일자) 독립노농당에서도 10월인민항쟁의 발생 원인을 공산주의자의 모략적 선동으로 규정하는 등 공산주의를 비판하였다.(《대동신문》1946년 10월 25일자)

유림은 자주성을 강조하는 아나키즘의 정신에 따라 외세를 철저히 배제하고, 한국 민족 스스로 자주적 민주국가를 수립할 것을 역설하였다. 자주정권 수립만이 한국에서 민생 안정, 산업 부흥, 사회질서 회복 등을 비롯한 일체의 문제를 해결할 수 있다는 것이다.(《自由民報》1947년 4월 1일자) 그의 자주성 고집은 모스크바삼상회의 결정 반대, 남조선과도입법의원 반대 등으로 이어졌다.

임시정부의 임정법통론 고수로 민족통일전선 결성에 별다른 진척이 없는 상태에서 1945년 12월 27일자《동아일보》에 모스크바삼상회의의 결정이 보도되었다. 보도 내용은 모스크바삼상회의에서 소련이 한국문제 해결책으로 1국에 의한 신탁통치를 실시할 것을 주장했다는 것이다. 이에 유림柳林은 신탁통치에 대한 절대 반대를 주장하였다. 신탁통치는 독립국가 건설에 외세가 개입하는 것을 정당화하는 것으로서 한국인의 자주성을 무시하는 처사라는 것이다. 12월 28일 임시정부와 함께 신탁통치반대국민총동원위원회를 조직한 그는 김구, 조소앙, 김원봉, 조경한, 김규식, 신익희, 김붕준, 엄항섭, 최동오와 함께 장정위원章程委員으로 선출되었다.(《동아일보》1945년 12월 30일자) 그리고 신탁통치에 반대하고 통일정권을 수립하기 위하여 비상정치회의를 즉시 소집하자는(《서울신문》1946년 1월 5일자) 김구

의 제안에 따라 1월 20일 비상정치회의주비회가 개최되자, 조선무정부주
의자총연맹의 대표자격으로 이 회의에 참가하였다(《조선일보》 1946년 1월
21일자). 회의 이틀째인 1월 21일 독립촉성중앙협의회가 합류한 비상정치
회의주비회는 비상국민회의주비회로 개칭되었다.(《중앙신문》 1946년 1월
23일자) 이날 그는 이종현李宗鉉(조선민주당朝鮮民主黨), 김붕준(신한민주당新
韓民主黨), 서상일(한국민주당韓國民主黨), 권태석權泰錫(신한민족당新韓民族黨)
등과 함께 비상정치회의의 조직조례 기초위원으로 선정되었다.(《조선일
보》 1946년 1월 22일자)

하지만 조선민족해방동맹과 조선혁명당이 이승만의 합류는 부당하며
좌익이 참가하지 않은 단결은 비민주적이라면서 비상국민회의주비회를
탈퇴한 데 이어, 유림도 1월 24일 탈퇴성명을 발표하였다.(《조선일보》 1946
년 1월 26일자) 그는 자신의 탈퇴를 둘러싸고 논란이 일자, 1월 28일 기자회
견을 통해 자신은 비상정치회의에서 탈퇴한 것이 아니라, 이승만의 합류,
명칭 개정, 영수 추대 등 비민주적 행위에 대해 의견이 일치하지 않아 일시
출석을 중지한 것일 뿐이라 밝혔다(《동아일보》 1946년 1월 29일자). 그는
1946년 2월 1일에 개막된 비상국민회의에서 대의원으로 선출되었으며
(《조선일보》 1946년 2월 1일자), 노농위원(책임위원)을 거쳐 노농위원장으로
선정되었다.[58] 하지만 노농위원장으로서 한 일에 대해서 알려진 것은 없다.

비상국민회의를 비롯한 우익 세력이 반탁운동을 전개하는 가운데, 제1
차 미소공동위원회가 열렸지만, 1946년 5월 협의대상이 문제가 되어 무기
한 휴회에 들어갔다. 하지만 1946년 10월 아널드 소장이 워싱턴에서 기자

---

**58** 《조선일보》 1946년 2월 3일·14일자. 柳林은 2월 2일에 노농위원으로 선정되었다가 나
중에 상임위원회가 설치되면서 노농위원장이 되었다.

단과의 회견을 통해 미소공위 재개를 주장하고(《서울신문》 1946년 10월 15
일자) 이어서 1947년 1월 11일 하지 중장이 미소공위 재개에 관한 양군 사
령관의 서한 내용을 발표하는(《동아일보》 1947년 1월 12일자) 등 미소공위
를 재개하고자 하는 움직임이 급물살을 타자, 임시정부와 함께 신탁통치
반대운동에 앞장섰던 유림은 미소공위 재개에 대해 적극 반대하고 나섰다.
독립노농당 중앙선전부는 1947년 1월 13일 〈투쟁을 강화하자〉는 제목의
담화를 발표하여, 모스크바삼상회의 결정을 강행하려는 것은 잘못이며, 완
전한 독립을 탈환하는 최후 일각까지 전 민족이 일치하여 모든 수단을 다
할 것을 다짐하는 한편, "우리 목적을 방해하는 자는 그 세력이 얼마나 강
대할지라도 역사의 수레바퀴 밑에서 먼지가 될 것"이라고 경고하였다.(《경
향신문》 1947년 1월 15일자)

　미소공위를 재개하고자 하는 움직임이 일어나는 가운데, 1946년 12월
12일 남조선과도입법의원이 구성되었다. 이에 독립노농당은 중앙집행위
원회를 개최하여 입법의원에 대한 반대를 결의하였다.(旦洲柳林先生記念事業
會 편, 1991, 99쪽) 입법의원은 한국인의 자주성을 보장해 주지 않는다는 것
이었다. 1947년 1월 16일 임시정부가 비상국민회의를 중심으로 민족주의
진영이 신탁통치에 반대하는 내용의 공동성명서를 발표하자, 유림은 "나
는 처음부터 삼상결정은 전적으로 부인하고 입의立議(입법의원-인용자)는
배격하였다. … 세간에서 공위 속개가 독립에 유일한 길이라고 하지만 가
소로운 말이다. … 요는 조선인의 문제는 조선인에 맡겨야 하는 것이다. 비
의非議 민주의원民主議院 때에도 그렇게 하면 반드시 실패한다고 말하였다"
면서(《경향신문》 1947년 1월 16일자), 미소공위를 재개하는 것에 반대하고,
독립국가 건설에서 외세를 철저히 배격하고 한국인 스스로의 힘으로 자주
적 정부를 수립해야 한다는 것을 강조하였다. 그가 미군정이 설치한 남조

선대한국민대표민주의원과 남조선과도입법의원에 대한 반대의 입장을 표명한 것은, 그들 조직이 한국인의 자주적인 정치조직이 아니라 미군정의 자문기구에 지나지 않았기 때문이다.

독립노농당 등의 노력에도 1947년 5월 들어 미소공위가 재개되자, 독립노농당은 미소공위 반대투쟁을 더욱 적극적으로 전개하였다. 독립노농당은 임정추진회와 제휴하여 수차 회합을 거듭한 결과, 삼상 결정에 대한 기본원칙을 세우고, 6월 16일 전국혁명자대표대회준비위원회를 결성하였다.(《경향신문》 1947년 6월 18일자) 이러한 준비과정을 거쳐 8월 29일 조선연무회관에서 300여 명이 참가한 가운데 전국혁명자대표대회가 개최되었다. 대회는 유림의 개회사와 경과보고, 국내외 정세보고, 지방실정 보고 등이 있은 후, 혁명세력을 국민의회로 총집중할 것을 결의하였다.[59]

제2차 미소공위마저 실패로 끝나면서 미국과 소련의 협력에 의한 독립국가 건설은 결국 불가능하게 되었다. 미국은 소련의 반대에도 한국문제를 유엔에 상정했다. 이에 독립노농당은 1947년 9월 22일 성명을 발표하여 "조선문제를 유엔에 제출하여 탁치 없는 독립을 즉시 성취케 하자는 미국의 호의는 감사하다"면서, 유엔을 통한 한국문제 해결에 찬성하였지만, 우리 민족의 태도가 중요하다면서 유엔에 너무 큰 기대를 가지는 것에 대해서는 경계를 하였다.(《대동신문》 1947년 9월 23일자) 그리고 10월 21~22일 중앙집행위원회를 개최하여 "국제 동태의 과대한 기대보다 자력으로 완전독립을 쟁취하기 위하여 남북을 통한 민주주의 정당과 사회단체가 총연합하여, 임시헌법 선거법을 제정하여 자율적 정권을 조직하고, 질서 유지에 필요한 무력을 편성하여 남북 행정사무를 무조건 접수할 것"을 결의

---

[59] 《동아일보》 1947년 8월 30일자;《대동신문》 1947년 8월 30일자 등을 종합

하는(《대동신문》1947년 10월 26일자) 등 자력에 의한 독립국가 건설을 도모
하였다.

유림은 남한 단독정부 수립을 저지하고 남북이 통일된 국가를 건설하기
위해 노력하였다. 1947년 1월 26일 워싱턴발 AP전보는 "이승만 박사와 임
영신 여사는 남조선의 단독정부 수립이야말로 조선에 대한 국제 문제를 외
국의 원조 없이 해결하고 조선 독립을 달성할 수 있는 길이라고 아서 반덴
버그 상원외교위원장과의 회담에서 언명하였다"고 보도하였다. 이에 무정
부주의자총연맹의 우한룡은 "국제 정세로 보나 국내의 정치 역량으로 보
나 남조선 단독정부는 가능성이 없습니다. 남북통일정부라야 국민이 받아
들일 것이요, 민주주의국가들이 승인"할 것이며, 따라서 "정부는 반드시
전 민족의 통일된 의사를 토대로 세워져야" 한다면서, 단독정부 수립에 대
한 반대 입장을 분명히 하였다.(旦洲柳林先生記念事業會 편, 1991, 108~109쪽)
독립노농당 또한 1947년 4월 19~20일 중앙집행위원회를 개최하여, "군
정청 보선普選과 남조선 단정은 자주성과 통일성이 없을 뿐 아니라, 노농
대중의 복리를 보장하기 어려우므로 본당本黨은 참가하지 않는다"고 결의
하여(《경향신문》1947년 4월 20일자), 남한 단독정부 수립에 반대하는 입장
을 분명히 하였다. 이어 개최된 제1회 전당대표대회(5월 5일~7일)에서도
"군정軍政 보선普選과 남조선 단정에는 참가치 않도록 할 것", "미소공위가
탁치를 논의하는 한 참가치 않기로 할 것" 등을 결의하였다.[60] 하지만 독립
노농당의 노력에도 남한 단독정부 수립을 위한 준비는 착착 진행되어 갔
다.

미국이 한국문제를 유엔에 상정하자, 유엔에서는 유엔 감시 아래 남북

---

60  《대동신문》1947년 5월 10일자;《동아일보》1947년 5월 11일자 등을 종합

한 총선거를 실시할 것을 결정하고, 총선거를 지휘·감독할 기구로 유엔조선임시위원단을 구성하였다. 유림은 유엔 감시하의 남북한 총선거가 자주적 민주국가를 건설하는 데 유효한 방도임을 인정하고, 유엔조선임시위원단의 입국을 환영하였다. 국민의회가 '유엔위원단 내조 환영 국민대회UN委員團來朝歡迎國民大會'를 개최하기로 결정하자, 그는 대회 부회장으로 선임되어 참가하였다.[61] 또 중앙청 정무위원회를 중심으로 결성된 유엔조선임시위원단환영준비위원회에도  준비위원  자격으로  참가하여(《경향신문》 1947년 12월 13일자), 위원단 입국을 환영하는 작업을 준비하였다.

남한에서 총선 준비를 마친 유엔조선임시위원단이 입북하고자 하였으나 북한과 소련이 이를 거부하였다. 남한에서만이라도 총선거를 실시해야 한다는 흐름이 형성되자 김구와 김규식은 남한 단독선거를 막기 위하여 2월 6일 유엔조선임시위원단에 남북협상을 통한 한국문제 해결을 제의하였다.[62] 이어 유림도 2월 29일 조완구·엄항섭 등 8명과 회합하여 남한 단독선거를 보이콧하기로 의견을 모았다.(《경향신문》 1948년 3월 2일자) 그리고 3월 5일 담화를 발표하여 남한 단독정부 수립은 민족의 앞날에 먹구름을 안고 가는 길이라며 남한 단독선거에 반대하고, 늦어질지라도 협상을 통하여 독립정부 수립을 이룩할 것을 주장하였다. 유림이 주장한 남북협상은 대한민국임시정부가 주도하는 남북협상이었다.

유림이 남한 단독선거에 반대한 이유는 다음 일곱 가지였다. 첫째, 선거법 제정과 선거사무 집행이 자주적으로 되지 못했다. 둘째, 조선 전래祖先傳

---

**61** 《동아일보》 1947년 11월 29일자; 《대동신문》 1947년 11월 29일자 등을 종합

**62** 《동아일보》 1948년 2월 11일자; 《서울신문》 1948년 2월 11일자; 《조선일보》 1948년 2월 11일자 등을 종합

來의 국토를 양분한 데다가 남한에서도 최다수의 국민이 반대한다. 셋째, 극소수의 특권층이 지배하므로 농민·노동자·일반 근로대중의 복리를 보장할 가능성이 없다. 넷째, ○○○○ 형태로 중앙정부가 되지 못한다. 다섯째, 자주독립을 무기한으로 지연시키고 국토분할을 무제한으로 만성화시킨다. 여섯째, 골육상잔의 비극을 제조한다. 일곱째, 미·소 대립을 조장하여 국제전쟁을 도발한다.[63] 즉 선거 자체가 자주적이지 못할 뿐 아니라, 남한 단독선거는 통일을 바라는 우리 민족의 의사를 무시한 채 남북분단을 고정시켜, 우리 민족에게 불행을 가져온다는 것이다.

남한에서 국민의회와 민족자주연맹(이하 '민자련')을 중심으로 남한 단독선거를 막기 위한 활동을 전개하고 있는 가운데, 북한이 민족의 힘을 결집하여 통일된 독립국가를 건설할 것과 이를 위해 평양에서 남북연석회의를 개최할 것을 남한 정계에 제안하였다. 남한 정계에서는 한국민주당과 이승만 등을 제외한 주요한 여러 정당·사회단체들이 북한의 제안에 즉각 찬성을 표하였다. 국민의회와 '민자련'은 엄항섭·유림·여운홍呂運弘·홍명희·김붕준 등이 주동이 되어 여러 차례 회합을 가지고, 3월 26일 통일된 독립국가 수립을 추진할 구심체로서 통일독립운동자협의회(이하 '통협') 발기회를 조직하고 취지서를 발표하였다.[64] 이어 4월 3일 역경원譯經院에서 한독韓獨·민독民獨·근민勤民·독노獨勞·신진新進·민중동맹民衆同盟·민주한독民主韓獨·사민社民·청우靑友·건민建民 등을 비롯한 70여 정당·사회단체가 참석하여 '통협' 결성대회를 개최하였다. 결성대회는 "UN조위 업무는 UN 총

**63** 《서울신문》 1948년 3월 6일자; 《대동신문》 1948년 3월 6일자; 旦洲柳林先生記念事業會 편, 1991, 100쪽 등을 종합

**64** 《경향신문》 1948년 3월 28일자; 《조선일보》 1948년 3월 28일자; 《서울신문》 1948년 3월 28일자 등을 종합

회 원결의 정신에 위반되는 것이며, 우리 조국의 분열 공작을 가강하는 것
이니, 該해 위원단을 소환하고, 우리 문제는 민족자결원칙에 의하여 우리에
게 맡겨라"는 내용의 〈UN 총회에 보내는 항의문〉과, "민족의 통일을 조속
히 실현하기 위하여 남북회담을 전 민족적으로 지지하며 일체 원조운동을
전개하자"는 내용의 〈남북협상 추진 결의문〉 등을 가결하였다. 유림은 결
성대회에서 개회사를 하였으며, 홍명희·조소앙 등과 함께 간사로 선임되
었다.[65] 이후 그는 4월 11~12일에 개최된 국민의회 제45차 정기회의에서
의장에 선임되었다.(《조선일보》1948년 4월 15일자)

유림은 '통협'을 통해 통일국가를 수립하기 위해 노력하였으나, 별다른
성과를 거두지 못한 가운데 4월 20일 평양에서 남북연석회의가 열리게 되
었다. 하지만 그는 참가를 거부하였다. 나아가 4월 19일 남북연석회의에
참가하려는 김구의 옷깃을 잡고 적극적으로 만류하였다. 남북협상은 이 나
라의 수도인 서울에서 개최함이 바른 길이며, 평양에 가면 공산당의 전략
전술에 말려들 뿐이라는 것이었다.(旦洲柳林先生記念事業會 편, 1991, 100·113
쪽) 김구의 남북연석회의 참가를 계기로 그는 김구와 갈라섰다. 4월 24일
독립노농당은 담화를 발표하여, 수뇌부는 남북협상을 추진하기 위하여 북
행北行하고 있는데, 하부에서는 남한 단독선거에 출마하는 행위는 민중을
속이는 것이라고 한독당의 행태를 비판하였다.[66]

독립노농당은 5월 6일 대표 171명이 참가한 가운데 제2차 전당대회를
개최하여 남한 총선거·전정연석회의全政連席會議·'통협' 등 당면 문제에 대

---

**65** 《서울신문》1948년 4월 4일자;《조선일보》1948년 4월 4일·6일자;《경향신문》1948
년 4월 6일자 등을 종합

**66** 《동아일보》1948년 4월 24일자; 旦洲柳林先生記念事業會 편, 1991, 100쪽 등을 종합

해 토의하고 부서를 개편하였다.(《경향신문》1948년 5월 8일자) 전당대회는 남북연석회의를 지지할 수 없다는 것을 천명하였다. 그 이유는 남북연석회 의가 공산당 독재의 내용으로 진행되었고, "남조선 반동분자들이 미소공 위사업을 방해하여 조선의 독립을 지연시켰다"(《조선정세에 관한 결정서》) 라든지, "모스크바 삼상 결정은 조선 독립을 보장하는 헌장이다. 우리는 이 것을 옹호하기 위하여 호소한다"(《동포에게 고하는 격문》)고 한 것은 독립 노농당의 노선과 직접 충돌되기 때문이라 하였다.[67]

유림과 독립노농당의 비판에도, 한독당과 '민자련'은 6월 1일 김구와 김규식의 회담 이후 연석회의를 개최하여 통일독립운동을 구체적으로 어 떻게 전개할 것인지를 토의하였다. 유림은 남북연석회의에 참가한 인사들 에 대하여 '공산당 제5열' 운운하면서, 한독당과 '민자련'의 연석회의 참 석을 거부하였다. 독립노농당은 6월 2일 중앙상무위원회의를 개최하여, "'통협'을 개조하여 강화하되, 평양 회의파에게 영도권이 장악되면 우리 당은 '통협'에서 탈퇴하기로 한다"고 결정했다. 독립노농당의 반대 속에 한독당과 '민자련'은 연석회의를 거듭하여, '통협' 대표자대회를 6월 27일 에 개최하기로 결정하였다. 이에 대해 유림은 6월 24일 개최된 '통협' 회의 에서 "양 김씨를 비롯한 협상파를 주동으로 하는 '통협'에는 독노당獨勞黨 계열은 참가치 않는다"면서 두 김씨를 주석과 부주석으로 추대하는 것에 반대하는 등 김구와 김규식의 '통협' 재편성 기도에 제동을 걸었다. 결국 '통협' 대표자대회는 무기한 연기되었다.[68] 한독당과 '민자련'은 남북통일

---

**67** 〈성명서〉(독립노농당 선전부)

**68** 《서울신문》1948년 6월 2일·26일자; 《경향신문》1948년 6월 26일자; 《조선일보》 1948년 6월 2일·26일자; 〈성명서〉(독립노농당 선전부) 등을 종합

운동을 전개할 기구를 설치하기 위하여 7월 4일 연석회의를 개최하였는데,
이 회의에서는 '통협' 전국대회 소집의 안건은 유림 한 사람이 좌우할 바가
아니라며, 우선 조속히 '통협'대회를 소집하기로 결정했다.(《동아일보》
1948년 7월 7일자)

유림이 한독당과 '민자련'의 연석회의에 참가를 거부한 것은 그들이 남
북연석회의에 참가하였기 때문이다. 그는 7월 2일 담화를 발표하여 '통협'
대표자대회가 연기된 것은 전적으로 한독당과 '민자련'의 책임이라면서,
"삼상 결정 옹호를 호소한 전제專制적 영도는 받기 싫다"고 천명하였다.
(《경향신문》 1948년 7월 3일자) 나아가 8일에는 남북연석회의에 참가하여,
모스크바삼상회의 결정을 옹호한 자들이 전권專權으로 '통협'을 지배하여
통일탁치운동자협의회로 변질시키고자 책동하고 있다고 비판하는 내용의
성명서를 발표하였다. 그는 이 성명서에서 통일운동은 해야 할 것이나, 무
원칙한 행동은 혼란과 불행을 초래할 뿐이라고 주장했다. 또 김구와 김규
식은 공산당을 선택 수단으로 포용할지라도 자신은 공산당 5열에 징용될
수 없다면서, 김구와 김규식은 남북연석회의에 참가함으로써 객관적으로
탁치 주장자의 승리를 조장한 데 대해 잘못을 인정해야 한다고 강조했다.[69]

이상에서 살펴본 바와 같이 해방공간에서 유림은 단계혁명론적 입장에
서 자주적 민주국가 건설운동을 전개하였다. 자주적 민주국가를 건설하는
과정에서 임정법통론을 견지하고 임시정부와 함께 행동하였다. 이는 결국
아나키스트들이 독자적 세력을 형성하지 못하고 우익 속에 편제되어, 아나
키즘이 제3의 사상으로서의 지위와 역할을 상실하게 되는 하나의 요인이
되었다.

---

**69** 《동아일보》 1948년 7월 10일자; 《경향신문》 1948년 7월 10일자 등을 종합

## 2) 분단정부 수립 이후의 활동

　유림과 독립노농당의 노력에도 통일된 자주적 민주국가가 수립되지 못
하고 분단정부가 수립되었다. 한독당과 갈라선 독립노농당의 위상도 추락
하고 말았다. 1948년 5월 6일 제2차 전당대표자대회는 당의 단독선거 반대
결정을 어기고 무소속 또는 사회단체 소속으로 5·10선거에 출마하였던,
당선자를 포함한 당원 30여 명 전원을 제명하기로 결의함으로써 독립노농
당의 당세는 급격하게 약화되었다.[70] 이에 유림은 시대가 한낱 인간 본위의
정치활동을 허락하지 않는 것으로 판단하고, 계몽과 조직을 통한 대중운동
을 전개하기로 하였다.(《국제신문》 1948년 9월 23일자) 그것은 한국 사회의
민주화를 가로막고 있는 가장 큰 장애물은 민주에 대한 민중의 몰이해와
실망이라는[71] 인식에 근거하였다. 즉 계몽으로 민중들의 민주 의식을 고양
시켜야만 한국사회의 민주화가 가능하고, 나아가 아나키스트사회도 건설
할 수 있다는 것이다.

　이리하여 유림은 독립노농당의 노선을 현실 정치에 참가하는 것으로 변
경하여, 정치권 안에서의 활동을 통한 남한 사회 민주화를 모색하였다.
1948년 12월 12일 제3차 유엔 총회에서 대한민국을 합법적 정부로 승인하
는 등 이승만 정권이 국내외적으로 기반을 확보해 나갔다. 이에 독립노농
당은 1949년 5월 7일~8일 제3차 전당대표자대회를 개최하여, 단정이 수

---

**70**　旦洲柳林先生記念事業會 편, 1991, 100~101·114쪽. 5·10선거에서 독립노농당계 당
　　선자들은 이우출(대구), 조경구(경산), 鄭濬(무소속, 김포), 申鉉商(무소속, 公州), 陸洪均
　　(독립촉성회, 善山), 崔錫洪(청년회, 榮州), 張洪琰(한민당, 務安) 외 9명이었으며, 기타 동
　　조자들을 합치면 29명으로 이들만으로도 원내 교섭단체를 구성할 수 있는 수준이었다
　　한다.

**71**　〈취지서〉(旦洲柳林先生記念事業會 편, 1991, 122쪽)

립된 이상 의회에 참가하여 투쟁할 것을 결의하였다.(旦洲柳林先生記念事業會 편, 1991, 101쪽) 유림도 종전의 이념과 방법을 시비할 필요가 없다면서(《국제신문》 1948년 9월 23일자), 1950년 4월 11일 5·30선거에 참가한다는 내용의 성명서를 발표하였다(《서울신문》 1950년 4월 13일자). 통일선거의 가망이 없으니 남한에서만이라도 민주주의를 실천하여야 한다는 것이다.(서울특별시경찰국사찰과 편, 1955, 86쪽) 이에 따라 5·30선거에 50명 이상 출마하였으나, 한 명도 당선되지 못하였다.(旦洲柳林先生記念事業會 편, 1991, 102쪽) 유림도 연고지인 경북 안동2구에 입후보하였으나 낙선하고 말았다.[72]

　5·30선거에 출마하였다가 낙선한 유림은 반이승만정권투쟁에 앞장섰다. 1950년 6월 30일 무렵 서울 사수를 언명해 놓고 몰래 피란한 이승만 정권을 공개적으로 비난하였던(김재명, 1986, 405쪽) 그는 1952년 부산정치파동이 일어나자 반이승만정권투쟁을 전개할 것을 야당 각파와 재야인사들에게 호소하고, 한국민주주의자총연맹을 조직하고자 시도하였다(旦洲柳林先生記念事業會 편, 1991, 120쪽).

　6·25전쟁으로 당이 치명적 타격을 받자, 유림은 파괴된 당 조직을 재정비하기 위한 작업에 착수하였다. 6·25전쟁 직후 특무대에 잡혀가 3개월 동안 곤욕을 치른 그는 대구로 내려가 북성로에 독립노농당 당사를 설치하고, 이를 거점으로 1952년 10월 3일 경북지구특수위원회를 조직하였다. 이어 성주, 영덕, 안동, 경주, 군위, 의성, 영천, 영주, 예천, 상주, 선산, 달성, 칠곡, 고령, 영양의 순서로 지방조직을 확대하였다. 그 결과 1955년 9월 현

---

**72**　김재명, 1986, 404쪽. 유림은 1958년 5월 2일의 4대 국회의원 선거에도 대구 2구에서 출마하였으나 겨우 1,427표를 얻었을 뿐이었고, 1960년 7·29선거에서 혁신동지총연맹의 공천으로 안동 을구에 입후보하였으나, 또 다시 낙선의 쓴잔을 마셨다.(김재명, 1986, 405쪽)

**사진 8-2** 부산에서 3개월 동안 징역을 살다가 6·25전쟁 직후 출옥한 유림

재 대구를 비롯한 경북도내 일원에 엄격한 심사를 거친 당원 237명을 확보
하였다.

경남지역에서 조직사업도 펼쳤다. 경남지구특수위원회를 결성하기 위
하여 이홍주李弘周, 안병준安秉駿 두 조직부 위원을 경남지구로 파견하였다.
두 위원은 부산, 마산, 고성, 창원, 함안, 함양 등지를 순회, 30여 명의 동지
를 규합하여 부산의 조주흠趙柱欽, 함안의 하태환河泰煥, 창원의 손조동孫助同
등과 경남특위 조직에 협력했다. 학생들에 대한 조직사업도 전개하여 두
개의 서클을 결성하였다.(旦洲柳林先生記念事業會 편, 1991, 124~125쪽)

독립노농당은 1954년 당사를 서울 중구 광희동으로 옮겨서 당무를 보
기 시작하였다. 1956년 5월 5일에는 제4차 특수전당대회를 개최하여 천도
교 교령 이동락李東洛, 탑골공원에서 3·1독립선언서를 낭독한 정재용鄭在鎔,
청주 의병대장 한봉수韓鳳洙 외 다수를 영입하고, 민족통일운동의 나아갈
길을 밝혔다. 그리고 9월에는 대학생들을 대상으로 서울특위(위원장 유제

충)를 결성하였다.(旦洲柳林先生記念事業會 편, 1991, 103~104쪽)

　조직재정비사업을 통하여 독립노농당은 1956년부터 봄부터 점차 제 모습을 회복하였지만(旦洲柳林先生記念事業會 편, 1991, 125쪽), 눈에 띄는 활동을 전개하지는 못하였다. 그러다가 1960년 4·19민주항쟁이 일어나자, 유림은 4월 28일 시국에 관한 담화문을 발표하여 "진정한 민주가 실현될 때까지 우리가 일치단결로 공동투쟁"할 것을 제창하면서, 당면과업으로 다음을 제시하였다.(旦洲柳林先生記念事業會 편, 1991, 135쪽)

一. 이기적利己的 필요로 이승만 독재를 부식·조장해 놓고, 그 야망을 여의如意히 만족시키지 못함에서 불평을 호소하는 부류部類가 이승만 독재를 계승하거나, 정치 시승政治市僧들이 의혈의 대가를 도절횡취盜竊橫取하지 못하게 할 것

一. 이번 투쟁의 근본 의의가 부정선거의 규미糾彌에 그치는 것이 아니므로, 재임再任되는 질서는 정치문제에 한정하지 말고, 제반 문제에 걸쳐서 목전目前의 미봉책을 버리고 장래를 고려할 것

一. 어느 당파나 계급의 승리가 아니므로 모든 대책에 일임하지 말고, 이번 투쟁의 공로자들을 비롯하여 광범한 각 방면으로 거족적 의견을 수용·채택할 수단을 취할 것

一. 성격의 여하를 막론하고 외세의 영향을 방지할 것

　위에서 보는 바와 같이 유림은 당면과업으로 보수 세력의 재집권 방지와 이승만 독재체제의 구조적 극복, 그리고 새로운 사회 건설에서 외세의 철저히 배제할 것을 제기하고 있다. 하지만 4·19라는 혁명적 상황이 도래하였음에도 제도적 개혁만을 추구하였을 뿐, 혁명공간을 활용한 아나키스트사회 건설 방책은 하나도 제시하지 않았다. 즉 민주사회 건설이라는 테

두리에서 벗어나지 못하였다.

유림은 혁신세력 통합에 주력하였다. 그는 정화암·권오돈權五惇·조경한·김창숙·장건상·김학규金學奎 등과 함께 1960년 5월 12일 성명서를 발표하여, 혁신세력의 일치단결을 호소하면서 혁신동지총연맹을 발기하였다. 이 성명서는 이승만 독재정권의 잔당들이 회생回生을 망상하면서 온갖 흉계를 꾸미는 등 "국가의 운명이 또다시 구겁求刦의 세륜洗淪에 임박한 위기를 당하"고 있다면서 "민족의 정기를 방위하고, 정치·경제·문화 등등 국민의 생존과 발전에 관련되는 모든 면에서 시대와 환경에 적합한 새 기구와 새 인재로써 이 땅에 참된 민주체제를 확립하여, 남북통일을 빨리 성취하고 지름길로 뛰어가 선진 제국 앞에 나설 목적으로 혁신동지총연맹을 조직한다"고 연맹 발기의 취지를 밝혔다.[73] 그가 혁신세력 통합에 나선 것은 "국가의 완전 독립을 성취함이 현 단계에서 우리의 유일한 역사적 임무"이며, 그 임무를 완수하기 위해서는 전 민족의 일치단결이 필요하다고 보았기 때문이다.[74]

혁신동지총연맹결성준비위원회(최고위원 : 유림, 장건상張健相, 권오돈權五惇, 박석홍, 최천택崔天澤)는 1960년 5월 27일 〈선언문〉을 발표하여 과도정부가 "반혁명세력 재기再起의 방지를 기본으로 한 혁명질서 유지 임무와, 혁명 성격을 가진 제2공화국 건설 준비에 관한 초당파적 봉사의 책임을 완수치는 못하"고, 오히려 혁명적 활동을 제재制裁하고 있기 때문에, 이승만 정권의 잔재 세력이 제2공화국 정권에 참여할 계획을 공공연히 전개하고 있다고 지적하였다. 민주당에 대해서도 비판하였다. 즉 이승만에게 "국부

---

**73**  〈성명서〉(혁신동지총연맹 발기인대표)(旦洲柳林先生記念事業會 편, 1991, 136~137쪽)

**74**  〈성명서〉(혁신동지총연맹 발기인대표)(旦洲柳林先生記念事業會 편, 1991, 136쪽)

國父의 망칭妄稱을 봉택奉宅하고, 독재 기구를 조작진상造作進上하며, 권력을 분여分與받아 독재를 조장하는 한편, 동포를 기탄없이 억압 착취 도살하였던" 민주당이 "민주주의를 독점하고 애국애족을 전매하"면서, "4월혁명을 자가 제품自家製品처럼 망상하고, 제2공화국을 장수물掌手物로 여기면서, 이 정권이 가졌던 권익을 차례로 점령하"고 있다는 것이다. 그리고 "애국자, 혁명 청년, 노농 대중, 양심적 지식인들과 초당파적으로 총연결하여 공동 투쟁으로써 모든 반혁명, 사이비 혁신" 등을 타파하고, "우리 국민의 생존 번영에 필요한 모든 면에서 자유, 평등, 박애를 기본으로 새로운 국가시책을 재편성하여, 밖으로 국가의 완전 독립을 회복하고, 안에서 자유행복한 새 사회를 건설"할 것을 천명하였다.(旦洲柳林先生記念事業會 편, 1991, 138~139쪽)

나아가 유림은 1960년 9월 10일 혁신동지총연맹, 독립노농당, 한독당, 한국사회당, 사회대중당 등 5당 합당을 주장하였다. 파쇼와 나치를 제외하고 진보된 민족주의자와 각종 종교 사회주의를 포함한 모든 비맑스 사회주의자들을 총집결하여 자유사회주의 집단인 통합 신당을 결성하자는 것이었다. 그리고 이 통합 신당을 중심으로 "필승의 준비가 완료된 위에 민주 대한의 자주 계획과 'UN'의 우호적 협조로써 인구 비례로 진정한 자유 총선거를 실시"하여, 통일된 국가를 건설할 것을 주장하였다.(旦洲柳林先生記念事業會 편, 1991, 141쪽)

그러나 혁신세력 통합체의 근본이념을 무엇으로 할 것인지에 대한 논란이 일어났다. 유림은 민주사회주의를 거부하고 이념상으로 아나키즘을 고집하였다.(旦洲柳林先生記念事業會 편, 1991, 269쪽) 이념상의 순수성을 고집함으로써 그는 혁신세력 통합에 동참할 수가 없었다. 이는 개혁의 필요성을 인정하는 현실인식과도 모순되는 것이었다. 결국 혁신세력 통합은 실패하였고, 민주사회주의를 표방하던 혁신계의 주류는 사회대중당으로 옮겨 갔다.

유림은 외국 아나키스트들과의 국제적 교류도 모색하였다. 그는 1949 년 10월 1일 파리에서 개최된 세계 아나키스트대회에 조선무정부주의자 총연맹 대표로 초청을 받았으나, 출국 승인이 나지 않아 참석하지 못하였 다 (日洲柳林先生記念事業會 편, 1991, 101쪽) 그리고 국제 아나키스트계 기관지 《평화》를 통하여 한국 아나키스트를 원조해 줄 것을 요청하는 메시지를 발 표하기도 하였다.(서울특별시경찰국사찰과 편, 1955, 86쪽)

결국 유림은 분단정부 수립 이후 현실을 인정하고 정치권 안에서의 활 동을 모색했으나, 별다른 성과를 거두지 못하였다. 4·19민주항쟁이라는 혁명적 상황을 맞이하여서도 아무런 준비도 하지 못한 상태였기에 혁명공 간을 전혀 유용하게 활용하지 못하였다. 그리하여 자신의 소망인 아나키스 트사회 건설을 위한 기초도 닦지 못한 채, 1961년 4월 1일 집 마당에서 나 무를 심다 심장마비로 사망하였다(김재명, 1986, 406쪽).

### 맺음말

유림은 일제강점기에 교육활동을 하다가 조선공산무정부주의자동맹 사건에 연루되어 옥고를 치렀으며, 석방된 이후 임시정부에 참가하였다. 임시정부 참가는 자율적 정부는 인정한다는 그의 국가·정부관에 따른 것 이었다. 그는 해방 이후에도 이러한 국가·정부관을 견지하면서 독립국가 건설에 나섰다. 그리고 혁명적 상황에서 아나키스트사회를 건설하기에 좋은 여건을 만들기 위해서는 헤게모니를 장악할 필요가 있다는 판단 아래 정당까지 결성하였다.

하지만 유림의 국가·정부관은 아나키즘 본령에서 일탈한 것이었다. 단계혁명론적 입장에 근거한 그의 일탈된 국가관은 그로 하여금 해방공간에서 임시정부 세력과 함께 행동하게 만들었고, 아나키스트의 독자 세력화에 소극적이게 만들었다. 이는 아나키즘이 제3의 사상의 지위를 상실하는 것으로 이어졌다.

분단정부 수립 이후 유림의 아나키즘은 더욱 그 본령에서 일탈되어 갔다. 그는 부르주아민주주의 체제를 인정하고 그 속에서 개량을 도모하였다. 그럼에 따라 아나키즘은 공산주의를 대신하여 혁명사상으로서 한국 현대사상계를 이끌어 갈 수 있는 기회를 상실하고 말았다. 결국 본령에서의 일탈이 한국 아나키즘으로부터 혁명성을 거세하였던 것이다.

더구나 본령에서의 일탈은 한국 아나키스트들을 사상적 파탄으로 몰고 갔다. 이정규·이을규·정화암 등을 비롯한 일부 아나키스트들은 1950년대 중반부터 민주사회주의로 전향하였다. 한국적 상황에서 민주사회주의가 아나키즘에 가장 근접하다는 것이 그 이유였다. 사상적 파탄은 독립노농당 관계자들에게도 나타났다. 유림은 이념적으로나마 아나키즘을 고집하였지만, 유림 사망 이후 독립노농당 관계자들은 박석홍의 주도 아래 군사독재 세력이 건설한 민주공화당에 흡수되었다. 강권에 반대하는 아나키스트들이 강권조직에 참가하는 기현상이 벌어진 것이다. 이리하여 한국에서는 아나키스트운동이 소멸하고 말았다.

제3의 사상의 소멸은 한국의 현대사상계의 황폐화로 이어졌다. 흑백논리가 판을 치는 가운데 진보세력은 용공분자로 몰려 탄압을 받았고, 부르주아 체제에 대한 어떠한 비판도 허용되지 않았다. 한국 현대사상계가 더욱 풍성해지기 위해서는 아나키즘을 비롯한 제3의 사상이 흥기해야 한다. 아나키즘이 제3의 사상으로서의 위상을 회복하기 위해서는 그 본령을 되찾아야 할 것이다.

# 참고문헌

## 1. 자료

《경향신문》《국제신문》《대동신문》《동아일보》《서울신문》《조선일보》《중앙신문》
　《앞길》42기(1945. 6. 1)

《우리통신》제6호(국사편찬위원회 편, 1998《중국내한국근현대관계자료》, 국사편찬
　위원회에 수록)

《自由民報》1947년 4월 1일자(초록 필사본)

《자유연합》창간호(1946. 4. 1), 자유연합사

《自由聯合新聞》第63號(1931. 10. 10)・第76號(1933. 1. 10), 全國勞動組合自由聯合會
　(1975년 自由聯合・自由聯合新聞復刻版刊行會에서 복각)

　〈개인 및 단체 경력서〉(방한상, 1966. 10)

〈결당선언〉(독립노농당, 1946. 7. 7)(旦洲柳林先生記念事業會 편, 1991《旦洲 柳林 資
　料集(1)》에 수록)

"柳華永에 대한 고등법원 형사부의 판결문"(昭和八年刑上第七十三號)

〈발기취지서〉(독립노농당, 1946. 5. 5)(旦洲柳林先生記念事業會 편, 1991《旦洲 柳林
　資料集(1)》에 수록)

《北京天津附近在住朝鮮人ノ狀況報告書進達ノ件》(機密第123號, 在支那特命全權公使 芳澤
　謙吉―外務大臣男爵 幣原喜重郎, 1925. 3. 20)[국사편찬위원회 편,《국외 항일운동
　자료》(http://db.history.go.kr/)에 편철]

〈선언〉(조선무정부주의자총연맹 경상북도연맹・대구시연맹, 1946. 1. 23)(《정경문
　화》1983년 7월호에 수록)

〈성명서〉(무정부주의자경남대회)(《자유연합》창간호, 자유연합사에 수록)

〈성명서〉(독립노농당 선전부)《경향신문》1948년 7월 8일자

〈성명서〉(혁신동지총연맹 발기인대표, 1960. 5. 12)(旦洲柳林先生記念事業會 편,
　1991《旦洲 柳林 資料集(1)》에 수록)

〈有力不逞鮮人の動靜〉(姜德相 편, 1977《現代史資料》27, みすず書房에 수록)

〈自大正11年至昭和10年內地及朝鮮ニ於ケル社會運動等ノ槪況對照(2)〉,《思想彙報》 第9
　號(1936. 12), 朝鮮總督府高等法院檢事局思想部

"조선공산무정부주의자동맹 사건에 대한 판결문"(1933年 刑控第146號・147號・148號)
　(한국역사연구회 편, 1992《일제하사회운동사자료총서》12, 고려서림에 수록)

〈취지서〉(한국민주주의자총연맹)(旦洲柳林先生記念事業會 편, 1991《旦洲 柳林 資料集

(1)》에 수록)

〈韓國各革命黨擁護第36屆議會宣言〉《獨立評論》(1944. 4. 24)(추헌수 편, 1971《資料 韓
國 獨立運動》1, 연세대학교출판부에 수록)

葛懋春·蔣俊·李興芝 編, 1984《無政府主義思想資料選》上·下, 北京人民大學出版社

姜德相 편, 1977《現代史資料》27, みすず書房

慶尙北道警察部 編, 1934《高等警察要史》(1970년 張基弘 씨가《폭도사편집자료》와 합
본해서 영인)

국사편찬위원회 편, 1970《한국독립운동사 자료》1, 국사편찬위원회

국사편찬위원회 편, 1978《일제침략하 한국 36년사》13

국사편찬위원회 편, 1998《중국내 한국 근현대 관계 자료》, 국사편찬위원회

권오돈, 〈단주의 생애와 사상〉(旦洲柳林先生記念事業會 편, 1991《旦洲 柳林 資料集(
1)》에 수록)

김산·님 웨일즈(조우화 역), 1999(개정증보판)《아리랑》, 동녘

김창숙, 〈자서전〉(心山思想研究會 편, 1985《김창숙》, 한길사에 수록)

김학준 편집해설·이정식 면담, 1988《혁명가들의 항일회상》, 민음사

旦洲柳林先生記念事業會 편, 1991《旦洲 柳林 資料集(1)》

대한민국국회도서관 편, 1974《대한민국임시정부 의정원 문서》, 대한민국국회도서관

大韓民國國會圖書館 編, 1979《韓國民族運動史料》三一運動篇 其三, 大韓民國國會圖書館

독립운동사편찬위원회 편, 1972《독립운동사》4, 독립유공자 사업기금 운용위원회

류원식, 1971〈나의 아버지 柳林〉,《세대》3월호

서울특별시경찰국사찰과 편, 1955《사찰요람》(1994년 서울대학교 한국교육사고에
서 〈한국정당사〉와 합본해서 영인)

心山思想研究會 편, 1985《김창숙》, 한길사

楊昭全 等編, 1987《關內地區朝鮮人反日獨立運動資料彙編》上·下冊, 遼寧人民出版社

이을규, 1963《시야 김종진선생전》, 한흥인쇄소

정화암, 1982《이 조국 어디로 갈 것인가-나의 회고록》, 자유문고

朝鮮總督府警務局 編,《最近における朝鮮治安狀況-昭和 8年》(1966년 巖南堂書店에서 昭
和 13년分과 함께 묶어서 復刊)

중앙선거관리위원회 편, 1965《정당의 기구기능과 정강정책·당헌 등》, 중앙선거관리
위원회

崔甲龍, 1995《어느 혁명가의 일생》, 이문출판사

추헌수 편, 1971《資料 韓國 獨立運動》1, 연세대학교출판부

한국역사연구회 편, 1992《일제하사회운동사자료총서》12, 고려서림

## 2. 연구성과

김성국, 2001 〈단주 유림과 한국아나키즘의 독자성〉, 《사회조사연구》 16권, 부산대
　　학교 사회조사연구소

김성국, 2003 〈유자명柳子明과 한국 아나키즘의 형성〉, 《한국사회사상사연구》(화양
　　신용하교수정년기념논총간행위원회 편), 나남

김재명, 1986 〈柳林 선생의 憂國魂〉, 《政經文化》 1월호, 한국정경연구소

김희곤, 2001 〈旦洲 柳林의 독립운동〉, 《한국근현대사연구》 18, 한울

대한민국독립운동공훈사발간위원회 편, 1984 《대한민국독립운동공훈사》

무정부주의운동사편찬위원회 편, 1994(2쇄) 《한국아나키즘운동사》, 형설출판사

박환, 1993 〈조선공산무정부주의자연맹의 결성〉, 《국사관논총》 41, 국사편찬위원회

오장환, 1998 《한국 아나키즘운동사 연구》, 국학자료원

이호룡, 2003 〈해방 이후 아나키스트들의 조직과 활동〉, 《한국근현대연구》 24집

정인식, 2001 〈해방공간에서의 단주 유림의 정치활동과 독립노농당〉, 《단주 유림선
　　생 제40주기 추모 공훈 선양 대학술강연회 발표논문집》

하기락, 1993 《자기를 해방하려는 백성들의 의지》, 신명

# 맺음말

이상의 연구를 통해 다음의 사항을 확인할 수 있었다. 첫째, 일제강점기 한국인들이 수용한 아나키즘은 아나코코뮤니즘, 아나르코생디칼리슴, 개인주의적 아나키즘, 허무주의적 아나키즘 등 매우 다양한 조류를 포괄한 가운데, 아나코코뮤니즘과 아나르코생디칼리슴이 점차 주류를 형성하였지만, 한국인 아나키즘의 내용이나 아나키스트운동의 양상은 지역에 따라 약간의 차이가 존재했다. 일본과 국내에서는 테러 및 선전활동과 노동운동을 중심으로 아나키스트운동이 전개되었지만, 중국에서는 테러 및 선전활동과 혁명근거지건설운동이 주로 전개되었다. 신채호, 류기석, 류자명 등은 '테러활동→민족전선운동'으로 이어지는 흐름을, 이회영과 이정규 등은 '이상촌건설운동 →농민자위운동→민족해방운동기지 건설운동'으로 이어지는 혁명근거지 건설운동의 흐름을 형성하였다. 재중국 한국인 아나키스트들은 아나르코생디칼리슴을 거의 받아들이지 않았다. 그것은 중국에는 국내나 일본과는 달리 한국인 노동자사회가 형성되지 않았던 것과 관련이 있는 것으로 보인다. 한국인들이 중국 노동자를 대상으로 노동운동을 펼치기는 쉽지 않았을 것이다. 중국에서는 노동운동 대신 혁명근거지 건설운동이 전개되었다. 그것은 국내와 일본에서와는 달리 일제의 폭압을 직접 받지 않는 상대적으로 자유로운 공간이 있었기 때문에 가능했던 것으로 사료된다. 이처럼 각 지역의 객관적 상황의 차이에 따라 수용하는 아나키즘의 내용이나 방법론에는 약간의 차이가 있었다.

둘째, 신채호와 이회영의 예에서 볼 수 있듯이 한국 아나키스트들은 사회진화론을 극복하는 과정에서 유교적 소양을 바탕으로 아나키즘을 수용하였다. 물론 정태신[1]의 경우처럼 유교적 소양보다는 일본 아나키스트들이나 중국 아나키스트들의 직접적인 영향 아래 아나키즘을 수용한 사람들도 있었다.

셋째, 박렬의 예에서 보는 바와 같이 수용 초기 한국인들의 아나키즘은 개인주의적 아나키즘의 요소도 상당 부분 지니고 있었다. 한국인 아나키스트들이 테러활동을 활발하게 펼친 것도 이 개인주의적 아나키즘과 관련이 있는 것으로 보인다.

넷째, 한국 아나키스트들은 제국주의에 저항하는 과정에서 아나키즘을 수용하였으며, 그 결과 일부 아나키스트들은 민족주의적 경향을 상당히 강하게 띠고 있었다. 이는 아나키즘 본령에서 일탈하게 되는 요인이 되기도 하였다.

다섯째, 한국 아나키스트들의 공산주의에 대한 과도한 대립의식은 그들로 하여금 민족주의자들과 합작하게 만들었고, 해방 이후 극심한 좌우 대립 속에서는 우익 세력에 편재되기까지 하였다. 이는 아나키즘 본령에서의 일탈을 넘어 사상적 파탄으로까지 이어졌다. 한국인 아나키스트들의 사

---

1  정태신은 1914년에 일본 아나키스트들의 지원 아래 조선인친목회를 결성하여 아나키즘을 연구하고, 1921년 흑도회 설립에 참가하는(이호룡, 2001, 70~71쪽) 등 아나키즘 수용에 선구적 역할을 하였다. 그는 아나키즘 수용기 연구에 상당히 중요한 인물이지만, 이 책에서는 다루지 못했다. 그가 1923년 공산주의단체 북성회 전국 순회강연차 귀국했다가 8월 13일 부산에서 익사하는 바람에 그의 사상과 활동에 관한 자료가 거의 남아 있지 않기 때문이다. 정태신에 관한 연구는 뒷날을 기약한다.

상적 파탄은 한국 아나키즘이 지니고 있던 내적 모순에 기인하겠지만, 살아남기에 급급한 나머지 사상적 순결을 지키는 데 소홀하였기 때문이기도 할 것이다.

일제강점기 한국인 아나키스트들은 민족주의자, 공산주의자 등과 함께 민족해방운동을 이끌었다. 하지만 1930년대 후반 이후 점차 아나키즘 본령에서 일탈하기 시작하였고, 해방 이후 사상적 파탄으로까지 나아가면서 점차 역사 무대에서 사라져 갔다. 아나키즘이 다시 세인들의 관심을 끌기 시작한 것은 1980년대 후반 민주화운동이 거세게 일어나고, 소련과 동유럽 등의 사회주의권이 붕괴되면서부터이다. 민주화운동이 진전되면서 사상의 폭이 넓어지고, 맑스레닌주의에 대한 지식인들의 관심이 늘어났다. 그러한 가운데 지금까지 외면당해 온 아나키즘에 대한 관심도 늘어났다. 사회주의권이 붕괴되면서는 맑스레닌주의를 대체할 사상의 하나로 부각되기도 했다. 아나키즘이 지니고 있는 민주주의적 요소에 사람들이 주목한 것이다.

지금은 전 세계적으로 민주주의가 확장되어 가는 시기이다. 우리 사회도 1987년 6월민주항쟁 이후 정치적 민주화가 진행되었고, 민주주의 문화가 곳곳에 뿌리를 내리기 시작했다. 민주주의와 가장 잘 결합할 수 있는 사상은 바로 아나키즘이다. 직접민주주의 시행, 지방분권화, 수평적 인간관계 수립, 개인의 자율성·자주성 보장, 차별 철폐와 차이 인정, 소수 의견 존중 등은 아나키즘이 내세우고 있는 의제들이다. 강권을 배척하고 개인의 절대적 자유와 자주성을 강조하는 아나키즘적 원리가 현재 우리 사회 곳곳에서 작동하고 있다. 아나키즘에 대한 연구는 우리 사회에 민주주의를 심화시키는 데 많은 시사점을 줄 것이다.

이 책에서는 새로운 자료를 발굴하여 기존 연구의 오류를 시정하거나

한국 아나키스트운동에서 상당히 중요한 역할을 한 인물을 새로이 발굴하
는 등의 성과를 거두었지만, 자료상의 문제로 다양한 인물들에 대한 연구
를 진행하지 못하는 등 한계를 안고 있다. 우선 국내와 일본에서 전개된 아
나키스트운동의 각각의 흐름을 대표하는 인물들에 대한 연구가 부족하다.
국내 아나키스트로는 방한상, 이은송, 안봉연 등, 재일본 한국인 아나키스
트로는 정태성, 오우영, 최학주 등에 대한 연구가 필요하다.

아나키즘 수용기의 인물들에 대한 연구도 부족하다. 이로 말미암아 아
나키즘 수용 경로의 다양성을 파악하지 못하였다. 다양한 아나키즘 수용
경로를 비교분석할 필요가 있다. 국내에서 아나키즘을 수용한 경로를 파악
하려면 장도원, 고순흠, 신재모 등에 대한 연구가 필요하고, 일본의 경우 정
태신, 한광수, 손명표 등에 대한 연구가 필요하다. 김가봉과 김성도에 대한
연구는 재중국 한국인들의 아나키즘 수용경로의 다양성을 밝혀줄 것이다.
이들에 대한 연구는 다음 기회로 미룬다.

# 찾아보기

434

**438**

**440**

442

452